COLLECTION
**PROBLÈMES SOCIAUX
ET INTERVENTIONS SOCIALES**

Fondée par Henri Dorvil (UQAM) et Robert Mayer (Université de Montréal)

L'analyse des problèmes sociaux est encore aujourd'hui au cœur de la formation de plusieurs disciplines en sciences humaines, notamment en sociologie et en travail social. Les milieux francophones ont manifesté depuis quelques années un intérêt croissant pour l'analyse des problèmes sociaux, qui présentent maintenant des visages variables compte tenu des mutations des valeurs, des transformations du rôle de l'État, de la précarité de l'emploi et du phénomène de mondialisation. Partant, il devenait impératif de rendre compte, dans une perspective résolument multidisciplinaire, des nouvelles approches théoriques et méthodologiques dans l'analyse des problèmes sociaux ainsi que des diverses modalités d'intervention de l'action sociale, de l'action législative et de l'action institutionnelle à l'égard de ces problèmes.

La collection *Problèmes sociaux et interventions sociales* veut précisément témoigner de ce renouveau en permettant la diffusion de travaux sur divers problèmes sociaux. Pour ce faire, elle vise un large public comprenant tant les étudiants, les formateurs et les intervenants que les responsables administratifs et politiques.

Cette collection était à l'origine codirigée par Robert Mayer, professeur émérite de l'Université de Montréal, qui a signé et cosigné de nombreux ouvrages témoignant de son intérêt pour la recherche et la pratique en intervention sociale.

Directeur
    Henri Dorvil, Ph. D.
    École de Travail social, Université du Québec à Montréal

Codirectrice
    Guylaine Racine, Ph. D.
    École de Service social, Université de Montréal

Qu'est-ce qu'un problème social aujourd'hui

Presses de l'Université du Québec
Le Delta I, 2875, boulevard Laurier, bureau 450, Québec (Québec) G1V 2M2
Téléphone : 418 657-4399 – Télécopieur : 418 657-2096
Courriel : puq@puq.ca – Internet : www.puq.ca

Diffusion/Distribution:

Canada: Prologue inc., 1650, boulevard Lionel-Bertrand, Boisbriand (Québec)
J7H 1N7 – Tél. : 450 434-0306 / 1 800 363-2864

France: Sodis, 128, av. du Maréchal de Lattre de Tassigny, 77403 Lagny, France – Tél. : 01 60 07 82 99

Afrique: Action pédagogique pour l'éducation et la formation, Angle des rues Jilali Taj Eddine
et El Ghadfa, Maârif 20100, Casablanca, Maroc – Tél. : 212 (0) 22-23-12-22

Belgique: Patrimoine SPRL, avenue Milcamps 119, 1030 Bruxelles, Belgique – Tél. : 02 7366847

Suisse: Servidis SA, Chemin des Chalets, 1279 Chavannes-de-Bogis, Suisse – Tél. : 022 960.95.32

 La *Loi sur le droit d'auteur* interdit la reproduction des œuvres sans autorisation des titulaires de droits. Or, la photocopie non autorisée – le « photocopillage » – s'est généralisée, provoquant une baisse des ventes de livres et compromettant la rédaction et la production de nouveaux ouvrages par des professionnels. L'objet du logo apparaissant ci-contre est d'alerter le lecteur sur la menace que représente pour l'avenir de l'écrit le développement massif du « photocopillage ».

Qu'est-ce qu'un problème social aujourd'hui

Repenser la non-conformité

Sous la direction de
Marcelo Otero
Shirley Roy

Presses de l'Université du Québec

Catalogage avant publication de Bibliothèque et Archives nationales du Québec et Bibliothèque et Archives Canada

Vedette principale au titre :

Qu'est-ce qu'un problème social aujourd'hui : repenser la non-conformité

(Collection Problèmes sociaux et interventions sociales ; 57)

Comprend des réf. bibliogr.

ISBN 978-2-7605-3652-4

1. Problèmes sociaux. 2. Changement social. 3. Normes sociales. 4. Conformisme. 5. Marginalité. I. Otero, Marcelo, 1960- . II. Roy, Shirley, 1949- . III. Titre. IV. Collection : Collection Problèmes sociaux & interventions sociales ; 57.

HN18.3.Q47 2012   361.1   C2012-942169-3

Les Presses de l'Université du Québec reconnaissent l'aide financière du gouvernement du Canada par l'entremise du Fonds du livre du Canada et du Conseil des Arts du Canada pour leurs activités d'édition.

Elles remercient également la Société de développement des entreprises culturelles (SODEC) pour son soutien financier.

Mise en pages :   INTERSCRIPT
Couverture :   Conception – RICHARD HODGSON ET MICHÈLE BLONDEAU
      Illustration – SERGEY KAMSHYLIN/SHUTTERSTOCK.COM

2013-1.1 – *Tous droits de reproduction, de traduction et d'adaptation réservés*
© 2013 Presses de l'Université du Québec
Dépôt légal – 1er trimestre 2013 – Bibliothèque et Archives nationales du Québec/
Bibliothèque et Archives Canada
Imprimé au Canada

TABLE DES MATIÈRES

INTRODUCTION... 1
    Marcelo Otero et Shirley Roy

PARTIE 1
DYNAMIQUES ET RHÉTORIQUES........................ 19

Chapitre 1
POUR UN MALENTENDU QUI FONCTIONNE 21
    Luc Van Campenhoudt

1.1. Le malentendu : inhérent et indispensable aux relations sociales 22
    1.1.1. Entre les « gens » 23
    1.1.2. Entre les « gens » et les « agents » 26
    1.1.3. Entre les « agents » 27
    1.1.4. Entre les « gens », les « agents » et les « dirigeants »....... 31
1.2. L'idéologie consensualiste............................. 33
    1.2.1. La chimère de l'adhésion 33
    1.2.2. Être structurant pour permettre de se structurer 35
    1.2.3. « Les mots doux des institutions » 36
Conclusion 40
Références bibliographiques 40

Chapitre 2
ACCOMPAGNER, ACTIVER, RESPONSABILISER........... 43
Isabelle Astier
2.1. De l'insertion à l'activation 44
2.2. Se rapprocher de l'usager 46
2.3. Accompagner et inciter à agir 47
2.4. Logique d'accompagnement et crise du modèle d'intégration sociale 50
2.5. Travailler avec autrui 52
2.6. Un travail de maintenance des individus 53
Références bibliographiques 54

Chapitre 3
LA POLITIQUE DE LA PRÉSENTATION DES PROBLÈMES SOCIAUX
De l'ironie au transfert 57
Dahlia Namian
3.1. Des procédés et techniques de décalage 59
3.2. L'ironie 60
3.3. La vie moindre : penser les limites de la socialité ordinaire..... 61
3.4. Le transfert 65
3.5. La couveuse : penser le renouvellement des équipements des individus 66
Conclusion 68
Références bibliographiques 68

Chapitre 4
JEUX DE FRONTIÈRES 71
Vivianne Châtel
Références bibliographiques 81

PARTIE 2
AMBIVALENCES ET INTERROGATIONS 83

Chapitre 5
ARRIMER L'HÉTÉROGÈNE ET LE SINGULIER
L'exemple de la santé mentale 85
Marie-Chantal Doucet
5.1. Le schème fonctionnel et la maladie comme problème social : le cas du rétablissement 87
    5.1.1. Le rétablissement aujourd'hui 88
5.2. La connexion de l'hétérogène et du singulier 92
    5.2.1. Pluralité des expériences et réflexivité des individus : le cas de l'expérience de réinsertion des psychotiques..... 95
Conclusion 98
Références bibliographiques 99

Chapitre 6
LA POPULATION VUE COMME UN PROBLÈME
L'exemple des pays en développement 101
Nathalie Mondain

- 6.1. Les origines des préoccupations relatives à la surpopulation... 102
  - 6.1.1. Malthus et les néomalthusiens 103
  - 6.1.2. Une réponse intéressante aux perspectives malthusiennes : Ester Boserup, 1965. 104
  - 6.1.3. Une perspective totalement différente quant aux liens entre ressources et population : Maurice Halbwachs, 1970 104
- 6.2. Le rôle des États-Unis 106
  - 6.2.1. Les implications méthodologiques de cette posture idéologique. 109
- 6.3. Le cas africain.. 115
  - 6.3.1. Une approche nuancée de la situation démographique en Afrique subsaharienne 115
  - 6.3.2. L'étude de Caroline Bledsoe en Gambie 117
  - 6.3.3. Une dimension éthique ? 121

Références bibliographiques 121

Chapitre 7
LE PHÉNOMÈNE TRANS
Les mises en problème de l'identité........................... 125
Dominic Dubois

- 7.1. L'hypothèse d'un monde sans limites 126
  - 7.1.1. Le phénomène trans : un exemple emblématique......... 129
- 7.2. Entre médecine et société : deux modes de « mise en problème » de l'identité.. 130
  - 7.2.1. Le registre médical 133
  - 7.2.2. Le registre social 135
  - 7.2.3. D'un registre à l'autre 137
- 7.3. L'émergence d'une médecine identitaire 138
- 7.4. De la déviance à l'épanouissement personnel 141
  - 7.4.1. Problème d'identité ou problème social ? 143

Références bibliographiques 145

Chapitre 8
PROBLÉMATISER L'ITINÉRANCE
Une pluralité de figures 149
Carolyne Grimard

- 8.1. L'itinérance à Montréal : un problème social complexe 150
- 8.2. Les refuges.. 153
  - 8.2.1. La logique institutionnelle 155
- 8.3. Le recours aux refuges 156
  - 8.3.1. L'ancrage 157
  - 8.3.2. La circulation 159
  - 8.3.3. La projection 161

Conclusion 164

Références bibliographiques 165

Chapitre 9
DU PROBLÈME MORAL AU PROBLÈME SOCIAL 169
Valérie de Courville Nicol
9.1. Le processus de responsabilisation de soi : la moralisation
du danger 170
9.2. Les bases subjectives et morales du danger : de la souffrance
à la souffrance morale 175
9.3. Des peurs ir/rationnelles aux peurs mal/saines 176
9.4. Sur le lien entre le problème moral et le problème social 179
Références bibliographiques 184

PARTIE 3
ÉMERGENCES ET CONSTRUCTIONS 185

Chapitre 10
QUAND UN NON-PROBLÈME DEVIENT PROBLÈME
De la médicalisation à la pharmaceuticalisation 187
Johanne Collin
10.1. La question de la médicalisation 188
10.2. Vers une reconfiguration du couple santé/maladie 190
10.3. L'abaissement des seuils de tolérance
face aux dysfonctionnements corporels 192
10.4. Faire « mieux que bien » et « être mieux que bien » :
l'élargissement des indications thérapeutiques 195
10.5. De l'abaissement des seuils aux pratiques d'optimisation
de soi 197
  10.5.1. Le cas des *smart drugs* 198
Conclusion : de la médicalisation à la pharmaceuticalisation 201
Références bibliographiques 203

Chapitre 11
CONSTRUIRE UN PROBLÈME SOCIAL. ET POURQUOI PAS ?
Le cas de la judiciarisation de l'itinérance 207
Céline Bellot, Marie-Ève Sylvestre et Bernard St-Jacques
11.1. Établir autrement la relation d'enquête 209
  11.1.1. S'affranchir de la pensée instituée 209
  11.1.2. S'engager avec. 210
11.2. Devenir des « entrepreneurs moraux » 213
  11.2.1. La production de savoirs 213
  11.2.2. La production de nouveaux rapports de pouvoir et de savoir. 215
  11.2.3. La production d'une morale 217
11.3. Soutenir la reconnaissance de la judiciarisation
comme un problème social 220
  11.3.1. Assumer l'indignation, devenir une voix 221
  11.3.2. Persuader les autres 222
  11.3.3. Obtenir des changements 223

Conclusion 225
Références bibliographiques 226

CHAPITRE 12
LA CONSTRUCTION DU PROBLÈME SOCIAL DE LA MALADIE
DANS LE QUÉBEC DES ANNÉES 1930 229
    Martin Petitclerc
12.1. La commission des assurances sociales du Québec 231
12.2. Le risque, l'assurance et l'État-providence 234
12.3. Le problème social de la maladie 237
Conclusion 244
Références bibliographiques 246

CHAPITRE 13
DE LA PROBLÉMATISATION DES USAGES ET DES USAGERS
DE DROGUES ILLICITES 249
    Nicolas Carrier
13.1. Objectivistes et constructionnistes 251
    13.1.1. Illustrations 253
13.2. Dés/articulation problématique-problématisé 257
13.3. Moralisation, médicalisation, risque, criminalisation 260
Conclusion 271
Références bibliographiques 272

PARTIE 4
RELECTURES ET NOUVELLES PERSPECTIVES 279

CHAPITRE 14
CHICAGO
L'école des problèmes sociaux d'hier à aujourd'hui 281
    Henri Dorvil
14.1. Au commencement 282
    14.1.1. Du côté de la sociologie 282
    14.1.2. Du côté du travail social 291
14.2. L'héritage de l'École de Chicago 293
    14.2.1. Problèmes sociaux d'ordre économique 296
    14.2.2. Problèmes de santé 296
    14.2.3. Problèmes d'ordre sociopolitique 297
    14.2.4. Problèmes d'éducation 297
14.3. Le concept de problème social 297
Conclusion : perspectives d'avenir 302
Références bibliographiques 311

CHAPITRE 15
L'ÉTUDE DES PROBLÈMES SOCIAUX
Entre stagnation et renouvellement 317
Shirley Roy et Roch Hurtubise

15.1. Les problèmes sociaux comme enjeu de connaissance........ 319
    15.1.1. Théoriquement: la constitution d'un champ 320
    15.1.2. Politiquement: un mouvement social s'active............ 323
    15.1.3. Institutionnellement: des mesures se déploient.......... 326
    15.1.4. Quels enseignements tirer de cette mise en contexte?.... 329

15.2. Penser les problèmes sociaux aujourd'hui: un changement de perspective 332
    15.2.1. Les conditions du travail de recherche sur les problèmes sociaux.. 333
    15.2.2. Le défi de la connaissance: des clés théoriques pour l'appréhension des problèmes sociaux 339

Conclusion: pragmatisme sociologique et efficacité théorique 344

Références bibliographiques 347

CHAPITRE 16
REPENSER LES PROBLÈMES SOCIAUX
Des populations «problématiques» aux dimensions «problématisées»... 351
Marcelo Otero

16.1. L'impossible santé sociale................................ 353

16.2. La nécessité «viscéralement» normative d'intervenir 359

16.3. Nouveau contexte sociétal pour penser «ce qui pose problème»: individualité singulière et individualité sociale 366

16.4. Des populations «problématiques» aux dimensions «problématisées»: un passage analytique devenu nécessaire.. 378

Conclusion 384

Références bibliographiques 385

NOTICES BIOGRAPHIQUES 391

INTRODUCTION

Marcelo Otero
et Shirley Roy

Dans toute société il existe une grande variété de réactions ciblant certains phénomènes, pratiques, comportements, attitudes qui « posent problème ». Tantôt, ce sont des réactions culturelles plus ou moins informelles, l'inconfort, le désagrément, le rejet, la réprobation voire la condamnation franche de certains écarts en lien avec un univers culturel, axiologique ou normatif que l'on apprend et que l'on incorpore par différents mécanismes de socialisation (famille, école, pairs, etc.). Tantôt, il s'agit de stratégies d'intervention réfléchies et mises au point soigneusement dans le cadre de champs disciplinaires spécialisés tels que la criminologie, la psychiatrie, la psychologie, le travail social, la médecine, la psychoéducation, la sociologie, etc. Qu'il s'agisse de culture ou de science, de norme ou de technique, de valeurs ou de la recherche politique légitime du bien commun, ces réactions culturelles et ces stratégies d'intervention constituent une modalité d'identification concrète de « ce qui déplaît », de « ce qui ne fonctionne pas » ou de « ce qu'on ne tolère pas » dans une société. En un mot, elles sont une manière de désigner à la fois socialement et culturellement « ce qui pose problème » à un moment donné dans une société donnée.

On peut distinguer deux niveaux d'analyse. Le premier, que l'on pourrait nommer autoréférentiel, s'intéresse à « ce » qui pose problème et à « qui » pose problème. Le second, qu'on pourrait appeler hétéro-référentiel, cherche à éclairer « à quoi » et « à qui » certains phénomènes, pratiques, comportements, attitudes « posent problème ». Les phénomènes non conformes considérés comme étant problématiques, et partant, les individus et les groupes qui les incarnent sont, pour ainsi dire, distribués autour de la normativité sociale qui a cours à partir de l'établissement de seuils de tolérance (degrés, gradations et distances) et, dans certaines situations, de véritables discontinuités (natures psychologiques différentes, ruptures sociales franches, etc.). Toute société définit alors ce qui sera pour elle un univers de failles, de défauts, d'insuffisances, d'inadéquations, d'inadaptations, de déviances, voire des contre-figures, en fonction desquelles, selon les contextes et les époques, sont dessinés, désignés et construits des problèmes sociaux qu'il s'agit de réguler, contrôler, encadrer, résoudre ou réprimer.

Le répertoire de ce que l'on appelle problèmes sociaux s'est modifié au fil du temps ; il continue et continuera de se modifier ainsi que les manières implicites et explicites d'y faire face, de s'y attaquer, de les gérer ou de les ignorer. Toutefois, les critères qui sous-tendent la définition d'un problème social ou d'un phénomène non conforme considéré comme étant problématique, sont différents d'une culture à l'autre, d'un groupe à l'autre, d'une discipline à l'autre et d'un horizon théorique à un autre. Souvent, ces critères ne sont pas explicités tellement ils nous semblent évidents. Comme le soulignait Georges Canguilhem, l'une des différences essentielles dans la perception de ce qui constitue un ordre organique et un ordre social est l'inversion de certaines évidences, à savoir : dans l'organisme, l'ordre (la santé) est plus facile à saisir que le désordre (la maladie), alors que dans l'organisation sociale, le désordre (ce qui pose problème) apparaît plus évident que l'ordre (le modèle de société souhaité).

L'étude, la compréhension et l'explication des problèmes sociaux ont connu, aux cours des dernières décennies, des transformations importantes. D'où le pari de ce livre collectif : repenser les problèmes sociaux pour voir apparaître de nouvelles lectures, et en revisiter les explications qu'elles soient de nature individuelle, institutionnelle, culturelle ou sociétale ou encore d'en proposer de nouveaux agencements. Plusieurs éléments, de nature et de niveaux différents, sont à la base de ces transformations. Ils donnent lieu à de complexes agencements qui déplacent à la fois les lignes de compréhension, d'explications et d'actions au regard des problèmes sociaux. Parfois on assiste à un renforcement de modalités plus traditionnelles, parfois à des blocages, parfois à l'ouverture de nouvelles pistes. Nous en évoquerons certains, rapidement il va sans dire car chacun renvoie à une littérature immense dont il est impossible de résumer ici les contenus. Que ce soit : la normativité sociale, le recours à des catégorisations spécifiques, les lectures populationnelles, les profondes transformations de la socialité ordinaire, les lectures disciplinaires, la complexité des explications et les transformations de l'action en ce qui concerne les problèmes sociaux, ces éléments, qui se superposent ou s'imbriquent dans les analyses présentées par les différents auteurs, constituent le socle commun des textes de cet ouvrage.

La normativité sociale est, bien entendu, changeante selon les époques et les contextes. Ainsi, au cours des dernières décennies, des déplacements significatifs se sont opérés dans le partage social et culturel entre l'acceptable et le non acceptable, le tolérable et le non tolérable dans les manières d'être, de faire ou d'agir dans nos sociétés. Le renouvellement de la normativité sociale, dont les causes sont l'objet de débats intenses en sociologie, a rendu caduque la désignation de certaines situations ou phénomènes considérés comme problématiques (enfant illégitime, divorce, homosexualité, transsexualisme, etc.) en même temps qu'elle a permis d'en faire apparaître de nouveaux ou de les inscrire en tête de liste des problèmes sociaux actuels (jeu pathologique, violence conjugale, problèmes de santé mentale, VIH/sida, hyperactivité enfantine, hypersexualisation, etc.).

Les catégories désignant les problèmes sociaux, à travers certains de leurs aspects ou certains groupes ou individus qui les incarnent, se sont consolidées au fil du temps; plusieurs se sont installées avec force dans l'imaginaire populaire, les médias, voire dans les disciplines scientifiques. Elles ont cherché tour à tour à identifier, nominaliser, désigner, rendre visibles les phénomènes, les groupes ou les individus concernés par les problèmes sociaux. Ces catégories, comme toute catégorie, ont l'avantage de désigner et de circonscrire; elles ont cependant l'inconvénient d'opérer des amalgames stigmatisants ou de faire disparaître des éléments essentiels à la compréhension du phénomène visé, au profit des logiques de construction de typologies opérationnelles. Dans le cas des problèmes sociaux, elles ont tendance à mettre en évidence seulement la dimension problématique, procédant ainsi à une réification réductrice et appauvrissante des phénomènes appréhendés. Disparaissent alors, tant l'individuel singulier potentiellement novateur ou interpellant, que le social commun partagé ou conformiste, qui se cachent derrière les phénomènes non conformes problématiques. Qu'on pense à certaines catégories fortement enracinées dans ce champ (toxicomane, pauvre, BS, prostituée, handicapé, alcoolique, fou, enfant hyperactif, etc.) dont les études empiriques présentent des réalités fort complexes, nuancées et éloignées des stéréotypes qui occupent l'avant-scène de la représentation des problèmes sociaux. Malgré les nombreuses études disponibles, le recours à des catégories réductrices aux conséquences parfois lourdes pour les personnes concernées demeure, encore aujourd'hui, un obstacle majeur pour appréhender ce qui pose problème dans une société. Évidemment, le contenu des catégories se renouvelle et les figures ne sont pas les mêmes. Mais le procédé de métonymisation, soit le fait de prendre la partie pour le tout, demeure souvent la manière de faire des médias et des stratégies d'intervention proposées par certaines disciplines scientifiques.

Les analyses des problèmes sociaux effectuées sous l'angle d'une lecture populationnelle mettent en évidence des difficultés semblables à celle de la métonymisation opérée par le recours à certaines catégories analytiques. Ces analyses sont inspirées d'une certaine lecture d'auteurs de la 2e génération de l'École de Chicago dont les visées originales étaient à la fois la reconnaissance de différences légitimes et le combat contre la stigmatisation de groupes, individus et comportements aux prises avec l'arbitraire culturel, un rapport de force déséquilibré et le coercitif normatif. Cette lecture aux vertus manifestes qui a efficacement servi de nombreuses revendications de groupes marginalisés et l'opérationnalisation de politiques publiques est aujourd'hui insatisfaisante. Elle est paradoxalement « enfermante » car elle opère un repli thématique et explicatif autoréférentiel sur certains groupes ou caractéristiques groupales dont l'existence, voire la cohérence reste à prouver empiriquement. La relecture des problèmes sociaux en termes de situations défavorisantes, de différences légitimes ou de dimensions problématiques, sans pour autant les réduire ou les incarner dans des groupes sociologiquement cohérents (profils, populations cibles, groupes à risque, etc.), opère un déplacement épistémologique vers une certaine transversalité analytique. Celle-ci nous rappelle que les dimensions problématiques aussi bien que les dimensions non problématiques sont constitutives de la même socialité.

Les profondes transformations sociétales qui se sont consolidées au cours des trente dernières années ne permettent plus de regarder l'univers des problèmes sociaux de la même manière. Pensons à certaines transformations qui y sont directement liées : la fragilisation des positions statutaires et la friabilité des supports sociaux ; la reconfiguration des rôles familiaux, notamment la redistribution de l'autorité parentale ; la transformation du travail en méta-valeur suprême de l'identification, voire de l'existence sociale ; la coexistence de multiples repères moraux parfois contradictoires ; l'intensification du codage psychologique et biomédical dans la régulation de certains comportements quotidiens ; la prédominance de la responsabilisation et de la coercition sur l'assujettissement et l'idéologie comme formes généralisées de subordination sociale. Dans ce contexte, la généralisation de l'individualisme de masse, la singularisation des comportements sociaux et l'émergence de nouvelles modalités de socialisation et de gestion des conflits sont le résultat empirique de transformations transversales et complexes déjà bien installées. Elles ne peuvent être réduites à la prise en compte des nouvelles marges de manœuvre, capacités, réflexivités et responsabilités individuelles à l'heure de penser les problèmes sociaux et d'agir sur eux. L'intention heuristique de lier l'univers de « ce qui pose problème » au socle plus large de la « socialité ordinaire » dont l'appartenance à des groupes, classes ou réseaux particuliers ne peut plus faire l'économie, répond à la nécessité épistémologique de rétablir la fluidité de la communication entre nouvelles coordonnées sociétales et nouvelles problématisations de la non-conformité.

L'analyse disciplinaire des problèmes sociaux a permis, au cours des décennies, de produire et de cumuler des données spécialisées, que ce soit des données quantitatives ou qualitatives. Ces données ont entraîné des lectures disciplinaires (psychologie, criminologie, travail social, psychoéducation, psychiatrie, etc.) donnant une interprétation spécifique à ces problèmes sociaux, opposant les unes aux autres et privilégiant l'une au détriment d'autres. Ainsi, on pensera les explications en termes psychologique ou criminologique, en termes psychiatrique ou éducatif, etc. Ces lectures ont amené la création d'une catégorie d'experts à qui on a pu confier la responsabilité de prendre en charge, de gérer et de résoudre les problèmes sociaux. Mais, au fil du temps, la limite et l'inefficacité de certaines mesures ou orientations ont ouvert une brèche dans les lectures spécialisées de ce qui est problématique et a invalidé certaines explications scientifiques des réalités sociales. De fait, bien que les disciplines aient toujours tendance à se consolider, les programmes de recherche et d'enseignement résistent plus ou moins à une ouverture à l'Autre. Tout en ne pensant pas à une véritable interdisciplinarité (dont les fondements restent encore incertains), ce qui apparaît, c'est une sensibilité à des explications disciplinaires multiples, brisant le regard et la compréhension uniques des questions sociales problématiques ainsi que les manières d'intervenir ou de les résoudre.

Le caractère unique et singulier des explications quant aux fondements ou explications des problèmes sociaux n'est plus vraiment à l'ordre du jour. De fait, alors qu'il y a quelques décennies encore les explications étaient davantage de nature individuelle (paresse, désorganisation, folie, délit, déficience, etc.) ou disciplinaire (psychologie, criminologie, travail social, psychoéducation, psychiatrie, sociologie, etc.), aujourd'hui la complexité des lectures et la multiplicité des angles d'études coexistent. Elles permettent de conjuguer les dimensions sociales et structurelles avec celles plus individuelles ou institutionnelles. Ces lectures reposent empiriquement sur une démarche basée sur l'analyse de trajectoires individuelles qui conjuguent les diverses explications. Tel ou tel problème social ne s'explique plus par une seule dimension mais par plusieurs. La complexité tente de rendre compte de la nature même des situations problématiques et de ces réalités sociales. Les traces de telles analyses ne se trouvent pas que dans les lectures académiques ou les recherches sociales, elles apparaissent dans un ensemble de documents « officiels », de cadres de références ou de plans d'actions provenant de l'État.

Les dimensions que nous venons d'évoquer, dont la diversité des lectures, le desserrement disciplinaire et les transformations sociétales qui favorisent la singularisation de la non-conformité ont nécessairement entraîné une révision et une transformation de l'action en direction des problèmes sociaux. On assiste donc à la coexistence de formes d'actions et d'interventions : certaines accompagnatrices, compréhensives ou réformatrices, et d'autres davantage punitives, contrôlantes ou répressives. Ce ne sont pas tant des actions ou des modalités d'intervention fondamentalement nouvelles qui apparaissent maintenant dans l'étude des problèmes sociaux, quoique certaines formes soient plutôt nouvelles (réduction des méfaits, *empowerment*, accompagnement, etc.), qu'une superposition de celles-ci, et leur hiérarchisation et spécialisation en fonction de problématiques sociales spécifiques.

La remise en cause du regard catégoriel, substantialiste, psychologisant et parfois franchement folklorisant à l'égard des problèmes sociaux, ainsi que la prise en compte des changements sociétaux récents sont le parti pris des auteurs de cet ouvrage collectif qui proviennent d'horizons disciplinaires et théoriques différents. Le débat est relancé sur les liens nécessaires entre socialité ordinaire et problèmes sociaux qu'il s'agit, selon nous, de discuter en profondeur et d'actualiser à plusieurs niveaux afin d'amenuiser les anachronismes analytiques et les décalages entre interprétations et interventions. Non qu'il n'y ait pas de spécificités propres à certaines situations, défavorisations, problématiques et différences ; non que chaque discipline ne comporte pas d'objets, méthodologies et objectifs spécifiques ; non qu'il n'y ait pas de différences de taille en ce qui a trait aux contraintes auxquelles se heurtent les disciplines plus proches de l'intervention sociale que de l'analyse théorique des situations de par la nature de leurs objectifs, mandats socioprofessionnels, conditions de pratique et priorités. Toutefois, les auteurs des travaux présentés ici s'emploient, chacun à leur manière, à discuter de certaines évidences, pour reprendre l'expression de Canguilhem, dont l'incidence est inégale selon les champs considérés, les disciplines mobilisées et les objectifs poursuivis. Cela dit, ces évidences apparaissent régulièrement comme des obstacles pour penser l'univers actuel des problèmes sociaux et pour y agir efficacement. Les auteurs font donc l'effort de dépasser les logiques épistémologiques et disciplinaires des champs qui sont les leurs (sociologie, psychologie, philosophie, travail social, criminologie, etc.) et les objets de recherche qu'ils ont longuement investis. Ils discutent, débattent et cherchent à rendre explicites les critères qui organisent leurs influences théoriques, leurs traditions et thématiques de recherche, leurs rapports à la demande sociale ou aux diverses orientations politiques. C'est du moins, nous en sommes convaincus, ce qui peut constituer un premier pas vers une lecture renouvelée de ce qui fait problème dans nos sociétés.

D'HIER À AUJOURD'HUI : DES EFFORTS RENOUVELÉS POUR PENSER LES PROBLÈMES SOCIAUX

Près de vingt ans après la publication du *Traité de Problèmes sociaux* sous la direction de Fernand Dumont, Simon Langlois et Yves Martin (1994) et plus de 10 ans après la publication des deux tomes intitulés *Problèmes sociaux, théories et méthodologies* sous la direction d'Henri Dorvil et Robert Mayer (2001)[1], nous revenons sur cette thématique. La thématique des problèmes sociaux est centrale tant pour la vitalité d'une sociologie qui se veut concernée par les problèmes de société que pour celle des sociétés démocratiques qui décident de s'attaquer à tel ou tel problème de société et d'en négliger d'autres en fonction de logiques et critères qu'il s'agit de comprendre et de discuter. Ces ouvrages, marquants, ont fait le bilan ou ont reflété l'état des débats dans l'étude des problèmes sociaux au Québec depuis deux décennies tout en faisant état d'un diagnostic sur ce qui pose problème dans une société particulière et sur une manière de le concevoir. L'ouvrage de Dumont, Langlois et Martin se voulait un *Traité* plutôt exhaustif de ce qui constituait les figures dominantes de ce qui fait problème dans la société des années 1990. Ce traité comprend un texte introductif de Dumont qui cherche à distinguer différentes conceptions de la réalité sociale et qui, autour de ce qu'il nomme « dénivellations », propose des pistes de lectures. Son idée de construire un champ ouvert où coexistent différentes lectures et modalités se voulait novatrice et pouvait constituer une manière de relancer ou de débloquer une réflexion qui semblait paralysée. Bien que pertinente et originale la proposition de Dumont est plutôt restée lettre morte, non qu'elle n'ait pas eu d'influence sur la compréhension des enjeux sous-jacents à l'étude des problèmes sociaux, mais elle n'a pas véritablement permis ou provoqué un débat intellectuel et scientifique sur la question des problèmes sociaux au Québec. Quant aux ouvrages de Dorvil et Mayer, ils cherchent, en se situant dans la foulée de Dumont *et al.*, à faire une sorte de synthèse des débats en cours au tournant des année 2000 (voir tomes 1 et 2) puis, donnent la parole à des auteurs qui développent leurs thèses non plus tant dans l'esprit général de la problématique des problèmes sociaux que dans celles liées à leurs objets spécifiques de recherche. La fragmentation et le sentiment de ralentissement de la réflexion théorique s'installent. Cela dit, ce qui émerge dans l'espace théorique (non pas en tant que nouveau courant mais dans l'affirmation de son importance), c'est la place des théories des réseaux et de l'action où l'acteur individuel ou collectif occupe une place

---

1. Pour une analyse de ces ouvrages et leur mise en contexte, voir le texte de Roy et Hurtubise dans le présent ouvrage.

centrale dans la production du sens de l'expérience ; ce ne sont plus tant les explications issues de théories générales qui éclairent les problèmes sociaux que celles construites à partir de l'action et de l'acteur.

Ces développements théoriques ont été portés par un ensemble de programmes de recherche qui ont créé, bien involontairement, les conditions d'un repli disciplinaire et thématique sur des objets/thématiques de recherche. À la faveur de la Politique Santé et Bien-être du gouvernement du Québec (1992), des priorités de recherches sur des problèmes sociaux précis ont été identifiées tout en imposant une forme particulière de faire cette recherche, l'alliance forcée entre intellectuels et praticiens des milieux associés aux problèmes sociaux. Ces conditions objectives ont opéré un double mouvement. Elles ont, paradoxalement, favorisé une centration sur les thématiques (santé mentale, enfance en difficulté, violence conjugale, itinérance, etc.) en même temps qu'elles ont permis une connaissance plus approfondie des dits objets, ce qui a favorisé une réappropriation et une spécialisation des outils théoriques éclairant les thématiques étudiées. Ce contexte a diminué l'importance de la réflexion transversale sur les problèmes sociaux et ralenti, voire paralysé, le cumul des connaissances sur l'objet problème social.

Ainsi, le présent ouvrage sur «ce» qui pose problème et «qui» pose problème et «à quoi» et «à qui» cela fait-il problème se veut une sorte de relance, de renouvellement de la réflexion cherchant à sortir celle-ci de son carcan. Ne nous y trompons pas, l'étude des problèmes sociaux est prolifique et les nombreuses contributions sur des thématiques spécifiques en témoignent ; ce qui est déficitaire, c'est la transversalité des lectures qui permettrait de dépasser l'étude de situations et de problèmes ciblés, de contourner les écueils constatés au cours des ans et de chercher à les décloisonner. Non pour penser une théorie générale intégratrice, ce qui a historiquement constitué une aporie, mais pour ouvrir des pistes, actualiser les nouveaux enjeux et les nouvelles lectures du social afin de penser les rapports sociaux problématiques autrement. Autrement ne signifie pas faire table rase de ce qui s'est fait au cours des décennies précédentes. Au contraire, penser autrement, c'est prendre à bras le corps ces connaissances et ces propositions, en identifier les avancées et les limites pour tenter d'en renouveler le genre. Mais, en soi, le renouvellement, la relance ou la réactivation de la réflexion sur les problèmes sociaux fait débat.

Certains affirment que l'abandon et le déplacement sont essentiels car des limites sont apparues et ont mené à un rétrécissement des horizons de la réflexion sociale et sociologique. D'autres au contraire, dont nous sommes, pensent que la réflexion sur les problèmes sociaux doit être reprise, relancée, «désencarcanée». Celle-ci donne à voir l'envers de ce qui constitue le vivre-ensemble de nos sociétés contemporaines. Comme nous l'évoquions plus haut, la nature de ce qui fait problème a changé, la normativité dominante s'est transformée, les marges d'acceptation et de tolérance se sont déplacées, de nouvelles formes de la non-conformité se sont substituées aux anciennes. Conjoncturellement et contextuellement, dans toute société, il y a une limite au-delà de laquelle ce qui était admis ne l'est plus, ce qui était toléré devient prohibé, voire réprimé, ce qui avait du sens devient absurdité... Mais, par essence, ces rapports se recomposent concrètement ou symboliquement ailleurs et autrement. Chaque société définit les termes de ce qui est acceptable et de ce qui pose problème pour elle. Tels sont les enjeux dont les différents auteurs débattront dans les diverses parties de ce livre collectif.

Pour rendre compte de ces enjeux nous avons fait appel à des chercheurs d'horizons, d'écoles et de formations différents. Le croisement de ces regards et de leurs thématiques ont donné lieu à des débats passionnants. Notre ambition n'était pas de refaire un *Traité des problèmes sociaux*, que ce soit sous la forme utilisée par Dumont *et al.* (un seul volume) ou Dorvil et Mayer (une multiplicité de volumes); elle était plus modeste: mettre en tension des lectures desquelles émergeraient de nouvelles perspectives. Malgré la diversité des thématiques abordées, quelques-unes nous ont malheureusement échappé. Nous pensons, entre autres, à la question de la pauvreté, à celle de la prostitution ou du jeu compulsif qui, pour des raisons conjoncturelles sont absentes dans ce livre collectif. Nous en sommes chagrins.

Cet ouvrage comprend donc quatre parties complémentaires qui mettent en relief des dimensions essentielles de la réflexion actuelle sur les problèmes sociaux. Elles donnent à voir les nouvelles recompositions à l'œuvre, les questionnements et les nouvelles pistes de réflexion dans ce champ traversé par des tensions disciplinaires, politiques et culturelles complexes.

Partie 1. Dynamiques et rhétoriques

Nommer ce qui pose problème dans une société démocratique de droit exige des règles de mise en forme, tant pour dire que pour agir. Des règles qui prétendent avec succès à la légitimité dans divers champs hétérogènes, là où elles visent à faire preuve d'efficacité, de vérédiction[2] ou de consensus politique. Dans la mise en parole sociologique, la mise en acte de l'intervention et la formulation publique des politiques sociales, s'imbriquent, se permutent, se fécondent et se contaminent les termes, expressions et langages, à un point tel, qu'on ne parvient plus à distinguer la prétention

---

2. Au sens où Foucault l'entend, c'est-à-dire un type d'acte par lequel le sujet disant la vérité se manifeste, se représente à lui-même et est reconnu par les autres comme disant la vérité.

à l'efficacité propre à l'intervention, la prétention à la vérédiction issue de disciplines scientifiques ou la prétention aux consensus, qu'il soit au niveau politique global ou entre acteurs différents sur le terrain.

D'où vient telle ou telle idée ou tel ou tel mandat d'intervention? Qui a décidé de leur vérité, de leur efficacité ou de leur légitimité démocratique? Le politique, les disciplines scientifiques, les accords consensuels pragmatiques entre acteurs hétérogènes qui se transformeraient en vérités pragmatiques ou stratégies du «possible» et du «faisable»? Ces questions se posent sans interruption dans un continuum qui va de la conceptualisation la plus abstraite d'un problème social aux essais les plus concrets de stratégies d'intervention pour agir sur le terrain. Quatre textes nous aident à y voir plus clair en réfléchissant à l'imbrication entre politiques langagières et politiques publiques, entre science et politique, entre parole et action.

Le social reposerait sur un ensemble de malentendus qui fonctionnent et qui constitueraient en quelque sorte le liant entre gens, agents et dirigeants. Chacun disposerait d'un espace d'action, d'adaptation qui reposerait sur l'hétérogénéité des compréhensions et des appropriations. Selon Luc Van Campenhoudt, la paralysie de certaines actions sociales ou mesures destinées à résoudre les problèmes sociaux seraient imputables à l'idéologie consensualiste des institutions, de leurs dirigeants et de leurs agents qui a cours aujourd'hui. Celle-ci imposerait un registre normatif unique, un langage arrondi, une atténuation des différences de statuts des acteurs en les considérant comme partenaires, évacuant du coup les lieux de négociation, d'opposition, de tension, d'adaptation nécessaires à l'action évoluant dans un système complexe; disparaît alors la consistance dynamique qui constitue le propre du social au profit d'une chimère de l'adhésion. Cette nouvelle dynamique a des conséquences sensibles sur la compréhension et l'action en direction des problèmes sociaux.

L'étude du vocabulaire des politiques publiques, urbaines, de santé et de l'emploi amène Isabelle Astier à formuler l'hypothèse qu'au-delà d'un changement de termes et du constat d'une sémantique paradoxale, se profile sans doute une transformation radicale du référentiel de l'action publique sur le social. Situant son analyse dans le contexte franco-français, elle identifie ce qui réoriente l'intervention sociale et transforme le travail social. Les glissements du langage sont évocateurs: non plus insérer mais activer, accompagner et inciter à agir, travailler avec autrui et en proximité. Ces termes sont autant de thématiques qui indiqueraient un changement du modèle culturel apparu au cours des vingt dernières années. Ils ont comme base, non plus la conformité aux normes de son milieu ou des valeurs de sa classe sociale, mais, au contraire, la responsabilité de construire son identité et sa place. Ainsi, le travail social, de médiateur entre les valeurs sociales et les sujets singuliers, se serait transformé en accompagnateur de changements qui viserait ni plus ni moins que la « maintenance » des individus.

La réflexion sur les problèmes sociaux et l'étape de la conceptualisation présentent des enjeux spécifiques parce que ce qui est observé, analysé, nommé est situé non seulement en marge du social, mais aussi et souvent en marge de sa propre discipline ou institution. Dahlia Namian propose une réflexion sur la fécondité et les difficultés de penser ce qui se situe dans les intervalles, les entre-deux et qui constituent des situations-limites au milieu desquelles la justesse des catégories ou des affirmations se perd souvent. Intéressée par les phénomènes de l'itinérance et de la fin de vie qu'elle considère comme des laboratoires sociaux fertiles pour saisir des dynamiques sociétales en recomposition, elle réfléchit à deux procédés qu'elle nomme ironie et transfert. Ceux-ci décrivent ce que fut la démarche de construction de son objet de recherche, démarche marquée par l'instabilité et la conflictualité des concepts mobilisés et qui peut devenir en soi une dimension fondamentalement critique. Cette démarche vise à dépasser notre acceptation de la pensée conventionnelle, pour reprendre les termes de Becker, ce qui concerne particulièrement l'étude des problèmes sociaux.

La question des frontières construit à la fois un espace physique et imaginaire qui permet de délimiter et de circonscrire mais aussi d'ouvrir et de projeter. Dans un texte réflexif sur la notion de frontière, Vivianne Châtel soulève des enjeux centraux de la compréhension des problèmes sociaux. Alors que la frontière est à la fois ouverture et aveuglement, elle permet du coup de départager entre Eux et Nous, entre dignes et indignes d'attention ; elle constitue autant des lieux que des non-lieux devenant enfermement ailleurs et soustrait au regard. Ce qu'il ne faut pas voir est de l'autre côté de la frontière. La frontière met en place les conditions de la création de catégories qui parfois font disparaître les caractéristiques humaines essentielles au vivre-ensemble. À partir d'exemples des sociétés contemporaines, l'idée de frontière situe le jeu des appartenances et des territoires et dessine en quelque sorte la carte officielle des problèmes sociaux ; elle change, bouge, mais se redéfinit toujours.

Partie 2. Ambivalences et interrogations

L'identification de phénomènes, pratiques, comportements ou attitudes qui posent problème dans une société peut sembler « évidente » si l'on se situe dans un présent plus ou moins immédiat, au diapason de son propre horizon culturel ou axiologique ou encore si l'on n'interroge pas les fondements, souvent « opaques » (arbitraire culturel, coercition normative, rapports de force entre groupes, etc.) qui sous-tendent ce qui est tolérable, acceptable, voire supportable à un moment donné dans un contexte sociétal spécifique. Ces fondements politiques, culturels, sociaux et moraux ne sont pas complètement arbitraires, illégitimes ou assujettissants ; ils reflètent plus ou moins clairement des consensus d'époque, de groupe, de classe ou de culture sans lesquels il n'y a pas de société possible.

Il s'agit moins de signaler et de condamner l'anachronisme normatif dans lequel nous trempons tous et toutes à diverses occasions et contextes, que de discuter les dynamiques mêmes qui le sous-tendent. Ces dynamiques font que tel ou tel phénomène, singularité ou comportement suscite presque naturellement la méfiance, l'incompréhension ou le rejet en activant en même temps des mécanismes de moralisation, des amalgames rassurants ou des réductions injustifiées. Souvent c'est la mise en perspective historique qui permet d'y voir plus clair, mais il est déjà trop tard pour réparer les conséquences des problématisations tantôt « en trop » tantôt « en moins » qui ponctuent régulièrement l'univers des problèmes sociaux. Cinq textes interrogent les ambivalences disciplinaires, historiques, géopolitiques et morales qui guettent la problématisation de la non-conformité vis-à-vis de laquelle de multiples réactions et stratégies d'intervention se sont consolidées.

Les approches sociostructurelles héritières des travaux de Parsons, qui situent la maladie comme un problème social parce qu'elle sort des normes et nécessite assistance, sont loin d'être disparues. Marie-Chantal Doucet montre dans son texte que les principes du rétablissement qui sont à la base du système d'assistance contemporain en santé mentale s'apparentent à ces approches qui présentent des limites sérieuses. Essentiellement, elles laissent échapper la pluralité des histoires ainsi que la part réflexive des individus, tout en privilégiant en échange l'autonomie et la responsabilisation. En s'appuyant sur les travaux de Simmel, les sociologies actuelles des individus et en prenant note des transformations sociétales contemporaines, l'auteure propose de nouvelles pistes pour penser autant ce qui pose problème dans l'univers de la santé mentale que les stratégies d'interventions possibles. Loin des microsociologies ou des psychologies des populations vulnérables, il s'agit d'arrimer, dans l'analyse sociologique, l'hétérogénéité et la singularité qui caractérisent la vie sociale contemporaine lorsqu'on réfléchit, définit ou on tente de comprendre ce que signifie un problème social aujourd'hui.

Depuis le milieu du siècle dernier, les approches démographiques de la population, lorsqu'elle est considérée comme un « problème », réfèrent de manière systématique au modèle de la transition démographique. Nathalie Mondain analyse les lourdes conséquences que cette « mise en problème », fortement ancrée dans la théorie de la modernisation teintée d'ethnocentrisme et d'anhistoricité, a provoqué et provoque encore dans la compréhension des comportements influençant les tendances démographiques. Les lectures de ces comportements ont une incidence capitale sur les politiques mises de l'avant pour les modifier notamment dans les pays en développement. Il est alors nécessaire de discuter les questions éthiques posées par l'exportation des catégorisations, problématisations et stratégies d'intervention occidentales auprès de sociétés pour lesquelles elles n'ont pas de sens. Le «problème population» est-il un problème ou un enjeu de pouvoir permettant la reproduction de tout un système – le développement international – qui fonctionne sur une appréhension erronée de ce qu'on vise à corriger?

Le phénomène «trans» est l'un des cas de figure les plus complexes à analyser lorsqu'il s'agit d'illustrer ce que peut signifier une «identité problématique» dans les sociétés contemporaines. Dominic Dubois montre de quelle manière le recours à l'identité pour expliquer, comprendre et désigner tout et son contraire, tant dans les domaines privé que public, met en évidence les transformations des régulations normatives actuelles plutôt que leur relâchement. L'analyse historique des registres médical et social pour expliquer et coder le phénomène «trans» montre bien leur interpénétration normative qui débouche sur l'émergence d'une médecine identitaire tout à fait en phase avec les exigences normatives en cours. Loin d'indiquer un quelconque début d'anomie sociale, d'effondrement de l'espace public ou de multiplication identitaire effrénée et déstabilisante, le phénomène «trans» se présente comme un révélateur exemplaire des transformations sociétales en cours.

Bien qu'il y ait une tendance à percevoir l'itinérance comme un problème social homogène et la personne itinérante comme une figure stéréotypée proche de l'image folklorique du clochard, le texte de Carolyne Grimard nous montre une réalité diversifiée et complexe. S'il semble indéniable que les personnes en situation d'itinérance vivent à bien des égards à contrecourant de la norme, de quoi parle-t-on précisément lorsqu'on parle d'itinérance et d'itinérant? L'analyse de l'interaction concrète entre les services offerts par les refuges et les pratiques des hommes qu'ils accueillent est l'une des avenues retenue pour répondre à ces questions. Sous cet angle, non seulement ce qu'on appelle itinérance se présente comme un problème social complexe à plusieurs titres, mais aussi la pluralité des figures dans lesquelles elle s'incarne pose un défi aux chercheurs et aux intervenants qui veulent le comprendre et contribuer à amenuiser les dimensions problématiques les plus dramatiques du phénomène. Loin de proposer de simples nuances entre des cas de figure particuliers, l'auteure propose une typologie qui permet de saisir le phénomène itinérance sous un angle sociologique renouvelé.

Certains problèmes sociaux acquièrent leur statut « problématique » parce qu'ils sont perçus comme dangereux ou encore parce qu'ils sont associés, d'une manière ou une autre, à une expérience du danger. Mais, qu'est-ce que le danger ? Comment penser ses liens avec la formulation des problèmes sociaux sans discuter les différents niveaux auxquels il réfère ? Valérie de Courville Nicol distingue soigneusement l'expérience subjective du danger, plutôt intérieure, de l'expérience morale du danger, plutôt extérieure. De l'analyse de l'auteure, il ressort que c'est l'expérience du danger comme problème moral qui constitue une condition de l'expérience du danger comme problème social. La relation complexe entre problème social et moralité maintes fois discutée gagnerait, selon elle, à être désenclavée des raisonnements usuels concernant le seul impact des normes morales sur la problématisation de certains phénomènes. Pour ce faire, l'auteure propose d'analyser le cadre de l'interaction du sujet avec différentes forces dans le développement des problèmes moraux et la moralisation des relations sociales.

Partie 3. Émergences et constructions

Le fonctionnalisme absolu nous a appris, à tort, que tout élément social est nécessaire au tout dans lequel il apparaît, se manifeste et fait preuve de son utilité sociale. Le constructivisme radical nous a appris, également à tort, que tout est construit, contingent, hasardeux et, enfin, malléable à souhait. Entre la nécessité légitimatrice de tout ce qui existe et la contingence insaisissable du tout est possible, de très nombreux travaux théoriques et empiriques ont montré que la nécessité et la contingence sont toutes les deux des réalités sociologiques de toute consistance sociale avec lesquelles il faut apprendre à vivre. Jusqu'où peut-on inventer un problème social de toutes pièces ? Jusqu'où la critique des sociologues et la militance citoyenne peuvent-elles contribuer à la déconstruction d'une problématique tenue pour illégitime ? Pourquoi un problème social a-t-il été construit de telle façon plutôt que de telle autre au cours de l'histoire ? Pourquoi des non-problèmes persistent-ils à apparaître comme des problèmes ? Quel est le rôle des grandes institutions traditionnelles dans ces processus ?

La justice, la médecine, les systèmes de protection sociale, les dispositifs sécuritaires ont défini, souvent de manière forte, l'univers du pathologique, de l'illégal, du social et des passages à l'acte problématique montrant une résistance coriace aux critiques, à leurs modalités de mise en problème et à la justification des cas de figure tantôt choisis, tantôt négligés. Quatre textes tentent de reprendre ces questions en approfondissant la discussion sur la nature des dynamiques sociales, historiques et institutionnelles de construction de ce qui pose problème dans nos sociétés.

La perméabilité et le déplacement des frontières entre le normal et le pathologique en fonction des dynamiques sociétales à l'œuvre sont explorés par Johanne Collin. On a souvent eu recours au terme médicalisation pour expliquer et dénoncer la colonisation illégitime du social par le médical. Toutefois cet usage unilatéral du terme cache mal une multiplicité de processus à l'œuvre que l'auteure analyse. L'abaissement des seuils de tolérance face aux dysfonctionnements sociaux et l'extension des limites corporelles et psychiques sont l'un des processus qui rendent possible l'avancement du médical sur le social. Ils constituent aussi les conditions de possibilité de l'émergence de nouveaux problèmes sociaux et doivent être analysés, selon l'auteure, à travers le prisme du recours au médicament. Ainsi, l'idée de « pharmaceuticalisation » s'impose de plus en plus dans la littérature qui cherche à expliquer l'élargissement des champs d'intervention de la médecine. Ce néologisme qui renvoie à l'inscription massive du médicament dans la vie quotidienne des individus doit être compris comme la résultante de l'interaction entre trois processus majeurs : la médicalisation, la molécularisation et la biosocialisation.

La création d'alliances et le développement de stratégies entre acteurs de la recherche, milieux de pratique et de la rue, ont été explorés par Céline Bellot, Marie-Ève Sylvestre, Bernard St-Jacques. Ils montrent comment il est possible d'interpeller la société, le savoir et les relations de pouvoir en opérant un renversement de perspective. Puisque la compréhension d'un problème social devient une modalité de lecture de la société, quelle est la manière adéquate d'appréhender les problèmes de la rue, dont le phénomène de la judiciarisation de l'itinérance, et ce, au-delà des catégorisations scientifiques et administratives disponibles ? Il s'agit, selon les auteurs, de soutenir une posture de recherche qui s'inscrit dans un univers d'engagement, au profit du changement social large. Les auteurs redéfinissent la relation d'enquête en devenant eux-mêmes des « entrepreneurs moraux ». Ils cherchent la reconnaissance de la judiciarisation de l'itinérance comme problème social, sans négliger de mettre en lumière l'inégalité et l'injustice sociale plus large qui la sous-tend et qui concerne, de ce fait, la responsabilité de la société toute entière.

Si personne ne doute que la pauvreté ou la maladie soient des problèmes bien « réels » qui affectent toute société, Martin Petitclerc fait la démonstration que la définition de certains phénomènes en tant que problèmes sociaux relève moins de la transformation même de la réalité sociale que du processus complexe de négociations entre les parties qui s'y intéressent. Dans une perspective constructiviste large, l'auteur analyse la mutation fondamentale de la question sociale au Québec dans les années 1930. On assiste au passage d'une définition chrétienne et libérale des problèmes sociaux centrée sur la faute personnelle, à une définition nouvelle en termes « d'accidents » relevant des risques intrinsèques à la société industrielle. Ces sont les débats entourant la question d'un système d'assurance-maladie lors des travaux de la Commission des assurances sociales du Québec (Commission Montpetit) qui servent de matériau d'analyse à l'auteur. Il s'interroge sur l'importance de la « découverte » du risque non seulement dans la problématisation de la maladie, mais plus largement dans la genèse de l'État-providence.

Les chercheurs en sciences sociales qui se consacrent à l'analyse des problèmes sociaux sont confrontés à l'alternative canonique incarnée par les postures objectiviste et constructionniste. Toutefois, Nicolas Carrier montre bien que les analyses contemporaines des problèmes sociaux, qu'elles soient positivistes ou constructivistes, témoignent d'une indistinction conceptuelle qu'il s'agit de mettre à jour et de discuter. Par exemple, les notions telles que moralisation, problématisation, contrôle, gouvernement, criminalisation, régulation morale, médicalisation ou risque montrent bien la porosité des frontières épistémologiques et empiriques entre elles, qui sont pourtant censées les distinguer et les délimiter. Le cas de figure des usages (et des usagers) de drogues illicites sert à illustrer ces questions théoriques qui dépassent largement ce domaine spécifique de recherche affectant bien d'autres efforts de problématisation dans l'univers de la non-conformité sociale. En s'approchant d'une analyse radicalement constructiviste des formes sociales de problématisation, l'auteur nous rappelle, avec Luhmann, qu'elle suppose la pleine acceptation de l'impossibilité de distinguer le monde tel qu'il est, du monde tel qu'il est observé. Cette approche, loin de conduire forcément à une autodestruction des sciences sociales ou encore à une démobilisation de leurs forces critiques, peut contribuer en revanche à la mise de l'avant d'un mode de critique non autoritaire.

Partie 4. Relectures et nouvelles perspectives

La question des problèmes sociaux touche d'une manière ou d'une autre tous les courants et toutes les manières de faire de la sociologie. Des versions les plus théoriques et abstraites postulant différentes formes de neutralité axiologique (de Parsons à Luhmann) aux théorisations du social les plus engagées dans les transformations sociétales et dans la critique du statu quo (de Marx à Honneth), en passant par des propositions plutôt réformistes concernant des dysfonctionnements des sociétés démocratiques (de Durkheim à Habermas), penser la place et le rôle de la non-conformité problématique a toujours été incontournable. Toutefois, ce sont les théories sociologiques de « moyenne portée » (de Merton aux auteurs de l'École de Chicago en passant par les approches pragmatiques) qui ont fait des problèmes sociaux un champ de réflexion « normal » en les délestant du dramatisme académique inhérent aux récits à prétention totalisante et universaliste (aliénation, anomie, fin de l'histoire, cage de fer, destruction de lieux névralgiques de la socialité, etc.).

La fin du monde, de l'histoire ou de la société se faisant trop attendre, la non-conformité a acquis un statut de normalité sociologique tel que Durkheim l'a souligné dans les *Règles de la méthode sociologique*. Toutefois, la réflexion explicite sur les problèmes sociaux semble à plusieurs égards se confronter une autre fois aux cadres tracés par sa véritable *alma mater*: l'École de Chicago. Comment prolonger les discussions avec les travaux fondateurs de cette École tout en incorporant les préoccupations de la sociologie contemporaine et les enjeux sociétaux actuels? La pensée portant sur les problèmes sociaux se trouve-t-elle dans un blocage épistémologique qui la paralyse? Comment relier les caractéristiques de la socialité contemporaine à la réflexion sur la non-conformité vue comme problématique dans les sociétés actuelles? Trois textes tentent de faire un bilan critique de certaines manières de problématiser la non-conformité sociale afin de dégager des pistes pour relancer un débat considéré nécessaire pour repenser les politiques publiques en cours.

Tout d'abord, l'École de Chicago et son influence sur la sociologie et le travail social sont analysées en profondeur par Henri Dorvil. Malgré les limites identifiées et les critiques qu'elle a suscitées, l'École de Chicago continue d'inspirer des travaux de recherche, d'enseignement et elle demeure une référence incontournable pour qui s'intéresse à l'étude de la construction des problèmes sociaux en général, des activités associées au phénomène de la déviance et du contrôle social en particulier. L'auteur remonte donc dans le temps, passage obligé de la compréhension de l'École de Chicago. Il cherche à identifier l'héritage de celle-ci et son influence actuelle. De ces éléments historiques, l'auteur cherche à dégager les perspectives d'avenir qui se dessinent et qui sont marquées par le développement et l'importance des réseaux sociaux dans le contexte de la mondialisation, le retrait partiel de l'État du champ social et son transfert vers des formes privée/publiques ainsi que le changement de la normativité sociale faisant porter par l'individu toute la responsabilité de ce qui lui arrive.

L'étude des problèmes sociaux serait, de plus, dans une situation paradoxale entre une production florissante de recherches et d'écrits sur des thématiques spécifiques et une stagnation au niveau d'une problématisation large de ces divers objets. C'est du moins l'hypothèse formulée par Shirley Roy et Roch Hurtubise qui cherchent à discuter celle-ci à partir d'un ensemble d'éléments théoriques, politiques et institutionnels en terre québécoise. La non-cumulativité des connaissances et l'impossible transversalité de la réflexion dans un contexte de spécialisation des recherches et de l'analyse des problèmes sociaux seraient les conditions du ralentissement, voire de la stagnation de la réflexion des problèmes sociaux. Dans une optique de dépassement de ce qu'ils considèrent des limites à la réflexion, ils proposent certaines «clés théoriques» favorisant l'intelligibilité des problèmes sociaux dans une perspective qu'ils nomment pragmatisme sociologique et qui permet de penser la parole scientifique en tant que parole politique avec ses fondements et ses écueils.

Enfin, le renouvellement de la thématique des problèmes sociaux ne peut faire l'économie, selon Marcelo Otero, d'un passage de l'analyse des populations dites problématiques aux dimensions socialement problématisées et qui, elles, changent fondamentalement le lieu de l'investigation et le sens qui en émerge. La remise en question d'un regard catégoriel, substantialiste et psychologisant ouvre la voie à une relecture des liens entre socialité ordinaire et problèmes sociaux qu'il est nécessaire d'actualiser. Le nouveau contexte sociétal qui suppose désormais une individualité singulière et une individualité sociale constitue la base du renouvellement de ce qui pose problème dans nos sociétés contemporaines. Prenant en compte toute la mesure de cette nouvelle lecture du social, l'auteur propose une déclinaison des dimensions problématisées (dévaforisations, différences, handicaps et comportements) qu'il voit comme un champ de phénomènes, de pratiques, de significations aux frontières ouvertes et qu'il faut constamment revoir et rediscuter. Cela passe par la critique constante et rigoureuse des termes du débat et de leur application dans le champ pratique de l'intervention et de l'aide.

DYNAMIQUES ET RHÉTORIQUES

POUR UN MALENTENDU QUI FONCTIONNE
Luc Van Campenhoudt

Même s'il s'inspire, pour une bonne part, de recherches empiriques, ce texte relève du genre périlleux de l'essai. La réflexion proposée est inaboutie, hésitante, insuffisamment développée et argumentée sur plusieurs points. Si nous nous permettons néanmoins de la proposer, c'est parce que nous pensons qu'elle ouvre des perspectives intéressantes, notamment pour analyser la construction et le traitement des problèmes sociaux, et qu'elle pourrait susciter d'utiles critiques. Sa finalité est donc heuristique. N'étant pas spécialiste de la sociologie des problèmes sociaux, nous laisserons à ceux qui le sont, le soin d'en vérifier l'intérêt et d'en retirer, le cas échéant, ce qui semble le plus pertinent. Nous nous contenterons, quant à nous, de suggérer quelques pistes.

Le point de départ et le fil conducteur de la réflexion réside dans l'idée de « malentendu qui fonctionne ». La thèse est que le malentendu est non seulement inhérent mais, dans une certaine mesure, indispensable à toute relation sociale, aussi bien au niveau interpersonnel qu'aux niveaux institutionnel et politique. La réflexion proposée vise à le montrer mais aussi et surtout à dégager les conditions d'un « malentendu qui fonctionne », c'est-à-dire qui produit des effets que l'on peut considérer comme favorables pour cette relation ou pour celles et ceux qui y sont impliqués.

Ce texte comporte deux sections. La première et plus longue section de ce texte s'attachera à montrer combien le malentendu est inhérent aux relations entre trois catégories de personnes (gens, agents, dirigeants) et à l'intérieur de chacune et combien, dans une certaine mesure, il est nécessaire à ces relations et aux actions sociales qui s'y rapportent. La seconde section de ce texte montrera combien certaines caractéristiques de l'idéologie actuelle des grandes institutions sont malheureusement plutôt favorables à des « malentendus qui ne fonctionnent pas ». Certaines conséquences en seront tirées pour l'action sociale.

1.1. LE MALENTENDU : INHÉRENT ET INDISPENSABLE AUX RELATIONS SOCIALES

Il y a malentendu entre deux (ou plusieurs) personnes lorsqu'elles croient, à tort, comprendre quelque chose de la même manière ; en particulier, lorsqu'elles croient *se* comprendre l'une l'autre mais en fait ne se comprennent pas, au moins sur l'un ou l'autre point. Les parties en présence peuvent se comprendre dans une certaine mesure mais, dans une certaine mesure aussi, elles se comprennent « de travers ». Ce qui est constitutif d'un malentendu ce n'est pas seulement que les parties comprennent les choses différemment, c'est qu'elles ne se rendent pas compte qu'elles les comprennent différemment et se comportent dès lors comme si elles les comprenaient de la même manière. Par exemple, l'une pense que l'autre pense ce qu'elle ne pense pas, lui attribue à tort une pensée, une intention ou une motivation qu'elle n'a pas, et se comporte en fonction de cette conviction. Pour qu'il y ait malentendu, il faut que la divergence ou l'erreur échappe, en partie au moins, à la perception des parties.

On peut considérer que trois catégories de personnes sont directement impliquées dans la construction et le traitement des problèmes sociaux : primo, les *gens* qui incarnent ces problèmes (personnes en difficulté de toutes sortes) ; secundo les *agents* institutionnels (travailleurs sociaux, psychologues, médecins, éducateurs, médiateurs…) qui s'occupent des premiers en mettant en œuvre les dispositifs, programmes, projets, contrats… décidés par les suivants ; tertio, les *dirigeants* (responsables politiques ou hauts responsables institutionnels) qui décident des dispositifs, programmes, etc., mis en œuvre par les deuxièmes en faveur des premiers. Reprenons ces différentes catégories.

1.1.1. Entre les «gens»

Le malentendu est inhérent et indispensable à la vie collective à ses différentes échelles. Pour saisir la portée et les implications d'une telle proposition, sans doute est-il judicieux de les examiner d'abord au niveau microsocial des interactions interpersonnelles, en particulier entre proches, et de remonter progressivement aux relations qui se tissent aux niveaux meso – et macrosociaux.

Pour vivre et agir avec les autres, il nous est impossible de ne pas essayer de les comprendre un tant soit peu car nous devons ajuster nos comportements aux leurs, passés, présents et à venir. Les comprendre signifie reconstituer en pensée les processus par lesquels leurs comportements (au sens large, y compris leurs paroles, leurs affects, leurs choix de vie, etc.) adviennent, mettre au jour le principe qui rend leurs comportements intelligibles (Ladrière, 1994). Sans doute pouvons-nous aller assez loin dans cette compréhension. Effectivement, dans une certaine mesure, chacun peut comprendre l'autre et tenter de se mettre à sa place (Schütz, 1987). «Je te connais comme le fond de ma poche» dit-on d'ailleurs parfois à un proche dans les pensées duquel on prétend pouvoir lire et dont on prétend prévoir les réactions. Fortes de cette conviction qu'il est possible de parvenir à une «compréhension intime de la manière dont la personne pense et agit» (Kaufmann, 1996), les sciences sociales n'ont pas été en reste et ont élaboré des méthodes dites compréhensives.

Mais, à un moment ou à un autre, nous ne pouvons pas ne pas buter sur les limites de cette capacité de comprendre l'autre et même nous pouvons nous tromper dans nos suppositions à son sujet. D'abord parce que l'être de chacun est infiniment complexe. N'avons-nous pas, si souvent, peine à nous comprendre nous-mêmes? Ensuite parce que, en parlant à son interlocuteur ou en agissant devant lui, chacun ne révèle jamais qu'une partie de son être, en fonction de sa propre appréciation de la situation d'interaction et de ses contraintes (par exemple selon qu'elle se déroule en public ou en privé) (Nagel, 1998), de l'idée qu'il se fait de son interlocuteur, en fonction aussi de ses propres craintes et aspirations. Chacun dissimule toujours beaucoup sur lui-même, pas forcément dans l'intention de tromper (par exemple pour se vanter ou pour éviter une sanction) ou de ruser (par exemple dans une négociation délicate ou pour vendre un produit) mais tout simplement, comme Simmel (1991) le montrait déjà, parce qu'il est impossible de faire autrement dans les interactions humaines. Même sur les sites de sociabilité sur Internet, les internautes travaillent leur présentation de soi et ne dévoilent, d'une manière fort subjective, qu'une partie d'eux-mêmes (Aguiton *et al.*, 2009). D'autre part, l'interlocuteur n'entend et ne retient de ce que le locuteur veut bien lui dire que ce qui correspond à sa propre appréciation de la situation d'interaction. Il interprète celle-ci en fonction de ce qui a une signification ou une pertinence à ses yeux, en fonction de ses propres schémas de pensée, de ses émotions et de ses intérêts.

On pourrait penser que, au fait de cette difficulté, nous aurions la sagesse de nous abstenir de tenter de comprendre l'autre. En fait, nous ne pouvons pas nous empêcher d'essayer de le comprendre parce que nous devons nous ajuster à lui. Donc, tôt ou tard, sur certains points, nous sommes toujours forcément plus ou moins à côté de la plaque, et l'autre l'est tout autant à notre propre sujet. Le malentendu est donc bien inhérent à la vie collective.

C'est si vrai que les humains ont élaboré des « méthodes » qui rendent possibles et relativement satisfaisantes les interactions et la coexistence entre eux, en dépit de leurs nombreux malentendus. Veiller à ne pas perdre la face et à ne pas la faire perdre à autrui (Goffman, 1974), faire « comme si » l'on était ensemble pour les mêmes raisons alors que ces raisons varient d'une personne à l'autre (la « réciprocité des perspectives » chez Schütz, 1987), se comporter selon des scénarios sociaux (Gagnon et Simon, 1986) définis à l'avance, sont quelques-unes de ces « méthodes » au sens large, que la théorie sociologique a bien identifiées et décryptées.

Au niveau le plus intime même, les malentendus sont inhérents à toute relation. Une femme et un homme qui disent et pensent sincèrement s'aimer et être faits l'un pour l'autre sont ensemble pour un entrelacs de raisons qui sont loin d'être exactement les mêmes pour l'une et pour l'autre : éprouver une attirance sexuelle, rompre la solitude, procréer et fonder une famille, avoir un conjoint en adéquation avec l'habitus familial, s'assurer une sécurité d'existence, montrer aux connaissances qu'on a déniché une perle... Même si les partenaires ou les conjoints s'adorent sincèrement, il est plus que probable que chacun gardera pour lui une série d'appréciations qui concernent les aspects les plus divers de leur vie commune comme leurs jugements sur certains traits du caractère ou du physique de l'autre, parfois un défaut un peu énervant, certaines aspirations qui ne sont pas satisfaites, une attirance ressentie pour une tierce personne, un soupçon de jalousie ou quelque ressentiment que ce soit à l'égard du partenaire, de sa belle-mère, de son beau-père ou de leurs enfants communs ou d'une union précédente. Quand ils se disent « Je t'aime », il y a fort à parier qu'ils ne donnent pas exactement la même signification à ce mot. Chacun façonne la relation de la meilleure façon pour lui-même tout en se ménageant son propre jardin secret où l'autre n'est pas admis. Ne pas comprendre cela, vouloir tout dire constamment, expose le couple à d'interminables scènes qui ne peuvent que mal se terminer.

Inhérent aux interactions interpersonnelles, notamment intimes, le malentendu leur est aussi nécessaire, voire indispensable, du moins dans une certaine mesure et à certaines conditions. Une relation intime épanouissante a, d'ailleurs, d'autant plus d'attrait que chacun garde pour l'autre une part de mystère, une part à laquelle le ou la partenaire n'aura jamais accès, une part de «malentendu qui fonctionne». S'il tente de l'explorer trop avant, il sera toujours non seulement peu ou prou «à côté de la plaque» mais il fera preuve d'une indiscrétion plus ou moins violente.

S'ils sont subtils, les partenaires peuvent se douter qu'il y aura toujours entre eux ce genre de malentendu mais ils ne savent pas quand il a lieu ni sur quoi il porte. S'ils sont lucides, ils savent que c'est une fatalité car ils ne peuvent vivre l'un avec l'autre qu'en essayant de se comprendre l'un l'autre afin de s'ajuster l'un à l'autre et donc sans se tromper non pas l'un l'autre mais l'un sur l'autre. Ils sont en quelque sorte piégés dans leurs malentendus mais certains de ceux-là sont favorables à la relation, sources de surprises et d'enrichissement mutuel, tandis que d'autres lui sont défavorables, source de mésententes, de frustrations et de rancœurs. L'art de vivre à deux ne repose pas sur la dissipation des «malentendus qui fonctionnent» mais sur la conscience qu'il y en a, qu'il faut en assumer les risques et en faire un atout pour la relation. Tout repose sur la capacité de saisir la limite fluctuante entre d'une part, ce qui doit être clair entre les interlocuteurs, ce sur quoi il faut éviter les malentendus, ce que l'on doit se dire, la vérité à laquelle l'autre a droit et, d'autre part, ce qui peut ou même doit rester le jardin secret de chacun, de son autonomie et de ses motivations qui ne regardent que lui. Les «coulisses» dont chacun a besoin (Goffman, 1974) ne sont pas seulement spatiales, elles sont surtout mentales et imaginaires.

Telle qu'on la conçoit le plus souvent, la connivence est une entente tacite entre deux ou plusieurs personnes qui savent ce que d'autres ne savent pas, qui sont de mèche, comme on dit. «Nous savons que nous pensons la même chose, et nous n'avons pas besoin de le dire explicitement. Et c'est gai.» Dans le «malentendu qui fonctionne», la connivence est plus subtile encore: «Nous croyons chacun que l'autre pense ce qu'il ne pense pas, mais nous nous en doutons. Et c'est encore plus gai.»

Il en est de même dans les relations d'autorité. Les meilleurs parents, professeurs et éducateurs ne sont pas ceux qui cherchent à tout savoir de leurs enfants ou élèves mais ceux qui savent être structurant – nous développerons plus loin cette idée – sans les cadrer plus qu'il ne faut, en leur laissant une marge de liberté suffisante pour qu'ils se développent par eux-mêmes, avec des complices de leur âge, en faisant les «bêtises» de leur âge. «Le poisson ne grandit pas en eau claire» dit un vieux proverbe japonais. Certes, cela comporte des risques; tout est question d'appréciation du contexte, de sens de la situation et de compréhension de la dynamique existentielle des personnes concernées. Le mot « jugeote », avec son air de ne pas se prendre au sérieux, avec sa connotation prosaïque qui lui enlève toute chance d'être un jour reconnu comme concept noble, exprime bien cette attitude adoptée par les éducateurs qui ont intuitivement saisi l'idée de malentendu qui fonctionne. Sans doute est-ce d'ailleurs le meilleur antidote du mensonge délibéré et de la perte de confiance réciproque. Et cela reste tout aussi vrai dans les interactions entre pairs, adultes ou jeunes, collègues ou voisins, amis et amies.

1.1.2. Entre les « gens » et les « agents »

Ces derniers exemples font la transition entre les relations interpersonnelles et les relations plus formalisées qui impliquent d'une part, les agents institutionnels ou professionnels du social, de la santé, de la justice ou de l'éducation notamment et d'autre part, les personnes en situation plus ou moins problématique dont ces professionnels s'occupent dans le travail quotidien et en faveur desquels ils mettent en œuvre, sur le terrain, des dispositifs et programmes de toutes sortes. Ces personnes sont, par exemple, des élèves en décrochage, des assistés sociaux, des personnes sans domicile fixe, des réfugiés, des justiciables en délicatesse avec la justice, des habitants d'un quartier difficile, des usagers de drogue dépendants, des détenus, des malades chroniques, etc. Bref, pour le dire autrement et de manière plus simple et imagée, il est question ici des relations entre les « encadreurs » et les « encadrés ».

Les études empiriques montrent que, bien souvent, le plus souvent sans doute, la personne encadrée n'en a cure des projets de ses encadreurs. Certes, elle a souvent besoin d'aide, mais pas forcément de la manière et selon les finalités prévues par les professionnels. Au mieux, elle a son propre projet, plus ou moins avouable, pour elle-même ou pour ses proches. À ses yeux, le jugement qui compte le plus est celui de ses « autrui significatifs » (lorsqu'elle n'est pas totalement seule) qui ne sont que rarement les agents institutionnels. Au minimum, mais qui est vital pour elle, elle cherche « seulement » à survivre, à garder la tête hors de l'eau, à pouvoir rester sur le territoire, à souffrir moins, à tenir le coup jusqu'au lendemain, en retirant de ce qu'on lui propose ou impose quelques ressources utiles qu'elle détournera de la destination prévue par les encadreurs. Dans les cas intermédiaires, elle cherche simplement à se tirer d'une mauvaise passe, qu'elle espère provisoire. Dans pratiquement tous les cas, elle ruse avec ce que les dispositifs et les programmes veulent faire d'elle, fait semblant de « jouer avec » mais joue en fait un autre jeu avec d'autres règles, exploitant les failles du « système », c'est-à-dire des institutions et de leurs dispositifs, pour un autre enjeu que celui défini par ce système. Elle tire son plan en composant avec les plans que l'on tire sur elle, en faisant peu ou prou semblant d'y croire. Et comme tous ces plans l'ont si souvent déçue, ils ne sont pour elle que des ressources à exploiter avec opportunisme, des contraintes à minimiser (comme un suivi psychologique ou un travail d'intérêt général qui sont imposés). Bref, chaque fois qu'elle le peut, elle pratique une sorte de «détournement de fonds honnête», honnête de son point tout au moins, comme dans le cas, que nous verrons plus bas, d'un surendetté qui travaille au noir pour conserver sa voiture. Bien d'autres recherches et mille témoignages lucides de travailleurs du social pourraient illustrer ce phénomène.

Bref, à quelques exceptions près (comme les élèves en situation difficile mais qui rêveraient néanmoins de devenir eux-mêmes enseignants plus tard), les personnes dont la situation problématique est censée être traitée par les professionnels sont, pour une large part, sur des planètes différentes de celles de ces professionnels. Entre les uns et les autres, il y a un malentendu fondamental; ils construisent des images réciproques très peu conformes à la réalité de l'autre, à partir de leur propre univers pratique, en fonction de leurs propres objectifs et des exigences de leur métier ou de leur situation concrète.

Vision exagérée et pessimiste, diront certains dont l'expérience de terrain ne vérifie que partiellement cette analyse. Sans doute tirons-nous un peu exagérément le raisonnement dans un sens, pour faire mieux apparaître un phénomène que les agents institutionnels n'aiment pas voir car il remet en question le sens même qu'ils donnent à leur propre travail. Mais ce n'est qu'une apparence; comme nous le verrons plus loin, notre thèse recadre plutôt autrement ce travail institutionnel, sa pertinence et son efficacité. En prenant en compte le point de vue de l'encadré, comme acteur qui résiste à la vision des dispositifs, elle permet aussi d'évaluer autrement leur succès ou leur échec.

1.1.3. Entre les «agents»

Pour montrer l'importance des malentendus entre agents institutionnels eux-mêmes, nous nous baserons ici sur deux recherches récentes. La première porte sur les relations entre les professionnels de la justice (essentiellement magistrats et avocats) et ceux de la santé mentale (essentiellement médecins psychiatres et psychologues) qui sont impliqués dans le traitement judiciaire de justiciables souffrant de troubles mentaux. Cette recherche a été publiée sous le titre *Judiciaire et thérapeutique: quelles articulations?* (Brandon et Cartuyvels, 2004; Van Campenhoudt, 2004). La seconde est une vaste recherche interuniversitaire effectuée voici quelques années dans la partie francophone de Belgique dont les résultats ont été publiés sous le titre *Aux frontières de la justice, aux marges de la société* (de Coninck,

Cartuyvels *et al.*, 2005). Cette seconde recherche portait sur les transformations des rapports entre la justice (principalement pénale) et les autres champs concernés par l'action publique et sociale (notamment l'école, le travail social, la médecine psychiatrique...) qui participent au traitement d'une série de problèmes sociaux comme l'absentéisme et le décrochage scolaires, le surendettement, l'insécurité dans les quartiers dits difficiles et les violences liées aux dépendances. Concrètement, l'analyse a porté sur un ensemble de huit «scènes»: l'intervention judiciaire dans et autour de l'école, l'intervention judiciaire face aux mineurs en danger, le travail social en justice, l'aide à la décision judiciaire, le suivi des décisions judiciaires, la politique des poursuites en matière de stupéfiants, la prise en charge des auteurs d'abuseurs sexuels, la justice face au surendettement et enfin l'action du tribunal du Travail dans la gestion des contentieux relatifs au chômage et à l'aide sociale. Chaque scène consiste en un secteur d'activité, défini par la gestion d'un problème social, et dans le traitement duquel les professionnels de la justice (magistrats, avocats, assistants de justice, médiateurs...) sont impliqués avec des professionnels d'autres champs (enseignants, travailleurs sociaux, personnel de la santé, etc.). Pour chacune de ces scènes, une analyse en groupe a été réalisée. Concrètement, une douzaine de professionnels relevant de champs différents mais aux prises avec le même type de problèmes analysent, durant deux journées complètes, des récits d'expériences vécues, révélatrices des phénomènes étudiés, selon la procédure de la «méthode d'analyse en groupe» (Van Campenhoudt *et al.*, 2005; Van Campenhoudt *et al.*, 2009). Par exemple, des analyses portant sur le traitement judiciaire des dossiers de surendettement ont notamment rassemblé un médiateur de dettes, un travailleur social, une représentante du secteur bancaire, un gestionnaire de logements sociaux, un avocat, un juge des saisines et le responsable d'une association de défense des personnes surendettées, lui-même ancien surendetté. Les expériences relatées sont analysées par le groupe lui-même selon un dispositif comprenant, outre le choix et la narration des récits, un double tour de table au cours duquel les participants font part de leur interprétation de l'expérience relatée, une mise en évidence des convergences et des divergences interprétatives et de nouvelles problématiques issues d'une double confrontation pacifique (ou «coopération conflictuelle») à deux niveaux: entre les participants eux-mêmes qui sont dans des positions institutionnelles différentes et entre les participants et les chercheurs-intervenants (en fait un «animateur» et un «rapporteur») qui proposent également leurs propres hypothèses et les soumettent à la critique des participants.

Dans pratiquement tous les groupes, quelle que soit la scène concernée, les chercheurs ont observé ce qu'ils ont appelé «la ritournelle de la communication». Avec des nuances propres à chaque groupe, celle-ci de déroulait *grosso modo* en trois temps. Dans un premier temps, avec une belle unanimité, les participants soulignaient l'importance d'une bonne communication entre les professionnels ayant à traiter d'un même dossier, à travailler «en réseau». Dans l'analyse d'un dossier de surendettement par exemple, l'importance d'une bonne communication entre le médiateur de dette, le magistrat, les créanciers et la personne surendettée était affirmée. Dans un autre cas de traitement judiciaire d'un agresseur sexuel souffrant d'une dépendance à l'alcool, l'exigence d'une bonne circulation des informations entre le magistrat, l'avocat de la personne, le médecin psychiatre traitant l'individu et le médecin responsable d'une institution où l'agresseur a été amené à subir une cure de désintoxication était soulignée.

Mais, et c'est le second temps de la ritournelle, les participants à ces deux analyses, comme ceux des autres groupes, d'ailleurs, à propos d'autres récits, s'empressaient de regretter qu'en réalité l'information circulait fort mal et que les malentendus entre les professionnels étaient nombreux. Volontairement ou non, les uns et les autres se cachaient des choses essentielles et partageaient une impression de discordance, d'incompréhension mutuelle et même, dans certains cas, selon l'expression d'un participant, de chaos. Par exemple, le magistrat des saisines qui avait à trancher dans un dossier de surendettement qu'il maîtrisait bien, raconta avoir acquis la quasi-certitude que la personne surendettée, un homme d'une quarantaine d'années, pour lequel les parties devaient trouver un accord à propos de ses dettes, travaillait au noir pour payer la voiture qu'il estimait indispensable pour pouvoir trouver un emploi et transporter ses enfants. Mais le juge se garda bien de révéler sa suspicion aux autres protagonistes présents dans le prétoire (les représentants des créanciers, les avocats du justiciable et bien entendu la personne surendettée notamment) ou de poser au justiciable une question qui eut pu éveiller leurs soupçons. Certes, il trouvait une telle situation anormale et illégale, mais il préféra rester dans l'incertitude et garder le silence à ce sujet de manière à ne pas compromettre davantage les chances de la personne surendettée de s'en sortir. La transaction avec les créanciers fut dès lors conclue sans tenir compte de ses revenus illégaux supposés mais seulement des allocations de chômage, tandis que le justiciable lui-même continua, apparemment en tout cas, de croire qu'il avait réussi à cacher ce travail au noir. En fait, nul ne saura jamais qui fut dupe et qui ne le fut pas dans cette histoire. Mais le résultat est là: l'ensemble des parties prenantes donna son accord sur un contrat de médiation des dettes du justiciable et ce dernier put conserver sa précieuse voiture. Le malentendu a «fonctionné» en ce sens que le dossier fut traité d'une manière plus ou moins satisfaisante aux yeux de tous.

Ce n'est pas toujours le cas et un malentendu peut parfois mal tourner, comme dans le traitement judiciaire et médical du dossier d'un homme qui, sous l'emprise de la boisson, avait violé la jeune sœur mineure de sa propre compagne. N'ignorant rien des pulsions sexuelles de son patient, le médecin psychiatre de ce justiciable l'envoya suivre une cure de désintoxication dans une clinique spécialisée mais sans informer le médecin-chef de cette institution de ces pulsions sexuelles et du danger qu'elles représentaient pour la jeune fille. Vite lassé de l'enfermement, le patient demanda au médecin-chef de pouvoir quitter la clinique avant le terme du traitement, ce qu'il put faire après avoir signé une décharge pour la clinique et son directeur. À peine sorti, il agressa une nouvelle fois la jeune fille. Autant dire qu'au tribunal, montrant du doigt cette absence de communication entre les deux médecins, l'avocat de l'agresseur tenta, mais sans succès, de reporter sur le médecin psychiatre, la responsabilité du crime.

Poursuivant leur travail, les groupes d'analyse nuancèrent toutefois fortement ce regret d'une «mauvaise» communication. Dans un troisième temps, en effet, les uns et les autres insistèrent sur les inconvénients d'une communication trop parfaite et transparente, tant pour les justiciables en situation problématique que pour les professionnels impliqués dans leur traitement judiciaire et social. Les raisons invoquées furent multiples et variables selon les professionnels: sauvegarder le secret professionnel, se protéger soi-même de reproches éventuels, conserver son autonomie par rapport aux autres intervenants, éviter de coincer et d'asphyxier le justiciable dans un système absolument contraignant où tous les professionnels concernés sauraient tout de lui et de ses actes et se le communiqueraient systématiquement... Derrière ces raisons déclarées plus ou moins vertueuses, s'en trouvent d'autres que l'analyse en groupe parvient bien souvent à expliciter, comme celles qui relèvent des rapports de pouvoir entre les professionnels intervenant sur un même dossier (Van Campenhoudt, 2010), de certains intérêts corporatistes ou personnels ou des logiques de champs (au sens de Bourdieu) qui veulent protéger leurs frontières des incursions de champs voisins. Le fait est que, du point de vue de la jeune victime surtout, mais aussi de la femme du prévenu et de la réinsertion de celui-ci dans des relations humaines et sociales acceptables, il s'agissait d'un malentendu qui n'a pas fonctionné.

Les soi-disant défauts de communication et les incompréhensions entre les agents institutionnels qui mettent en œuvre les dispositifs pour traiter les problèmes sociaux ne sont, dans une certaine mesure, que des malentendus nécessaires. Tantôt c'est la possibilité pour chacun d'exercer son métier avec une autonomie suffisante qui est en jeu; tantôt c'est la possibilité, pour la personne dont ils traitent le dossier, de ne pas être prise dans les mailles d'un énorme filet qui serait tendu et tiré dans le même sens par une coalition de professionnels agissant de concert qui est en cause; plus largement, c'est la possibilité d'un traitement collectif des problèmes sociaux où circule un minimum d'air, d'incertitude, d'adaptation à la singularité de chacune des situations concrètes, et d'inventivité qui est sauvegardée. Un jeu très complexe se déroule donc entre agents institutionnels ou professionnels du social, dont les enjeux sont notamment les intérêts des uns et des autres, la définition de leur métier et leur degré d'autonomie dans son exercice, la capacité de peser sur les multiples décisions produites par leur « travail en réseau » (Van Campenhoudt, 2010) ou par le système de gouvernance dont ils sont parties prenantes.

Ces malentendus entre professionnels peuvent s'expliquer, pour une part, par des logiques structurelles de différenciation des sphères d'activités (Weber), d'autonomie relative des champs (Bourdieu) ou de fermeture des systèmes sociaux (Luhmann). Le « travail en réseau » met, en effet, en relation des professionnels dont les actions obéissent encore, pour une large part, aux logiques de leurs sphères d'activités, de leurs champs ou de leurs systèmes sociaux respectifs: la justice, la médecine, le travail social, l'éducation, etc.

1.1.4. Entre les « gens », les « agents » et les « dirigeants »

Les dispositifs et programmes que les agents institutionnels mettent en œuvre sur le terrain ont d'abord été décidés par des responsables politiques et institutionnels en fonction d'intentions politiques et sociales plus ou moins louables (lutter contre la pauvreté, aider les personnes en situation précaire, lutter contre l'insécurité et le sentiment d'insécurité dans des quartiers difficiles, rénover un quartier délabré et y reconstruire un tissu social, prévenir un risque sanitaire, fournir des conditions de vie décentes à des populations récemment arrivées...).

Pour se concrétiser, les orientations définies par l'État et les moyens qu'il met en œuvre doivent d'abord passer par le travail des multiples professionnels et travailleurs institutionnels et associatifs (des magistrats, des policiers, des enseignants, des travailleurs sociaux, des médecins, des psychologues, des éducateurs, des animateurs socioculturels, des travailleurs de rue...) qui ont chacun leur propre vision des choses, leur propre intérêt, leur propre projet, leur propre habitus et dont les actions obéissent aux logiques de leur propre champ (social, médical, scolaire...). Entre les intentions des *dirigeants* et celles des *agents*, existe déjà une relativement grande distorsion. Mais le travail des agents s'applique à la réalité concrète des *gens* visés par les décisions et dispositifs que les premiers sont censés mettre en œuvre (les personnes en difficulté économique, les justiciables, les élèves et leurs parents, les personnes souffrant de problèmes de santé ou d'assuétudes...). À son tour, cette réalité résiste car les personnes concernées s'adaptent aux dispositifs, ne s'y soumettent qu'en rusant avec eux, en retirent ce qui les arrange et délaissent ce qui ne correspond pas à leurs propres valeurs, aspirations et intérêts. Bref, entre les dirigeants, les agents et les gens, un jeu complexe se déroule chaque fois, où chacun tente de s'en tirer le mieux ou le moins mal possible, avec des rapports de forces et des allégeances en sens divers, des instrumentalisations réciproques, des stratégies multiples et souvent contradictoires, des détournements plus ou moins légaux et plus ou moins honnêtes de moyens vers d'autres intentions que celles prévues au départ. Avec, aussi, une abondance de discours de légitimation, de rationalisation, de justification, plus ou moins sincères qui cachent autant qu'ils révèlent, avec surtout une énorme part de non-dits et de malentendus.

La construction et le traitement des problèmes sociaux procèdent d'un processus en cascade, comportant, à chaque palier, des distorsions plus ou moins fortes. Au plus haut niveau d'un système politique et social, les décideurs politiques décident de programmes et y allouent des ressources qui n'aboutissent pas souvent à ce qui était prévu et attendu, mais à autre chose qui n'est pas forcément pire. Weber l'avait bien noté:

> Il est une chose incontestable, et c'est même un fait fondamental de l'histoire [...]; le résultat final de l'activité politique répond rarement à l'intention primitive de l'acteur. On peut même affirmer qu'en règle générale il n'y répond jamais et que très souvent le rapport entre le résultat final et l'intention originelle est tout simplement paradoxal (Weber, 1959, p. 165).

L'État ne pilote pas la société et ne dirige pas les populations comme un capitaine tient la barre d'un navire et dirige son équipage (en dépit de l'analogie maritime si souvent utilisée dans certaines représentations romantiques du management des organisations humaines). Il ne la gère même pas comme on gère une entreprise. Certes, l'État peut voter des lois, imprimer certaines orientations, affecter des ressources, aménager un espace public, construire une infrastructure, créer de nouveaux postes d'agents publics et les affecter à de nouvelles missions, subventionner des organisations ou services, et ce n'est pas rien. Mais, pour ce qui concerne l'action sociale, sociosanitaire, éducative ou judiciaire notamment, ses mesures se conjuguent «sur le terrain» à de nombreux autres paramètres, impliquent des acteurs d'autres champs qui ne sont pas à ses ordres et bénéficient d'une plus ou moins grande autonomie, s'inscrivent dans un système d'action et de relations complexes dont le sommet perd vite la maîtrise.

Avec leurs lois, leurs plans, leurs dispositifs et leurs projets, les décideurs ne sont pas davantage comme des boulangers qui peuvent travailler une pâte à leur gré pour en faire le gâteau prévu. La société n'est pas une pâte qui se laisse passivement travailler et le résultat n'est jamais le gâteau prévu. La société *se* travaille elle-même et les intentions des décideurs n'en constituent qu'un des éléments parmi d'autres. Tel est bien le sens sociologique le plus fort du substantif *social*, celui d'une société qui *se* travaille elle-même par le jeu des actions sociales et des interactions concrètes, largement indéterminées au départ sans être pour autant totalement aléatoires.

C'est pourquoi la théorie du complot ne s'applique pas à ce niveau d'action sociale et de relation de pouvoir[1]. Sauf situation exceptionnelle, il n'y a pas de « complot » possible entre les dirigeants ou entre les professionnels qui prennent part à la gestion d'un problème social. Par conséquent, parce qu'ils n'ont pas affaire à un « système » homogène dont les responsables sauraient comploter, les assistés ou justiciables ne sont jamais absolument désarmés et dominés par un pouvoir total, même s'ils peuvent en avoir l'impression et se sentent désarmés.

Si le mode de traitement des problèmes sociaux ne relève pas d'une logique intentionnelle du complot, il n'en obéit pas moins à des logiques fonctionnelles et objectives qui mériteraient d'être examinées plus avant. L'une de ces fonctions consiste certainement à assurer une certaine continuité du système social non pas en apportant des solutions efficaces pour sortir les personnes concernées de leur situation difficile, ni – pour la plupart d'entre elles – en les enfermant dans des institutions, mais bien en les faisant circuler entre les professionnels qui travaillent « en réseau ». Les « cas difficiles » circulent désormais de manière incessante entre magistrats, travailleurs sociaux, psychologues, médecins, éducateurs, policiers, responsables d'établissements scolaires, médiateurs de toutes sortes, comme des « patates chaudes » renvoyées sans cesse de mains en mains et repassant souvent à plusieurs reprises entre les mêmes mains, mais qui ne se comprennent pas vraiment car elles ne sont qu'apparemment coordonnées.

1.2. L'IDÉOLOGIE CONSENSUALISTE

La seconde partie de notre thèse est que l'idéologie et l'imaginaire ambiants des institutions (de leurs dirigeants et de leurs agents) sont, à plusieurs égards, défavorables aux « malentendus qui fonctionnent » et que le problème réside, paradoxalement, dans une conception consensualiste des relations et de l'action sociales au sens large.

1.2.1. La chimère de l'adhésion

À tous les niveaux de relations sociales, l'erreur la plus courante des dirigeants et des agents institutionnels est sans doute ce qu'on pourrait appeler la *chimère de l'adhésion*. Elle consiste à ne pas pouvoir concevoir

---

1. Cette idée nous a été suggérée par une des participantes au colloque.

leur travail sans penser que les personnes qu'ils encadrent doivent adhérer à leur vision des choses, à leurs objectifs et à leur manière de les poursuivre. S'ils ne considèrent pas cette adhésion comme acquise d'avance, ils sont convaincus qu'elle peut et doit être conquise pour que leur travail ait du sens et de l'efficacité. Le professeur ne veut rien autant que de voir ses élèves adhérer à son système de valeurs et à ses méthodes. Le travailleur social ne veut rien autant que de voir l'assisté se prendre en charge de la façon dont le travailleur social le conçoit. Le juge ne veut rien autant que de voir le justiciable adhérer à son jugement et retrouver le droit chemin tel que défini par le droit. Le médecin ne veut rien autant que de voir son patient adhérer à son traitement et vouloir recouvrer la santé[2].

La thèse du malentendu, telle qu'exposée dans la première section de ce texte, contredit évidemment une telle conviction. Les personnes encadrées n'adhèrent que lorsque cela leur convient. Si elles adhèrent à certains aspects de ce que les professionnels leur proposent, cette adhésion n'est que partielle et fragile, susceptible d'être remise en cause, à la suite d'une déconvenue par exemple. Pour l'essentiel et le plus souvent, elles font seulement mine d'adhérer mais leurs rêves, leurs aspirations profondes, leurs projets (quand elles en ont) sont ailleurs et souvent très terre-à-terre : trouver des sous pour acheter cette voiture, décrocher cette allocation, passer n'importe comment dans l'année scolaire suivante, séduire cette fille ou ce garçon, être débarrassé de ces voisins qui rendent la vie impossible, etc. Rien de moins noble ou de plus méprisable que les aspirations de certaines élites qui ne rêvent que d'enrichissement, de plus de notoriété, de pouvoir, de recouvrer la santé ou de voir leur dernier rejeton ne pas mettre en péril l'image de la famille.

Certes, chez beaucoup, chez la plupart peut-être, ces aspirations terre-à-terre peuvent se conjuguer à des sentiments élevés, à un sens du devoir, à de nobles idéaux, par exemple de solidarité ou de responsabilité, mais ces dispositions d'esprit ne sont pas forcément celles attendues des encadreurs et ne signifient pas une adhésion à leurs projets. De plus, ces normes idéales n'ont souvent qu'une fonction symbolique, pour donner un sens à l'existence. Les pratiques se réfèrent à des normes effectives étroitement liées aux comportements des « autrui significatifs » tels qu'on les perçoit (Ferrand et Snijders, 1997). Ce n'est pas à des idées abstraites, à un plan ou à un programme pensés à l'avance par des responsables politiques ou institutionnels, par des experts et autres concepteurs d'actions sociales, à de nouvelles pédagogies ou à quoi que ce soit (et qui, nous y reviendrons, n'en sont pas moins nécessaires) que l'on adhère. Quand on adhère, c'est à quelque chose de plus globalement existentiel, de plus

---

2. C'est déjà sur cette idée que reposait la conception de la relation entre le médecin et le patient chez Parsons (1951).

personnalisé aussi. On adhère, notamment, parce qu'il existe un micro-contexte particulier où l'on a pensé pouvoir vivre une expérience intéressante dans un climat de confiance (McAdam *et al.*, 1988). Mais alors, c'est moins au projet rationnel en tant que tel que l'on adhère qu'à un processus relationnel et émotionnel, dans lequel les interactions interpersonnelles sont cruciales. On a l'impression diffuse qu'enfin, « quelque chose se passe » et que ce quelque chose peut nous arracher par le haut à la difficile situation dans laquelle on s'enfonçait.

1.2.2. Être structurant pour permettre de se structurer

À l'encontre de la chimère de l'adhésion, s'en sortir, se prendre au jeu consiste souvent à ne pas adhérer, à résister à l'embrigadement vertueux des dispositifs, des projets et des plans dressés sur soi par d'autres. Combien d'enfants n'ont-ils pas fait quelque chose de leur vie contre les plans de leurs parents ? Combien d'élèves n'ont-ils pas réussi ou appris réellement quelque chose à l'école « contre » leur professeur plutôt qu' « avec » lui, pour lui montrer et montrer aux autres qu'ils n'étaient pas si mauvais ou parce qu'ils se sont passionnés pour des questions périphériques par rapport à la matière ? Combien de personnes ayant connu des conditions pénibles ne s'en sont-elles pas sorties « contre » les institutions censées les aider, en détournant éventuellement de leur destination initiale les ressources institutionnelles mises à leur disposition ou en luttant contre leur emprise et leurs contraintes ? Plus encore, combien de personnes en situation précaire ne s'en sont-elles pas sorties, et leurs proches avec elles, grâce à la transgression occasionnelle ou systématique de la loi ? On est ici au cœur de malentendus qui fonctionnent.

L'illusion bourdieusienne consiste bien à se prendre au jeu mais pas de manière hypnotique car le jeu est réapproprié, réaménagé par chacun, en interaction étroite avec son ou ses micro-réseaux sociaux de proches.

Est-ce à dire que les professionnels qui s'occupent des problèmes sociaux ont tout faux, que leur travail est vain, qu'ils sont les grands dupes de ces malentendus et qu'ils devraient cesser d'élaborer et de poursuivre des projets au bénéfice des personnes qu'ils encadrent ? Certainement pas. La suite du texte de Weber est éclairante à cet égard. En effet, quelques lignes plus loin du passage cité ci-dessus, il s'empresse d'ajouter :

[C]ette constatation [que le résultat final de l'activité politique répond rarement à l'intention primitive de l'acteur] ne peut servir de prétexte pour s'abstenir de se mettre au service d'une cause car l'action perdrait alors toute consistance interne (Weber, 1959, p. 165).

En d'autres termes, ce n'est pas parce que les intentions venant du sommet ne se concrétisent pas telles quelles sur le terrain, ce n'est pas parce qu'un jeu complexe impliquant de nombreux acteurs rend les effets des politiques et des projets partiellement indéterminés, qu'il faut faire n'importe quoi. Au contraire, c'est la cohérence interne de chaque acteur (ou entité institutionnelle) détenteur d'une parcelle de pouvoir qui permet à chacun des autres d'inscrire son action dans un système certes complexe, conflictuel et dont les malentendus ne sont pas absents, mais qui a du sens et de la consistance. C'est précisément dans cette consistance dynamique et non dans une substance homogène que réside la nature propre du «social». En d'autres termes, pour permettre aux encadrés de se structurer, les encadreurs ne doivent pas chercher à les convaincre et encore moins à les embrigader dans leurs schémas de pensée et d'action, ils doivent «seulement» être structurants, c'est-à-dire consistants et cohérents, de manière à procurer aux encadrés des repères par rapport auxquels ces derniers peuvent se situer et s'y retrouver. Il faut que les encadrés sachent à qui ils ont affaire : à des agents institutionnels qui ne voient pas forcément les choses comme eux, mais qui savent où ils vont et pourquoi ils y vont, avec résolution mais sans rigidité, avec souplesse mais sans faiblesse. Avec une bonne dose de jugeote.

Certes, «le poisson ne grandit pas en eau claire» mais il n'en a pas moins besoin de savoir où sont les berges de la rivière ou les rivages de la mer ; il doit pouvoir percevoir les courants et les reliefs sous-marins qui lui permettront de se repérer et de ne pas errer n'importe où et n'importe comment. Si une métaphore marine a du sens, celle-ci convient mieux que celle du capitaine du navire qui galvanise son équipage et le tire vers l'avant.

1.2.3. «Les mots doux des institutions[3]»

La chimère de l'adhésion s'épanouit dans un contexte idéologique dont un trait majeur est aujourd'hui le consensualisme. Ce consensualisme envahissant fait obstacle à ce que les malentendus «fonctionnent», en compromet les conditions, de sorte que l'on a de plus en plus affaire à des «malentendus qui ne fonctionnent pas», c'est-à-dire qui conduisent à des blocages ou à une déstructuration rapide ou lente de la relation et de l'action sociale. Ce phénomène a des conséquences importantes pour la définition et le traitement institutionnel des problèmes sociaux.

C'est dans le lexique utilisé par les grandes institutions internationales (comme le FMI, la Banque mondiale ou l'Union européenne) et nationales (les États) mais aussi par les grandes compagnies privées, pour parler de leur fonctionnement interne, de leur action et de leurs relations avec leurs interlocuteurs et «destinataires» (collaborateurs, citoyens, clients...), que cette tendance consensualiste s'exprime le plus clairement.

---

3. Titre emprunté à Van Campenhoudt, 2011.

Gouvernance, société civile, partenariat, communication, réseau, médiation, action concertée, synergie, coordination, participation, globalisation... ne sont que quelques-uns des termes qui forment ce lexique et induisent une vision consensuelle de la vie et de l'action collectives, où les différentes parties sont considérées comme des «partenaires» œuvrant de manière concertée dans le cadre de «projets» en vue d'un seul et même intérêt général. Les termes qui pouvaient avoir jadis une connotation conflictuelle (comme «société civile») sont redéfinis dans cette optique consensualiste (comme «société civile organisée»), tandis que les mots qui évoquent le pouvoir, la hiérarchie, la division, les inégalités ou le conflit sont considérés comme anachroniques (par exemple classe sociale ou domination sociale) ou jugés négativement (comme un «conflit stérile»). Pour le politologue Alain-Gérard Slama (1993), par ailleurs éditorialiste au *Figaro* et donc peu sympathique aux idées marxistes, une véritable «mystique du consensus» élève «en bloc à la grâce du positif» tous les termes qui y participent.

La force des «mots doux des institutions» réside précisément dans leur connotation positive et, dès lors, dans la confusion qu'ils instaurent entre le registre normatif de l'action publique d'une part et le registre scientifique de l'analyse de cette même action publique d'autre part. «Gouvernance» est aujourd'hui devenu le concept central de la science politique mais ce terme est intrinsèquement lié à une injonction normative: il faut faire de la «bonne gouvernance» comme il faut «travailler en réseau», «se concerter», «trouver de bonnes synergies», «bien communiquer», «mettre sur pied des partenariats», «participer», etc. Par contraste, les concepts classiques des sciences sociales sont, pour la plupart, normativement neutres. Parler par exemple de «bonne classe sociale», de «bon mode de production», ou dire qu'il faut «de la différenciation sociale», «faire du champ» ou «du système d'action historique» semblent, en effet et à raison, totalement absurdes. On peut dire que les concepts consensualistes sont mimétiques dans la mesure où les registres normatif et scientifique s'y confondent. Historiquement, les imports-exports entre les deux registres peuvent varier d'un concept à l'autre. Si, par exemple, le concept de réseau a été utilisé dès les années 1950 par les sciences sociales (qui l'avaient elles-mêmes emprunté aux sciences appliquées) avant de faire partie du vocabulaire normatif des institutions. En revanche, pour le concept de gouvernance, le parcours est inverse. Mais ce n'est pas la question ici.

La force de ces mots doux réside également dans le fait qu'ils forment un lexique homogène, une véritable famille conceptuelle qui présente ce que Mary Douglas (2004, p. 114, 115) appelle une *cohérence cognitive*. L'hypothèse de Mary Douglas est qu'un concept (ou une théorie) a d'autant plus de chance de s'imposer, de « réussir », qu'il ou elle est compatible avec ceux qui se sont déjà imposés, chacun renforçant ainsi la légitimité de tous.

Pour Mary Douglas (2004) toujours, la force de ces mots doux réside enfin dans le *support institutionnel* dont ils bénéficient. Les institutions (comme l'État, la médecine, le marché, l'université, l'Église, les syndicats, la protection sociale) sont des processus cognitifs autant que sociaux qui définissent et traitent tous les problèmes selon leur cadre de pensée et leur programme, ce que Mary Douglas appelle la « mégalomanie pathétique » des institutions. Ce cadre de pensée est inévitablement intériorisé par les agents institutionnels qui le perpétuent mais aussi, dans une certaine mesure, par les « usagers » qui y ont affaire.

Dans cet imaginaire des grandes institutions, la personne en situation difficile aussi bien que le professionnel censé l'aider à résoudre ses problèmes sont redéfinis comme des « partenaires » des institutions. La première doit jouer le jeu, être responsabilisée, conclure un « contrat » (de réinsertion ou de médiation de dettes par exemple) qu'elle ne peut librement négocier. Sous peine de sanction, elle doit entrer dans le schéma que l'institution a élaboré pour elle. Le « partenaire » ne saurait être un « acteur social » au sens fort du terme, car il n'est défini que par sa capacité de coopérer à une production quelconque (comme un service d'intérêt général) et non par sa capacité complémentaire d'entrer en conflit avec d'autres acteurs au sujet des enjeux de leur coopération (Van Campenhoudt, 2008). Il ne peut prendre part à la coopération qu'en se soumettant. Le professionnel quant à lui censé l'aider à s'en sortir est également un partenaire dont il est attendu qu'il inscrive sans réserve son travail dans le cadre des dispositifs pensés en haut. Par exemple, dans le cadre des contrats de ville et de sécurité, tels qu'ils existent en Belgique ou en France notamment, le « travailleur de rue » doit désormais accepter de travailler dans une optique davantage sécuritaire que proprement sociale (Schaut et Van Campenhoudt, 1994). Les diverses formes de participation citoyenne, comme les assemblées et conseils consultatifs ou les comités de quartier, sont presque toujours des initiatives des pouvoirs publics qui attendent que l'on y apporte une contribution « positive » et « constructive », c'est-à-dire qui ne remettent pas en cause les orientations prédéfinies (Blondiaux, 2004, cité dans Pirotte, 2007, p. 61).

La transparence, l'individualisation des problèmes, l'évaluation permanente en vogue aujourd'hui, l'injonction à être « authentique » ont une étroite affinité avec cette idéologie consensualiste. On n'a rien à se cacher entre partenaires qui œuvrent main dans la main. Le malentendu n'existe plus ou se trouve refoulé dans un univers qui se veut consensuel et transparent.

Mais, ici comme dans d'autres domaines, «qui fait l'ange fait la bête». Car, pour une large part, ce consensualisme n'est que de façade. Plus il est refoulé par les institutions qui en appellent à une adhésion et déploient à cette fin des trésors de pédagogie, de communication et d'explication, plus les personnes visées se rebiffent, rusent et trichent, feignent de jouer un jeu auquel elles ne croient pas. Ou alors, elles s'enfoncent dans leur détresse ou se rebellent, «pètent les plombs», à charge pour les professionnels de terrain de gérer ces micro-crises chroniques et ces macro-crises occasionnelles qu'on rassemble pêle-mêle dans la catégorie des «émeutes».

Cette idéologie consensualiste prospère parallèlement au paradigme de la gestion des risques et du sécuritaire. Définir les problèmes à partir de la catégorie du risque conduit à renoncer à débattre de finalités positives comme, il n'a pas si longtemps et avec toutes leurs ambiguïtés, le progrès économique et social, la conquête coloniale ou, pour les Européens, la construction européenne (qui ne passionne guère les foules). On ne pense plus aujourd'hui qu'à gérer les risques écologiques, financiers, sanitaires, sociaux ou autres mais sans percevoir de finalités autres que défensives aux efforts consentis. Le paradigme de la gestion des risques et les politiques sécuritaires qui lui sont associées entraînent toujours plus de contrôle et d'exigence de transparence, à tous les niveaux et dans tous les domaines sans discernement, aussi bien pour la «traçabilité» de l'alimentation animale que dans l'espace public et les relations professionnelles. Le poisson doit désormais nager en eau claire.

Il faudrait reconsidérer sous cet angle ce que l'on qualifie habituellement et trop rapidement de «problèmes de communication». Il est particulièrement fréquent aujourd'hui d'attribuer nombre de difficultés à un manque de communication et il existe une injonction envahissante à apprendre à bien communiquer, ce qui génère et soutient, soit dit en passant, un énorme marché ainsi que de nombreux emplois de «communicants» et «facilitateurs» de toutes sortes. Sans doute est-il parfois bien utile de mieux communiquer. Mais, tout aussi souvent, il conviendrait surtout d'éviter de trop communiquer et d'apprendre à «la fermer». Il faut d'ailleurs tout particulièrement se méfier de ceux qui prétendent dire ce qu'ils pensent en toutes circonstances. Au pire ce sont des menteurs, au mieux des naïfs, dans tous les cas des idiots! Une société ne fonctionne pas parce que toutes les communications seraient possibles et potentiellement souhaitables mais bien parce qu'il y a un consensus implicite sur les communications interdites, admises et souhaitables. Ce consensus implicite s'est construit au fil du temps et ne cesse de bouger sous l'influence de facteurs multiples qui relèvent autant des nouvelles situations sociales comme la structure des inégalités, l'inter-culturalité et les idéologies dans l'air du temps que des progrès technologiques. On peut, d'ailleurs, interpréter maintes situations de crise ou de violence comme des transgressions de ce consensus, par exemple, lorsque certains groupes prennent possession d'espaces publics ou privés qui leur étaient interdits ou qui étaient jusqu'ici partagés, lorsque certains imposent aux autres leur bruit et leurs nuisances, ou lorsque des personnes excédées en viennent aux insultes ou aux mains. Métacommuniquer, c'est-à-dire communiquer sur sa communication («Je te dis cela parce que...»; «En te disant cela, je veux te dire que...») ne fait souvent qu'aggraver la situation.

Conclusion

Deux conclusions peuvent être brièvement tirées de cette réflexion. La première est que, à tous les niveaux de responsabilité et de pouvoir, chacun devrait être conscient que son impact peut être important mais pas forcément comme il le pense. Par conséquent, il est plus intelligent de tenter d'agir sur les dynamiques sociales et relationnelles que de dessiner des plans précis sur les autres.

La seconde conclusion porte sur les méthodes de recherche en sciences sociales. Si le malentendu est inhérent et nécessaire à toute relation interpersonnelle, il l'est forcément aussi dans les entretiens compréhensifs et autres méthodes basées sur l'intention de compréhension. À partir de là, il ne s'agit pas de disqualifier ces méthodes mais d'essayer de mieux saisir la nature des informations qu'elles produisent ainsi que les conditions procédurales de cette production.

Références bibliographiques

AGUITON, C. *et al.* (2009). «Does showing off help to make friends? Experimenting a sociological game on self-exhibition and social networks», International Conference on Weblog and Social Media 2009, San José, California, 17-20 mai, <http://sociogeek.admin-mag.com/resultat/Show-off-an-social-networks-ICWSM09.pdf>.

BRANDON, I. et Y. CARTUYVELS (dir.) (2004). *Judiciaire et thérapeutique: quelles articulations?*, Bruxelles, La Charte.

CONINCK, F. DE, Y. CARTUYVELS, A. FRANSSEN, D. KAMINSKI, Ph. MARY, A. REA et L. VAN CAMPENHOUDT, avec la collaboration de F. TORO, G. HUBERT, H.O. HUBERT et C. SCHAUT (2005). *Aux frontières de la justice, aux marges de la société. Une analyse en groupe d'acteurs et de chercheurs*, Gent, Politique scientifique fédérale, Academia Press.

DOUGLAS, M. (2004). *Comment pensent les institutions*, Paris, La Découverte.

FERRAND, A. et T. SNIJDERS (1997). «Social network and normative tensions», dans L. Van Campenhoudt, M. Cohen, G. Guizzardi et D. Hausser (dir.), *Sexual Interaction and HIV-Risk. New Conceptual Perspectives in European Research*, Londres, Taylor & Francis, p. 6-21.

GAGNON, J.H. et W. SIMON (1986). « Sexual scripts : Permanence and change », *Archives of Sexual Behaviour*, vol. 15, n° 1, p. 97-129.

GOFFMAN, E. (1974). *Les rites d'interaction*, Paris, Éditions de Minuit.

KAUFMANN, J.-C. (1996). *L'entretien compréhensif*, Paris, Nathan.

LADRIÈRE, J. (1994). « La causalité dans les sciences de la nature et dans les sciences humaines », dans R. Franck (dir.), *Faut-il chercher aux causes une raison ? L'explication causale dans les sciences humaines*, Paris, Institut interdisciplinaire d'études épistémologiques, p. 248-274.

MCADAM, D., J.D. MCCARTHY, M.N. ZALD (1988). « Social movements », dans N.J. Smelser (dir.), *Handbook of Sociology*, Newsbury Park, Sage, p. 695-737.

NAGEL, T. (1998). « Concealment and exposure », *Philosophy and Public Affairs*, vol. 27, n° 1, p. 3-30.

PARSONS, T. (1951). *The Social System*, Glencoe, Free Press.

PIROTTE, G. (2007). *La notion de société civile*, Paris, La Découverte, coll. « Repères ».

SCHAUT, C. et L. VAN CAMPENHOUDT (1994). *Le travail de rue en Communauté française. Nature et enjeux*, Bruxelles, Fondation Roi Baudouin.

SCHÜTZ, A. (1987). *Le chercheur et le quotidien*, Paris, Méridiens Klincksieck.

SIMMEL, G. (1991). *Secrets et sociétés secrètes*, Paris, Circé.

SLAMA, A.-G. (1993). *L'angélisme exterminateur. Essai sur l'ordre moral contemporain*, Paris, Grasset.

VAN CAMPENHOUDT, L. (2004). « Le pouvoir dans le travail en réseau », dans I. Brandon et Y. Cartuyvels (dir.), *Judiciaire et thérapeutique : quelles articulations ?*, Bruxelles, La Charte, p. 35-44.

VAN CAMPENHOUDT, L. (2008). « Le conflit, au cœur du lien social », dans D. Vrancken, C. Dubois et F. Schoenars (dir.), *Penser la négociation. Mélanges en hommage à Olgierd Kuty*, Bruxelles, De Boeck, p. 249-256.

VAN CAMPENHOUDT, L. (2010). « Pouvoir et réseau social : une matrice théorique », *Cahiers du CIRTES*, n° 2, p. 5-41.

VAN CAMPENHOUDT, L. (2011). « Conférence inaugurale. Les mots doux des institutions », dans Service de la langue française et Conseil de la langue française et de la politique linguistique (dir.), *La Communication avec le citoyen : efficace et accessible ?*, Actes du colloque de Liège (2009), Bruxelles, De Boeck Duculot.

VAN CAMPENHOUDT, L., J.-M. CHAUMONT et A. FRANSSEN (2005). *La méthode d'analyse en groupe*, Paris, Dunod.

VAN CAMPENHOUDT, L., A. FRANSSEN et F. CANTELLI (2009). « La méthode d'analyse en groupe. Explication, applications et implications d'un nouveau dispositif de recherche », *Sociologies*, <http://sociologies.revues.org/index2968.html>.

WEBER, M. (1959). *Le savant et le politique*, Paris, Plon.

CHAPITRE 2

ACCOMPAGNER, ACTIVER, RESPONSABILISER
Isabelle Astier

En ces temps difficiles pour la solidarité et périlleux pour le système de protection sociale en France, il est important de se souvenir que, sous la IIIᵉ République, le solidarisme a été la doctrine politique quasi officielle au sein de la société française. En vertu de cette doctrine, les hommes sont mutuellement débiteurs les uns des autres. La société se doit de protéger chacun contre les accidents de la vie et ne pas laisser certains sombrer dans la marginalité. C'est au nom de cette exigence de dette collective que l'État français a construit historiquement un vaste système de protection sociale. Le principe établi par la doctrine solidariste à l'orée du XXᵉ siècle reposait sur l'idée que, dès sa naissance, l'individu devait pouvoir « profiter incessamment des avantages offerts par le milieu social et prendre incessamment sa part des utilités de toute sorte que fournit le capital de la société humaine, accru par chaque génération » (Bourgeois, 1998, p. 53). En retour de quoi, Léon Bourgeois[1] d'ajouter que chaque individu obéissait au « devoir social » qui n'était « que l'acceptation d'une charge en échange d'un profit. C'est la *reconnaissance d'une dette*. » La

---

1. Léon Bourgeois (1851-1925), prix Nobel de la paix, est une figure politique majeure de la IIIᵉ République. Inspirateur de lois sociales sur les accidents du travail ou les retraites, il a théorisé la doctrine du « solidarisme » pour fonder la solidarité républicaine (voir Audier, 2007).

société a pour devoir d'être solidaire de tout citoyen et « l'obligation de chacun envers tous ne résulte pas d'une décision arbitraire, extérieure aux choses ; elle est simplement la contrepartie des avantages que chacun retire de l'état de société, le prix des services que l'association rend à chacun » (Audier, 2007, p. 39).

Cette dette originelle collective entre citoyens s'est retournée, et ce qui est devenu premier est le devoir de chaque individu envers la société. C'est ainsi qu'en l'espace de quelques années, s'est imposée une logique de « responsabilité solidaire » (Bec et Procacci, 2003). Simple affaire de balancier pourrions-nous penser ? Or l'observation des politiques publiques et des réformes de l'administration sur un demi-siècle indique un sens unique du balancier (Bezes, 2009). Les politiques sociales, prises dans le mouvement général du « nouveau management public », promeuvent toutes plus ou moins fortement l'image d'un individu responsable et participant en lieu et place de l'individu qui cotise. C'est justement sur cette contradiction singulière que je voudrais m'arrêter, contradiction étonnamment actuelle qui accompagne l'individu, comme si celui-ci tenait en main l'avenir des protections et des solidarités. Il suffit de parcourir le tableau de bord des politiques sociales, urbaines, de santé ou de l'emploi pour lire cette sémantique paradoxale. Au-delà d'une simple crise du vocabulaire administratif, se dessine sans aucun doute un changement radical de « référentiel » de l'action publique sur le social[2]. Nous soulignerons ici à grands traits les gestes qui réorientent l'intervention sociale et transforment considérablement le travail social.

2.1. DE L'INSERTION À L'ACTIVATION

Insertion et activation marchent d'un même pas. Peu à peu l'emprise de la figure de l'individu actif s'est étendue aux minimas sociaux : du RMI[3] nous sommes passés au RMA[4] puis enfin au RSA[5]. Désormais, le fait de bénéficier de la solidarité collective doit s'échanger contre un comportement bien particulier : s'activer. S'activer consiste à apporter les preuves que l'on veut s'en sortir par soi-même et à partir de soi-même. Sans doute pouvons-nous considérer les textes mettant en place le RMA puis le RSA

---

2. Il n'est pas question ici de rentrer dans le détail de ce retournement. Pour la problématique générale de ce texte et pour une analyse plus détaillée des transformations des interventions sur le social, voir Astier, 2007.
3. RMI : revenu minimum d'insertion.
4. RMA : revenu minimum d'activité.
5. RSA : revenu de solidarité active.

comme, à chaque fois, un saut de plus dans le processus d'institutionnalisation du sous-emploi (Donzelot, 2005, p. 30-46), une forme déjà en germe dans les dispositifs précédents et qui nous fait passer d'une logique d'insertion à une logique d'activation.

Déjà, la création du revenu minimum d'activité est très symptomatique de cette évolution. Cette prestation vient démanteler le revenu minimum d'insertion, selon certains observateurs avertis. Elle modifie, en effet, radicalement l'esprit du RMI en faisant de l'insertion une contrepartie au revenu minimum (Bélorgey, 2004). Mais au-delà du sous-emploi, elle est également une entaille faite au droit du travail :

> Comment parler d'insertion quand on voit la nature, le niveau de rémunération, et surtout la durée du travail qui lui est confié. L'insertion supposait que l'on sorte de la précarité. Avec le contrat d'insertion-RMA, l'individu risque, au contraire, d'être enfoncé dans la précarité : il s'agit d'un « sous-contrat de travail », qui, par certaines de ses dispositions, échappe aux règles de droit commun du contrat de travail. On est sur cette brèche entre l'activité personnelle, le bénévolat et le salariat qui s'ouvre en bousculant le monde du travail dans ce qu'il avait de plus protecteur (Alfandari, 2004, p. 13).

D'une logique reconnaissant un double droit à un revenu minimum d'un côté et à une insertion de l'autre, nous avons basculé dans une logique d'activation qui construit un nouveau couplage du droit : droit au revenu contre l'obligation de travailler. En réalité, ce couplage d'un revenu social avec une obligation est entré dans l'histoire depuis près de 25 ans. Rappelons-nous des TUC[6], lorsque les chômeurs, qui refusaient d'entrer dans cette mesure, se voyaient menacés de radiation de la liste des demandeurs d'emploi. Dans le cadre du RMI, l'insertion ne contient-elle pas déjà une forme de contrepartie en introduisant une obligation morale, celle de « travailler à son insertion sociale ou professionnelle », contre la perception d'un revenu minimum[7] ? Le changement porterait plus sur la nature de la contrepartie que sur le principe de la contrepartie en tant que telle. La transformation opérée par les derniers textes consiste à substituer l'obligation de travailler à celle de s'insérer. La grande malhonnêteté de ces lois réside dans le fait d'abandonner la notion d'insertion pour lui préférer celle d'activité. Cette notion d'activité, en créant des sous-contrats de travail, se réduit à une occupation destinée à mobiliser coûte que coûte les assistés. L'activité du RSA est en quelque sorte du

---

6. TUC : travail d'utilité collective.
7. « Introduit dans la loi sur le RMI pour souligner la responsabilité de la société dans la situation de la personne et le droit de cette dernière à l'insertion, le terme de contrat peut aussi être utilisé pour mettre l'accent sur la responsabilité de l'individu et sur la notion de contrepartie : la participation aux actions est la condition du bénéfice de l'allocation, afin de combattre les risques de dépendance des individus vis-à-vis des prestations sociales » (Simonin, 2003, p. 142).

sous-emploi quant au statut de celui qui l'exerce et du sous-travail quant à son contenu dévalorisé. Ce texte oublie que tout travail, pour être digne de ce nom, doit remplir deux exigences : être utile socialement et être un facteur de réalisation de celui qui l'exerce.

Le glissement d'une logique d'insertion à une logique d'activation à l'œuvre dans le RSA participe à «l'institutionnalisation du précariat» (Castel, 2009). Les bénéficiaires du RSA se trouvent bien dans ce no man's land de l'emploi décrit par Robert Castel : au-delà du salariat et en deçà de l'emploi. Le risque à terme est que la multiplication de ces activités conduise à rendre le plus grand nombre d'individus actifs mais cela à n'importe quel prix et à n'importe quelles conditions. Le sous-emploi viendrait ainsi à bout du non-emploi tout en évitant que se pose la question de la création d'emplois dignes de ce nom.

2.2. Se rapprocher de l'usager

Activer les individus nécessite de se rapprocher d'eux. Traditionnellement, servir l'intérêt général suppose de la distance et une nette fermeture envers le cas particulier. Pour bien faire son travail, l'administration se doit de définir de quoi est fait l'intérêt général à l'abri de la pression des intérêts particuliers. Intérêt général et intérêts particuliers ne sont pas seulement d'essence différente, ils «sont en relation d'opposition dialectique» (Chevallier, 1991, p. 265-311).

Parce qu'il entre inévitablement en conflit avec les intérêts particuliers de ses membres, l'intérêt collectif de la société doit être imposé et protégé. Ce modèle est entré en crise entre les deux guerres mondiales avec la formidable croissance administrative et l'extension du service public amené à intervenir dans tous les domaines de la vie sociale. À partir du moment où l'administration remplit des fonctions de régulation globale et de socialisation, une distance trop grande prise avec le quotidien devient techniquement et politiquement intolérable. Cela n'a jamais signifié l'abandon de la notion d'intérêt général mais sa reformulation. Il n'est plus à considérer comme «l'expression d'une identité collective spécifique, distincte de celle des éléments constitutifs, mais comme la résultante d'un processus d'arbitrage entre les demandes sociales» (Chevallier, 1991, p. 294). L'intérêt général devient ainsi le résultat d'un compromis social arbitré par les agents du service public.

La pratique de l'évaluation par les instances étatiques va concourir, d'une certaine manière, à l'ouverture et au rapprochement avec les réalités sociales. Une des premières évaluations réalisées dans le cadre du dispositif interministériel d'évaluation des politiques publiques créé en janvier 1990 portera sur l'accueil des populations défavorisées dans les services publics (Comité interministériel de l'évaluation des politiques publiques, 1993). Le rapport va permettre de mesurer l'insuffisance d'une approche en terme de droit individuel pour faire face aux problèmes sociaux actuels, « et à la nécessité d'une prise en compte des dimensions relationnelles de la solidarité par l'administration elle-même » (Perret, 1994, p. 265). D'où l'inévitable question sur le mode d'intervention de l'État qui doit s'adapter à l'éclatement du corps social :

> Poser que la qualité de l'accueil, et la capacité d'apporter des réponses selon la diversité des publics, sont prioritaires, c'est aussi mettre en valeur la citoyenneté des individus même les plus exclus. Sur le terrain cependant, en dépit d'évidents efforts de modernisation, un écart persiste entre la compétence et la bonne volonté des services d'accueil et la situation réelle des publics défavorisés (Comité interministériel de l'évaluation des politiques publiques, 1993, p. 109).

Agir au « plus près de l'usager », tel sera le principe de base répété dans l'ensemble des politiques de la ville, de l'emploi, d'insertion et même de santé ou d'éducation. L'action de se rapprocher des usagers signe l'avènement des intervenants sociaux et le déclin du travail social (Ion, 1998, p. 80). Les intervenants sociaux ne sont pas les représentants de l'institution « hors les murs » qu'étaient les travailleurs sociaux, mais des personnes impliquées et engagées, mobilisant leurs ressources personnelles. Les médiateurs sociaux sont l'exemple type de ces intervenants « hors institution », loin de tout horizon éducatif et préoccupés d'une façon d'agir au plus près des besoins et des demandes des habitants des quartiers où ils interviennent. Le médiateur social n'est pas le simple « arpenteur urbain » sommairement décrit par Jacques Donzelot (Donzelot, Mevel et Wyvekens, 2003, p. 313) mais plutôt une nouvelle figure professionnelle amenée à se développer dans les banlieues sensibles (Stébé, 2005).

2.3. ACCOMPAGNER ET INCITER À AGIR

Les médiateurs agissent au milieu du gué. Ils ne sont pas dans une culture du rendez-vous ou de la permanence à heure fixe. Pas question d'attendre l'usager, il faut de plus en plus aller à sa rencontre, « être constamment jour et nuit disponible à l'écoute » (Ion, 1998, p. 86). Les médiateurs donc, comme les autres nouveaux « intervenants sociaux » (Ion, 1998, p. 81)[8], n'attendent pas la demande, comme le faisaient et le font encore les

---

8. « Intervenant social, intervention sociale : les mots ne sont pas tout à fait innocents. Ils viennent à point signaler que les choses ne peuvent plus tout à fait être saisies comme avant et qu'il faut inventer de nouveaux termes pour traiter une réalité rebelle aux analyses comme aux techniques traditionnellement en usage » (Ion, 1998, p. 81).

travailleurs sociaux classiques. « Attendre la demande » : le leitmotiv des professionnels du social. Sans doute, face à la critique du contrôle social développée à leur encontre durant les années 1970, ces professions ont-elles adopté cette posture d'attente de la demande des « clients ». D'où aussi le malaise face à l'intervention dans l'urgence. Pourtant, l'urgence a toujours été le lot quotidien du travailleur social et les tâches habituelles le plus souvent effectuées sous son empire : trouver un logement pour une femme en rupture avec un mari violent, faire une demande de secours financier pour une famille, proposer une solution dans un cas d'expulsion ou encore effectuer un signalement d'enfant en danger. Mais le principe essentiel du travail social était de transformer toute intervention dans l'urgence en une première étape d'un long travail de suivi éducatif. L'objectif était de modifier profondément les pratiques des individus ou du groupe. Ainsi, il ne s'agissait pas d'être efficace ici et maintenant, mais d'avoir le regard rivé sur l'horizon éducatif, sur le long terme, de sorte que l'on pouvait toujours remettre à plus tard le moment opportun pour juger des fruits de son travail.

Le verbe accompagner et son dérivé « accompagnement » connaissent un succès grandissant dans le domaine des politiques de l'emploi et des politiques sociales. De la loi de programmation pour la cohésion sociale votée en 2005 au rapport de P. Cahuc et F. Kramarz proposant la mise en place d'une sécurité sociale professionnelle en passant par les offres de service de certaines associations de chômeurs, il est à chaque fois question de « mieux accompagner les chômeurs » et de proposer un « accompagnement personnalisé adapté à la grande diversité des situations ». La notion d'accompagnement est apparue avec le développement des métiers de la ville, de la médiation et de l'insertion. Avec ces nouveaux métiers du social, la relation d'aide a quitté les oripeaux du schéma de la réparation pour revêtir les habits flambants neufs de l'accompagnement (Laval et Ravon, 2005). Ainsi un nouveau support institutionnel prend forme peu à peu.

La solidarité s'est glissée dans une coquille neuve : l'accompagnement. Quel sens attribuer à l'émergence de cette solidarité accompagnante ? Le verbe « accompagner » signifie depuis le XIIe siècle « prendre pour compagnon », puis « l'action de se joindre à quelqu'un, notamment pour faire un déplacement en commun ». Le dérivé « accompagnement » fut, au XIIIe siècle, un terme féodal désignant un « contrat d'association ». Il donna, quelques siècles plus tard, le mot « accompagnateur » désignant le musicien puis, plus récemment, celui qui accompagne ou guide un groupe (Rey, 1992). Nous voyons donc deux figures possibles dans l'action d'accompagner : celle du compagnon et celle de l'accompagnateur.

La figure du compagnon évoque la proximité, la camaraderie, l'égalité, la confiance, l'entre-soi. Les compagnons d'infortune, de table, d'études, de route, de jeu, de travail sont autant de pairs avec qui l'on partage la vie quotidienne, les plaisirs et les épreuves qu'elle vous réserve. La figure de l'accompagnateur est bien différente. Il y a d'abord de la distance entre l'accompagnateur et celui ou ceux qu'il guide. C'est la figure du pasteur qui conseille et surveille en même temps qu'il indique le chemin à prendre. L'accompagnateur est aux côtés des enfants, des infirmes ou des touristes égarés : autant de figures de « l'individu insuffisant » pour reprendre l'expression d'Ehrenberg.

C'est sans doute parce que l'action d'accompagner convoque ces deux figures qu'elle connaît un tel succès. L'accompagnement permet de concilier proximité et distance, de considérer l'autre comme son égal tout en lui indiquant le chemin à prendre, de respecter son projet tout en le guidant vers plus de réalisme. Nous ne sommes plus ici dans la relation d'aide classique mais plutôt dans une « aide à la relation » (Laval et Ravon, 2005). Mais au-delà de ce changement, sans doute l'accompagnement souligne-t-il les effets de cette norme nouvelle : devenir soi-même. Il ne s'agit plus d'être discipliné, ou bien alors être discipliné consiste à se produire. Nous sommes bel et bien dans une société de la production de soi. La face sombre de ce phénomène c'est qu'elle conduit à « ne s'en prendre qu'à soi-même » ou encore à « prendre sur soi ». Accompagner va consister à inscrire l'autre dans une insertion active, à exiger de lui qu'il participe à la mesure de ses possibilités (Arnsperger, 2001). Pour les uns cette participation sera productive, pour les autres elle consistera en une activité non productive mais utile socialement. Il ne s'agit plus d'exercer une pression (émancipatrice ou contrôlante) sur l'individu mais de parvenir à l'inciter à agir, à le solliciter, à mobiliser ses ressources, ses désirs, sa sensibilité, ses affects afin qu'il se prenne en charge lui-même. L'accompagnement est au-delà du contrôle et de l'émancipation : peu lui importe pourvu que l'individu fasse l'expérience de lui-même !

Le projet, figure emblématique de la modernité, est la cible première de l'accompagnement. L'objectif est finalement plus d'accompagner les projets des individus que les individus eux-mêmes. Le modèle d'action pour les professionnels de l'action publique est devenu un modèle incitatif. La normativité nouvelle est active. Il ne s'agit plus de faire rentrer les usagers dans le rang mais de les « faire faire ». La liste des projets sollicités par l'action publique est interminable : projet de vie, projet pédagogique, projet familial, projet d'animation, projet d'insertion professionnelle, projet santé, projet d'insertion sociale, projet culturel, projet parental. Chaque fois le projet sert de prétexte pour amener l'individu à s'interroger sur ce qu'il veut dans tel ou tel domaine de sa vie. Sans doute peut-on parler de tyrannie du projet se doublant d'une tyrannie de la flexibilité, car l'idéal vers lequel chacun doit tendre dans la «cité par projet»: le nouvel horizon de l'intégration, est d'être quelqu'un tout en étant flexible (Boltanski et Chiapello, 1999).

2.4. Logique d'accompagnement et crise du modèle d'intégration sociale

La logique de l'accompagnement s'inscrit davantage dans une logique d'intégrabilité que d'intégration à proprement parler. Penser en termes d'intégrabilité implique une démarche volontaire, une demande d'adhésion explicite de la part des individus. L'intégrabilité peut se définir comme «la capacité à prendre socialement place en tant que sujet constitué et responsable» (Soulet, 2005, p. 89). Nous sommes ici dans une logique de «droit à l'intégration sociale» qui personnalise le processus d'intégration. L'accompagnement se veut un support social personnalisé permettant aux individus d'exercer ce droit à l'intégration (Liénard, 2003).

Sans doute faut-il voir là le signe d'une crise profonde du modèle d'intégration sociale classique, durkheimienne (Castel, 2005, p. 34). L'intégration se fait dans ce cas «à travers l'inscription des individus dans des structures sociales stables» et «des collectifs structurés: collectifs de travail avec des syndicats puissants et une organisation collective de la vie sociale, mais aussi régulations collectives du droit du travail et de la protection sociale». Dans ce contexte, la raison d'être des instances d'intégration est de produire l'être moral ou encore l'individu abstrait débarrassé de ses appartenances singulières. Il s'agit d'un «individu-hors-du-monde» (Dumont, 1983). Par voie de conséquence, l'institution doit être, elle aussi, hors du monde pour être en mesure de soustraire les individus singuliers à l'emprise du social en appliquant son programme fondé sur

> des valeurs, des principes, des dogmes, des mythes, des croyances laïques ou religieuses mais qui sont toujours sacrées, toujours situées au-delà de l'évidence de la tradition ou d'un simple principe d'utilité sociale. Le programme institutionnel en appelle à des principes ou à des valeurs qui ne se présentent pas comme de simples reflets de la communauté et de ses mœurs (Dubet, 2002, p. 27).

Le propre de nos institutions est d'ignorer, ou plutôt de combattre *l'individu concret*. Or l'accompagnement, lui, veut avoir affaire à une individualité, à cet individu concret avec ses attaches singulières, ses affects, ses défaillances, son histoire, sa biographie. Comme le dit si justement Jacques Ion, «l'individuation ne peut plus être seulement pensée en référence à la seule raison, car l'être social que le processus d'individuation circonscrit présentement n'est plus abstrait mais se définit aussi dans la plénitude de ses affects et se révèle comme être singulier, comme personne» (Ion, 2001, p. 201). À la notion d'individualisme, Ion préfère celle d'individuation qui fait place à la notion de personne et il la définit comme «le processus par lequel le soi acquiert une valeur sociale positive» (Ion, 2001, p. 200). Bien évidemment, on ne saurait confondre individuation et individualisme. Ce dernier, d'ailleurs, exprime un jugement de valeur. L'individuation croissante ne signifie pas obligatoirement repli sur la sphère privée et inaptitude à la citoyenneté comme semble le penser Gauchet lorsque, distinguant les trois âges de la personnalité (traditionnelle, moderne, contemporaine), il caractérise le dernier par le fait que l'individu «n'y est pas organisé au plus profond de son être par la précédence du social et par l'englobement au sein d'une collectivité de telle sorte qu'il lui est difficile de se représenter en général la dimension du public» (Gauchet, 1998, p. 177). Si on peut le suivre dans la première partie de son raisonnement, la seconde, par contre, est sujette à caution. C'est ainsi que les conseillers d'éducation dans les collèges et les aides-éducateurs s'adressent aux élèves en tant qu'adolescents, usagers du collège. Leur professionnalité se tient dans la capacité à connaître la situation personnelle de chaque adolescent, ses problèmes, ses relations avec ses parents, ses qualités, ses défauts, son caractère. C'est, disent-ils, tout ce qui fait la différence avec les enseignants qui ne veulent pas entendre parler de la vie des élèves en dehors de l'espace scolaire. Le souci d'autrui en tant que personne, cette attention à ce qui se passe en dehors de l'institution et, d'autre part, cette exigence des élèves à être traités de façon personnalisée ne débouchent pas sur une incapacité à se représenter la dimension du public, le bien commun et à s'engager dans l'action citoyenne.

Bien au contraire, des faits aussi importants et collectifs que, par exemple, les inégalités sociales et qui étaient jusqu'alors évacués de l'institution reviennent sur le devant de la scène. Prendre en compte l'individu concret c'est accepter que les inégalités sociales fassent leur entrée dans l'institution. C'est considérer que l'égalité n'est pas «déjà là» mais qu'il faut la construire. Les adolescents dans les collèges, en exigeant que l'on tienne compte de leur situation, posent très concrètement la question des inégalités à l'école, alors que celle-ci a toujours maintenu le social derrière la grille d'entrée. La fiction mettant en scène des enfants inégaux devenant égaux en franchissant le seuil de l'école ne fonctionne plus. Une grande partie des tensions, des actes violents ou des incivilités semble due au fait que les enseignants, figure professionnelle dominante de cette institution, s'agrippent à cette fiction alors que sa légitimité se fissure chaque jour un peu plus. Dans un autre domaine, les médiateurs dans les cités ont très vite considéré qu'une de leurs missions était d'accompagner les jeunes mais aussi leurs parents vers le bureau de vote, une pratique professionnelle totalement inconnue chez les travailleurs sociaux classiques, même chez les plus militants dans les années 1970. Il semble que ce mouvement prenne part au renouvellement des professionnalités de l'action publique et qu'apparaissent les « professionnels civiques » annoncés par Commaille.

2.5. Travailler avec autrui

Dans cet environnement, la thématique de la personne se fait sans cesse plus pressante. Tout se passe comme si nous en étions à la deuxième étape de ce développement du soi dont parle J. Ion, la première étant celle qui a commencé avec les Lumières et le capitalisme naissant et qui a valorisé l'individu abstrait. Déjà Durkheim avait souligné l'intérêt pour la sociologie de ce thème : « Nul ne conteste plus aujourd'hui le caractère obligatoire de la règle qui nous ordonne d'être et d'être, de plus en plus, une personne » (Durkheim, 1893, p. 401). Quel terme traduit mieux que celui de « personne » le fait qu'il soit de plus en plus insupportable aux individus d'être perçus comme interchangeables ? Simmel ne soulignait-il pas déjà cela au mitan du siècle précédent, lorsqu'il écrivait :

> Il ne s'agit plus d'être en général un individu libre, mais d'être cet individu déterminé non interchangeable. Cette tendance traverse toute l'époque contemporaine : l'individu se cherche lui-même, comme s'il ne possédait pas encore, avec la certitude de trouver dans son Moi, le seul point d'appui solide (Wattier, 1986, p. 234).

N'est-ce pas d'ailleurs une caractéristique essentielle du programme institutionnel analysé par F. Dubet de considérer les individus comme interchangeables ? On peut alors se demander ce qui bouge dans les situations de travail si l'on considère qu'il ne s'agit plus pour les institutions de socialiser des individus mais de socialiser des personnes ? Il me semble alors que l'on ne peut plus vraiment parler de « travail sur autrui » et que l'on doive penser en termes de « travail avec autrui ».

Cette notion de « travail avec autrui » présente l'avantage de tenir compte des résultats de la sociologie de la relation de service sans pour autant réduire l'avenir du travail professionnel effectué dans les institutions à un entremêlement de services. En effet, le travail avec autrui n'est pas synonyme de travail pour autrui, il ne présente pas comme ce dernier de dimension servile. Le travail sur autrui, quant à lui, implique une vision passive de celui sur lequel s'exerce l'action. Or, un des apports essentiels des analyses de la relation de service se tient dans l'idée de coproduction. L'usager d'un service n'est plus ici l'objet de l'intervention du professionnel mais l'un des producteurs du service. Dans le secteur marchand, on sait combien les entreprises accordent d'intérêt aux relations entre leurs agents et leurs clients, considérant que là réside la clé de leur réussite commerciale. « Les clients participent activement au service [...] ils en sont, à leur façon, les agents officieux » (Mispelbom, 1991, p. 209).

Cette remarque pourrait s'appliquer au secteur public: les usagers sont des agents officieux des services publics. Pour parler autrement: que l'institution le veuille ou non, ceux qu'elle socialise détiennent la possibilité de lui faciliter la tâche ou, au contraire, de lui compliquer considérablement les choses. Tout se passe comme si, jusqu'alors, la puissance de l'institution était tellement grande qu'elle nous aveuglait et que le rôle des usagers – que l'on ne nommait pas ainsi d'ailleurs – se réduisait, au pire, à celui de la cire molle dans laquelle l'institution imprimait sa marque, au mieux à de la résistance pouvant aller jusqu'à de la révolte, mais qui, au bout du compte, se retournait contre ces derniers. On ne parlait pas alors d'usagers mais de sujets. Individu et sujet étaient les deux faces d'un même processus: en même temps que l'institution socialisait les individus, elle les constituait en sujets[9]. Contrôle social et subjectivation vont alors de pair et s'inscrivent dans un processus continu. Or c'est sans doute cette continuité qui est depuis quelque temps mise à mal, où, pour le dire autrement, l'idée se répand qu'en réalité les choses ne se passent pas ainsi et qu'il faut partir de la subjectivité pour créer du lien social; qu'il faut prendre en compte les personnes et leur spécificité pour qu'elles puissent vivre ensemble.

2.6. UN TRAVAIL DE MAINTENANCE DES INDIVIDUS

Pour terminer, nous constaterons que les thématiques de la personne ou du sujet s'imposent donc un peu partout et notamment dans le travail social avec la notion « d'intervention sociale d'aide à la personne » (Ion, 1998, p. 102; voir aussi Conseil supérieur du travail social, 1996) dans l'espace de l'éducation et de la formation avec l'émergence de la notion de « sujet apprenant » (Dubar, 2000). Il faut sans doute voir dans ces notions les conséquences du changement de modèle culturel intervenu ces vingt dernières années et qui enjoint à chacun d'être fort et surtout d'être soi-même. Il s'agit moins d'être conforme, de respecter les normes de son milieu, de faire siennes les valeurs de sa classe sociale ou de s'identifier à des figures idéales que de devenir « un être-trajectoire à la conquête de son identité personnelle » (Erhenberg, 1995, 1996, 1998).

---

9. « C'est là la véritable magie du programme institutionnel, qui produit un individu autonome, c'est-à-dire un acteur conforme aux normes, aux règles sociales, et un sujet maître de lui-même, un individu dont le "Je" réflexif ne peut jamais se confondre totalement avec son "Moi" social. C'est en cela que le programme institutionnel a été profondément moderne » (Dubet, 2002, p. 35).

Du coup les missions du travail social, du système éducatif et de la formation se trouvent considérablement modifiées. Peu à peu, pour ces institutions, l'objectif n'est plus d'effectuer une médiation entre des valeurs générales et des sujets particuliers mais d'accompagner des usagers dans la construction de leur identité personnelle.

La demande d'accompagnement s'amplifie sans cesse et doit être replacée dans un changement plus global. Dans notre monde, le problème pour chaque individu n'est plus de rester à sa place mais plutôt de devoir la construire. Il s'agit bien là d'une contrainte sociale et nous avons affaire à un phénomène hautement collectif. Dans le domaine de la santé, un personnage est en voie de généralisation : le malade chronique. Ce personnage (ni malade, ni guéri) doit apprendre à vivre avec sa pathologie. Il est dans ce que l'on appelle une maintenance et doit être accompagné dans l'élaboration de son projet de vie. Il faut voir ici un changement profond de la forme des institutions qui se réorganisent autour de la personne et « opèrent cette mutation à partir du modèle théorique de l'individu souverain » (Kaufmann, 2002, p. 139). Le programme institutionnel classique décline, comme le montre F. Dubet. Une ré-institutionnalisation voit le jour et des institutions plus souples et décentralisées émergent où les normes mises en avant sont la liberté, la responsabilité, l'autonomie, le projet et surtout la production par chacun de sa propre identité. Normes qui s'imposent aux usagers comme aux professionnels.

Références bibliographiques

ALFANDARI, E. (2004). « Revenu minimum, insertion, activité : logique économique et/ou logique sociale ? », *Revue de droit sanitaire et social*, n° 1, janvier-mars, p. 1-13.

ARNSPERGER, C. (2001). « Idéal de solidarité ou mascarade ? », *La Revue nouvelle*, n° 4, avril, p. 52-67.

ASTIER, I. (2007). *Les nouvelles règles du social*, Paris, Presses universitaires de France.

AUDIER, S. (2007). *Léon Bourgeois, fonder la solidarité*, Paris, Éditions Michalon.

BEC, C. et G. PROCACCI (dir.) (2003). *De la responsabilité solidaire. Mutations dans les politiques sociales d'aujourd'hui*, Paris, Syllepses.

BÉLORGEY, J.-M. (2004). « Le retour de la contrepartie », *Revue de droit sanitaire et social*, n° 1, janvier-mars, p. 48-52.

BEZES, P. (2009). *Réinventer l'État. Les réformes de l'administration française (1962-2008)*, Paris, Presses universitaires de France.

BOLTANSKI, L. et E. CHIAPELLO (1999). *Le nouvel esprit du capitalisme*, Paris, Gallimard.

BOURGOIS, L. (1998). *Solidarité*, Villeneuve-d'Ascq, Presses universitaires du Septentrion.

CASTEL, R. (2005). « Devenir de l'État-providence et travail social », dans J. Ion (dir.), *Le travail social en débats*, Paris, La Découverte, p. 27-49.

CASTEL, R. (2009). *La montée des incertitudes. Travail, protections, statut de l'individu*, Paris, Seuil.

CHEVALLIER, J. (1991). «L'administration face au public», dans I. Joseph (dir.), *La relation de service dans le secteur public*, tome II, Paris, Plan urbain DRI-RATP, p. 265-311.

COMITÉ INTERMINISTÉRIEL DE L'ÉVALUATION DES POLITIQUES PUBLIQUES (1993). *Les services publics et les populations défavorisées: évaluation de la politique d'accueil*, rapport de l'instance d'évaluation, Paris, La Documentation française.

CONSEIL SUPÉRIEUR DU TRAVAIL SOCIAL (1996). *L'intervention sociale d'aide à la personne*, rapport au ministre, Québec, Ministère du Travail et des Affaires sociales, janvier.

DONZELOT, J., avec C. MÉVEL et A. WYVEKENS (2003). *Faire société. La politique de la ville aux États-Unis et en France*, Paris, Seuil.

DONZELOT, J., avec R. CASTEL (2005). «L'invention du sous-emploi», *Esprit*, juillet, p. 30-46.

DUBARD, C. (2000). *La crise des identités. L'interprétation d'une mutation*, Paris, Presses universitaires de France.

DUBET, F. (2002). *Le déclin de l'institution*, Paris, Seuil.

DUMONT, L. (1983). *Essais sur l'individualisme. Une perspective anthropologique sur l'idéologie moderne*, Paris, Seuil.

DURKHEIM, É. (1893). *De la division du travail*, Paris, Presses universitaires de France.

ERHENBERG, A. (1995). *L'individu incertain*, Paris, Calmann Lévy.

ERHENBERG, A. (1996). *Le culte de la performance*, Paris, Calmann Lévy.

ERHENBERG, A. (1998). *La fatigue d'être soi. Dépression et société*, Paris, Odile Jacob.

GAUCHET, M. (1998). «Essai de psychologie contemporaine», *Le Débat*, n° 99, mars-avril et n° 100, mai-août.

ION, J. (1998). *Le travail social au singulier*, Paris, Dunod.

ION, J. (2001). «Métamorphoses de l'engagement, espace public et sphère politique», dans J. Ion (dir.), *L'engagement pluriel*, St-Étienne, Publications de l'Université de Saint-Étienne, p. 196-217.

KAUFMANN, J.-C. (2002). «Théorie, critique, dénonciation», *Le Débat*, n° 119, mars-avril, p. 138-143.

LAVAL, C. et B. RAVON (2005). «Relation d'aide ou aide à la relation?», dans J. Ion (dir.), *Le travail social en débats*, Paris, La Découverte, p. 235-245.

LIÉNARD, G. (2003). «Vers le droit à l'intégration sociale?», *La Revue nouvelle*, n° 12, p. 52-68.

MISPELBOM, F. (1991). «Le secret des services: les usagers, acteurs autant qu'objets de travail», dans I. Joseph et G. Jeannot (dir.), *La relation de service dans le secteur public*, Tome IV, Paris, Plan urbain DRI-RATP, p. 53-64.

PERRET, B. (1994). «Politiques publiques et mobilisation de la société», dans B. Eme et J.L. Laville (dir.), *Cohésion sociale et emploi*, Bruxelles, Desclée de Brouwer, p. 257-283.

REY, A. (dir.) (1992). *Dictionnaire historique de la langue française*, Paris, Les dictionnaires Le Robert.

SIMONIN, B. (2003). «Indemnisation, placement, activation: la politique de l'emploi tiraillée entre plusieurs modèles de responsabilité», dans C. Bec et G. Proccaci (dir.), *De la responsabilité solidaire. Mutation dans les politiques sociales d'aujourd'hui*, Paris, Syllepse, p. 142.

SOULET, M.-H. (2005). « Une solidarité de responsabilisation », dans J. Ion (dir.), *Le travail social en débats*, Paris, La Découverte, p. 86-103.

STÉBÉ, J.-M. (2005). *La médiation dans les banlieues sensibles*, Paris, Presses universitaires de France.

WATTIER, P. (1986). *Georg Simmel, la sociologie et l'expérience du monde moderne*, Paris, Méridiens Klincksieck.

CHAPITRE 3

LA POLITIQUE DE LA PRÉSENTATION DES PROBLÈMES SOCIAUX
DE L'IRONIE AU TRANSFERT

Dahlia Namian

Lorsqu'un chercheur choisit d'ancrer empiriquement ses recherches dans l'univers classiquement désigné des «problèmes sociaux», notamment dans des terrains qui mettent fortement à l'épreuve les limites du social, voire de la vie, la tâche de conceptualisation des phénomènes qui en découlent pose souvent elle-même problème. Situé dans les marges du social, parfois lui-même en marge de sa propre discipline ou institution, le chercheur est en effet rapidement mis devant les difficultés inhérentes au processus de construction ou d'usage de concepts pour lire, analyser et nommer ce type de phénomènes sociaux. Quand la recherche s'expose aux limites ou aux marges du social, ces difficultés s'expriment, la plupart du temps, par un sentiment de décalage entre la grammaire (courante et théorique) existante et la réalité sociale propre à un tel univers, qui ne se laisse pas aisément capter par la première sinon, parfois, au prix d'entorses lénifiantes.

En effet, dans l'univers d'analyse des problèmes sociaux, la saisie de la réalité ne procède pas en ligne droite, mais se révèle souvent au travers de tâtonnements et de démentis, dans l'espace des «ni, ni», des intervalles, des entre-deux et des métaphores, au milieu desquels se perd parfois la justesse des catégories ou des affirmations. Il n'empêche. Ce sont souvent dans ces oscillations composites, dans «ces pratiques incertaines et troublées, ces zones obscures et ces modes de vie en rupture qui défient les approches classiques » (Laé et Murad, 1995, p. 10) qu'un état des forces apparaît et que l'on peut commencer à entrevoir la « consistance du social » (Martuccelli, 2005). Si, à l'échelle de l'Histoire il est généralement admis qu'il existe plusieurs exemples concrets de décalages entre un système philosophique et son application historique, on pourrait, de la même façon, admettre qu'à l'échelle modeste et pragmatique du champ d'analyse sociologique des problèmes sociaux, il existe aussi de nombreux écarts entre la pensée d'un ordre social et son application concrète pour lire et capter les phénomènes empiriques autant hétérogènes qu'évanescents qui lui sont propres. Ces décalages, qui peuvent difficilement être réduits à un symptôme de retard d'adaptation de la théorie à l'empirie (et vice-versa), ou encore être entièrement jetés dans les « poubelles de la recherche » sous prétexte qu'ils sont des anomalies non représentatives, signalent en fin de compte un constat central à cet univers d'analyse : les différentes figures de déviance, marginalité, exclusion et dysfonctionnement divers que cet univers recouvre, ne sont pas que révélatrices d'un envers social et normatif, mais sont également porteuses de processus sociaux d'avant-garde ou annonciateurs pour lesquels il n'existe parfois pas encore de mots ou de concepts dans la grammaire sociale qui a cours, ou pour lesquels les catégories ordinaires d'appréhension du réel se trouvent parfois mises en défaut.

    Autrement dit, deux lignes de force sont constitutives de l'univers d'analyse des problèmes sociaux, et font de lui un terrain aussi spécifique que fructueux pour la compréhension plus large de dynamiques sociétales transversales et liantes (Otero, 2010). D'une part, cet univers d'analyse constitue un révélateur exemplaire de ce qu'une société donnée définit, dans une époque donnée, comme ses conceptions ordinaires de la vie, c'est-à-dire de ce qui constitue les conduites attendues et les attitudes valorisées, les manières légitimes et privilégiées d'agir, d'être et de ressentir. Il nous informe ainsi des propriétés de la socialité ordinaire en nous exposant ses limites ou ses failles, souvent de manière nettement plus visible ou exacerbée que tout autre segment de la vie sociale, révélant ce qui est à contre-jour, invalidant, désuet, voire archaïque du point de vue des valeurs et des normes fédératrices qui ont cours. D'autre part, c'est souvent dans les manières dont on agit et intervient pour conjurer et encadrer ces limites ou ces failles qu'on peut observer le plus intensément (mais bien souvent dans les petits détails prosaïques, innocents ou sans éclat) les potentialités ouvertes et actives, soit des processus sociaux en cours de recomposition et de généralisation qui nous révèlent des points de tension divers et élastiques entre l'histoire et la société que les acteurs non seulement contiennent et éprouvent, mais aussi transforment et mettent à jour. Ce sont d'ailleurs les acteurs les plus précaires, marginalisés, vulnérables ; tous ces spectres livrés à des vies à découvert ou à presque rien, qui doivent souvent porter en première instance tout le « poids du présent », avec son lot de ratures, de tensions, d'incertitudes, d'espoirs appuyés ou de renoncements invisibles. L'univers des problèmes sociaux demeure bel et bien, en ce sens, un laboratoire social fertile pour observer certaines dynamiques d'avant-garde ou en voie de mutations, et en requiert par le fait même la formation nécessairement instable et conflictuelle de concepts appelés à être sans cesse remis en chantier, voire à « ré-inventer » ses objets. Une fois ce constat d'instabilité conceptuel accepté comme étant l'ordinaire – et non comme une simple faille ou difficulté à enrayer – le chercheur, par souci avant tout heuristique, peut alors en toute logique être amené à mettre en œuvre différents procédés et tactiques qui ne viseraient pas nécessairement à contourner ces décalages, mais d'une certaine façon, à s'en saisir, voire à les provoquer, à titre de vecteurs de connaissance et, éventuellement, comme arme de critique.

3.1. Des procédés et techniques de décalage

Nous souhaitons profiter de l'occasion privilégiée que nous offre cet ouvrage pour entamer une réflexion encore en chantier sur cette dynamique de « convulsion » ou de décalage ordinaire propre au travail de conceptualisation des problèmes sociaux. Nous allons prendre appui sur notre propre démarche de recherche portant sur l'étude de deux cas de figure que nous avons menée dans le cadre de notre thèse de doctorat en sociologie : l'itinérance et la fin de vie (Namian, 2012a et b). Plutôt que de présenter ici, directement les résultats de cette recherche, comme il est coutume de le faire, nous adopterons une autre tactique. Nous montrerons comment cette dynamique de convulsion ou de décalage s'est manifestée dans le cadre de notre propre démarche de conceptualisation, en la déclinant selon ses implications épistémologiques, méthodologiques et théoriques, notamment au travers de deux « procédés » que nous désignons comme l'*ironie* et le *transfert*, et que nous avons cherché à mettre en œuvre au cours de cette démarche. Ces procédés, qui en appellent à différentes tactiques de recherche, loin de constituer des outils méthodologiques permettant d'accorder aisément la réalité sociale et la recherche, permettent, au contraire, d'y introduire volontairement des décalages, des confusions, des troubles. L'objectif plus général de ce chapitre devient alors de problématiser, d'une manière un peu moins visitée, la relation entre la recherche dans le champ des problèmes sociaux et ses enjeux politiques, en réfléchissant à ce que Becker appelait « la politique de la présentation » qui consiste à « éviter les échecs et les failles analytiques de notre acceptation des contraintes de la pensée conventionnelle » (Becker, 2002, p. 69).

3.2. L'IRONIE

L'un des premiers principes de l'ironie est d'établir une distance, un écart, de jeter délibérément un trouble ou de produire de l'incongruité entre deux réalités ou deux perspectives. Becker avait qualifié la stratégie d'enquête et d'analyse de Goffman dans *Asiles* comme une forme d'« ironie », parce qu'il avait cherché intentionnellement à produire un énorme décalage entre la réalité sociale dont il parlait et la manière dont il en parlait et la présentait dans sa recherche. Cette ironie se trouvait d'abord sur le plan de la rhétorique où il utilisait une tactique de description neutre, froide, dénuée de sentiments, pour parler d'objets et d'actes – des institutions d'incarcération et des techniques de mortification – qui inspirent d'habitude des sentiments très négatifs tels la honte, l'aversion, l'embarras. D'autre part, cette ironie se trouvait aussi sur le plan de sa méthode, où il utilisait une tactique de comparaison, ou plutôt d'analogie, qui amplifiait encore plus ce décalage entre la réalité sociale et la manière de la présenter, parce qu'il mettait délibérément sur le même continuum des institutions *a priori* hétérogènes (comme l'hôpital psychiatrique, le camp, le couvent religieux et la caserne militaire), en les classant ainsi comme membres d'une même « famille » d'analyse. En faisant ce rapprochement, Goffman a pu construire, on le sait, le concept d'institution totale, mais cela a aussi permis d'introduire une certaine forme de « confusion morale au cœur de sa méthode » (Becker, 2002, p. 69), parce qu'il parvenait à dénaturaliser ou à désacraliser la réalité et le langage pour la décrire, ce qui constitue, d'une certaine manière, « le degré zéro » de la critique. Boltanski insiste par ailleurs, dans *Rendre la réalité inacceptable* (2008), sur l'importance de l'ironie dans le travail sociologique et notamment dans une sociologie de la critique. Ironie qu'il définit comme un procédé qui vise à désacraliser les objets auxquels la critique s'applique. Si l'ironie est un procédé en lien avec la critique, et surtout avec cette forme de critique qui tient compte des compétences des acteurs, c'est aussi parce qu'elle permet de signifier quelque chose sans le dire directement, laissant à ses interlocuteurs (savants comme profanes) la responsabilité et la liberté de l'interprétation, au risque pour le chercheur de se faire lui-même critiquer en retour.

Dans notre propre travail de recherche, nous avons voulu – mais au départ involontairement et ensuite très modestement – nous inspirer de ce procédé d'ironie, qui, au-delà d'une certaine attitude qu'il s'agirait d'adopter, induit avant toute chose des choix et des conséquences concrets sur le plan de la recherche. L'un de ces choix fut tout d'abord de comparer deux expériences ou deux catégories qui, jusqu'ici, n'avaient pas été directement comparées : l'itinérance et la fin de vie. Nous en sommes venue à faire cette comparaison à l'aide, au départ, d'une association d'idées un peu naïve et qui ne nous semblait pas à ce moment-là très sérieuse sur le plan de la conceptualisation. Or, nous avons fini par la prendre au sérieux, jetant ironiquement un certain trouble dans notre propre jugement moral quant à ce que devrait être la «vraie» science. En nous intéressant d'abord au discours contemporain sur l'itinérance et sur les modalités d'intervention privilégiées pour y répondre, nous avons remarqué la présence fréquente du terme «accompagnement» dans le discours. Ce terme, à l'époque, ne nous était évidemment pas inconnu, mais nous ne nous y étions jamais attardée, n'ayant jamais attiré notre curiosité. En nous arrêtant, toutefois, sur ce terme, nous avons tout de suite pensé à l'«accompagnement des mourants», activité pour laquelle le terme était conventionnellement associé dans notre esprit. À partir de cette association spontanée, nous nous sommes alors demandé s'il n'y avait pas justement un certain rapprochement à faire entre l'accompagnement des itinérants et l'accompagnement des mourants? N'y avait-il pas quelque chose de similaire dans les soins palliatifs aux mourants et l'assistance de dernier recours aux itinérants? Est-ce qu'on n'était pas face à deux variantes d'un même «programme de sortie» (Grimard, 2011) (intervention entourant la mort comme processus de «sortie» de la vie et celle entourant l'itinérance comme processus de «sortie» de la rue)? Dans la foulée de cette association d'idées, ou à l'aide de cette «ficelle» qu'est l'accompagnement, nous avons choisi d'approfondir ce rapprochement, ce qui nous a conduite concrètement à réaliser une enquête de terrain dans deux lieux à Montréal: une maison d'hébergement VIH-SIDA pour malades en fin de vie et un refuge pour sans-abri. À raison de deux jours et demi par semaine dans chaque lieu, sur une période de sept mois environ, nous nous sommes donc rendue dans ces lieux afin d'observer de manière directe et systématique les manières d'agir et d'intervenir sur ces deux cas de figure que sont l'itinérance et la fin de vie.

3.3. LA VIE MOINDRE: PENSER LES LIMITES DE LA SOCIALITÉ ORDINAIRE

A priori, les deux lieux de notre enquête constituent des univers distincts tant aux plans historique, architectural qu'à celui des populations ou des problématiques visées. D'un côté, on fait face, au premier regard, à un modèle d'intervention charitable centenaire, un lieu de dernier recours (hébergement et services d'urgence) destiné à accueillir une masse d'hommes (dans des dortoirs de 300 lits), qu'on désigne comme «itinérants», et dont l'architecture imposante et dénuée d'esthétique reflète un «esprit institutionnel» qui, à bien des égards, semble aujourd'hui en grande partie révolu. D'un autre côté, on est devant un lieu de soins palliatifs (non curatifs et terminaux), destiné à accueillir (dans dix-sept chambres) un petit nombre de malades et de mourants regroupés sous la bannière « population VIH/sida », et qui est apparu un siècle plus tard presque jour pour jour dans la foulée des mouvements gais et communautaires. Que ce soit au regard de l'espace urbain ou de l'inscription physique des lieux, ou encore de la nature des missions déployées, des catégories de personnes désignées ou des problématiques ciblées à traiter, tout ou presque contribue à faire percevoir, analyser, nommer ces cas de figure de façon distincte. Si nous avions comme souci de respecter et de mettre à jour les singularités de chacun de ces cas – ce que nous avons fait au moyen de deux portraits ethnographiques qui rendent compte de dimensions qui leurs sont propres –, nous avions aussi comme volonté de les comparer, en essayant de mettre de l'avant leurs « ressemblances familiales » comme dirait Wittgenstein (2004), en cherchant ainsi à décentrer notre regard de ce qui les différencie pour observer ce qui les relie de manière transversale, les font entrer en résonance commune, les inscrivent dans un même rapport ou sur un même continuum. Or, ce choix de les comparer ne s'est pas fait au départ sans susciter quelques réactions, certaines négatives. À cet égard, il suffit de vous faire part de la réaction d'un collègue à l'époque, particulièrement parlante, au-delà de la simple anecdote. Cette réaction consista à dire que nous ne « pouvions tout simplement pas » comparer ces deux expériences, car ce faisant, nous mettions sur le même plan deux registres d'expériences incompatibles, notamment en escamotant l'expérience sensible et, essentiellement, sacrée de la mort. Cette réaction fut pour nous à ce moment-là un révélateur très précieux de l'effet recherché du procédé d'ironie : celui justement de pouvoir « désacraliser la réalité » et de jeter ainsi une certaine confusion morale dans la pensée conventionnelle.

Sans annuler les singularités, ce procédé a permis d'ouvrir un nouvel espace tant empirique qu'analytique au milieu duquel s'estompent parfois les différences les plus évidentes et se donnent à voir des similarités *a priori* occultées. Sur le plan empirique d'abord, il nous a notamment amenée à découvrir un croisement étroit en ce qui concerne le profil des usagers. Nous avons été étonnée de rencontrer dans la maison de soins palliatifs autant de personnes qui, avant d'y entrer soit pour mourir, soit pour se faire accompagner temporairement dans une phase de crise de la maladie, étaient parmi d'autres choses « sans abri » (56 % au moment de notre enquête), voire pour certains, des anciens usagers du refuge en question où nous avons mené notre recherche. Nous avons été surprise de rencontrer autant de trajectoires d'aide qui se recoupent, les deux lieux formant des sortes de vases communicants concrets entre « soins physiques » terminaux (soins palliatifs de fin de vie) et « soins sociaux » terminaux (assistance de dernier recours). Or comme l'indique Quéré (2002, p. 82), c'est bien souvent à partir de ces « surprises » rencontrées sur le terrain que l'enquête sociale prend toute sa valeur, laquelle se définit selon lui comme « le travail d'exploration, de problématisation et d'observation déployé [...] pour socialiser des surprises créées par les événements et les situations qu'il révèle». Outre cette ressemblance notable des profils des usagers, nous avons pu observer concrètement l'entrecroisement confondant de situations de survie sociale et de survie physique dans lesquelles ces derniers se trouvent. Dans les deux cas de figure, la vie biologique est gravement menacée par un ensemble d'épreuves tangibles, allant de la faim, de la fatigue, de la maladie à la mort (surmortalité élevée chez les personnes en situation d'itinérance; mort certaine à plus ou moins court terme pour les personnes malades et en fin de vie; vulnérabilité physique et psychique importante dans les deux cas), et la vie sociale demeure profondément érodée par un ensemble de ruptures, de manques ou de perte de dimensions et activités significatives (perte ou affaiblissement notable de liens avec les mondes sociaux du travail, des loisirs, de la famille, de la vie amoureuse).

Cette situation confondante ou d'indistinction qui expose la vie biologique et sociale à ses limites absolues, dans laquelle se recoupent empiriquement les cas de figure de la fin de vie et l'itinérance, tout comme les lieux et les modalités d'intervention pour y répondre, nous a conduite, sur le plan analytique, à construire un concept heuristique pour essayer de la penser. Ce concept est celui de la «vie moindre» que nous avons cherché délibérément à définir, dans un langage «neutre», comme suit: «un régime spécifique de vie dont les coercitions (contraintes, obstacles, résistances, etc.) à l'œuvre réduisent jusqu'au moindre l'action possible». Ce concept nous a permis de ne pas référer à deux populations, aux caractéristiques spécifiques de deux groupes d'individus, ou même de mettre l'accent sur une problématique dite spécifique (comme l'itinérance, la maladie, la souffrance), comme il est coutume de le faire dans le champ d'analyse des problèmes sociaux (Otero, 2011). Il nous a permis plutôt de mettre l'accent sur le régime de vie spécifique et commun à ces deux cas de figure dont la caractéristique première est de mettre radicalement à l'épreuve l'action possible et ce, notamment, dans le contexte actuel des sociétés qui valorisent l'autonomie, la responsabilisation, la mobilité permanente, et tend, en contrepartie, à faire de la dépendance et de l'immobilité – deux caractéristiques typiques de la vie moindre – des figures de quasi-déviance. Pourquoi la *vie moindre*, précisément? Car situés sur les lignes de faille profondes et indifférenciées du lien social et vital, là où la vie semble se dérober à elle-même, ces deux cas de figure rendent compte de manière similaire d'un régime de vie qui semble *a priori* radicalement éloigné de l'expérience de la socialité ordinaire, au point où on peut même en venir à se demander s'il n'en est qu'une ombre ou un simulacre, mi-être, mi-néant, presque rien. Or, si ce régime peut effectivement être conçu comme «presque rien» quant aux modalités d'organisation et de production de la vie «utile» et «qualifiée», voire de la vie minimale, s'il signale une réduction radicale du champ de l'action possible, il ne se situe pas pour autant dans un vide total, dans l'inexistence, dans un rien. *Entre presque rien et rien, il y a tout un monde*, pour paraphraser Musset[1], et ce monde est bel et bien social. La vie moindre rend compte d'un régime qui, contrairement à celui de la «vie nue», s'inscrit bel et bien, plutôt qu'en rupture, dans la socialité ordinaire, avec son système d'institutions, de normes et de valeurs, avec ses conduites légitimes et attendues : tout en s'identifiant à son seuil, ultime et fragile, il en expose de manière radicale et souvent tenace ses limites. Le moindre, est le mot de la limite mouvante, de la trace qui va s'effaçant, du signe qui va pâlissant, mais qui est maintenue en haleine par un ensemble de gestes, tactiques, discours en lien avec la grammaire sociale et normative qui a cours. Entre rien et presque rien, il y a donc tout un monde, et c'est ce monde, apparu tangible dans l'espace entre-ouvert par la comparaison des figures de l'itinérance et de la fin de vie, que nous avons choisi de désigner comme la vie moindre[2].

Outre ses effets sur le plan de la découverte empirique et de l'inventivité théorique, la tactique de l'ironie dont a découlé ce procédé de comparaison a permis, selon nous, deux choses. D'une part, de mettre entre parenthèses la grammaire existante dans le champ d'analyse de l'objet «itinérance», lequel champ, depuis les années 1990, a été largement investi par des théories et des concepts successifs (notamment l'«exclusion sociale» et la «vulnérabilité») qui ont aujourd'hui amplement pénétré le langage courant et politique (Roy, 2007), ayant transformé notre manière de percevoir, de nommer et d'agir sur ce phénomène, au point où il est difficile de le saisir aujourd'hui autrement que par ce langage. D'autre part, cela permet de signifier quelque chose sans le dire directement, en laissant ultimement la responsabilité de l'interprétation aux chercheurs et acteurs du milieu de l'itinérance, mais qui fait écho à ce que nous avons pu entendre sur le terrain, bien que souvent de manière discrète, dans l'informel ou les coulisses, parce que cette idée évoque quelque chose qui est encore de l'ordre de l'«intouchable», c'est-à-dire du sacré, à savoir l'humanisme et la vie elle-même. Cette idée est celle-ci : de la même manière qu'être en fin de vie c'est accepter qu'il n'y pas de solution de guérison, et que cette acceptation sous-tend le passage à un autre registre de soins que les soins curatifs (soins palliatifs), au risque sinon de tomber dans une forme d'acharnement thérapeutique, peut-on aussi choisir d'accepter que certaines personnes ne présentent pas de «solutions» de rattrapage (d'intégration, d'insertion, de retour à la vie active, etc.) ? Peut-on penser collectivement à d'autres registres d'intervention que ceux

---

1. La phrase d'Alfred de Musset est : «entre presque oui et oui, il y a tout un monde».
2. Pour plus de détails concernant ce concept, voir Namian (2012a et b).

pensés sous le mode téléologique? Si l'idée d'acharnement thérapeutique est débattue dans le champ médical, peut-on parler également d'acharnement thérapeutique, voire d'acharnement normatif dans le champ de l'intervention sociale? De plus, sur quels critères se fondent les différences notables de traitement (lieux et professions investis, thérapeutiques choisies, financement déployé) du phénomène de l'itinérance et celui de la fin de vie? Existe-il des formes de vie qui valent davantage ou qui en valent davantage la peine? Pour quelles raisons?

3.4. Le transfert

Bien qu'il nous vienne rarement à l'esprit d'utiliser les notions de la psychanalyse dans le domaine de la sociologie, celle du transfert nous apparaît proche du procédé qu'on est souvent amené à mettre en œuvre lorsqu'on ancre sa recherche dans le champ d'analyse des problèmes sociaux, même si, pour la première discipline, elle relève de l'inconscient. L'un des principes de cette notion en psychanalyse est, comme l'ironie, de provoquer un décalage ou de l'incongruité entre le discours et la réalité, ou entre deux significations (il n'est d'ailleurs pas anodin que Freud ait aussi nommé cette notion «mésalliance»). Ce procédé consiste à transférer un sentiment vécu envers un objet de désir infantile dans les premières expériences affectives, vers le sujet du psychanalyste. Mais, plus qu'un simple déplacement d'affects, ce procédé, qui constitue en quelque sorte la cheville ouvrière de la cure analytique, entraîne habituellement l'analysé à «sortir» du discours et donc de la répétition (névrotique), ce qui permettrait de traduire les symptômes dans une autre langue et, dès lors, de proposer moins une résolution qu'une variation de représentations sur le conflit. Transférée dans le domaine de la sociologie ou de la recherche plus largement, la notion de transfert peut s'entendre de la même façon, soit comme un procédé d'«exportation» d'un savoir ou d'une image vers un autre domaine d'application que celui de sa première appropriation, sans qu'un nouvel apprentissage transdisciplinaire ne soit requis (Minder, 1999, p. 324). Cette exportation permet d'introduire un décalage entre la première signification et la deuxième et d'en déduire, par le fait même, un autre sens ou du moins une variation de sens sur un même objet. Ce procédé sous-tend habituellement la tactique d'usage des métaphores, qui constitue littéralement un transfert de sens, en sorte qu'elle permet de parler d'une réalité avec les mots et les concepts servant à désigner une autre réalité, et souvent avec des mots et concepts qui proviennent d'une autre discipline que celle du chercheur.

Même si le langage de la sociologie admet, volontairement ou non, une pluralité de métaphores (Martuccelli, 2005), le transfert de ces dernières dans son domaine d'application est néanmoins souvent critiqué par les sociologues eux-mêmes comme relevant d'un procédé purement littéraire et qui ne pourrait permettre d'inspirer une voie possible pour la recherche, entendue comme investigation scientifique. La métaphore demeure, en effet, souvent suspecte dans le discours scientifique, elle le «provoque», y jette un certain trouble moral, en raison des dangers qu'elle présente de passer insensiblement de la fiction à la réalité : « Elle est considérée, tout au plus sur le plan scientifique, comme une des premières manifestations de la pensée, voire une des formes les plus primitives du raisonnement dont il faut se défaire le plus rapidement possible » (De Coster, 1978, p. 24). Or nous considérons, au contraire, que la métaphore peut servir aussi de «cheville ouvrière» au travail de conceptualisation, notamment dans un champ d'analyse comme celui des problèmes sociaux, car ce sont dans les questions souvent provocantes qu'elle pose à la réalité que la tactique de la métaphore peut revêtir un statut méthodologique et théorique fertile et acquérir une fonction heuristique pour la pensée et la recherche.

3.5. La couveuse : penser le renouvellement des équipements des individus

Dans notre thèse, nous avons procédé par transfert de sens, en utilisant une métaphore, celle de la *couveuse*, qui est un terme provenant de la pédiatrie et qui désigne, pour cette discipline, un équipement servant à incuber les nouveau-nés prématurés dans un espace protégé et contrôlé pour leur permettre, sans l'aide de leurs géniteurs, d'amorcer leur processus de singularisation (biologique), avant d'avoir accès aux ressources et équipements plus spécialisés. Le terme de couveuse a été exporté récemment dans le domaine de l'entreprise et désigne un dispositif permettant d'accompagner les futurs entrepreneurs dans la mise en œuvre de leur projet. Par exemple, dans une définition de la couveuse d'entreprise, on mentionne ceci : « Les couveuses permettent à tous, et plus particulièrement aux personnes éloignées de la culture entrepreneuriale, d'accéder à la création d'entreprise et de réussir leur projet. » Le passage dans la couveuse, cet espace potentiel aménagé spécifiquement pour le « porteur de projet », représente, mentionne-t-on également, « un système de contraintes et de repères dans lequel les entrepreneurs à l'essai font l'apprentissage de leur future autonomie. Cela semble paradoxal, mais c'est très efficace. » La couveuse d'entreprise est censée « accroître la pérennité » et donner aux entrepreneurs les moyens futurs de « vivre dignement de leur activité[3] ».

---

3. <http://www.uniondescouveuses.com/>.

En nous inspirant du sens produit par le rapprochement de ces deux significations de la couveuse, nous avons transféré le terme dans notre propre démarche de conceptualisation pour désigner le style de supports et protections déployé aujourd'hui auprès des individus les plus fragiles de la société afin de leur permettre de poursuivre leur processus d'individuation inabouti ou inachevé, en visant l'apprentissage de leur « future autonomie » et en misant sur le détachement de leurs « dépendances affectives » envers leurs « géniteurs » sociaux (institutions étatiques et sociopolitiques), par le développement de leurs capacités (« *capabilités* » comme diraient certains) à surmonter ou à gérer leurs propres insuffisances. La métaphore de la couveuse, qui évoque à la fois l'image de l'incubateur pour les nouveau-nés fragiles prématurés, et celle utilisée par la culture entrepreneuriale, nous paraissait particulièrement expressive en ce sens pour parler des modalités de régulation sociale en vigueur dans le cadre d'une société d'individualisme de masse qui requiert la production d'individualités autonomes et, par le fait même, d'équipements politiques des individus ou d'« anthropotechniques » (Sloterdijk, 2000) plus « allégés » que ceux traditionnels centrés sur la production dite « objective » et la protection dite « passive » des individus. Cette métaphore de la couveuse nous paraissait en tous les cas plus pertinente que celle du « camp » (biopolitique), laquelle est fréquemment utilisée par les théoriciens de la vie nue pour analyser les conditions et les situations de vie limites ou extrêmes. De plus, l'usage du terme couveuse va dans le sens du processus de renouvellement actuel des théories de la société à l'aune de l'individuation, ciblé désormais par plusieurs comme son lieu analytique central. Pour Sloterdijk (2006), notamment, une interrogation sur le processus de constitution des individus doit s'inscrire dans une théorie de l'espace social « non triviale », qui ne soit ni entièrement fonctionnaliste, ni entièrement phénoménologique, mais repensée notamment sous l'angle d'une « éthique des atmosphères » ou d'une « climatologique politique » dans laquelle sont restituées des dimensions de la vie sociale et du vivre-ensemble jusqu'ici reléguées en dehors des sciences positives et des approches classiques en sociologie et en philosophie, comme les humeurs, les atmosphères, les affects, les émotions et le climat. S'esquisse avec cette théorisation une approche des institutions et dispositifs en tant que producteurs de microclimats propices à une société d'individus, comme les « serres », les « pépinières », les « bulles », les « couveuses », dont l'une des tâches premières est la fabrication d'une atmosphère démocratique climatisée ou d'un climat social respirable, malgré la croissance des inégalités et la présence de conditions de vie pour certains asphyxiantes (Moreau de Bellaing, 2004). Cette économie de l'air qui, à l'instar du climat ou de l'atmosphère, vient influencer le flux des échanges et des rapports (humains, sociaux, économiques, écologiques, etc.), en appelle de plus en plus aujourd'hui à des techniques de dosage des affects ou de régulation de la température émotionnelle comme processus d'équipement politique des individus.

CONCLUSION

En conclusion, l'ironie et le transfert se sont avérés des procédés et tactiques qui nous ont permis personnellement de trouver des solutions aux difficultés inhérentes au travail de conceptualisation qui se présentent à quiconque choisit d'ancrer sa recherche aux limites ou aux marges du social, là où les catégories d'appréhension du réel se trouvent souvent mises en défaut. Ces difficultés, loin de se limiter à des problèmes épistémologiques ou méthodologiques, renvoient à un enjeu politique central de la recherche qui se traduit concrètement par la difficile rencontre, ou le décalage fondamental, entre la pensée conventionnelle (tant théorique que courante) et une réalité sociale mouvante, porteuse de dynamiques sociales d'avant-garde, conflictuelles et contradictoires. C'est pourquoi trouver des solutions à de telles difficultés, quelles qu'elles soient, ne pourrait faire l'économie d'une «imagination sociologique», pour reprendre l'expression consacrée de C.W. Mills (1997), c'est-à-dire de l'intégration des outils de la recherche à une démarche de créativité, en particulier par la production ou la mise en forme de décalages. Trouver d'autres perspectives et angles de vue, déplacer volontairement les limites conventionnellement admises entre les disciplines et les domaines attestés, décaler l'observation dans l'espace, entre les groupes, dans le temps, mettre en cause les apparentes évidences, constituent des moyens qui, au-delà d'un souci d'esthétique, d'originalité ou d'ouverture à l'interdisciplinarité, devraient être au centre d'une démarche qui vise à repenser les problèmes sociaux afin de préserver ultimement le cœur de la vocation critique de la recherche, au risque de se faire critiquer soi-même comme chercheur.

RÉFÉRENCES BIBLIOGRAPHIQUES

BECKER, H. (2002). «La politique de la présentation: Goffman et les institutions totales», dans C. Amourous et A. Blanc (dir.), *Erving Goffman et les institutions totales*, Paris, L'Harmattan, p. 59-79.

BOLTANSKI, L. (2008). *Rendre la réalité inacceptable. À propos de «La production de l'idéologie dominante»*, Paris, Demopolis.

DE COSTER, M. (1978). *L'analogie en sciences sociales*, Paris, Presses universitaires de France.

GRIMARD, C. (2011). *À propos d'une institution paradoxale. Les refuges pour hommes itinérants à Montréal: lieux de passage ou lieux d'ancrage?*, Thèse de doctorat, Montréal, Département de sociologie, Université du Québec à Montréal.

LAÉ, J.-F. et N. MURAD (1995). *Les récits du malheur*, Paris, Descartes.

MARTUCCELLI, D. (2005). *La consistance du social. Une sociologie pour la modernité*, Rennes, Presses universitaires de Rennes.

MARTUCCELLI, D. (2010). *La société singulariste*, Paris, Armand Colin.

MILLS, C.W. (1997). *L'imagination sociologique*, Paris, La Découverte.

MINDER, M. (1999). *Didactique fonctionnelle*, Bruxelles, De Boeck.

MOREAU DE BELLAING, C. (2004). «Évaluer la teneur d'un air démocratique. Le point de vue de l'institution policière», *Ethnographies*, <http://www.ethnographiques.org>, consulté le 26 mars 2011.

NAMIAN, Dahlia (2012a). *Vivre, survivre et mourir accompagné : aux frontières de la vie moindre*, Thèse de doctorat, Montréal, Département de sociologie, Université du Québec à Montréal.

NAMIAN, Dahlia (2012b). *Entre itinérance et fin de vie : sociologie de la vie moindre*, Québec, Presses de l'Université du Québec, coll. «Problème sociaux et interventions sociales».

OTERO, M. (2010). «Repenser les problèmes sociaux : des populations problématiques aux dimensions problématisées», *Qu'est-ce qu'un problème social ?*, Colloque du CRI – Collectif de recherche sur l'itinérance, ACFAS – Association canadienne française pour l'avancement des sciences, Université de Montréal, 10 mai.

OTERO, M. (2011). «Des populations problématiques aux dimensions problématisées», *Qu'est-ce qu'un problème social ?*, 79e Colloque de l'ACFAS, Montréal.

OTERO, M. (2012). *L'ombre portée*, Montréal, Boréal.

QUÉRÉ, L. (2002). «Pour un calme examen des faits de société», dans B. Lahire (dir.), *À quoi sert la sociologie ?*, Paris, La Découverte, p. 79-94.

ROY, S. (2007). «De l'exclusion à la vulnérabilité. Continuité et rupture», dans S. Roy et V. Châtel (dir.), *Penser la vulnérabilité*, Québec, Presses de l'Université du Québec, p. 13-31.

SLOTERDIJK, P. (2000). *La domestication de l'être*, Paris, Mille et une nuits.

SLOTERDIJK, P. (2006). *Écumes*, Paris, Pluriel.

WITTGENSTEIN, L. (2004). *Recherches philosophiques*, Paris, Gallimard.

CHAPITRE 4

JEUX DE FRONTIÈRES
Vivianne Châtel

Dans toute société, « un univers de failles, de défauts, d'insuffisances, d'inadéquations, d'inadaptations, de déviances, voire des contre-figures[1] », un univers qui fait en quelque sorte frontière entre eux et nous. À eux, l'a-norme ; à nous, la norme. À eux, le désordre ; à nous, l'ordre. Et, entre eux et nous, une frontière aux contours flous, toujours mouvante, toujours fluctuante, qui dessine le jeu des appartenances et des territoires, et qui dessine en quelque sorte la carte officielle des problèmes sociaux.

Aux rêves des utopistes humanistes d'effacer d'un coup de gomme les frontières, fait face de toutes parts ou presque, la reconstruction des frontières, comme si la chute du mur de Berlin n'était qu'un épisode fugace de l'histoire des hommes. Entre le Mexique et les États-Unis, en Arizona, à Monterrey, pour ne pas voir les favelas, en mer Méditerranée, à Ceuta, en Corée, en République tchèque à Usti nad Laben pour séparer les Roms du reste de la population (en 1999), en Israël aussi, les murs reviennent, plus puissants, plus impénétrables que jamais.

Ambrose Bierce, journaliste et écrivain étasunien, du début du XXe siècle, définissait la frontière en ces termes : « En géographie politique, la frontière est une ligne imaginaire entre deux nations, séparant les droits imaginaires

---

1. Voir Introduction.

des uns des droits imaginaires des autres » (Bierce, 1911). Et de fait, la frontière est peut-être matérielle, marquée par un mur en pierre ou des rayons laser, par des caméras cachées surveillées par des volontaires connectés au réseau Internet (Luscombe, 2009), par des permis ou des tags, mais ce qu'elle désigne surtout, ce sont les rapports que les communautés humaines entretiennent entre elles, ce sont les regards que l'on porte sur l'Autre. Et le monde est parsemé de signes visibles et invisibles, parfois même parsemé d'obstacles symboliquement très violents qui cloisonnent et façonnent le monde en des surfaces et des territoires inaccessibles.

La frontière est alors le lieu de l'identité. Identité nationale, communautaire ou particulariste, identité normale ou déviante… et surtout identité des Nous vivants, heureux, compétitifs, consommateurs, spectateurs… Contre identité de ceux que la misère grandissante relègue toujours plus loin dans les bas-fonds de nos sociétés contemporaines. Au ban du lieu, en quelque sorte.

Les mots se font alors frontière. Au *peuple d'en bas*[2], du pain et des jeux, selon la célèbre formule de Juvénal. Un *peuple d'en bas* qui s'effraie de la possible perte de son emploi, se jalouse de biens chèrement acquis, et se délecte de lotos et autres émissions de divertissement, et qui regarde les Autres, ceux qui ont perdu leur emploi, ceux qui chaque jour deviennent plus pauvres, ceux qui sont étiquetés déviants, ceux qui rallongent chaque année les files des Restos du cœur[3] et autres soupes populaires, ceux qui sont stigmatisés, marginalisés, désocialisés, ou tout simplement ceux qui sont inadaptés. Ceux qui ne sont pas *Nous* en quelque sorte.

Eux et Nous à l'intérieur d'un même territoire. Eux et Nous, comme une sorte de ré-assurement. Eux et Nous parce que ce sont des Mêmes que nous. Mais différents. Toute frontière désigne une différence… excluante. Comme le seuil à la porte des maisons, qui désigne le dedans et le dehors, ce seuil qu'il faut franchir pour devenir l'hôte, pour devenir l'ami… Mais cette frontière entre Eux et Nous est plus que la signification d'une différence. Elle dessine en fait des lignes d'occupation et des lignes d'aveuglement.

---

2. Pour reprendre l'expression fortement éloquente d'un ancien premier ministre français.
3. « Je suis attristé de voir la pauvreté augmenter sans cesse dans ce pays depuis la création de l'association, il y a 22 ans. C'est un résultat calamiteux pour la France », commentait Olivier Berthe, le président des Restos du cœur, lors de la réouverture hivernale des centres de distribution alimentaire pour leur 23e campagne en 2007 (voir Bastide, 2007). La campagne 2008-2009 a vu une hausse sans précédent de plus de 14 % du nombre de personnes accueillies au niveau national (Plaquette de la 25e campagne des restos du cœur 2009-2010, <http://www.restosducoeur.org>).

Occupation d'un côté parce qu'elle permet de centrer les regards et les débats sur Eux, avec ses effets de contrôle et d'autocontrôle – l'attention étant focalisée pour les Nous sur la nécessité de ne pas devenir des Eux. Occupation donc, puisque les Nous sont toujours dans le souci de montrer les signes de leur appartenance à la société. Puisque les Nous s'appliquent à ne pas devenir ces supports des problèmes sociaux, agents-objets (plus que bénéficiaires) des politiques sociales. Occupation encore, puisque les Nous s'accordent (ou font semblant de s'accorder) sur la nécessité de changer, d'améliorer la condition de ces Eux.

Entre Nous et Eux, il y a donc une différence de taille, celle du traitement social, celle du regard normatif. Peu importe, l'origine du problème social en quelque sorte. Ce qui compte finalement c'est qu'il délimite d'une certaine manière la frontière, entre ce que nous pouvons faire et ce que nous ne pouvons pas faire, entre ce que nous devons être et ce que nous ne devons pas être.

Sous la rubrique *problèmes sociaux*, selon la classification établie par le ministère de la Santé et des Services sociaux du Québec, nous trouvons les déclinaisons suivantes: agression, dépendances, grossesse à l'adolescence, itinérance, jeu pathologique, jeunes en difficulté, toxicomanie alcool et drogue, violence conjugale. Le Bureau international du travail se veut un peu plus large puisque sous le terme générique de problème social, nous trouvons les éléments spécifiques suivants: abus des drogues, alcoolisme, corruption, criminalité, délinquance, exploitation sexuelle, malaise de la jeunesse, prostitution, santé mentale, sévices sexuels[4].

Occupation donc de tous les instants. Il est vrai que toutes ces problématiques occupent largement nos sociétés tant en termes de prévention que de contrôle.

Quelle que soit la lecture que nous fassions du problème social, il serait vain d'oublier la petite musique qui l'anime, celle du discours du contrôle, de la vérification, de la responsabilisation individuelle. Il est ainsi frappant d'entendre à nouveau la chanson des assistés sociaux qui amène les collectivités à engager des «inspecteurs sociaux». De retour donc, le discours de la faute, de la culpabilité et de la stigmatisation.

Occupation donc, puisque toute l'attention est portée sur ces agents-objets des problèmes sociaux, à les construire en agents négatifs, comme s'ils constituaient le «la» de la vie sociale. Comme si la vie sociale se réduisait

---

4. Ministère de la Santé et des Services sociaux du Québec, <http://www.msss.gouv.qc.ca/>, consulté le 7 mai 2010. Thésaurus du Bureau international du travail, <http://www.ilo.org/public/libdoc/ILO-Thesaurus/french/tr516.htm>, consulté le 7 mai 2010. Le thésaurus du BIT y ajoute les termes associés suivants: bidonville, catastrophe, coût social, faim, famine, maladie, malnutrition, politique sociale, recherche sociale, sociologie, terrorisme, VIH/Sida.

à lutter contre la soi-disant attirance de ces positions sociales négatives. Ou encore comme si la vie sociale se réduisait à une dichotomie négatif/ positif. Un effet d'occupation en forme de miroir : tout pour ne pas devenir comme ces agents-objets des problèmes sociaux. Le problème social dans ses effets d'occupation a la même fonction que le crime : rappeler la norme, rappeler la normalité.

Et, de fait, ces problèmes sociaux constituent d'efficaces repoussoirs, même si chacun et chacune sont désormais convaincus de l'épée de Damoclès, suspendue au-dessus de leur tête, une épée de Damoclès qui rend particulièrement visible et efficace les lignes de fracture : l'assisté, le marginal, le chômeur, le poly-toxico-dépendant, le délinquant, le pathologiquement dépendant, le violent, l'inadapté (et ici le vocabulaire est particulièrement inépuisable). Toute figure à laquelle nous cherchons à échapper quitte à abdiquer toute compétence critique en s'inscrivant dans le mouvement des injonctions contemporaines. Nous sommes entrés, si nous reprenions le vocabulaire d'Emmanuel Mounier, dans une société dépersonnalisée, une société « où il ne reste que des semblables qui ne se regardent pas[5] », des semblables seulement occupés à ne pas perdre la face, c'est-à-dire à ne pas rejoindre ces visages du problème social. Avec *La montée des incertitudes* (Castel, 2009), c'est la peur du lendemain qui règne et gère les relations sociales.

Occupation donc d'un côté, mais aussi aveuglement de l'autre parce que cette centration sur la frontière permet d'oublier les Autres, tous ceux qui ne sont ni eux ni nous, tous ceux qui sont hors de. Tous ceux qui, sans droits, se trouvent mis hors de la sphère de responsabilité et d'obligation que dessine pourtant encore la définition du problème social – et ce quelle qu'en soit la caractérisation : dysfonctionnement, construction, étiquetage, et même si l'on veut, assistanat.

L'univers des problèmes sociaux consacre de fait une autre frontière, celle qui sépare ceux qui sont dignes de notre attention de tous les autres, les indignes, les sans-nom et les sans-droits, les sans-patrie : des esclaves du monde moderne aux victimes du trafic humain, en passant par les asservis pour dettes, les enfants travailleurs ou les peuples sans droits.

---

5. Emmanuel Mounier parle d'« une société sans visage, faite d'hommes sans visage, *le monde de l'on*, où flottent, parmi des individus sans caractère, les idées générales et les opinions vagues, le monde des positions neutres et de la connaissance objective, […] [une société] où il ne reste que des semblables qui ne se regardent pas ». Il évoque le glissement des sociétés modernes vers des sociétés dé-personnalisées, des sociétés de désolation et d'isolement, « des *sociétés en nous autres* » dans lequel le *nous-autres* n'est qu'« abnégation consentie » et le « "nous" violemment affirmé n'est pas, pour chacun des membres qui le professe, un pronom personnel, un engagement de sa liberté responsable » (Mounier, 2000, p. 82-82).

Sous la frontière entre eux et nous, se dissimule donc une autre frontière – qui se joue de la compétition sur la scène publique, une frontière dans laquelle l'agent-objet du problème social devient en quelque sorte un mètre étalon. Là s'arrête le problème social. Ici commence un problème d'un autre ordre.

La frontière, c'est aussi une façon de voir, un masque visuel qui sert à cacher ce qu'il ne faut pas voir, cacher ce qui est au-delà (du seuil), le rendre inexistant. C'est un monstre qui fait de l'Autre «un concept sans corps, ni représentation, ni histoire, ni sentiment [...], qui nie l'existence de ceux qui vivent au-delà, empêchant que l'œil ne touche et ne soit touché» (Sivan, 2007, p. 99). Elle masque le fait que, d'un côté, près de trois milliards d'êtres humains sont condamnés à vivre dans des conditions d'absolue inhumanité avec moins de deux dollars par jour et que, de l'autre côté, les quelques quatre milliards d'autres sont condamnés à toujours consommer plus. Sans que jamais cela n'affleure à la conscience humaine contemporaine. Ou sans que jamais cela ne dépasse le stade d'une compassion universelle restreinte, spectaculaire et localisée. Il a été plus aisé d'être solidaire avec les victimes du tsunami que d'être solidaire avec ces pauvres hères qui peuplent les forêts sombres des côtes françaises; et même, à propos de cette solidarité événementielle, faudrait-il encore faire une distinction entre les victimes du tsunami de décembre 2004 et les victimes du séisme pakistanais d'octobre 2005, les Nations Unies et les grandes organisations non gouvernementales ayant évoqué un drame pire que le tsunami, mais qui n'a cependant pas mobilisé.

La frontière se fait donc masque visuel qui sert à cacher ce qu'il ne faut pas voir, à cacher ce qui est au-delà, à le rendre inexistant. Je citerai ici ces mots de Georges Pérec lors de sa visite du centre Ellis Island: «Comment aller au-delà aller derrière ne pas nous arrêter à ce qui nous est donné à voir ne pas voir seulement ce que l'on savait d'avance que l'on verrait. Comment saisir ce qui n'est pas montré» (Pérec, 1980, p. 28).

Et un peu plus loin dans le même texte: «Au début, on ne peut essayer que de nommer les choses, une à une, platement, les énumérer, les dénombrer, de la manière la plus banale possible, de la manière la plus précise possible, en essayant de ne rien oublier.»

Ellis Island, c'était «la Porte d'Or, c'était là, tout près, presque à portée de la main, l'Amérique mille fois rêvée, la terre de liberté où tous les hommes étaient égaux, le pays où chacun aurait enfin sa chance, le monde neuf, le monde libre où une vie nouvelle allait pouvoir commencer» (Pérec, 1980, p. 30-34).

Ellis Island, aujourd'hui c'est Tijuana, Ciudad Juarez, Ceuta, Lampedusa, la Méditerranée, les forêts des côtes françaises, les centres de rétention, les bateaux abandonnés au milieu de nulle part, les coups portés... *À portée de la main, l'Amérique mille fois rêvée. À portée de la main, l'Europe mille fois rêvée.* À portée de la main seulement !

La frontière masque ce non-lieu, cette absence de lieu. Derrière les murs du silence, «le symbole effrayant du fait de différence en tant que tel, de l'individualité : [l'étranger], disait Hannah Arendt, désigne les domaines dans lesquels l'homme ne peut ni transformer ni agir, et où par conséquent il a une tendance marquée à détruire[6]».

Comme au moment de la Seconde Guerre mondiale quand la population juive a été considérée comme faisant problème, l'étranger (non choisi) en Europe, pour ne prendre que cet exemple, est devenu plus que problème. Il est devenu celui qu'il faut expulser, celui qui est partout rejeté, proscrit. Il est devenu en quelque sorte le juif errant, le paria, sur une terre inhospitalière. La figure du paria désigne ici une différence radicale qui a conduit dans les pays démocratiques (il convient de le rappeler) aux «politiques d'hygiène raciale et de stérilisation forcée» (comme dans les pays scandinaves) ou aux politiques de catégorisation raciste des Roms (en France notamment) avant de mener aux horreurs du XXe siècle. Le paria est plus que stigmatisé, inadapté, marginalisé, déviant, il est plus qu'assisté. Il n'est pas problème social, il est, oserai-je dire, «simple problème administratif», c'est-à-dire pour les étrangers indésirables, un numéro d'éloignement. Aux horreurs des camps de concentration et d'extermination, aux horreurs des crimes contre l'humanité et des génocides, s'ajoutent désormais les horreurs des camps d'internement, de relégation, qui échappent justement aux contrôles sociaux. «Le camp peut être considéré, à la suite de Hannah Arendt, comme une grille de lecture de la manière dont un État-nation traite, par la mise à l'écart géographique et politique, des populations en parias, en ennemis de l'intérieur, en étrangers inassimilables et en déviants menaçants.» (Bernardot, 2003, p. 247).

Comment pourtant oublier ces images du monde de non-lieux? De l'Europe occidentale à l'Extrême-Sibérie en passant par la Chine et le Cambodge, pour ne prendre que l'exemple du continent indo-européen, comment oublier ces millions de personnes entassées dans des wagons à

---

6. «"L'étranger" est le symbole effrayant du fait de différence en tant que tel, de l'individualité : il désigne les domaines dans lesquels l'homme ne peut ni transformer ni agir, et où par conséquent il a une tendance marquée à détruire» (Arendt, 1982, p. 291).

bestiaux souvent sans eau et sans nourriture, dans des camps surveillés, contraintes aux travaux forcés, battues, humiliées...? Or aujourd'hui l'Europe, pour ne prendre que cet exemple, se barricade derrière de hauts murs infranchissables (quelquefois symboliques, mais plus souvent sécurisés).

Zones européennes d'attente, zones de rétention ou zones d'enfermement régulièrement dénoncées comme zones d'in-dignité (Galland, 2002)[7], l'Europe est devenue un immense camp retranché. Centres off-shore, camps d'enfermement des réfugiés et des migrants aux portes de l'Europe, dans les pays du Maghreb ou encore en Libye avant la révolution libyenne de 2011, centres qui répondent en fait à la politique européenne d'externalisation des migrants (et qui, de fait, permet aux pays européens de se dégager et de se dédouaner du problème). Mondialisation des camps et des politiques d'enfermement puisque, pour ne prendre qu'un exemple dans le monde, l'Australie se distingue assez bien par sa politique d'immigration particulièrement sévère avec des camps de rétention aux confins du désert ou même avec, en novembre 2003, l'exclusion de son territoire de milliers d'îlots pour empêcher les immigrants illégaux qui y débarquent de déposer une demande de droit d'asile.

Hier et aujourd'hui se confondent, dans un même mouvement d'éloignement et d'enfermement des «indésirables». *Nuit et brouillard*. Effacement de l'Autre dans cet acte de mise à distance. L'Autre n'est même plus un nom, ni un lieu, ni un visage, ni une histoire. Il n'est rien. Il est inexistant.

Les témoignages ne manquent pas dans lesquels dominent la peur, l'humiliation, la mort, la déshumanisation. Des milliers de clandestins meurent chaque année en Méditerranée. De la Turquie à l'Espagne. Que dire de cet «enfer dantesque» décrit, à longueur de reportages, sur ces barques à la dérive près de la Sicile ou des îles Canaries, avec à leur bord, des corps squelettiques et des morts de faim et de froid et avec d'autres morts, à jamais disparus, dont la mer est désormais la seule sépulture (Jozsef, 2003)? Enfer qui, à de rares exceptions près, passe inaperçu ou laisse indifférent comme cette barque de clandestins qui chavire «au large des côtes espagnoles, à cinq cents mètres du port de Cadix» (Ben Jelloun, 2003).

---

7. Le réseau Migreurop, réseau de chercheurs et de militants qui vise à faire connaître la généralisation des politiques d'enfermement et d'éloignement des étrangers, a été créé lors du premier forum social européen en 2002.

Une barque avec une cinquantaine de clandestins. «Tous noyés[8].» Pas de mains secourables, pas de mains tendues. Des clandestins, pas des naufragés. Le clandestin n'est plus, pour beaucoup, un être humain.

Aujourd'hui l'étranger est tout simplement rejeté, posant la question de cette différence fondamentale entre Soi et l'Autre. La question n'est pas de savoir si le monde occidental peut ou non «accueillir toute la misère du monde[9]», mais s'il est prêt à s'engager vers l'Autre et pour l'Autre, s'il est prêt à réfléchir aux conditions de possibilité d'un monde dans lequel les valeurs de dignité et de respect auraient vraiment un sens.

Quand dans l'Autre étranger, nous ne voyons plus un être humain, n'est-il pas grand temps alors de s'interroger sur l'état de la civilisation dans laquelle nous vivons? Et de rappeler que dans le totalitarisme, selon l'analyse proposée par Hannah Arendt, «la fabrication massive et démentielle de cadavres, [a été] précédée par la préparation historiquement et politiquement intelligible de cadavres vivants» (Arendt, 1972, p. 185).

Dans la rhétorique antique, le mendiant (c'est-à-dire l'étranger) est sacré, il est sur terre un envoyé des Dieux. Dans la rhétorique contemporaine, le mendiant (c'est-à-dire l'étranger) au mieux nous dérange, au pire nous indiffère. Il est l'illustration de la faillite du monde contemporain. Miroir de nos attentes, de nos craintes et de nos peurs.

L'effet d'aveuglement que procure la frontière entre Nous et Eux de ce côté-ci de la barrière revient à occulter ce qui fondamentalement se joue dans cette gestion purement administrative, à savoir l'indifférence à une politique répressive appliquée mécaniquement. Certes, étiqueté

---

8. «Aux corps décomposés que la mer cruelle a jetés a manqué l'homme, celui qu'on croyait humain, celui qui pouvait se dire et si c'était moi ce corps écorché, mangé par le sel et des bêtes marines, rouillé de l'intérieur, rongé par la détresse et envoyé à la mort comme dans un tour de loterie, comme un oiseau de mauvais présage, comme un destin dont personne ne veut» (Ben Jelloun, 2003). L'Espagne est régulièrement confrontée non à cette indifférence pour la vie humaine mais à l'arrivée de barques avec à bord des clandestins déshydratés et des clandestins morts pendant la traversée.
9. Selon un rapport de la Commission européenne publié en mai 2002, les étrangers d'origine extra-communautaire ne représentent que 3,5% de la population de l'Union européenne. Les statistiques publiées par le Haut-commissariat pour les réfugiés ne disent pas autre chose. Selon le collectif de soutien d'urgence aux réfugiés, «la France accueille bien peu de réfugiés et sans papiers en comparaison des autres pays d'Europe et surtout du tiers monde: les demandeurs d'asile et les réfugiés qui tentent leur chance en Europe et en Amérique du Nord ne représentent qu'à peine 5% du total des réfugiés et déplacés dans le monde; et seuls 0,2% de ce total finissent par s'installer dans les pays riches, dont plus de 95% en Amérique du Nord». Ces chiffres ramènent à sa juste dimension la question de l'immigration clandestine et montrent, plus que toute autre information, la manipulation de l'opinion qui peut être orchestrée autour cette épineuse question.

problème sur l'échelle politique mais non étiqueté problème social, le traitement des « indésirables » échappe au regard social. Et devient, comme le dit Patrick Weil, sociologue français, « le fait du prince » (Weil, 2009). C'est-à-dire du pur arbitraire.

Dès lors nous pouvons légitimement nous interroger sur la mise en délibération des modalités et des normes d'identification de ce qui pose problème. Approche fonctionnaliste, juridico-normative, subjectiviste, constructiviste, « concaténaliste » ou autre, la question qui se pose concerne bien les ingrédients nécessaires à la constitution d'une situation de vie comme problème social. Autrement dit, qu'est-ce qu'il faut, à une situation de vie indigne, ne répondant pas aux normes sociales de bien-être minimal, pour qu'elle devienne « problème social » ? Qu'est-ce qui fait que nombre de ces conditions de vie inhumaines restent à jamais enfouies de l'autre côté de la frontière, celle des inexistants ?

L'un des éléments caractéristiques du problème social concerne sa publicisation, son avènement dans l'espace public en quelque sorte, son attrait pour l'attention publique. Comme le dit Henri Dorvil, dans son analyse des problèmes sociaux, « le caractère aigu d'un problème social dépend du créneau d'écoute, c'est-à-dire de l'espace d'attention qu'on lui accorde dans la presse écrite ou parlée après l'élément déclencheur [...] Certains problèmes catégorisés comme chroniques apparaissent dans l'actualité, puis en repartent, laissant la place à un autre problème qui suscite plus d'attention [...] Les problèmes sociaux peuvent donner lieu à des batailles d'opinions [...] chacun diabolise l'autre » (Dorvil, 2007, p. 7). Et, dans cet univers de compétition et de concurrence pour retenir l'attention, certaines situations de vie, aussi indignes soient-elles, restent ignorées ou ne rencontrent qu'indifférence. Pourquoi ?

Pourquoi la question des sans-papiers n'est-elle qu'un problème administratif ? Ou pourquoi ne mobilise-t-elle que sur des cas particuliers – comme cette jeune femme marocaine, en France, qui déposant plainte pour violence de la part de son frère, se fait immédiatement expulser vers le Maroc et qui va obtenir, sous la pression de l'opinion publique, un sauf-conduit de « la main du prince » ?

Pourquoi la situation des Roms en Europe ne rencontre-t-elle au mieux qu'indifférence, au pire racisme de la pire espèce ? Bien que comptant environ 10 à 12 millions de personnes, les Roms constituent encore aujourd'hui le peuple le plus persécuté d'Europe. Leurs droits ne sont pas respectés et ils sont l'objet d'une discrimination de tous les instants. Et persiste, en ce début du XXIe siècle, une série de stéréotypes, qui ne font qu'attiser la haine contre cette population, une haine en augmentation partout sur le sol européen, selon le rapport 2009 du Conseil de l'Europe[10]. À l'heure de la revendication bruyante de droits pour les minorités, aucune voix ne se fait entendre pour y inclure les droits des Roms, comme si cette population restait à jamais marquée du sceau de l'infamie. Peuple sans État par excellence, le Rom constitue le bouc émissaire idéal, et ce d'autant plus qu'il entretient, en réaction aux stéréotypes, une culture de la séparation, alimentant par là-même clichés et descriptions fantaisistes. Le problème des Roms n'est pas un problème social. Il n'est au mieux considéré que comme un problème sécuritaire : les mesures prises sont toutes des mesures d'éloignement, et ce, malgré les conventions et les lois.

Si tout problème social s'inscrit dans une chaîne complexe d'interdépendances dont il est bien difficile de dénouer les intrigues, ne serait-il pas urgent malgré tout de se pencher sur, justement, ce qui permet à une situation d'advenir avec suffisamment de force sur la scène publique pour se transformer en problème social ?

S'il est clair que la compassion événementielle ne suffit pas, s'il est clair que des relais, porte-parole exogènes, constituent un ingrédient de base, il est tout aussi évident que cela ne suffit pas. Les réseaux éducations sans frontière, les associations d'aide aux Roms ne suffisent pas à transcrire, sur la scène publique, leur indignation face aux conditions d'indignité dans lesquelles vivent les populations qu'ils aident. Sans doute que la criminalisation de l'aide aux sans-papiers, qui vise à briser l'élan de solidarité, donne un élément de réponse, mais ô combien inquiétant, à cet aveuglement, parce que cultivant la passivité, l'apathie, et surtout l'abdication de la capacité à penser, parce que surfant sur la confusion entre autoréalisation et autonomie, parce que ne permettant pas de voir qu'en se désintéressant des Affaires publiques et en ne se concentrant que sur sa sécurité et celle de ses proches, l'être humain perd sa liberté.

L'isolement, la centration sur la sphère privée et ses intérêts particuliers, la nécessité de rester compétitif, de répondre aux multiples exigences de la société contemporaine, tendent à monopoliser, à accaparer toute l'attention et à découper le monde entre ceux qui réussissent et ceux qui ne réussissent pas à répondre à ces injonctions contemporaines,

---

10. « Des opinions extrémistes sont de plus en plus ouvertement exprimées et la haine contre les gitans augmente partout en Europe. » Magda Kósáné Kovács (2009). *Rapport sur la situation sociale des Roms et l'amélioration de leur accès au marché du travail dans l'UE* (2008/2137[INI]), Commission de l'emploi et des affaires sociales, 28 janvier, p. 10. Nous avons, dans ce texte, préféré le vocable Rom, comme terme générique, pour désigner la population autrement désignée comme gens du voyage, tsiganes... pour reprendre les traductions du Conseil de l'Europe, sachant que cette désignation reste sujette à discussion.

sans même que ces injonctions ne fassent l'objet d'une discussion publique. Et de fait, se dessine un point aveugle en-deçà duquel plus rien n'est visible, n'accède à notre conscience d'être humain. Aussi convient-il, pour reprendre Michel Butor, de « traverser la frontière » (Butor, 2006).

Traverser la frontière pour nous aider à voir, nous aider à voir l'inacceptable, nous aider à voir ces effets d'occupation et d'aveuglement, qui simplement obscurcissent et rendent invisible le processus de déshumanisation actuellement à l'œuvre dans nos sociétés occidentales.

Traverser la frontière tout simplement parce qu'en tant qu'appartenant à une commune humanité, nous nous trouvons coresponsables de toute injustice et de tout mal commis dans le monde (Jaspers, 1948) et qu'en tant que sociologue, cette mise hors-du-monde-commun et hors-du-droit interroge justement le cœur même de nos sociétés, à savoir les conditions de possibilité du pouvoir-vivre-ensemble et du vouloir-vivre-ensemble, autrement dit, pour reprendre un vocabulaire plus classique, interroge les conditions de possibilité du lien social.

Références bibliographiques

ARENDT, H. (1972). *Les origines du totalitarisme*, 3e partie, *Le système totalitaire*, Paris, Seuil.

ARENDT, H. (1982). *Les origines du totalitarisme*, 2e partie, *L'impérialisme*, Paris, Fayard.

BASTIDE, A. (2007). « Restos du cœur : "On voir de plus en plus de salariés pauvres et des retraités" », *Libération*, 3 décembre.

BEN JELLOUN, T. (2003). « Morts sans sépultures », *Libération*, 19 novembre.

BERNARDOT, M. (2003). « L'interné, un paria du XXe siècle », *Tumultes*, nos 21-22, p. 243-250.

BIERCE, A. (1911). *The Devil's dictionary*, eBook no 972, <http://www.gutenberg.org/files/972/>.

BUTOR, M. (2006). « Traverser les frontières m'aide à voir », entretien de Florence Noiville, *Le Monde*, 14 avril, p. 12.

CASTEL, R. (2009). *La Montée des incertitudes. Travail, protections, statut de l'individu*, Paris, Seuil.

DORVIL, H. (dir.) (2007). *Problèmes sociaux. Théories et méthodologies de la recherche*, tome III, Québec, Presses de l'Université du Québec, p. 7.

GALLAND, F. (2002). « L'Europe des barbelés », *Politis*, 30 mai.

JASPERS, K. (1948). *La culpabilité allemande*, Paris, Éditions de Minuit.

JOSZEF, E. (2003). « Tragique odyssée de clandestins au large de l'Italie », *Libération*, 21 octobre.

LUSCOMBE, R. (2009). « Chasseurs de clandestins en ligne », *Le Courrier international*, no 961, <http://www.courrierinternational.com>.

MOUNIER, E. (2000). *Écrits sur le personnalisme*, 4e éd., Paris, Seuil.

PÉREC, G. (en coll. avec R. Bober) (1980). *Récits d'Ellis Island. Histoires d'errance et d'espoir*, Paris, Éditions du Sorbier.

SIVAN, E. (2007). « Ceci n'est pas une frontière », dans M. Foucher et H. Dorion (dir.), *Frontières. Images de vies entre les lignes*, Lyon, Éditions Muséum, Glénat et Aedelsa, p. 98-99.

WEIL, P. (2009). « La politique d'immigration : le dessous des chiffres », *Le Monde*, 15 janvier, <http://www.ldh-toulon.net/spip.php?article3077>, consulté le 9 mai 2010.

PARTIE 2

AMBIVALENCES ET INTERROGATIONS

CHAPITRE 5

ARRIMER L'HÉTÉROGÈNE ET LE SINGULIER
L'EXEMPLE DE LA SANTÉ MENTALE
Marie-Chantal Doucet

L'idée de problème social a été traditionnellement liée à la question sociale qui surgit au XIXe avec la révolution industrielle. On fait alors ressortir un ensemble de conditions d'existence susceptibles de faire apparaître différents types d'intervention. Dans son *approche des problèmes sociaux*, Fernand Dumont rappelle que l'étude du champ des problèmes sociaux oblige d'abord à reconnaître le lien étroit entre la saisie positive des phénomènes et la norme. Bien qu'à travers les études objectivistes, l'on ait tendance à considérer les problèmes comme des données premières et mesurables, il faut aussi tenir compte du regard social. Autrement dit, ce que l'on dépose dans la catégorie «problème» varie selon le sens donné par la société, à une époque particulière. Il est de plus en plus reconnu en sciences sociales que la détermination des problèmes renvoie à des normes collectives (Dumont, 1984). Or, à quelle condition un problème devient-il social? Simmel, dans son ouvrage sur «les pauvres», avance que les problèmes sociaux sont définis en tant que tels, à partir de la relation d'assistance entre ceux qui sont aux prises avec la pauvreté, l'exclusion, etc., et les systèmes d'assistance. Le problème devrait donc être mesuré aussi à l'aune du système d'assistance d'une société donnée. De manière générale, on peut retenir que ceux qui se trouvent en marge se trouvent momentanément ou de façon durable liés à l'assistance (Simmel, 1998).

Le problème social est donc d'abord lisible à travers une approche sociostructurelle. L'on tiendra compte de deux opérations toujours liées : d'une part, la saisie d'un phénomène qui sort de l'ordinaire (c'est-à-dire de la norme), puis un jugement de valeur qui suggère la mise en place de correctifs (le système d'assistance). Il s'agira de planifier un processus d'intervention à partir d'une procédure dont la caractéristique est la reproduction d'un modèle correspondant à la figure abstraite de l'individu. Par ailleurs, selon Fernand Dumont, l'accentuation de la forme impersonnelle et objectivée de l'individu conduit à l'apparition d'une deuxième figure qui correspond à une distanciation croissante face aux rôles et au raffinement de la connaissance subjective (Dumont, 1984). L'appareillage théorique qui sert à analyser les problèmes sociaux échoue à saisir les significations des conduites relevant de cette connaissance. Le point de vue sociostructurel ne rend pas compte de la pluralité des styles de vie et du caractère réflexif des conduites humaines. Les phénomènes semblent ainsi envisagés seulement dans leur extériorité structurelle.

Afin de bien saisir ce qu'une approche sociostructurelle apporte comme éclairage dans l'étude des problèmes sociaux, nous aurons, premièrement, recours à quelques éléments de l'analyse du rapport médecin/patient développée par Parsons (Parsons, 1951). La maladie sera ici présentée comme un problème social puisqu'elle correspond aux critères qui le définissent : il s'agit d'un phénomène qui sort des normes et nécessite assistance. Les principes du rétablissement, à la base du système d'assistance contemporain en ce qui a trait à la santé mentale, s'apparente au modèle de Parsons. Ce modèle semble toutefois laisser échapper la pluralité des histoires ainsi que la part réflexive des individus, tout en privilégiant l'autonomie et la responsabilisation.

Nous nous pencherons, deuxièmement, sur le nécessaire arrimage entre problèmes sociaux, hétérogénéité et singularité en nous référant à la théorie sociale de Simmel et, de manière plus générale, aux sociologies des individus. Cette perspective ne doit cependant pas être considérée comme une psychologie du pauvre ni même une microsociologie des groupes affectés par les problèmes (les chômeurs, les pauvres, les malades mentaux), mais bien comme un élargissement de la théorie sociale qui tiendra compte de la connexion de l'hétérogène et du singulier dans l'appréhension des problèmes sociaux.

5.1. LE SCHÈME FONCTIONNEL ET LA MALADIE COMME PROBLÈME SOCIAL : LE CAS DU RÉTABLISSEMENT

Du point de vue de ce que Dumont (1984) nomme « les appareils », c'est-à-dire d'un point de vue structurel et fonctionnel, les problèmes sociaux seront d'abord définis en tant que dysfonctionnalité dans une société considérée comme un organisme. Les interventions susceptibles de rééquilibrer le système seront largement fondées sur l'évaluation de la fonctionnalité des personnes aux prises avec les problèmes. Par exemple, des mesures d'employabilité seront développées afin de réintégrer au marché du travail les personnes aux prises avec des troubles mentaux après un retrait pour maladie. Ce niveau de regard correspond au point de vue du système comme ordre social. Ce qui fait problème dévie par rapport à l'ordre des sociétés.

Considérons le problème « maladie » en tant que problème social. L'analyse du rapport clinique de Parsons en constitue un modèle classique (Parsons, 1951). Cette conceptualisation particulière du rôle de malade n'est pas abordée directement aujourd'hui mais elle continue, pour le moins, à s'inscrire de façon forte dans les représentations institutionnelles. La sociologie de Parsons pose en son centre le problème de l'ordre et son maintien passe par l'intégration. En fait, Parsons a mené deux études parallèles rattachées à sa théorie de l'action : les orientations normatives des rôles du patient et du médecin et le rapport clinique lui-même, conçu comme un rapport social. François Béland, dans un texte très éclairant sur cette question (Béland, 1989), unit ces deux analyses dans un cadre conceptuel plus large. Si l'on suit cet auteur, l'originalité du travail de Parsons sera précisément de s'intéresser au problème social que représente la maladie en dépassant les analyses descriptives liées à l'établissement des services qui ont cours au début des années 1950. Parsons s'intéresse non pas aux études de besoins de services qui seraient liées aux grands ensembles (sexe, âge, milieu socioéconomique), mais bien aux tensions sociales entourant le malade, les rôles du médecin et la relation clinique. Cette relation sera médiatisée par leurs rôles respectifs. La relation clinique est ici définie comme reproduisant des tensions sociales. Les rôles du médecin et du malade, en ce qu'ils s'insèrent dans des orientations normatives, viennent équilibrer les tensions sociales contenues dans le rapport clinique. L'action comprise dans le rapport médecin/patient est le processus qui passe de la situation « maladie » au retour à la norme. L'action est en fait représentée par Parsons comme un système de tensions entre la situation qui fait problème et sa résolution. Parsons a donc proposé une formalisation du système d'action médecin/patient en classifiant des variables structurelles propres à chacun des acteurs. Ici, le rapport médecin/patient est défini comme tensions modérées par l'adhésion aux rôles sociaux des deux acteurs. Chacun doit adopter les règles inscrites dans son rôle pour que le rapport se passe correctement. Quatre orientations normatives définissent le rôle du malade:

1. Le malade est exempté pour le temps de sa maladie, des obligations relatives à ses autres rôles. Les congés de maladie et les assurances pour maladie existent en vertu de cette reconnaissance.
2. Le malade est exempté (en principe) de sa responsabilité sur sa maladie. La publicité gouvernementale contemporaine sur la dépression en présente un bon exemple. On insiste pour éliminer les préjugés axés sur la tendance à attribuer une responsabilité morale au déprimé, puisque la dépression est une maladie.
3. Le malade a le devoir de reconnaître la nécessité d'un changement pour un retour à la normalité. Cela suppose bien entendu que le patient accepte le diagnostic reçu. Par exemple, dans les équipes de santé mentale de première ligne, les évaluations médicales, psychologiques et sociales sont au départ d'un plan d'intervention qui vise le changement. Le patient doit contribuer à son traitement en participant à l'élaboration de ce plan d'intervention ainsi qu'à son application.
4. Le malade a le devoir de recourir aux moyens disponibles pour se rétablir dans ses autres rôles sociaux. Deux formes principales de traitement sont mises de l'avant dans le plan d'action en santé mentale du ministère de la Santé et des Services sociaux: la psychothérapie et la thérapie médicamenteuse. La fidélité aux prescriptions psychothérapique et médicamenteuse aurait pour effet de prévenir les rechutes et la chronicité (Ministère de la Santé et des Services sociaux, 2005). Par ailleurs, les patients souffrant d'un trouble mental grave bénéficieront de la réadaptation sociale, un «processus qui facilite le retour d'un individu à un niveau optimal de fonctionnement autonome dans la communauté» (Kovess, 2001, p. 14). Il s'agit invariablement d'encourager les personnes à participer pleinement au développement de compétences sociales. Les moyens privilégiés pour les adultes se trouvent dans la réintégration au marché du travail (Ministère de la Santé et des Services sociaux, 2005).

5.1.1. Le rétablissement aujourd'hui

Le rétablissement, qui constitue aujourd'hui l'objectif visé dans les programmes de santé mentale, s'inscrit tout à fait dans ces orientations. Le rapport clinique n'est pas considéré surtout comme un échange entre soignant/soigné dans une perspective qui se situerait dans le registre sociosymbolique, mais bien comme un rapport qui a une fonction sociale définie: celle de rétablir l'ordre. Le médecin lui-même a une fonction de contrôle social et sera soumis à son rôle qui est de soigner, toujours dans le même but de rétablir l'ordre. L'acte médical tend vers un objectif : la résolution du problème ; l'acte est entrepris dans le but d'éliminer l'imprévisible ; les moyens de l'acte sont soumis aux orientations normatives du rôle de médecin (Béland, 1989). Essentiellement, il s'agit de modeler les situations selon les normes à partir des orientations normatives du rôle de médecin :

1. Le rapport du médecin au patient sera modulé par des permissions et des sanctions sur l'axe contrôle. La permissivité n'est acceptable qu'à l'intérieur du rôle professionnel du médecin. Elle concerne la permission accordée au patient d'exprimer sa souffrance et ses craintes. L'orientation permissive ne sera fonctionnelle que si le médecin se tient à l'extérieur d'une relation de réciprocité.
2. La sanction se rapporte au contrôle que doit opérer le médecin sur le comportement du patient. Cette modulation entre permissivité et sanction est destinée au maintien de l'équilibre du système.
3. Le médecin adhère au « refus du transfert » qui affirme la primauté de la neutralité et de la distanciation professionnelle. Il est intéressant de noter la terminologie psychanalytique ici. La caractéristique première de ce refus sera d'éviter qu'une identification au patient perturbe l'équilibre systémique des rôles en tension.
4. Le médecin a le devoir d'accorder du support au patient en lui fournissant les moyens de son rétablissement.

Le terme « rétablissement » est la traduction française de *recovery*. La définition du rétablissement selon *Le Petit Robert* (2003) est : « action de rétablir [...] la remise en fonction ou en vigueur [...] le retour à la santé ». Au figuré, on dit : « Effort pour se reprendre, pour retrouver son équilibre ». Fait intéressant, on y illustre cette définition par la citation suivante : « Elle ne s'était pas offerte avec complaisance en pâture au malheur [...] non, elle avait fait le rétablissement salutaire ; elle avait énergiquement repris la maîtrise d'elle-même (Martin du Gard) ». Le rétablissement semble lié aux valeurs de courage, de maîtrise de soi et de responsabilisation. En ce sens, on peut faire l'hypothèse d'un certain retour au traitement moral.

Ainsi, cette notion qui remonte aux années 1980, popularisée par des études de services aux États-Unis, a été fort peu théorisée et semble s'inscrire davantage dans un ensemble d'énoncés de principe auxquels il est difficile de s'opposer sans se voir reléguer dans le camp de l'anti-éthique. La notion se fonde principalement sur l'étude de témoignages de patients ayant recouvré la santé (Anthony, 2002). L'un des principes sera donc de partir de « l'expérience subjective » des individus. La clé du succès, si l'on suit Anthony, résidera dans « la volonté de l'usager » (Anthony, 2002, p. 103).

Le rétablissement est fondé sur: «un cheminement profondément personnel de changement et de travail sur soi, sur ses attitudes, ses valeurs, ses sentiments, ses buts, ses compétences, ses rôles et ses projets de vie» (Anthony, 2002, p. 103).

Comment maintenant aménager l'idée du rétablissement dans les services ? Il est intéressant de constater que les orientations d'un service de santé qui serait fondé sur le rétablissement peuvent se comparer aux orientations normatives du rôle de médecin qu'avait repérées Parsons. La différence ici consiste en l'élargissement du rapport médecin-patient de façon à ce que le système de santé entier (professionnel et communautaire) soit intégré dans le plan de rétablissement.

Les orientations normatives du système de santé axé sur le rétablissement seront très proches des prescriptions de l'OMS (Dorvil, 2005): traiter les symptômes; intégrer en société; assurer les besoins de base; promouvoir de bonnes habitudes de vie; encourager le pouvoir d'agir; contrôler les problèmes et rechercher des solutions en temps de crise.

Dans ce tableau, l'autonomie individuelle du patient sera mise de l'avant tandis qu'est défendue l'idée de la nécessité de la régulation. À l'intérieur même d'un discours se posant comme non directif, sera posée la nécessité de se soumettre au principe d'autonomie et de responsabilisation (la volonté). Le fait que l'individu se trouve désormais au milieu d'un langage paradoxal est bien documenté (Otero, 2005; Ehrenberg, 2005). Ehrenberg souligne cette attitude sociale devant les malades mentaux dans les rapports quelque peu tordus entre contrainte et consentement (Ehrenberg, 2005). Dans l'univers de l'autonomie où le consentement aux soins est la règle, le patient devient acteur de sa santé mentale. Le patient, nous dit le discours du rétablissement, doit être traité comme une personne à part entière (Provencher, 2002). C'est ainsi que l'individu aliéné se transforme en individu autonome. Or le patient autonome est un patient compétent mais la définition de la compétence est liée au consentement (Ehrenberg, 2005). En fait, un patient compétent consent aux soins car la première règle d'une réussite sera fondée sur la volonté du patient de vouloir s'en sortir (Anthony, 2002). Si un jour, ce même individu fait un acte d'autonomie en refusant le plan de traitement (ou d'intervention), il est dès lors transformé en incompétent. Il redevient autonome et compétent seulement, s'il se trouve dans le registre du consentement (Ehrenberg, 2005).

L'autonomie implique aussi la responsabilité devant les choix et l'acceptation de cette responsabilité devant les conséquences de ses choix. Il s'agit d'inventer sa vie selon le principe d'une «redéfinition de soi dans un processus de deuil et celui de la découverte d'un nouveau soi» (Provencher, 2002, p. 42). L'individu étant responsable de ses actes est également responsable des conséquences de ses actes. La responsabilisation découle du principe que tout individu possède en lui les réponses à ses problèmes. Pourtant, l'injonction d'autonomie pèse de façon très inégale sur les individus. On sait que la pauvreté est liée à des problèmes de santé plus fréquents. Il est bien documenté que chaque détérioration du statut socioéconomique contribue à dégrader la santé (Otero, 2005).

En outre, les réalités étudiées sont des réalités historiques. Ce qui fait problème aujourd'hui ne faisait pas problème hier. Ce qui fait problème aujourd'hui ne fera peut-être pas problème demain. Aujourd'hui, ce qui pose problème est que je ne me prenne pas en main moi-même; que je ne me responsabilise pas. Ce sera dans ce nouveau découpage entre ceux qui se prennent en main et ceux qui ne se prennent pas en main que se réalisera «l'incontournable référence à la norme» (Otero, 2005). Ce qui marginalise semble être étroitement rattaché à l'idée de dépendance et il en résulte un défaut d'estime sociale selon les termes d'Honneth (2006).

En ce sens, le pouvoir d'agir (*empowerment*) fut une notion relevant autrefois de la pensée critique et semble avoir été récupéré dans le discours fonctionnel qui prêche le développement de l'autonomie. De conscience collective et solidaire, l'*empowerment* prend la forme d'une caractéristique personnelle. Ainsi, comme l'écrit Otero (2005, p. 78): «Le nouvel usager est un patient "compétent", c'est-à-dire qui ne fait pas que "pâtir" mais qui devient capable de "gérer" ses symptômes en ce sens qu'il doit s'impliquer en tant qu'individu dans la résolution de son problème de santé mentale.»

Le social est pensé ici d'après le schème fonctionnel en portant une attention particulière au maintien des structures, aux valeurs du contrôle social et à la justification de la désignation et de l'exclusion à laquelle on apportera des solutions ponctuelles (Dumont, 1884). Vue sous cet angle, la vie sociale est structurée autour d'impératifs ayant peu à voir avec l'idée de changement. Ainsi, les cadres d'analyse de la maladie (ou de ce qui sort de l'ordinaire) qui relèveraient d'un certain fonctionnalisme mis au goût du jour sont insuffisants car ils décrivent un monde homogène et maintiennent un dualisme strict entre le marginal et la société. Malgré l'importance accordée à l'individu, on parle ici d'un rôle abstrait dans lequel le sujet devra s'inscrire en adoptant des «projets de vie» socialement favorisés. Pourtant, écrit Simmel: «Ce qu'il y a de plus remarquable dans la pauvreté est le fait qu'il y a des êtres humains qui, dans leur position sociale sont pauvres et rien que pauvres» (Simmel, 1998, p. 18); nous pourrions dire aussi des élèves en difficulté scolaire qu'ils sont en échec et rien qu'en échec; des psychotiques qu'ils ne sont rien que des psychotiques.

L'analyse des problèmes sociaux doit introduire d'autres éléments qui ont à voir en partie avec la faculté qu'ont les individus de donner sens aux épreuves sociales et à la diversité des expériences. C'est ce que nous examinerons au prochain point.

5.2. La connexion de l'hétérogène et du singulier

L'analyse de T. Parsons rejoint ironiquement sur un point celle de Simmel, le plus souvent associé à l'origine de l'interactionnisme[1] que l'on sait complètement opposé au structuro-fonctionnalisme. Simmel expose ce qu'il appelle « les fondements de l'assistance » au début du XXe siècle dans son ouvrage *Les pauvres* (Simmel, 1998). Ce qui rapproche ces deux visions sera de considérer le lien d'assistance (médecin/patient dans le cas de T. Parsons et État/pauvres chez Simmel) en tant que rapport social. Ce qui les sépare définitivement provient de points de vue opposés sur l'idée de société. Parsons présente la société en tant que totalité fondée sur les « appareils » (Dumont, 1984) et sur la nécessité de l'ordre, ce qui est encore largement représenté aujourd'hui. Alors même que l'on assiste au déclin des institutions de l'État-providence, l'ordre repose désormais sur un nouvel appareillage managérial qui compte sur la bonne conduite à travers autonomie et responsabilisation.

Simmel remet en cause l'idée de société prise comme totalité achevée et use plutôt du concept de socialisation. Ce dernier concept ne doit pas être compris dans le sens qu'on lui confère habituellement, c'est-à-dire comme intériorisation des normes, mais plutôt en tant que processus ontologique de liaison. La socialisation est une forme (Simmel, 1999) ou, si l'on préfère, une configuration (Elias, 1991) qui se dessine de manières différentes selon les actions réciproques qui vont des sentiments aux intérêts divers, conscients ou inconscients. Les formes de socialisation seront plus proches de l'expérience quotidienne (Simmel, 1999). L'objet de cette sociologie ne sera pas la société prise comme extériorité structurelle, mais bien la pluralité des liaisons possibles entre processus sociaux et expériences singulières. Le monde sera ainsi conçu comme une pluralité de processus médiatisés par les conduites réflexives. La théorie sociale de Simmel établit des liens entre les motivations intersubjectives et les structures. En ce sens, on ne peut voir dans cette sociologie simplement une microsociologie mais bien une théorie du lien social.

Dans son ouvrage sur « les pauvres », Simmel posera que la relation entre la collectivité et ses pauvres contribue à la formation de la société de la même manière que la relation entre la société et ses fonctionnaires ou encore ses contribuables (Simmel, 1998). Il avance que les problèmes sociaux devraient être analysés à partir de la relation d'assistance entre ceux qui sont aux prises avec la pauvreté et nous pourrions dire les problèmes mentaux, les difficultés scolaires, etc., et les systèmes d'assistance

---

1. Du moins par les auteurs de l'interactionnisme. Becker, entre autres, se dit clairement redevable à Simmel (Becker, 2002).

(Simmel, 1998). Ces systèmes peuvent, en effet, aujourd'hui être considérés non uniquement comme étant économiques mais aussi professionnels. Ce qui est sociologiquement intéressant ici, ce n'est pas tant le dit problème en tant que tel, ni l'entité sociale des pauvres, des décrocheurs, des malades, etc., mais de saisir le problème social dans une configuration large qui nous révèle, plus que toute autre chose, le regard social à une époque donnée et un mode particulier de rapport social à travers les systèmes d'assistance.

Selon Simmel (1998), il y a trois éléments de la relation d'assistance :
1. L'assistance est personnelle et couvre donc les besoins particuliers. On peut l'appliquer aujourd'hui à l'exemple des plans d'intervention individualisés ou encore les programmes de cheminement particulier pour les élèves en difficulté. Elle se différencie des grands programmes d'assurance collective (assurance maladie).
2. Cette assistance est régulatrice et satisfait le donateur (la société) plus que le receveur. L'assistance est, en effet, offerte dans l'intérêt de l'équilibre social. Les programmes de réinsertion au travail sont, par exemple, parmi les premiers gestes posés en vue d'un rétablissement dans les rôles valorisés socialement.
3. L'assistance est, par définition, conservatrice. Son but est de limer les excroissances engendrées par les inégalités mais elle n'a pas pour fonction de les faire disparaître. L'assistance existe dans le but de maintenir l'ordre social.

La tendance, si l'on suit Simmel, sera d'opposer la catégorie « pauvreté », « marginalité » au reste de la société. Or, elle comporterait d'importantes lacunes car, comment déterminer un seuil de la pauvreté comme de la marginalité ? Le monde moderne et la pluralité des styles de vie que décrit un Simmel résolument moderne donne à voir une hétérogénéité sociale telle que chacun peut, à un moment de sa vie, se trouver en marge. La marginalité est donc non seulement une construction sociale, mais elle est fluide et relative. Elle peut même à l'occasion être le fruit d'une décision. Le fait d'être marginal ne signifie pas obligatoirement l'appartenance à la catégorie des exclus. Becker a bien défini ce phénomène chez les musiciens de jazz et les consommateurs de drogue dans les années 1950 comme une représentation des outsiders (Becker, 1985). Par ailleurs, les impératifs de performance sont aujourd'hui tels que chacun peut à tout moment de sa vie se voir comme étant à la marge (Ehrenberg, 1991).

Selon André Petitat, ce qui compose la dimension sociosymbolique des échanges dans les sociétés contemporaines serait l'hétérogénéité induite par les facultés méta-représentatives des humains. Cette capacité à se représenter les représentations d'autrui sera caractérisée par trois libertés virtuelles dans les échanges symboliques : *a)* la possibilité de transgresser les codes et conventions ; *b)* celle de cacher ou de montrer ses affects ;

c) la possibilité de transformer ses représentations. Dans tous ces cas, la réflexivité est sous-jacente. Cette marge de jeu du sujet débouche sur l'impossibilité d'une unité de pensée sur les codes (Petitat, 1999). L'hétérogénéité serait l'une des conséquences les plus importantes de la singularisation. Une société homogène et contenant peu de cercles sociaux produit un individu peu différencié et faiblement individué. L'expérience contemporaine, au contraire, met au monde un individu toujours en processus à travers la pluralité des cercles sociaux dans lesquels il passe (Martucelli, 2010). Cette situation fait de l'individu souvent un étranger, à la fois au-dedans et au dehors de sa catégorie (Simmel, 1998). Il devient alors douteux de considérer seulement certains individus ou groupes d'individus comme étant transgressifs par rapport aux normes.

La dimension symbolique des échanges se distancie de l'idée de comportements conditionnés et amène à considérer la polysémie des codes sociaux fluctuants et pluriels. Elle débouche sur l'hétérogénéité d'un espace qui met en jeu les capacités métacognitives et permet une distance par rapport aux normes (Petitat, 1999). L'hétérogénéité inclut la pluralité tout en soulignant la différencialité. La singularité inclut la réflexivité en soulignant l'individualisation de cette réflexivité. La singularité implique donc nécessairement l'hétérogénéité.

En ce sens, les positions objectives ne sont pas suffisantes pour expliquer les conduites. Les individus vivent dans une pluralité de situations, ce qui vient en contradiction avec l'idée classique de l'habitus, c'est-à-dire une certaine homogénéité de goût, de pensée, de conduites qui détermine les styles de vie (Bourdieu, 1979). Analyser la culture d'un groupe suppose qu'il y ait des actions réciproques entre ses membres. Or, dans une société où l'on assiste à l'individualisation des épreuves, on peut penser que ce ne sont pas les actions réciproques qui fondent les catégories. Ces groupes se caractérisent d'abord par le fait qu'ils reçoivent une assistance selon ce qui est établi par les normes. On a pu parler de destin de classe; on parle aujourd'hui bien plus de destin personnel (Beck, 2008). Ce qui est tragique, disions-nous précédemment, en citant Simmel, est que le pauvre n'est que pauvre et l'on pourrait dire, le psychotique n'est que psychotique malgré l'hétérogénéité de la pauvreté et de l'expérience psychotique. L'un et l'autre revêtent les caractéristiques de l'étranger auquel on attribue des qualités générales. Perçue de l'extérieur, «sa démarche est tâtonnante, mal assurée et frileuse» écrit F. Raphael dans son texte «L'étranger de Georg Simmel» (Raphael, 1986, p. 261). «Cet ennemi de l'intérieur» (Simmel, cité par Raphael, 1986, p. 261) prend une place ambiguë dans l'espace symbolique. Au seuil de l'inclusion et de l'exclusion, le regard des autres le maintient à distance. L'étranger n'est pas d'emblée considéré comme individu singulier mais en tant que représentant d'une culture étrangère.

5.2.1. Pluralité des expériences et réflexivité des individus : le cas de l'expérience de réinsertion des psychotiques

On peut constater que les programmes qui découlent de l'assistance ne parviennent pas à rejoindre le sens existentiel de l'épreuve et laissent échapper d'autres interrogations nécessaires, en particulier les significations que les sujets donnent eux-mêmes de leur situation.

Les individus sont compréhensibles à partir des réflexions qui les animent. Il s'agit là du postulat de départ de toute recherche qui veut intégrer cette connaissance. Ce que nous observons de l'extérieur est le stigmate à partir duquel sera construit le sujet. Un phénomène est dit problème social lorsqu'il est considéré de l'extérieur. Pourtant, l'individu ne coïncide jamais totalement avec sa catégorie (Simmel, 1999) car le regard social le transforme en un personnage qu'il n'est jamais complètement. Une approche des problèmes sociaux ne peut faire l'économie d'une analyse de l'expérience (Dubet, 1995). Si l'individu est le lieu du social, il faut dire qu'inversement sa réflexivité, ses conflits, sa confiance mais aussi sa distance fondent le social. Ici les processus sociaux sont médiatisés par les conduites réflexives et représentationnelles ainsi que par la pluralité des expériences.

Dans un article sur les espaces psychiques et sociaux de la réinsertion des personnes atteintes de schizophrénie, Ellen Corin et Gilles Lauzon soulignent à quel point il existe peu de données sur la manière dont les personnes elles-mêmes rétablissent leur propre rapport au monde. Ce texte, fruit d'une recherche portant sur la question, date de 1988 (Corin et Lauzon, 1988). Plus de vingt années plus tard, les recherches sur le traitement de la psychose, outre les études biomédicales largement dominantes, portent aussi majoritairement sur des questions relatives au rétablissement, telles que nous les avons présentées précédemment. Si le traitement alternatif existe encore[2], les orientations normatives de plusieurs groupes communautaires semblent se confondre avec celles des institutions. Le travail des deux chercheurs, qui porte sur le récit des patients révèle que la réinsertion, plutôt que de se faire à l'intérieur de programmes définis, est plutôt hétérogène, à la différence de ce qui est démontré par les échelles objectives. En effet, les sujets interrogés, ayant eu une expérience psychiatrique à l'intérieur du réseau, définissent différemment la réinsertion. Pour plusieurs d'entre eux, « être dans la société » peut consister simplement à prendre un café dans un centre commercial et regarder circuler le monde. Le centre commercial ou la rue devient un espace de médiation entre soi et le monde, qui permet de se trouver à la fois « dedans » et « dehors ». La définition de l'exclusion s'en trouve transformée en

---

2. Nous faisons référence ici aux ressources alternatives en santé mentale.

questionnant l'idée qu'il faille se trouver rétabli dans les structures et les rôles pour être dit «rétabli» et par conséquent «inclus». Il semble bien que les patients qui ne se sont pas adaptés aux institutions de base de la société (famille, travail ou études, etc.) soient considérés comme non rétablis et se voient confinés au rôle de patient psychiatrique (Corin et Lauzon, 1988). En ce sens, c'est bien le maintien du lien entre le psychotique et le système d'assistance psychiatrique qui produit le problème social. La marginalité sera donc ici définie comme étant caractérisée par le fait d'être «en dehors» des normes et lié au social par l'assistance. Elle se caractérise d'abord par l'attitude sociale à l'égard de ce qui «sort» des normes et non pas forcément par les manques ou la détresse, comme si cette détresse était consubstantielle à l'état de marginal. Les patients psychiatriques se caractérisent d'abord par le fait qu'ils reçoivent de l'assistance selon ce qui est établi par les normes.

Pourtant, ce sera aussi sur le mode sociosymbolique des échanges que les sujets évalueront leur propre rapport au monde social. Le groupe de compagnons marginaux, les références à la religion, la solitude qui consiste en un retrait symbolique «à l'intérieur de soi» sont autant de modes de relation au monde qui seront privilégiés par les patients dans leur quotidien de tous les jours (Corin et Lauzon, 1988). Il s'agit ici de se demander de quelle manière sera définie la réinsertion dans la communauté par les premières personnes concernées. L'étude révèle en fait que les sujets souhaitent une certaine forme de distance avec le monde social, retrait social qui sera médicalement interprété comme étant l'un des symptômes négatifs de la schizophrénie. Cette distance même relie pourtant au social. Être à la marge consiste aussi à user des libertés virtuelles dont parle André Petitat (1999): le sujet est bien inclus dans la société dans sa part sociosymbolique, car il use de ses possibilités transgressives par rapport aux conventions et peut à souhait cacher ou montrer ses affects, délimitant ainsi une sphère extérieure et un espace caché, intérieur. Enfin, à partir de l'expérience même de sa réinsertion, il démontre aussi la possibilité de transformer les représentations de la vie sociale. La conséquence de la distance sociale induit une certaine liberté d'interprétation de la norme.

Une logique de recherche et d'intervention clinico-sociale sur un mode narratif fera mieux ressortir ces questions que l'imposition d'un modèle. Plutôt que de recenser un ensemble de comportements transformés en critères afin d'établir les catégories qui «font problèmes», la logique narrative (ou la conscience discursive) introduit à trois éléments fondamentaux que l'on peut emprunter à Giddens: 1) la réflexivité; 2) le rôle fondamental du langage; 3) l'interprétation des significations (Giddens, 1987). D'une manière transversale, on peut dire que ces dimensions peuvent jouer un rôle dans le maintien d'un sentiment de cohérence.

Par ailleurs, la construction de soi n'est pas seulement à rechercher dans la capacité permanente à construire un récit, car communiquer, c'est à la fois dire et ne pas dire et implique un certain dédoublement de l'être et du paraître (Petitat, 1999). Il faut donc aussi se méfier d'un certain « ordre narratif » et d'un excès de cohérence en vogue, notamment dans l'utilisation du témoignage-outil. Celui-ci se trouve largement utilisé dans les colloques afin d'appuyer la réussite de telle pratique d'intervention médicale, psychologique ou sociale. Il conduit à produire un individu qui a vaincu sa maladie par la force de sa volonté et s'inscrit clairement dans les thèses dominantes de l'individu responsable. Le récit à lui seul ne réussit peut-être pas à appréhender entièrement « l'échappée de l'expérience psychotique » (Corin, 2009), mais il tient plutôt à l'interprétation que l'on peut en faire, en intégrant la conscience humble d'une impossibilité à tout connaître de l'autre. Le sujet, en effet, dispose de cette marge de jeu lui qui lui permet d'expliciter ses états intérieurs mais aussi de les cacher, ce qui engage à considérer « l'adaptation » comme n'étant jamais complète.

Avec tout le respect qu'il faut porter à la contextualisation des différents problèmes, il nous semble que la réinsertion des psychotiques met en jeu, de façon particulièrement exemplaire, l'idée de l'hétérogénéité des manières d'être en société ainsi que la singularité des expériences. La multiplicité des processus échappe à l'analyse classique des problèmes sociaux qui aura pour base le découpage strict entre ce qui est dans la norme et ce qui en ressort. Le domaine sociosymbolique des échanges qui, comme nous l'avons vu, conduit à reconnaître l'impossibilité d'une unité complète avec les codes sociaux n'est jamais pris en compte et tend même à être évacué. On objectera que le travail avec les psychotiques commande plutôt des approches concrètes de la réalité qui leur feraient tellement défaut, à partir de mesures psycho-éducationnelles en vue du rétablissement. Dans la logique même de la fonctionnalité, il faut reconnaître que l'appareillage compliqué des programmes d'assistance échoue à réaliser son énorme tâche, celle d'intégrer et aurait, paradoxalement, pour effet d'exclure.

Le psychotique, personnage social qui semble le plus éloigné de ce qui est représenté comme être rationnel, habituellement défini comme possédant des habiletés de symbolisation limitées, mué en unité de mesure de la folie, réussit, à travers son discours, à mettre en exergue la dimension sociosymbolique des échanges. Il oblige à réinterroger le champ du social qui, du point de vue de l'analyse des problèmes sociaux, ne se définit qu'en fonction de ses appareils, laissant dans l'ombre le registre des significations et le travail sur le sens.

Conclusion

La lecture que nous avons proposée se distingue très clairement des analyses fonctionnelles présentées à partir de la sociologie de Parsons, sur le rapport médecin/patient en tant que rapport social. Sans être explicitement et directement impliquée, celle-ci constitue encore aujourd'hui la forme dominante d'analyse des problèmes sociaux. Les actions, ici, sembleraient échapper à la conscience et à la volonté des acteurs.

Les catégories de problèmes sont habituellement présentées comme des données naturelles en éludant toute possibilité d'un méta-discours sur la désignation sociale de ces catégories. Les catégories cognitives caractérisant l'analyse des problèmes sociaux se fondent uniquement sur une lecture sociostructurelle. Une situation devient un problème social quand la société met en place un dispositif d'assistance pour «corriger» le dit problème. Le modèle du rétablissement en santé mentale en constitue un cas intéressant: il poursuit le but de rétablir le sujet dans ses rôles, ce qui indiquera la fin de la relation d'assistance. En effet, le sujet est rétabli, dans tous les sens de ce mot, à partir du moment où la relation d'assistance cesse. Nous avons précédemment avancé l'idée que la dualité dépendance/indépendance semblait première dans la détermination des problèmes. Il s'ensuit un découpage entre ceux qui fonctionnent de façon indépendante et ceux qui dépendent du système d'assistance. Par ailleurs, cette indépendance doit, paradoxalement, s'inscrire dans les principes d'autonomie et de responsabilité.

On observe pourtant une singularisation et de fait, une hétérogénéité croissante de la vie sociale caractérisée par le raffinement de la connaissance subjective. Or, l'arrimage de l'hétérogène et du singulier redéfinit nécessairement les catégories en dépassant la logique binaire dépendance/indépendance. Cette prise en compte oblige, en effet, à considérer les manières dont les acteurs eux-mêmes évaluent leur propre rapport au monde social en posant que celui-ci ne se fait pas uniquement sur un mode structurel mais aussi sur le mode sociosymbolique des échanges. Les psychotiques, par exemple, établissent leur rapport au monde sur le mode de la distance. La capacité à se représenter ses propres actions comme les actions d'autrui se fonde sur trois éléments principaux, soit la réflexivité, le langage et l'interprétation des significations. Sur cette base, les acteurs peuvent virtuellement transgresser les codes, montrer ou cacher leurs affects, ou transformer leurs représentations. Cela conduit à l'idée d'une pluralité des expériences et, conséquemment, à l'impossibilité d'une unité de pensée sur les codes. L'analyse des problèmes sociaux doit tenir compte de cette complexité induite par l'hétérogène et le singulier.

RÉFÉRENCES BIBLIOGRAPHIQUES

ANTHONY, W. (2002). « Pour un système de santé axé sur le rétablissement. Douze points de repère pour l'organisation d'ensemble des services », *Revue Santé mentale au Québec*, vol. 27, n° 1, p. 102-113.

BECK, U. (2008). *La société du risque, sur la voie d'une autre modernité*, Paris, Flammarion.

BECKER, H. (1985). *Outsiders*, Paris, Éditions Métailié.

BECKER, H. (2002). *Les ficelles du métier, comment conduire sa recherche en sciences sociales*, Paris, La Découverte.

BÉLAND, F. (1989). « Propositions pour une reconstruction des composantes des rôles de malade et de médecin dans la sociologie de Parsons », dans F. Béland et G. Rocher (dir.), *Sociologie et société*, Londres, Talcott Parsons, p. 165-185.

BOURDIEU, P. (1979). *La distinction, critique sociale du jugement*, Paris, Éditions de Minuit.

CANGUILHEM, G. (2009). *Le normal et le pathologique*, Paris, Presses universitaires de France.

CORIN, E. (2009). « L'échappée de l'expérience dans la psychose », *Sociologie et sociétés*, vol. XLI, n° 1, p. 99-124.

CORIN, E. et G. LAUZON (1988). « Réalités et mirages : les espaces psychiques et sociaux de la réinsertion », *Revue Santé mentale au Québec*, vol. 13, n° 1, juin, p. 69-86.

CORIN, E., L. RODRIGUEZ et L. GUAY (2008). « Entre les mots. Plis et défauts du sens dans la psychose », dans L. Blais (dir.), *Vivre à la marge, Réflexions autour de la souffrance sociale*, Québec, Les Presses de l'Université Laval.

DORVIL, H. (2005). « Nouveau plan d'action : quelques aspects médicaux, juridiques, sociologiques de la désinstitutionnalisation », *Cahiers de recherche sociologique*, n°s 41-42, p. 209-235.

DUBET, F. (1995). *Sociologie de l'expérience*, Paris, Seuil.

DUMONT, F. (1984). « Approche des problèmes sociaux », dans F. Dumont, S. Langlois et Y. Martin (dir.), *Traité des problèmes sociaux*, Québec, Les Presses de l'Université Laval, p. 1-21.

EHRENBERG, A. (1991). *Le culte de la performance*, Paris, Calmann-Lévy.

EHRENBERG, A. (2005). « La plainte sans fin. Réflexions sur le couple souffrance psychique/santé mentale », dans M. Otero (dir.), *Cahiers de la recherche sociologique*, n°s 41-42, p. 17-41.

ELIAS, N. (1991). *Qu'est-ce que la sociologie ?*, Paris, Agora.

GIDDENS, A. (1987). *La constitution de la société*, Paris, Presses universitaires de France.

HONNETH, A. (2006). *La société du mépris. Vers une nouvelle théorie critique*, Paris, La Découverte.

KOVESS, V. *et al.* (2001). *Planification et évaluation des besoins en santé mentale*, Paris, Flammarion.

MARTUCELLI, D. (2010). *La société singulariste*, Paris, Armand Colin.

MINISTÈRE DE LA SANTÉ ET DES SERVICES SOCIAUX (2005). *Plan d'action en santé mentale 2005-2010*, <http://publications.msss.gouv.qc.ca/acrobat/f/documentation/2005/05-914-01.pdf>.

OTERO, M. (2005). « Santé mentale, adaptation sociale et individualité contemporaine », *Cahiers de la recherche sociologique*, n°s 41-42, p. 65-89.

PARSONS, T. (1951). «Illness and the role of the physician: A sociological perspective», *American Journal of Orthophysiatry*, vol. 20, n° 3, p. 452-460.

PETITAT, A. (1999). «Échange symbolique et historicité», *Sociologie et société*, vol. 31, n° 1, p. 93-101.

PETITAT, A. (2002). «Individu et forme sociale», *Bulletin de l'AISLF*, Vers le Congrès de Tours.

PROVENCHER, H. (2002). «L'expérience du rétablissement: perspectives théoriques», *Santé mentale au Québec*, vol. 27, n° 1.

RAMOGNINO, N. (2002). «Hétérogénéité ontologique du social et théorie de la description. L'analyse de la complexité en sociologie», *Revue européenne des sciences sociales*, <http://ress.revues.org/581>, consulté le 20 février 2011.

RAPHAEL, F. (1986). «L'étranger de Georg Simmel», dans P. Wattier (dir.), *Georg Simmel, la sociologie et l'expérience du monde moderne*, Paris, Méridiens, p. 257-276.

SCHURMANS, M.-N. (1990). *Maladie mentale et sens commun, une étude de sociologie de la connaissance*, Lausanne, Delachaux et Niestlé.

SIMMEL, G. (1998). *Les pauvres*, Paris, Presses universitaires de France.

SIMMEL, G. (1999). *Sociologie. Études sur les formes de la socialisation*, Paris, Presses universitaires de France.

CHAPITRE 6

LA POPULATION VUE COMME UN PROBLÈME
L'EXEMPLE DES PAYS EN DÉVELOPPEMENT
Nathalie Mondain

Selon plusieurs auteurs (Greenhalgh, 1996; Riley et McCarthy, 2003), pour saisir les perspectives actuelles en matière de population il est nécessaire d'opérer un retour sur l'histoire de la formation de la démographie américaine et de ses liens étroits avec la sphère politique. En effet, la construction du « problème de population » a été essentiellement centrée sur la situation démographique des pays en développement depuis la fin de la Seconde Guerre mondiale, fortement ancrée dans l'évolution des relations géopolitiques contemporaines[1]. Le fait que dans son processus de légitimation en tant que discipline des sciences sociales, la démographie se soit imposée comme jouant un rôle central dans la décision politique, a contribué à la définition de celle-ci par les méthodes mobilisées davantage qu'à travers les paradigmes qui la structurent. À cet égard, et bien que les informations de type démographique concernent et intéressent tous les gouvernements, c'est avec l'émergence du paradigme de développement que ce champ trouvera la motivation pour s'instaurer en discipline « respectée » à partir de la seconde moitié du XXe siècle. Il en est résulté, du

---

1. Ici il est important de distinguer ce que la langue anglaise permet mieux de faire entre « politique » au sens général du terme (« *politics* » ou « *political* ») et au sens de la décision, des programmes mis en œuvre (« *policy* »). Lorsque nous ne le préciserons pas, ce sera dans ce dernier sens que le mot « politique » devra être compris.

moins en ce qui concerne la situation des pays en développement, une vision discutable de ce qu'est le « problème population » dans la mesure où celui-ci a en quelque sorte été dépossédé de sa dimension sociale.

Ainsi, selon Loriaux (1991), la notion de « surpopulation » demande à être mieux circonscrite. Or, en réalité, la question du « nombre » n'est qu'un critère parmi d'autres et ne fait peur que depuis peu. Dans l'histoire on a en effet davantage redouté la pénurie d'hommes que l'excès et ce n'est finalement que relativement récemment que l'effectif absolu des populations est devenu une source de préoccupations dans un contexte où l'on a commencé à se rendre compte dans quelle mesure les hommes pouvaient modifier significativement leur environnement. Ainsi le « problème population » devient un problème social dans la mesure où il résulte des grands problèmes de société contemporains tout en les exacerbant : malnutrition, analphabétisme, morbidité, pauvreté, pollution, etc.

Ce n'est que face aux échecs relatifs des politiques, notamment de planification familiale, mises en œuvre depuis la fin de la Seconde Guerre mondiale, que les démographes ou autres experts des questions de population se sont progressivement penchés vers des approches leur permettant de nuancer leurs propos. Il reste que cette tendance n'a pas nécessairement modifié l'essence même des décisions prises dans ce domaine dans la mesure où l'institutionnalisation du développement poursuit des objectifs et intérêts dépassant de loin ceux des populations apparemment visées (Kothari, 2005 ; Mosse, 2005 ; Olivier de Sardan, 2001).

Afin de mieux saisir les enjeux et implications relatives à cette construction d'un « problème population » en marge de ses dimensions sociologiques et culturelles, nous allons, dans un premier temps, revenir sur le processus même de cette élaboration d'une problématique fortement orientée vers l'évolution des tendances démographiques des pays dits « du Sud ». Puis, nous présenterons les orientations méthodologiques qui découlent de cette posture avant de montrer à travers une étude de cas dans quelle mesure ces choix contribuent à reproduire ce « problème » davantage qu'à le résoudre.

6.1. LES ORIGINES DES PRÉOCCUPATIONS RELATIVES À LA SURPOPULATION

En général, le premier penseur qui vient à l'esprit lorsqu'on aborde la démographie et plus particulièrement les débats autour de la croissance de la population est Thomas Malthus. Si sa pensée a encore des retombées importantes dans les approches mobilisées pour élaborer recherches et politiques relatives aux questions de populations, elle a subi des transformations et connu des opposants.

6.1.1. Malthus et les néomalthusiens

Si la notion de surpopulation est apparue avant Malthus, selon les mots de Greene (1999, p. 38):

> Malthus made it possible to think about procreation as a social problem, that is, a problem that required the intervention of specialized discourses, practices, techniques, and knowledge. As the conjugal relations of husbands and wives emerged as an object of government, a host of discourses – economic, political, and medical – assert themselves as methods for linking individual behaviours to national welfare.

Suivant cette observation, on devrait donc à Malthus les programmes de planification familiale mis en place dans les pays en développement depuis les années 1950 ainsi que les politiques familiales dans les sociétés industrialisées préoccupées par le déclin de leur fécondité.

Or, Malthus a posé son «principe de population» comme une solution à la situation de misère dans laquelle vivaient alors certains groupes sociaux. Dans ce sens, la misère, résultat de la tension entre une population trop nombreuse et les ressources disponibles, ne peut être combattue que par un ajustement de la population aux subsistances grâce à un contrôle des naissances. Ce qui est intéressant ici c'est que l'objectif n'est pas de contrôler la fécondité pour favoriser le développement économique, ce dernier étant considéré comme la cause de la fécondité trop élevée, entraînant par là même certains groupes dans la misère qui ne peuvent s'en sortir qu'en limitant les naissances. Dans cette perspective les pauvres sont à «éliminer» mais on ne prône pas de changement de comportement à l'échelle de la société tout entière de façon durable.

Avec les néomalthusiens, le contrôle de la population prend petit à petit une tournure politique. Ainsi des auteurs tels que Paul Ehrlich (*The Population Bomb*, 1968) dressent un portrait alarmiste de la situation en établissant une relation négative entre la croissance de la population et le développement économique. C'est aussi dans la mouvance néomalthusienne que des modèles explicatifs des phénomènes démographiques identifient des «déterminants» de la fécondité (Davis *et al.*, 1956; Bongaarts, 1978), facilitant la mise en œuvre de programmes d'intervention essentiellement orientés vers les méthodes contraceptives et la mise en œuvre de programmes de planification familiale. Finalement les néomalthusiens sont à l'origine de la notion de «capacité de charge» ou «optimum de population» au-delà duquel la survie de l'espèce humaine serait en danger. La question à ce jour irrésolue consiste à savoir à quel niveau et selon quels critères fixer cet optimum.

6.1.2. Une réponse intéressante aux perspectives malthusiennes : Ester Boserup, 1965

Si les malthusiens, concentrés sur les tensions entre ressources et population se basent sur l'idée de l'inélasticité de la production agricole, qui de ce fait affecte directement la population, les économistes classiques insistent sur le fait que l'augmentation de cette production agricole s'observe de deux façons : par la création de nouveaux champs (production extensive) et par l'évolution des techniques utilisées dans les champs existants (production intensive). Dans tous les cas la production agricole, base de subsistance des sociétés traditionnelles, est ici conçue comme variable explicative des tendances populationnelles ; l'idée sous-jacente étant que, ne pouvant chercher à augmenter indéfiniment la production, c'est sur le niveau de la population qu'il faut intervenir.

Ester Boserup prend le contrepied de ces approches en faisant de la situation démographique la variable indépendante, en d'autres termes une variable explicative de la production agricole. Elle critique notamment le fait que ces théories ne prennent pas en compte le phénomène d'alternance dans les modes de production agricole traditionnels. Ainsi tous les champs ne sont pas cultivés en même temps mais en rotation. Par conséquent le meilleur indicateur de changements pouvant être lié à une modification de l'équilibre démographique consiste à examiner non pas la différence entre les terres cultivées mais la fréquence avec laquelle cette terre est cultivée ; ainsi elle distingue trois types d'utilisation de la terre : celles qui ne sont jamais cultivées, celles qui sont cultivées à intervalles de plus en plus courts et enfin celles qui sont constamment cultivées. Elle part ainsi de la population et des stratégies développées pour faire face à sa croissance, ce qui a valu à son approche d'être résumée par la notion de « pression créatrice » avec une vision positive de la croissance démographique vue comme source d'innovations.

6.1.3. Une perspective totalement différente quant aux liens entre ressources et population : Maurice Halbwachs, 1970

Dans son ouvrage *La morphologie sociale*, M. Halbwachs développe toute une partie sur la démographie. Selon l'auteur il faut tenir compte de l'urbanisation et des conditions de vie urbaine difficiles qui rendent la vie contraignante pour les habitants. Il utilise l'exemple de l'Europe pour montrer comment les populations se sont ajustées progressivement à ces contraintes. Ceci n'est pas sans faire penser à la notion récente de « transition [démographique] par la crise » basée sur l'observation de changements de comportements de fécondité non pas mus par un mouvement de modernisation mais surtout comme ajustements à des contraintes économiques et sociales extrêmement fortes. Ainsi la transition de la fécondité, notamment dans les milieux urbains dans les pays en développement, s'explique en grande partie par la situation de crise chronique que vivent ces sociétés depuis des décennies, plutôt que par un «progrès» lié à différents facteurs tels que la scolarisation, l'accès à l'information ou aux services de santé et de planification familiale entre autres (Tapinos *et al.*, 1997).

Halbwachs, dans son chapitre sur la population et les subsistances, fait référence à Durkheim et on pourrait faire un parallèle avec la position de Boserup. Il développe ainsi l'idée que la croissance de la population, la densité (urbaine) de la population est génératrice d'innovations dans le domaine industriel (toujours dans le cas de l'Europe). Reprenant l'exemple de Durkheim il insiste sur la division du travail dans l'industrie, vue comme une innovation majeure dans la productivité économique. Il va encore plus loin en ajoutant que la densité de population s'accompagne d'une amélioration du niveau de vie. Ceci parce que, compte tenu des besoins d'une population croissante et plus dense, les produits industriels se multiplient afin d'être obtenus plus rapidement. Leur production finit par s'accroître plus rapidement que la population elle-même. Ainsi Halbwachs lie le «rythme précipité» de l'industrie aux exigences de la population urbaine.

Revenant sur les disparités sociales au sein d'une population donnée, l'auteur discute la notion de demande qui incite à réfléchir sur notre conception contemporaine du développement dans la mesure où il montre bien que la mise à disposition de biens et services, dans des contextes de précarité, ne suffit pas à «créer» cette demande nécessaire au système capitaliste; ceci pose donc la question du niveau d'intervention:

> Il y a surproduction quand l'offre des produits dépasse la demande. Mais la demande ne se confond pas avec la masse de la population. Il y a d'abord dans les zones urbaines elles-mêmes toutes ces catégories sociales qui n'ont que des revenus insuffisants pour affronter de telles dépenses... s'ils ont des revenus insuffisants n'est-ce pas parce qu'ils ne sont pas encore pleinement incorporés dans les villes, qu'ils demeurent hors de la vie et de la substance urbaines véritables? Mais il y a aussi, les zones non urbaines, ou insuffisamment urbanisées, toutes ces régions de villages et de petits bourgs, qui n'ont pas réalisé les conditions démographiques nécessaires à la croissance de villes, et de grandes villes. Surtout précisément parce qu'elles ont une autre structure, on n'y trouve pas, en tous cas au même degré, les besoins qui dans les milieux urbains alimentent l'industrie, entretiennent une demande qui répond à l'offre. Opposition entre une industrie poussée et nourrie sur un sol urbain, et des coutumes, une organisation économique d'un type ancien, adaptées à des établissements humains moins vastes et moins concentrés. Ainsi s'expliquent ces crises qui périodiquement viennent rappeler à l'industrie que les besoins des hommes vivant en groupes ont des limites (p. 163).

Halbwachs conclut que la population constitue une réalité spécifique et autonome en ce sens qu'il faut expliquer des faits de population par d'autres faits de population. Ceci nous conduit à revoir notre appréhension des comportements de fécondité expliqués jusque-là par des « déterminants proches » (mariage, contraception, etc.) et non pas par d'autres phénomènes démographiques tels que la mortalité ou la migration. C'est en ce sens que les faits de population doivent être considérés comme des faits sociaux dont on ne peut réduire les changements à des données purement matérielles, à une mise en équation (telle que l'impliquent les modèles explicatifs en démographie).

Enfin, Halbwachs insiste sur le fait qu'il ne faut pas penser que les groupes humains ne sont pas conscients de leur nombre, de la disposition de leurs parties et de leurs mouvements (p. 178). Dans cette perspective l'erreur consiste à se baser sur l'individu pour appréhender le changement (voir les enquêtes démographiques entièrement basées sur une approche individuelle avant l'avènement récent des enquêtes dites multiniveaux). En effet l'individu perçoit peu de choses à son niveau, c'est le groupe qui modifie ses comportements en fonction de l'environnement. C'est exactement la teneur des critiques avancées par les anthropologues démographes et autres sciences sociales.

6.2. Le rôle des États-Unis

Il est maintenant important de revenir sur le rôle central joué par les États-Unis dans la construction et la continuité de l'idée de « problème de population ».

Le « groupe population » (traduction par Chasteland de « *population movement* »), réunissant des personnalités scientifiques et politiques américaines essentiellement, mais également scandinaves, formé dans les années 1930, a fortement influé sur la construction du « problème population ». En effet, dès les années 1940, ce groupe, alarmé par l'observation qu'ils faisaient de la croissance démographique, et persuadé que les mécanismes de la transition démographique ne pouvaient déclencher à temps la baisse de la fécondité, a conclu à la nécessité d'intervenir directement sur celle-ci (Chasteland, 2002). Ce groupe s'est donc plutôt distingué par sa volonté de plaidoyer plutôt que par une approche objective des faits de population.

Ainsi, le tournant de la réflexion et l'appréhension des enjeux de population se situe à la fin des années 1940. En effet, c'est à cette période que les experts démographes, notamment sous l'impulsion du groupe population, prennent conscience de la croissance démographique dans le monde et des défis qu'elle pose. Les préoccupations sont alors de deux ordres et appelées à évoluer jusqu'à aujourd'hui : tout d'abord elles sont géopolitiques dans la mesure où l'on observe une croissance très rapide de la population en Amérique latine et en Asie, régions très stratégiques pour les États-Unis ; l'autre préoccupation est plutôt d'ordre humanitaire, visant le bien-être des populations associé à leur plein accès à la planification familiale. On retrouve ces dimensions dans le discours d'investiture du président américain Truman en 1948, qui, après s'être appesanti sur la question de la reconstruction de l'Europe de l'après Seconde Guerre mondiale, dans son point IV formalise pour longtemps la dichotomie entre pays « développés » et « pays en voie de développement » (Rist, 2001).

À partir de là, à la fois par rapport à la reconstruction de l'Europe et à la prise en compte des nations toujours colonisées et en passe d'acquérir leur indépendance, les États-Unis se sont érigés en puissance dominante pour orienter, voire dicter les programmes de population et orientations à suivre. Ceci s'explique bien sûr par différents facteurs, notamment par les enjeux géopolitiques liés à la Guerre froide et à la guerre d'influence que se menaient les deux blocs à travers les anciennes colonies. L'ombre des attitudes eugénistes des premières heures planait également et il devenait donc important de s'intéresser à *qui* avait les taux de fécondité élevés. Ainsi l'un des plus éminents démographes jusqu'à présent a-t-il pu dire en 1944 (cité par Donaldson, 1990, p. 22) :

> *increase of population, and the very mass of the Asiatic population itself, could be ignored in the past as unimportant in the balance of world power. But with the prospect that the Asiatic masses will ultimately learn to forge the tools that will give them power, the differential population trends may become of very great importance.*

Au-delà des préoccupations géopolitique et humanitaire, le doublement, voire triplement de la population dans certaines zones du monde était également perçu comme susceptible de faire reculer des niveaux de vie déjà considérés comme faibles d'après l'échelle posée par les États-Unis basée sur le PIB par habitant et ultimement de susciter des tensions et conflits. D'où la préoccupation de « maîtriser » la fécondité dans ces pays et la mise en place des programmes de planification familiale (p. ex. IPPF en 1952[2]). Ces programmes, attachés à l'idée de développement dès leur origine et pièce maîtresse de l'idéologie démographique dominante depuis la fin des années 1960, ont progressivement perdu de leur force dans cette perspective pour être davantage intégrés dans la mouvance de la santé de

---

2. Voir le site <http://www.ippf.org/en/About/History.htm> pour plus d'informations.

la reproduction et de l'accent mis sur les conditions contribuant à améliorer la condition des femmes. Cette évolution idéologique peut s'observer à partir de la succession des grandes conférences de population :
- 1970-1980 : création du FNUAP (Fonds des Nations Unies pour la Population) et conférence de Bucarest en 1974. Les objectifs de ralentissement de la croissance démographique ne sont pas retenus, mais l'idée d'agir sur la croissance en vue de favoriser le développement acquiert sa légitimité.
- 1980-1990 : la conférence de Mexico tire les leçons des programmes en cours. Les pays africains se montrent plus favorables qu'en 1974 à la planification familiale (PF) tandis que les États-Unis affirment leur opposition à soutenir la pratique des avortements.
- 1990-2000 : de la PF à la santé reproductive (SR) et conférence du Caire en 1994. Les actions sur la fécondité sont de plus en plus justifiées par des arguments de santé (maternelle, infantile, sexuelle, prévention du sida) avec en toile de fond la notion de genre et d'égalité entre les sexes. Ainsi, en cohérence avec les autres discours en matière de développement et en particulier ceux liés aux Objectifs du millénaire pour le développement (OMD), l'idée est de promouvoir le bien-être des populations, ici, grâce à la promotion de la SR.

On peut dire que c'est à partir de 1974 que les Nations Unies sont montées en puissance permettant une internationalisation du mouvement en laissant d'autres pays ou groupes de pays s'exprimer sur ces questions, réduisant ainsi la prépondérance des États-Unis dans ce domaine. Cette évolution a fortement marqué la mise en œuvre des moyens pour mettre en place des politiques de maîtrise de la fécondité : l'intégration aux politiques de développement plus larges ; les mesures réglementaires nationales (législations sur l'âge au mariage, sur l'accès aux programmes de planification familiale [PPF], sur l'avortement) ; le rôle et l'efficacité des campagnes d'information et de communication ; les mesures incitatives/contraignantes (Inde et Chine) ; les infrastructures de PF et les enjeux de financement de ces programmes (Locoh et Vandermeersch, 2001).

Cela dit, la position intellectuelle dominante des États-Unis a peu changé durant cette période et, grâce à la mobilisation massive de financements destinés à la création de centres et programmes de recherche contribuant à la diffusion et reproduction de ces vues sur les changements démographiques, a pu continuer à façonner grand nombre de politiques mises en place. Ainsi de nombreuses fondations privées se sont impliquées dans ces financements, trait unique et particulier américain : John D. Rockefeller, Ford, plus tard Mellon, Hewlett Packard, Bill Gates, etc. Ces fondations ont ainsi contribué au paysage actuel des centres de recherche mondialement reconnus tels que le Population Council, dont les chercheurs qui animent les activités de cette institution sont de renommée internationale dans le « petit monde des démographes ». Ceci a été d'autant plus facile que, malgré l'internationalisation du mouvement, les grandes institutions dont dépendent ces programmes sont pour l'essentiel basées à Washington, qu'il s'agisse du FMI ou de la Banque mondiale.

6.2.1. Les implications méthodologiques de cette posture idéologique

Les liens de causalité et les incitations au changement des comportements reproducteurs

Parce que la plupart des membres du « groupe population », y compris les scientifiques les plus respectables, avaient en premier lieu un calendrier d'activistes, le mode de production de la connaissance en la matière a très vite pris une orientation empirique pour aborder les causes sociales des phénomènes étudiés. Ainsi, selon les termes d'Hodgson (1991, p. 17) : « *through "observation" and "quantitative analysis" generalization about "cause and effect" in the social realm can be "induced". This knowledge could then be used to solve social problems.* »

La démarche démographique d'identification de problème peut s'appréhender selon ces 4 étapes : 1) quoi ? avec la description des tendances ; 2) pourquoi ? avec la recherche des causes, des facteurs explicatifs de ces tendances ; 3) avec quels effets ? ce qui implique l'identification des conséquences de ces tendances ; et 4) y a-t-il quelque chose qui puisse et doive être fait à ce sujet ? ce qui implique la mise en œuvre de politiques. En d'autres termes c'est dans l'interprétation que l'on a des conséquences que le problème émerge. On comprend bien que c'est dès la seconde étape avec ses postulats idéologiques et donc méthodologiques qui la structurent que la définition du « problème de population » se conçoit ; en cela on voit bien que ce « problème » se définit moins par son contexte social et culturel que par les conséquences qu'il entraîne, appréhendées selon des données dites « objectives » parce qu'essentiellement statistiques.

Cette approche empirique, basée sur des méthodes quantitatives, n'en a pas moins évolué au cours du temps. En effet, dès la fin de la Seconde Guerre mondiale, on assiste à un glissement de la relation de causalité alors que les démographes constatent les enjeux liés à la croissance de la population dans les pays moins industrialisés. Si depuis Malthus les comportements démographiques, et particulièrement ceux liés à la reproduction, étaient considérés comme variable dépendante « à expliquer » essentiellement par le changement socioéconomique (dans la tradition de la théorie de la modernisation et de la transition démographique), à partir de la fin des années 1940, c'est l'inverse ; les comportements démographiques, notamment de fécondité, deviennent une variable indépendante explicative du développement économique ; ceci a pour conséquence que la fécondité et la reproduction peuvent être appréhendés comme des comportements sujets à des « facteurs déterminants » conditionnant les changements ; ceci impliquant que les comportements reproducteurs peuvent être transformés sous l'effet d'interventions, justifiant ainsi la mise en œuvre, entre autres, de vastes programmes de planification familiale. En d'autres termes la croissance de la population, et plus spécifiquement la fécondité « deviennent » des faits sociaux même s'ils restent appréhendés selon une perspective purement démographique, le plus souvent dénuée d'approches théoriques qui permettraient une meilleure compréhension des comportements sur lesquels les politiques sont appelées à intervenir.

De plus, venant renforcer cette perspective, dès la fin des années 1950, les démographes réalisent que les facteurs sous-jacents aux comportements de fécondité incluent non seulement les techniques disponibles pour les ménages pour contrôler leur taille, mais aussi leur demande en termes d'enfants ; en d'autres termes le contexte social et culturel (Dasgupta, 2000, p. 658). Par conséquent, la formulation de modèles conceptuels, tels que le modèle des déterminants proches de la fécondité (Davis et Blake, 1956 ; Bongaarts, 1978) contribuent à l'établissement de liens de causalité incomplets, voire erronés. En particulier, si bien évidemment (l'accès et le recours à) la contraception constitue un déterminant direct du niveau de la fécondité, elle ne peut constituer la seule cause de réduction de la fécondité, elle représente plutôt un moyen au service d'un motif particulier qui serait la cause réelle. Or ces causes peuvent fortement varier en fonction des contextes et conditions historiques, ces dernières dimensions étant largement négligées par les démographes. Cette perspective prend tout son sens lorsqu'on réalise que toutes les sociétés ont pratiqué une forme de contrôle des naissances ou une autre et que finalement la fécondité est partout en dessous du maximum possible. Par exemple les périodes prolongées d'allaitement et d'abstinence post-partum ont été largement pratiquées en Afrique. Enfin, y compris dans les pays pauvres, la fécondité est réactive aux coûts de la vie, favorisant des pratiques contraceptives, efficaces ou non. Ce qui préoccupe donc les démographes est de comprendre les raisons pour lesquelles, malgré leur apparente accessibilité (appréhendée en termes d'offre), les services de planification familiale restent souvent sous-utilisés ; le peu de « succès » de ces programmes renvoie aux limites des approches méthodologiques développées par les démographes pour analyser un phénomène qui n'a plus rien de démographique mais s'inscrit dans un cadre social et culturel pour lequel ils sont mal outillés.

Au-delà de la dimension purement méthodologique, c'est une question d'ordre conceptuelle, idéologique qui se pose. Suivant J.C. Chesnais qui s'insurge que la question démographique soit constamment réduite à une course entre deux taux (taux de croissance de la population et de croissance économique), Loriaux (1991) explique que les comportements démographiques changent parce que, dans le même temps, les modes d'organisation sociétale se modifient, tout comme les modes de production et de pensée. En d'autres termes, la croissance démographique, qui est essentiellement le résultat de la baisse de la mortalité, ce qui montre plutôt un progrès, devrait être suivie par une diminution de la fécondité une fois que les conditions permettant le changement de comportement reproductif seront remplies. Il convient donc plutôt de s'interroger sur les raisons qui expliquent que les comportements reproductifs continuent de se maintenir à leur niveau relativement élevé, et ce, malgré la mise en place de nombreux programmes de planification familiale. Ainsi, l'auteur affirme que :

> La raison principale des échecs des politiques de développement tient probablement au fait que la plupart des choix de développement n'ont pas résulté d'analyses « objectives » des conditions du changement sociétal et de l'évolution « naturelle » dans les pays du tiers-monde mais d'orientations idéologiques inspirées de l'expérience historique occidentale et de son modèle de développement (Loriaux, 1991, p. 35).

Allant dans le même sens, Dasgupta (2000) revient sur la pertinence de certaines catégories de classification utilisées comme unité d'analyse dans les recherches démographiques. Par exemple, la plupart des enquêtes se fondent sur le concept de *ménage*, catégorie trop peu discutée lors de la mise en place d'enquêtes alors qu'elle peut recouvrir des réalités fort différentes (Randall *et al.*, 2008, 2011). En particulier, comment appréhender les rapports de genre et intergénérationnels au niveau de cette unité alors que le propre des études démographiques est de se baser sur une approche comparative en recourant à des questionnaires et catégories standardisées ? Comment expliquer le fait que dans la logique d'organisation du ménage et des dynamiques familiales les enfants peuvent constituer à la fois une fin et un moyen, en dehors des enjeux liés à la croissance économique ? Tous ces éléments constituent des « externalités », ce qui implique que la « solution » au « problème population » (c'est-à-dire la réduction de la fécondité) ne peut être basée sur une seule politique mais sur plusieurs volets politiques et doit tenir compte du fait que l'importance de ces volets dépend largement de la communauté concernée (Dasgupta, 2000).

Une autre dimension explique ce fort lien entre science et politique lorsqu'il s'agit des questions de population : le rôle joué par les bailleurs de fonds des projets de recherche dans le domaine du développement international depuis le début des années 1980 qui exigent des résultats dont on peut tirer des recommandations pouvant être utilisées dans le cadre de la mise en œuvre de politiques spécifiques. Ainsi la plupart des études à l'heure actuelle s'orientent vers l'identification et la compréhension (analyse) des changements «sociodémographiques» et notamment de comportements démographiques afin de mieux pouvoir les transformer. De ce point de vue on peut dire que le «problème de population», centré sur la croissance de la population dans les pays anciennement colonisés, a progressivement acquis une dimension de «problème social» parce que «socialisé» en quelque sorte. Pourquoi ce glissement? L'une des raisons peut résider dans le constat d'échec relatif ou de résultats mitigés quant à l'implantation des programmes de planification familiale dans le monde favorisant donc un renouveau de la réflexion quant aux approches utilisées. C'est d'ailleurs dans le courant des années 1980 et surtout au début des années 1990 que, faisant écho aux conséquences dramatiques liées aux programmes d'ajustement structurel, un mouvement général à la fois institutionnel (le PNUD – Programme des Nations Unies pour la population et le développement – et son index de développement humain, 1991) et académique (avec le développement des recherches anthropo-démographiques rebondissant sur le constat de la nécessité d'inclure la dimension de changements culturels) s'est dessiné pour repenser la définition des «problèmes» et leur appréhension dans le domaine particulier des études de population.

Le glissement méthodologique : bonnes intentions ou opportunisme ?

Ainsi une «tension» est progressivement apparue entre, d'une part, les approches positivistes sur lesquelles la discipline s'est bâtie une légitimité auprès des milieux décisionnels, et, ce faisant, grâce aux financements dont elle a ainsi bénéficié, une légitimité dans le milieu de la recherche, et, d'autre part, des approches plus sensibles aux différents contextes nécessitant le recours à d'autres méthodologies de recherche essentiellement empruntées ou inspirées de l'anthropologie. De plus en plus, suivant en cela le mouvement général impulsé par les organismes bailleurs de fonds, les démographes ont accepté l'idée de concevoir des études multi-disciplinaires leur permettant ainsi de continuer à sophistiquer leurs méthodes quantitatives tout en intégrant d'autres approches.

Si cette évolution peut constituer un réel progrès dans les travaux réalisés dans le domaine des études de population, il ne faut toutefois pas perdre de vue que, selon les termes de Furedi (1997, cité dans Riley et McCarthy, 2003), on trouve toujours à la base de ces travaux le postulat non questionné selon lequel la croissance de la population est un «problème». Ce qui a changé selon lui, ce sont les raisons avancées pour lesquelles la population constitue un problème allant de son influence sur le changement économique, aux droits reproductifs en passant par l'équilibre entre ressources et nombre d'individus.

> The defining feature of demographic consciousness is its a priori assumption that the growth of population is intrinsically a problem. From this perspective, the very term of population implicitly is associated with images of danger and threat. Consequently population is rarely discussed as anything other than a problem (Furedi, 1997, p. 162).

Ainsi, plus récemment, ce sont les perceptions quant à une menace sur l'environnement en lien avec une population de plus en plus nombreuse, concentrée dans les villes, qui mobilisent tous les efforts allant toujours dans le même sens, à savoir le contrôle des naissances. Les discours entourant le projet des Objectifs du millénaire pour le développement sont édifiants à cet égard.

Si les forces de la discipline sont certaines – production de données vitales pour la compréhension de notre propre société ainsi que de celles qui nous entourent; capacité à se mobiliser pour des enjeux différents contemporains malgré la constante préoccupation concernant la croissance de la population (fécondité en-dessous du seuil de remplacement dans les pays industrialisés, conséquences du VIH-SIDA, etc.) – ses faiblesses épistémologiques restent problématiques en ce qu'elles posent des difficultés quant à la validité des conclusions tirées à partir des résultats obtenus. Cela peut prendre une dimension éthique puisque les pratiques de recherche et d'intervention que la discipline implique peuvent avoir des conséquences néfastes sur les populations visées.

L'un des arguments qui fait d'ailleurs écho aux critiques de certains auteurs vis-à-vis du système mis en place autour du développement international (Gardner et Lewis, 1996; Olivier de Sardan, 2001) est que du fait de cette sponsorisation de la discipline et du postulat que les recherches démographiques sont utiles pour la définition de stratégies de programmes d'intervention, c'est à une recherche «industrielle» que l'on a abouti: «*High premium on research products that were quantitative, standardized, replicable, and packageable for multi-country use*» (Demeny, 1988, p. 464).

Par là même ceux et celles qui ont sponsorisé les recherches et à leur tour, ceux et celles ayant conduit les recherches, ont naturellement porté leur attention sur des projets et sujets susceptibles d'aboutir à des résultats immédiats. En d'autres termes on est passé d'un réel effort de compréhension à une démarche privilégiant une certaine productivité de la recherche dans la droite ligne de la perspective moderniste voyant le monde comme évoluant de façon prévisible et la science comme étant le véhicule grâce auquel les sociétés peuvent s'orienter vers ce qui est perçu comme étant la modernité. Ainsi, les démographes voient le « problème population » comme un problème dont la solution peut être trouvée grâce à des recherches et ressources adéquates (Furedi, 1997 ; Harkevy, 1995) ; cette vision est proche de celle de certains promoteurs des Objectifs du millénaire pour le développement, par exemple Jeffrey Sachs (2001, 2005).

Cette perspective s'inscrit en droite ligne de l'attitude des États-Unis envers les pays en développement que plusieurs considèrent comme étant ethnocentrique (Greenhalgh, 1995) ; cet intérêt des États-Unis vis-à-vis des populations pauvres de la planète pour différentes raisons géopolitiques sont indissociables de la façon dont la recherche en démographie a évolué. Ainsi que Donaldson (1990, p. 105) le décrit :

> It is the nature of America's relationship with the Third World that almost all Americans making their first landfall in the developing world are quite certain that they have the ability and the knowledge to solve problems there. The developing country' point of view is frequently ignored, and the superiority of the imported perspective is taken for granted.

Cette vision de la population comme un problème *global* a contribué à l'assise des méthodes quantitatives standardisées (voir les grandes enquêtes), à grande échelle dans la mesure où les efforts pour changer le paysage social et structurel de différentes sociétés ont été conçus de sorte qu'ils contribuent à résoudre un problème global dans une perspective en accord avec les visions occidentales de comment le monde est censé fonctionner. Une analyse fine du contenu des questionnaires démographiques et de la manière dont ils sont administrés suffirait à démontrer cela. Watkins (1993, p. 561) insiste à cet égard sur la liste relativement limitée des caractéristiques individuelles et sociétales utilisées dans la recherche en démographie tout en soulignant que : « *yet the shortness of the list of variables that appear consistently is also a function of our style of work, which leads us to search for generality and parsimony* ».

L'une des questions que l'on pourrait se poser consiste à savoir dans quelle mesure cette attitude des démographes ou autres experts en matière de population repose sur une conviction fondée autrement que par référence au projet moderniste et si oui laquelle. Ou est-ce parce que littéralement implantés dans un système « industriel » et relativement lucratif de production d'information, ces experts n'ont en fait pas réellement intérêt à changer leurs approches ? En fait on peut s'interroger sur cette spirale consistant à chercher à modifier des comportements perçus comme contribuant au problème population alors que les bases mêmes de ce problème prêtent à discussion :

> [T]*he large scale survey seemed to offer the ideal method for collecting a large amount of data on national populations around the world. The demographer could study a society without... knowing much of anything about it : no need to speak*

the language, or even to ever meet a non-PhD – holding native. Visits to the country, if required at all, could be confined to short stays in western luxury hotels. Data came in categories provided by the demographers rather than by the local people so there was no problem understanding them, and having the data in this form also permitted straight forward computer manipulation and cross-national comparison (Kertzer et Fricke, 1997, p. 11).

Ces auteurs sont les principaux tenants de l'anthropologie démographique et leur ouvrage a largement ouvert la voie à de nouvelles approches dans le domaine de l'étude des populations, mais qui restent toutefois encore marginales. Certains démographes-anthropologues courageux ont toutefois contribué de manière significative à enrichir nos perspectives sur les enjeux de populations en Afrique notamment, et ce, par une remise en question des méthodes standard en démographie.

6.3. LE CAS AFRICAIN

Dans cette section nous allons aborder la situation spécifique de l'Afrique subsaharienne qui continue d'occuper les esprits dans la mesure où il s'agit de la région du monde où l'on trouve les niveaux de fécondité parmi les plus élevés. C'est aussi une région qui a fait l'objet de nombreuses interventions notamment dans le domaine de la santé reproductive; de nombreux «experts» s'interrogent donc ouvertement sur les raisons qui expliquent ce «retard». Après avoir brièvement replacé le continent africain dans son contexte en nuançant la présentation qui en est généralement faite, nous décrirons une étude réalisée en Gambie par C. Bledsoe et qui, selon nous, met particulièrement bien en évidence les contradictions dans la définition du problème dans ces sociétés.

6.3.1. Une approche nuancée de la situation démographique en Afrique subsaharienne

Les «problèmes de population» en Afrique ont intéressé divers experts depuis l'époque de la colonisation puisque les gouvernements coloniaux pour des raisons évidentes de contrôle des mouvements de population, évaluation du volume de main-d'œuvre disponible, population imposable, etc., étaient préoccupés de maintenir leur colonies riches et peuplées. Il est intéressant de noter que la pensée malthusienne, prédominante en Grande-Bretagne, a en quelque sorte influencé les prises de position des pays africains après la Seconde Guerre mondiale et notamment à partir de leur implication dans les politiques internationales de population suite aux indépendances (Sala-Diakanda, 1991).

De ce point de vue, la conférence de Bucarest en 1974 a mis en évidence de fortes disparités de position entre pays africains avec malgré tout une attente affichée par l'ensemble des gouvernements envers les pays riches basée sur l'idée que « la meilleure pilule, c'est le développement », c'est-à-dire privilégiant l'assistance économique plutôt qu'une politique de population. Cette vision a progressivement changé avec la marginalisation économique du continent dont les gouvernements ont fini par considérer que la croissance démographique constituait un frein, un « obstacle » à son développement et donc à adopter une attitude plus favorable au contrôle des naissances afin de réduire la croissance démographique.

Les décideurs politiques africains, soutenus en partie par une élite intellectuelle formée aux approches occidentales en matière populationnelle, ont donc adopté cette logique suivant laquelle on « classe » les pays selon leur progression dans le processus de transition démographique, vu comme lié au processus de modernisation d'une société. Selon cette perspective, le fait que la transition en Afrique ne fait que s'amorcer serait le signe d'un retard de développement. Ce décalage entre la croissance démographique et le développement économique et social cristallise les plus grandes craintes et apparaît comme une menace pour la survie de ces régions et l'équilibre planétaire. Avec une telle perspective, il est facile de considérer la croissance démographique comme une entrave au développement économique et donc que la solution à ce problème réside dans la maîtrise de la fécondité. On peut également voir dans le leitmotiv écologique et les inquiétudes liées à l'environnement une continuité des perspectives néomalthusiennes qui voient systématiquement la croissance démographique comme un obstacle au développement qu'il s'agit de réguler et freiner. L'incertitude quant aux tendances observées avec des indicateurs contrastés selon les pays, pose question quant aux prévisions « optimistes » des Nations Unies (Guengant, 2007). L'enjeu réside plutôt aujourd'hui dans la structure par âge de la population, très jeune et très nombreuse, qui, arrivée à l'âge reproductif, quand bien même en ayant une descendance moins nombreuse que les générations précédentes, contribuera encore pour plusieurs années à la croissance de la population africaine.

L'étude de cas décrite à présent permet de synthétiser les propos qui précèdent en montrant notamment comment une approche ethnocentrique de la maternité et du contrôle de la fécondité obstrue notre compréhension des réalités locales, pourtant indispensable si l'on veut réellement favoriser un changement des comportements.

6.3.2. L'étude de Caroline Bledsoe en Gambie

Dans son livre *Contingent Lives. Fertility, Time, and Aging in West Africa* ainsi que d'autres études menées en Afrique de l'Ouest, l'auteure s'interroge sur les processus qui conduisent les chercheurs à mettre en avant certaines dimensions et à reléguer d'autres aspects dans l'ombre; en d'autres termes quels choix guident nos décisions à «donner la parole à» et à «taire» ou «passer sous silence» certains aspects d'une même réalité? Plus précisément, comment manions-nous les différents «morceaux» de la science qui est disponible? Sa conclusion est que nos filtres et les choix de ces filtres reflètent d'une manière ou d'une autre l'extrapolation de nos propres préoccupations et rapports au temps. Et ce qui est remarquable dans ce processus, c'est comment nous pouvons nous accommoder de ces choix sans tenir compte des contradictions empiriques qu'ils impliquent ni de nos sympathies disciplinaires ou politiques.

Prenant la fécondité comme objet central de ses recherches avec pour principal objectif d'examiner les différentes perceptions possibles au regard de ce phénomène, Bledsoe adopte une approche multidisciplinaire. La teneur générale de l'ouvrage tient à l'exemple cité dès les premières lignes du chapitre introductif:

> Kaddy Seesay, a thirty-year-old remarried divorcee, happened to fall into a sample of women interviewed every month for fifteen months, during a 1992-95 research project on contraception and birth intervals in rural Gambia. In this West African population whose people intensely desire children, Kaddy had undergone four pregnancies. Three were with her first husband. The first, a daughter who died before age three, was followed by two stillbirths. At this point Kaddy's marriage ended, very likely a consequence of her failure to produce children for her husband. Remarrying as the marginal second wife of a man already married to a younger women with three children, Kaddy became pregnant for the fourth time and bore a son for her new husband. The monthly surveys began when her baby still breastfeeding, was about seventeen months old. Four months later, this child died. Left in a precarious marriage with no children to support her in later life, Kaddy, still expressing a resolute desire for more children, did the last thing we might expect. She began a long course of Depo Provera injections (Bledsoe, 1999, p. 1).

Cet exemple présente trois anomalies apparentes: 1) le fait que des méthodes contraceptives de haute technologie occidentale soient utilisées pour des raisons totalement inattendues; 2) l'usage de la contraception à un moment de la vie apparemment incongru (lorsque la femme, qui continue de vouloir des enfants, est relativement âgée); 3) l'usage de la contraception dans un contexte conjugal en péril.

Statistiquement, pareil comportement serait rapporté comme résiduel, du «bruit», une erreur en somme. Sur les 2980 femmes enquêtées, 150 utilisaient une forme moderne de contraception et sur ces 150 femmes, 18% le faisaient après avoir connu un événement reproductif traumatisant, la plupart ayant en réalité tout un historique de ce type d'événements.

Selon les termes de Bledsoe (1999, p. 2-3):

> *These findings on contraception following a reproductive mishap, with little apparent regard for its temporal penalties for fertility, fly in the face of every demographic theory that has been advanced to explain fertility behaviors in places such as Africa. They seem to reflect efforts to reduce or «control» numbers of children under circumstances in which the economic gains of fertility vastly outweigh their costs and where a target family size can hardly have been reached. They certainly reflect circumstances that were overlooked in the project's earlier focus on child spacing as the motive for contraceptive use: there is no child to space.*

Évidemment, ces petits nombres ne peuvent être pris en considération par des démographes. L'auteure a donc creusé elle-même ces anomalies en recourant à des méthodes anthropologiques, et notamment en reprenant les détails des réponses apportées par les femmes en question lors des enquêtes répétitives. Son approche l'a conduite à confronter la vision occidentale du temps dans les cycles de vie avec celle existant dans des sociétés comme celles qu'elle a étudiées en Afrique.

Elle part d'un simple constat: la question classique en démographie adressée à des individus dans des sociétés à hauts niveaux de fécondité « pourquoi veulent-ils autant d'enfants? » est essentiellement abordée sous l'angle d'unités temporelles linéaires qui incluent: âge au premier mariage, nombre d'années passées en union, durée d'utilisation de méthodes contraceptives efficaces, et durée des périodes d'insusceptibilité post-partum et des intervalles intergénésiques, le tout étant vu comme un compte à rebours avant la ménopause. Du coup, la vraie question semble davantage être: étant donné que les femmes africaines accordent tant d'importance à la reproduction et à la maternité, pourquoi n'en ont-elles pas davantage? La réponse prise pour acquis bien que rarement formulée serait la suivante: parce que le temps leur échappe (entre chaque naissance et avec la ménopause). Avec une telle vue, il apparaît évident que les femmes et tenants de la planification familiale s'opposent, les premières essayant d'avoir autant de naissances que possible au cours de leur vie, les seconds tentant de promouvoir la limitation des naissances en reportant le début de la vie reproductive, favorisant les intervalles prolongés entre naissances et ultimement l'arrêt de celles-ci. En d'autres termes, cette vision du temps sature littéralement notre sens commun et se reflète directement dans les questions posées dans les enquêtes démographiques.

Ainsi il est facile dans un contexte tel que la Gambie de conclure que les hauts niveaux de fécondité, les intervalles entre naissances réguliers et le faible recours à la contraception témoignent de comportements où les femmes laissent la nature (biologie) et les normes sociales traditionnelles suivre leur cours jusqu'à ce que l'âge interrompe ce processus. Dans cette perspective, l'espacement entre naissances n'est pas considéré comme une façon de limiter les naissances et ce qui est remarquable, c'est qu'alors que le recul de la fécondité dans les pays occidentaux et l'âge de la ménopause occupe beaucoup les esprits, cette dimension n'est quasiment jamais à l'ordre du jour en Gambie et en Afrique en général. En d'autres termes, le «mystère» réside dans le fait que dans une population accordant tant d'importance à la reproduction, le passage du temps ne semble guère préoccuper les individus.

Dans sa recherche d'une meilleure compréhension de ces comportements «anormaux» des femmes gambiennes, l'auteure montre l'importance de trois éléments dans leur rapport à la reproduction : la dotation (en nombre d'enfants à venir), les muscles, la force et le sang. Ces deux derniers éléments étant la marque du vieillissement corporel dans la mesure où le corps subit des «chocs» tout au long de la vie susceptibles de limiter la capacité de la femme à concevoir, porter l'enfant ou accoucher. De ce point de vue, chaque grossesse «taxe» le corps de la femme. Le recours à la contraception après un choc traumatique pendant la vie reproductive s'explique ainsi par la volonté de donner du repos au corps, pas de limiter les naissances. En d'autres termes c'est une stratégie de la part de la femme qui veut mettre toutes les chances de son côté pour utiliser entièrement son capital (sa dotation) reproductif dans les meilleures conditions possibles pour assurer des naissances et la survie des enfants. Or en démographie les fausses couches et autres événements traumatiques de type mort-nés n'ont été rapportés que dans un souci de compter les intervalles entre naissances et voir dans quelle mesure ces événements raccourcissent les intervalles entre grossesses. Pour les individus il s'agit de faits graves dans la mesure où ils mettent en danger la capacité reproductive de la femme ; l'attention étant moins portée sur la charge émotionnelle du décès ou la non-venue d'un enfant. Ceci s'explique par les contraintes sociales, économiques et les normes culturelles qui les encadrent, à savoir la nécessité pour la femme de remplir son rôle d'épouse et de mère et de s'assurer une sécurité économique et sociale pour ses vieux jours à travers le soutien de ses enfants.

Ainsi les femmes cherchent à minimiser le stress physique de la grossesse et à limiter les troubles reproductifs futurs. Leurs efforts vont donc se concentrer sur la récupération entre les grossesses et les naissances d'où parfois des intervalles prolongés. En d'autres termes le principal obstacle à avoir autant d'enfants que «Dieu peut donner» n'est pas le temps mais le déficit en ressources physiques. Notre science a bien sûr abordé la question des grossesses successives comme facteur d'épuisement physique ; mais elles sont alors considérées comme la conséquence d'une fécondité «incontrôlée». Les résultats de cette étude montrent au contraire que l'inquiétude face à la dépense physique liée aux grossesses constitue l'un des facteurs les plus importants influençant les comportements de fécondité des femmes à travers leur vie reproductive. En cela le modèle des facteurs déterminants de la fécondité ne fait guère de sens s'il n'est pas replacé dans son contexte.

Nos rapports à la fécondité, au temps et au vieillissement sont donc fortement marqués par le contexte socioculturel et historique dans lequel nous évoluons. Or une réflexion approfondie à cet égard s'avère essentielle puisque la base même des informations démographiques repose sur des unités temporelles précises comptabilisées en âges et en durées. Aborder la fécondité, la vie reproductive et les comportements qui en découlent selon un cadre qui passe sous silence le rapport que la population étudiée peut avoir à ces dimensions conduit à des erreurs potentielles de compréhension, rendant par là même les programmes de planification familiale inopérants ou peu efficaces. Passer d'une perspective linéaire sur le temps et nos cycles de vie à une perspective plus contingente permet la remise en question des études comparatives standardisées typiques chez les démographes. On peut en effet s'interroger sur l'efficacité de ces études à comprendre les comportements alors que leur objectif est de répondre à des besoins et ainsi mieux orienter les campagnes de promotion de la planification familiale. Peut-être que si ces dimensions étaient davantage prises en compte, les services et programmes de planification familiale sauraient répondre à une demande réellement existante mais non pas intégrée dans les «motifs» possibles de recourir à des méthodes contraceptives efficaces; à défaut d'avoir un effet majeur sur les niveaux de fécondité, il est probable que cela aurait au moins des conséquences bénéfiques en matière de santé maternelle. Finalement, c'est l'idée qu'un objectif «dicté d'en haut» par des préoccupations autres (maîtriser la croissance démographique pour favoriser le développement économique) ne faisant pas de sens localement pourra éventuellement être rempli mais pour des raisons autres (ici assurer la santé de la femme en vue de mieux porter ses prochaines grossesses).

Cet effort d'introduire une perspective socioanthropologique dans la compréhension des comportements démographiques permet de revenir sur nos processus de catégorisation, sur nos propres constructions sociales que l'on exporte auprès de sociétés pour lesquelles ces constructions ne font pas de sens. Ceci remet en cause la valeur explicative des processus identifiés et analysés. Cela dit il ne faut pas non plus opposer vision contingente et linéaire, dans la mesure où ces deux visions sont présentes aussi bien en Occident que dans les sociétés africaines. C'est ainsi que l'auteure appelle à une combinaison des approches afin de mieux enrichir notre compréhension de nos propres comportements et ceux des sociétés extérieures.

6.3.3. Une dimension éthique ?

Il existe une constante dans les approches du « problème population » en démographie depuis le milieu du siècle dernier, le fait qu'elles résident dans la référence systématique au modèle de la transition démographique, fortement ancrée dans la théorie de la modernisation. Ceci a pour conséquence la formalisation d'approches caractérisées par leur ethnocentrisme, ahistoricité et finalement décalage d'avec les normes sociales et culturelles pourtant essentielles pour comprendre les comportements influençant les tendances démographiques.

Aussi les démographes ont été conduits à s'intéresser à la question de la culture et comment l'appréhender dans leurs enquêtes. Dans le cas précis de la fécondité, l'une des limites dans la prise en compte de la « culture » dans les études démographiques réside dans le fait qu'elle se réduit à la communication au sujet de la contraception alors que la diminution de la fécondité est présentée comme un processus sociotechnique répandant la technologie contraceptive (Greenhalgh, 1995).

Si l'on considère les travaux en matière de population comme étant fortement orientés vers la dimension politique et donc dans une dynamique de changement des comportements, la question qui se pose alors est « doit-on et peut-on, collectivement chercher à modifier le cours » de tous les faits démographiques et dans le cas qui nous intéresse, les comportements ayant trait à la reproduction (Caselli *et al.*, 2001, p. 3). Cette dimension éthique semble cruciale à un moment où les données collectées auprès de populations sont exponentielles et alors que celles-ci ne voient pas nécessairement de bénéfice clair de leur participation à ces multiples campagnes de collecte. De leur côté les chercheurs qui explorent et privilégient des approches plus « sensibles » aux réalités locales se trouvent souvent en porte-à-faux avec les attentes de populations, étudiées précisément du fait de leur vulnérabilité, soit des problèmes sociaux dans lesquels elles sont inscrites. Alors, le « problème population » est-il un problème social ou un enjeu de pouvoir permettant la reproduction de tout un système – le développement international – qui fonctionne sur une appréhension erronée des enjeux autour desquels il s'est constitué depuis maintenant plus d'un demi-siècle ?

Références bibliographiques

BALDI, S. et R. CAGIANO DE AZEVED (2006). « Éléments d'introduction aux politiques de population », dans G. Caselli *et al.* (dir.), *Démographie : analyse et synthèse. Volume VII – Histoire des idées et politiques de population*, Paris, INED, p. 171-190.

BLEDSOE, C. (1999). *Contingent Lives. Fertility, Time and Aging in West Africa*, Chicago, The University of Chicago Press.

BONGAARTS, J. (1978). « A framework for analyzing the proximate determinants of fertility », *Population and Development Review*, vol. 4, n° 1, p. 105-132.

BOSERUP, E. (1965). *The Conditions of Agricultural Growth*, Londres, George Allen et Unwin Ltd.

CASELLI, G., J. VALLIN et G. WUNSCH (2001). *Démographie : analyse et synthèse. Volume VII – Histoire des idées et politiques de population*, Paris, INED.

CHASTELAND, J.C. (2002). « De 1950 à 2000 : la communauté internationale face au problème de la croissance de la population mondiale », dans J.C. Chasteland et J.C. Chesnais (dir.), *La population du monde. Géants démographiques et défis internationaux*, Paris, Presses universitaires de France-INED, p. 717-753.

DASGUPTA, P. (2000). « Population and resources : An exploration of reproductive and environmental externalities », *Population and Development Review*, vol. 26, n° 4, p. 643-689.

DAVIS, K. et J. BLAKE (1956). « Social structure and fertility : An analytic framework », *Economic Development and Cultural Change*, vol. 4, p. 211-235.

DEMENY, P. (1988). « Social science and population policy », *Population and Development Review*, vol. 14, n° 3, p. 451-479.

DEMENY, P. (2006). « Évolution des idées en matière de population depuis 1940 », dans G. Caselli *et al.* (dir.), *Démographie : analyse et synthèse. Volume VII – Histoire des idées et politiques de population*, Paris, INED, p. 55-96.

DONALDSON, P. (1990). *Nature Against Us : The United States and the World Population crisis 1965-1980*, Chapel Hill et Londres, University of North Carolina.

ERLICH, P.R. (1968). *The Population Bomb : Population Control or Race to Oblivion*, New York, Ballantine Press.

FUREDI, F. (1997). *Population and Development : A Critical Introduction*, New York, St. Martin's Press.

GARDNER, K. et D. LEWIS (1996). « Anthropology, development and the crisis of modernity », dans K. Gardner et D. Lewis (dir.), *Anthropology, Development and the Postmodern Challenge*, Londres, Pluto Press, p. 1-25.

GREENE, R. (1999). *Malthusian Worlds : US Leadership and the Governing of the Population Crisis*, Boulder, Westview Press.

GREENHALGH, S. (1995). *Situating Fertility : Anthropology and Demographic Inquiry*, Cambridge, Cambridge University Press.

GREENHALGH, S. (1996). « The social construction of population science : An intellectual, institutional, and political history of twentieth-century demography », *Comparative Study of Society and History*, vol. 38, n° 1, p. 26-66.

GUENGANT, J.P. (2007). « La démographie africaine entre convergences et divergences », dans B. Ferry (dir.), *L'Afrique face à ses défis démographiques*, Paris, Karthala, p. 27-122.

GUICHAOUA, A. (2006). « Sociologie du développement », dans J.P. Durand et R. Weil (dir.), *Sociologie contemporaine*, Paris, Vigot, p. 523-541.

HALBWACHS, M. (1970). *Morphologie sociale*, Paris, Armand Colin.

HARKEVY, O. (1995). *Curbing Population Growth : An Insider's Perspective on the Population Movement*, New York, Plenum Press.

HÉRAN, F. (2006). « Éthique et démographie ou macrodème et microdème au pays des éthiciens », dans G. Caselli *et al.* (dir.), *Démographie : analyse et synthèse. Volume VII – Histoire des idées et politiques de population*, Paris, INED, p. 97-150.

HODGSON, D. (1991). « The ideological origins of the PAA », *Population and Development Review*, vol. 17, n° 1, p. 1-34.

KERTZER, D.I. et T. FRICKE (1997). « Toward an anthropological demography », dans D.I. Kertzer et T. Fricke (dir.), *Anthropological Demography. Toward a New Synthesis*, Chicago, The University of Chicago Press, p. 1-35.

KOTHARI, U. (2005). « Authority and expertise: The professionalisation of international development and the ordering of dissent », *Antipode*, vol. 37, n° 3, p. 425-446.

LOCOH, T. et C. VANDERMEERSCH (2001). « La maîtrise de la fécondité dans les pays du tiers-monde », dans G. Caselli *et al.* (dir.), *Démographie: analyse et synthèse. Volume VII – Histoire des idées et politiques de population*, Paris, INED, p. 193-250.

LORIAUX, M. (1991). « La peur du nombre ou les défis de la croissance démographique ? », *Politiques africaines*, n° 44, p. 15-36.

MOSSE, D. (2005). « Introduction: The ethnography of policy and practice », dans D. Mosse (dir.), *Cultivating Development: An Ethnography of Aid Policy and Practice*, Londres, Pluto Press, p. 1-20.

OLIVIER DE SARDAN, J.-P. (2001). « Les trois approches en anthropologie du développement », *Revue tiers-monde*, vol. 42, n° 168, p. 729-754.

RANDALL, S., E. COAST et T. LEONE (2008). « Une culture disciplinaire et ses pièges: l'emploi du terme "ménages" en démographie », Communication présentée à la conférence de l'AIDELF, Québec.

RANDALL, S., E. COAST et T. LEONE (2011). « Cultural constructions of the concept of household in sample surveys », *Population Studies*, vol. 65, n° 2, p. 217-229.

RILEY, N.E. et J. MCCARTHY (2003). « A genealogy of demography », dans N.E. Riley et J. McCarthy (dir.), *Demography in the Age of the Postmodern*, Cambridge, Cambridge University Press, p. 61-80.

RIST, G. (2001). « L'invention du développement », dans G. Rist (dir.), *Le développement. Histoire d'une croyance occidentale*, Paris, Presses de Sciences Po, p. 116-134.

SACHS, J. (2001). « Executive summary », dans Jeffrey Sachs (dir.), *Macroeconomics and Health: Investing in Health for Economic Development*, Report of the Commission on Macroeconomics and Health, Genève, World Health Organization, p. 1-21.

SACHS, J. (2005). *Investing in Development. A Practical Plan to Achieve the Millennium Development Goals*, New York, Report to the UN Secretary-General, p. 1-23.

SALA-DIAKANDA, D.-M. (1991). « De l'émergence de politiques de population en Afrique », *Politiques africaines*, n° 44, p. 37-49.

TAPINOS, G.P., A. MASON et J. BRAVO (1997). *Demographic Responses to Economic Adjustment in Latin America*, Londres, Clarendon Press.

WATKINS, S.C. (1993). « If all we knew about women was what we read in demography, what would we know ? », *Demography*, vol. 30, n° 4, p. 551-577.

CHAPITRE 7

LE PHÉNOMÈNE TRANS
LES MISES EN PROBLÈME DE L'IDENTITÉ
Dominic Dubois

> *L'histoire moderne est celle d'un effort continuel pour repousser les limites de ce qui peut être modifié par la main de l'homme et « amélioré » pour s'adapter à nos besoins ou nos désirs [...] Il serait donc bien étonnant que même les aspects les plus récalcitrants de l'identité, comme la taille et la forme du corps ou son genre, fassent encore longtemps exception à cette tendance moderne [...] N'importe qui peut se choisir une identité (à condition d'avoir les moyens de se l'offrir). Vous trouverez en rayon tout l'équipement nécessaire pour opérer votre métamorphose et l'imposer aux yeux de tous.*
>
> Z. Bauman (2010, p. 116)

La question des problèmes sociaux, malgré toute son actualité, apparaît aujourd'hui difficile à saisir vu le nombre et l'hétérogénéité des situations et phénomènes qu'elle est appelée à spécifier. Face au diagnostic fait par plus d'un observateur, il semble de plus en plus difficile de caractériser de manière spécifique des situations socialement problématiques, tant l'ensemble du social semble appelé à « poser problème ». Partant de l'hypothèse que l'identification de phénomènes comme problèmes sociaux suppose leur distribution autour de la normativité qui a cours dans une société donnée, quelle réponse donner à la question « qu'est-ce qu'un problème social », dans un contexte où le social ne ferait plus l'objet d'aucune régulation normative? Mais vit-on réellement dans des sociétés où les normes auraient cessé de jouer leur rôle de principe régulateur, et par conséquent, de mesure de distribution du socialement problématique?

Ce texte vise à réfléchir à ces questions à partir d'un cas de figure particulièrement révélateur, le phénomène trans. Par phénomène trans, on entend ici la manière dont s'est vue problématisée dans les sociétés occidentales la volonté de changement de sexe ou de genre depuis les 60 dernières années. Historiquement associé à l'univers de la santé mentale, le phénomène trans fait aujourd'hui l'objet d'une relecture en termes de minorité sexuelle (comme on parlerait de minorité ethnique) ou encore comme figure de la diversité sexuelle (comme on parlerait de diversité religieuse). On réfère alors moins à l'univers de la pathologie, de la souffrance psychique et de la déviance qu'à celui de la souffrance sociale, de la discrimination et de l'exclusion, mais *quelque chose* continue de poser problème. De manière générale, le phénomène trans poserait problème parce qu'il mettrait de l'avant des identités problématiques. On pourrait ainsi parler de mises en problème de l'identité, dont la forme actuelle fait écho à l'hypothèse de certains auteurs selon laquelle la société contemporaine serait caractérisée par une crise de l'identité traduisant une transformation des repères symboliques et normatifs. Dans cette perspective, le phénomène trans refléterait les tensions que suscite aujourd'hui l'usage massif de l'identité, que ces tensions soient formulées en termes de vie privée et vie publique, d'universel et de particulier, de relation entre le même et l'autre, ou que leur formulation vise à illustrer la nécessité de mettre en place des dispositifs d'intégration de la différence. Dans le cadre de ce texte, nous présentons dans les grandes lignes l'hypothèse d'une transformation actuelle de la régulation normative, pour ensuite revenir sur l'idée de mise en problème de l'identité caractérisant le phénomène trans. Nous examinerons par la suite deux registres de mises en problèmes, le registre médical et le registre social, de même que leurs modalités d'intervention (de *démise* en problème) pour finalement questionner la conception du problème social qui s'en dégage.

7.1. L'HYPOTHÈSE D'UN MONDE SANS LIMITES

Si historiquement, certains phénomènes ont pu, sans aucun doute, être identifiés comme problèmes sociaux, d'autres ont obligé à considérer le caractère radicalement labile, fluctuant, de la notion. Depuis les années 1960, nombre d'auteurs en sciences sociales ont relevé les impasses d'une analyse des problèmes sociaux basée uniquement sur leurs dimensions objectives ou systémiques, en insistant sur l'importance des dimensions subjectives, processuelles ou encore conflictuelles (Dorvil et Mayer, 2001). L'insistance analytique sur le processus définitionnel (Mayer, 2001), faisant que certains phénomènes peuvent être définis comme des problèmes sociaux, a permis de « déconstruire » l'évidence des problèmes sociaux comme essence (Blumer et Riot, 2004), tout en illustrant le poids des différents groupes d'acteurs sociaux et conflits impliqués (Bonetti, 1993). À l'évidence objective de la pauvreté ou de la criminalité, on a ainsi pu opposer l'ambiguïté de la déviance (Becker, 1985), des inégalités hommes/femmes, ou encore de l'avortement. Malgré leur hétérogénéité théorique, ces différentes approches ont en commun de faire jouer un rôle central aux découpages normatifs dans la reconnaissance des problèmes sociaux, ce que synthétise de manière exemplaire la formule de Peter Berger selon laquelle poserait problème « ce qui va contre l'ordre normal des choses pour un système donné » (Berger, 1973). Ainsi, l'existence au sein de toute société d'« un univers de failles, de défauts, d'insuffisances, d'inadéquations, d'inadaptations, de déviances, voire des contre-figures[1] » suppose que l'analyse des problèmes sociaux se fasse en relation étroite avec la manière dont est défini « l'ordre normal des choses ». Cela dit, la question de la définition de ce qu'est un problème social ne se trouve en rien résolue. La fluctuation incessante des frontières et des partages de l'univers des anormaux (Foucault *et al.*, 1999), illustre bien la difficulté qu'il y aurait à en donner une définition définitive.

D'autant plus qu'aujourd'hui, l'exercice de définition semble se heurter à nouvel obstacle, consistant à donner sens à un ordre inusité de problèmes sociaux, diffractant ou généralisant les frontières du socialement problématique à l'ensemble du social et des individus. Nous vivrions à l'ère du *néosujet*, où la perversion se donnerait comme *ordinaire* (Lebrun, 2007), où finalement, l'anormal et le pathologique ne seraient plus l'envers radical de la normalité, mais appartiendrait à un même continuum, qui « menacerait », de manière patente et non latente, l'ensemble des individus. Tel est à tout le moins le constat que font un certain nombre d'observateurs. Pour ceux-ci, notre contemporanéité rimerait d'abord et avant tout avec fluidité (Foucart, 2009), hybridité (Latour, 1991), liquidité (Bauman, 2007), etc. Bref, toute une série de métaphores qui évoque un même bilan : les sociétés contemporaines auraient de plus en plus de mal à « tenir ensemble », alors que l'individu, lui, souffrirait de plus en plus d'avoir à se tenir seul *en* et *dans* la société. Le régime d'exception qui caractérisait historiquement les problèmes sociaux céderait ainsi le pas à un régime de généralisation des problèmes sociaux à l'ensemble du social,

---

1. Voir Introduction.

dans la mesure où chaque individu, *entousé*[2] dans un monde sans limites (Lebrun, 1997), serait par défaut le digne représentant d'un social intrinsèquement pathogène.

Parmi les formulations proposées de ce nouvel ordre généralisé de problèmes sociaux, le thème de l'identité occupe une place de choix. De la «crise des identités» (Dubar, 2001) à l'«invention de soi» (Kaufmann, 2007), de la «société des identités» (Beauchemin, 2004) au «malaise identitaire» (Ehrenberg, 2005), la société contemporaine serait le lieu de la multiplication des identités, de leur cohabitation ou de leur hybridation, toujours difficile, quand ce n'est impossible. Si la version faible de l'hypothèse de la crise des identités s'en tient à souligner la perte de légitimité des formes identitaires traditionnelles (Dubar, 2001, p. 12), la version forte, elle, fait de la crise la cause ou la conséquence d'une déliaison du social, de son atomisation, au profit d'une multiplication tous azimuts des identités. «L'expérimentation incessante» de la «construction identitaire» (Bauman, 2010, p. 117) par les individus, avec le lot d'angoisse et d'incertitudes qu'elle porte (De Gaulejac, 2009, p. 139), aurait comme parallèle une société en mal de lien. On retrouve là les deux grands traits du diagnostic évoqué précédemment: face à la multiplication des identités, les sociétés souffriraient à se reconnaître dans une identité commune, alors que l'individu, entraîné dans une «quête identitaire permanente» (De Gaulejac, 2009, p. 138), aurait de plus en plus de mal à se tenir *dans* et *en* société. Dès lors, la crise des identités signerait l'entrée dans une société où elles seraient l'une des lignes de force de la diffraction du socialement problématique à l'ensemble du social. Pour le dire autrement, l'identité serait devenue, dans cette perspective, l'un des axes de déploiement d'une perversion ordinaire généralisée.

Pourtant, et même si on ne saurait dénier aujourd'hui «l'ensemble protéiforme de souffrances [qui] s'est progressivement mis à sourde [*sic*] de partout» (Ehrenberg, 2004, p. 133), peut-on véritablement penser que tout un chacun est, aujourd'hui, potentiellement si ce n'est réellement, porteur du socialement problématique? De la même manière, si on ne saurait contester tout le pathos que soulève actuellement la question identitaire (Brubaker, 2001, p. 66), peut-on véritablement penser que l'identité constitue une ligne de faille amenant l'individu comme la société à «souffrir» d'un problème social généralisé d'identité? Il nous semble bien que non: contre l'hypothèse selon laquelle l'ordre social ne serait plus aujourd'hui «produit à partir de la régulation normative» (Groenemeyer, 2007, p. 424), il semble essentiel de réaffirmer *a*) le caractère exceptionnel

---

2. «Nous voilà dès lors sans lieu d'exception pour pouvoir exister comme sujets, grégarisés, pris dans la masse, pris dans le "tous", dans un "entousement", entousés dirons-nous» (Lebrun, 2007, p. 40).

(ou extraordinaire) de l'univers des problèmes sociaux, tout en tenant compte et en donnant sens; *b*) à la généralisation d'un mode particulier de socialisation et de régulation de l'individualité. On ne saurait réfléchir terme à terme l'extrême précarité et la fatigue professionnelle, l'exclusion identitaire et les demandes de reconnaissance identitaire. Il nous faut accepter qu'on a là, d'un côté, un «véritable» univers de failles et de l'autre, une individualité peut-être souffrante certes, mais toujours placée devant (ou confrontée) à la possibilité de «retrouver son état normal, quel que soit son état normal[3]».

7.1.1. Le phénomène trans: un exemple emblématique

Parmi les phénomènes particulièrement révélateurs de ces questions, le phénomène trans occupe une place de choix. Il se trouve régulièrement convoqué par les tenants de l'hypothèse de la crise comme une figure emblématique de la dissolution des repères symboliques et normatifs (Le Rider, 2000; Lebrun, 2007; Baudrillard, 1990; Le Breton, 1990). Le brouillage ou l'hybridation identitaire qui le caractériserait exemplifierait de manière archétypale les tensions du vivre ensemble, quand ce n'est l'entrée dans un monde radicalement postmoderne (Epstein et Straub, 1991, p. 11). Pour les plus optimistes, il signerait le passage à une société postrévolution sexuelle, libérée du joug d'une morale sexuelle traditionnelle, ouverte à une plus grande diversité. Après la libération des mœurs sexuelles, l'époque serait à la démocratisation des normes qui nous constituent comme sujet de la sexualité: nous assisterions aujourd'hui à la naissance d'une véritable démocratie sexuelle (Fabre et Fassin, 1993). À l'avant-garde de ce mouvement, la *question trans* viendrait interroger jusqu'à l'exhaustivité des catégories de l'homme et de la femme. Après l'époque de la liberté sexuelle et celle de l'égalité des sexes et des sexualités, le temps de la diversité sexuelle serait donc à venir. L'hypothèse de la «perversion ordinaire» se voit ainsi prolongée par celle de la «diversité ordinaire», le régime généralisé du socialement problématique se déployant ici sous la forme d'une vulnérabilisation de la multiplicité possible des identités.

Il nous semble toutefois possible de proposer une interprétation tout autre du phénomène, permettant, en parallèle, de revenir sur la distinction opérée entre exceptionnalité des problèmes sociaux et généralisation d'un nouveau mode de socialisation de l'individualité. Historiquement, le phénomène trans et la volonté de changement de sexe se sont vus associés à l'univers de l'anormalité (comme psychopathologie ou comme déviance), pour être de plus en plus aujourd'hui perçus comme figures de la diversité

---

3. Pour paraphraser le slogan d'une campagne publicitaire pour Tylenol.

des expressions possibles de l'identité de genre[4]. Plutôt que de postuler que cette transformation relèverait d'une rationalité interne au phénomène, ou encore de la dissolution ou de la démocratisation des normes en matière de sexualité, on peut faire l'hypothèse qu'elle résulte de l'émergence de nouvelles fictions régulatrices (Martuccelli, 2002, p. 419) en lien avec la singularisation (Martuccelli, 2010) croissante des sociétés. Ce qui revient à s'opposer tant à une lecture « optimiste » qu'à une lecture « pessimiste » de la transformation. Dans cette optique, la « normalité » du phénomène trans ne relèverait en rien d'une « diversité sexuelle » ou d'une « démocratie sexuelle », pas plus qu'on devrait y voir la figure emblématique d'une perversion ordinaire ou d'un « narcissisme de mort » menaçant « l'une des plus antiques divisions anthropologiques » (Le Rider, 2000, p. 159). La normalité du phénomène, ni perversion ordinaire ni diversité ordinaire, répondrait plutôt de la mise en place de partages normatifs qui font de l'individualité (Otero, 2003) et de la singularité (Martuccelli, 2010) deux fictions régulatrices caractéristiques d'un nouveau mode de régulation normative.

Au sens où on l'entend, le phénomène trans évoque un type particulier de problèmes sociaux. Toutefois, nous y viendrons, si on peut le considérer comme socialement problématique (comme posant problème), ce n'est aucunement en raison du brouillage identitaire (symbolique et anthropologique) qu'il laisserait entendre, pas plus qu'en raison des potentielles discriminations en lien avec les identités qu'il met de l'avant. L'analyse du phénomène trans comme problème social suppose d'être en mesure de distinguer en quoi, effectivement, il cause socialement problème et en quoi l'usage de l'identité qui le caractérise traduit, non pas la généralisation des problèmes sociaux à l'ensemble du social, mais bien l'émergence d'un nouveau mode de socialisation de l'individualité. Il est ainsi essentiel de distinguer le phénomène trans comme mise en problème d'identité et le phénomène trans comme problème social, de distinguer l'arrimage du phénomène trans comme problème d'identité à un mode de socialisation de l'individualité et l'exceptionnalité du socialement problématique qu'il peut susciter.

7.2. Entre médecine et société : deux modes de « mise en problème » de l'identité

On le comprend aisément, presque intuitivement, le phénomène trans, la volonté qu'il recouvre, comme les pratiques auxquelles il réfère, est un phénomène qui « pose problème ». Il peut par exemple poser problème

---

4. Diversité pour les uns, perversité pour les autres.

au législateur ou au fonctionnaire, notamment dans les pays où le sexe biologique constitue une dimension de l'état civil et de la manière dont on identifie le sujet de droit. De manière plus concrète, le phénomène peut poser problème à l'employeur qui engagera *une experte*-comptable, reconnue, et chaudement recommandée par ses anciens employeurs, comme *un expert*-comptable. Évidemment, le phénomène n'est pas sans pouvoir poser problème à la famille, où la mère peut se retrouver devant sa fille et non plus devant le fils qu'elle a connu des années durant, ou le fils se retrouver devant un homme qui a été, et continuera d'être, aux yeux de la loi, sa mère. Finalement, le phénomène pose aussi problème à l'individu trans, qui doit affronter toute une série d'obstacles semblables au quotidien, sans compter les divers problèmes sociaux, qu'il s'agisse de la toxicomanie, de la prostitution, de la violence et de la discrimination ou plus généralement la pauvreté qui peuvent se trouver associés à la «condition trans». Peut-on dire pour autant qu'il s'agit d'un problème social? Est-ce que la volonté et la possibilité du changement de genre doivent être réfléchies sociologiquement comme relevant de l'univers du socialement problématique, au même titre que la pauvreté, l'itinérance ou la déviance ont pu l'être?

Depuis les années 1960, le phénomène trans s'est principalement vu problématisé[5] à la lumière de différentes théories de l'identité, plus particulièrement, mais sans s'y restreindre, à partir des concepts d'identité de genre et d'identité sexuelle. Le déploiement de la thématique identitaire depuis 1960 pour rendre compte du phénomène trans n'est pas sans rappeler une préoccupation massive pour l'identité qui commence alors à apparaître (Brubaker, 2001). Approximativement dans les mêmes années où Harry Benjamin et Robert Stoller publient leurs ouvrages fondamentaux sur le transsexualisme, Erikson publie ses travaux majeurs sur l'identité et la crise de l'identité (Erikson, 1972, 1982). L'étiologie du transsexualisme proposé par Stoller rappelle d'ailleurs de près la crise de l'identité conceptualisée par Erikson. Les deux auteurs font référence à un «noyau de l'identité» qui se développerait durant l'enfance, noyau duquel résulte l'existence d'un moi névrotique chez Erikson, et d'une identification

---

5. Par problématisation, il faut entendre ici: «un faisceau unifié de questions [...], qui ont émergé à un moment donné [...] qui se sont plusieurs fois reformulées à travers des crises et en intégrant des données nouvelles [...], et qui encore sont vivantes aujourd'hui» (Castel, 1995, p. 17). Le phénomène trans renvoie donc à l'ensemble de «questions» soulevées par la volonté de changement de sexe et à leurs différentes formulations historiques. Pour le dire autrement, le phénomène ou la question trans renvoie aux différentes interprétations qui ont été données d'une telle forme d'ambiguïté sexuelle, et aux conséquences théoriques et pratiques qui en résultent, notamment dans la définition implicite ou explicite du phénomène comme problème social.

pathologique à l'autre genre chez Stoller. L'exemple n'est peut-être qu'anecdotique, il n'en demeure pas moins qu'il nous permet de mieux définir l'idée d'usage de l'identité. Telle qu'on la monopolise, celle-ci vise à comprendre comment l'identité est devenue, comme une, si ce n'est la grammaire la plus apte à donner sens au phénomène trans, dans un contexte social où les questions d'identité devenaient un problème central (Erikson, 1982, p. 187), dans un contexte où, selon Erikson, « le patient d'aujourd'hui souffre surtout de ne pas savoir en qui croire ni qui il pourrait être ou devenir[6] » (Erikson, 1982, p. 185).

Face à un énoncé *a priori* problématique – la volonté de changement de genre ou de sexe – deux grands modes de problématisations convoquant l'identité ont été élaborés depuis les années 1960. Ces deux registres d'usages renvoient à deux types de « mise en problème de l'identité » permettant de mieux saisir le positionnement du phénomène par rapport à l'univers des problèmes sociaux. L'idée de mise en problème de l'identité réfère ainsi à la manière dont l'identité a joué le rôle de « mesure étalon » dans la détermination du caractère normal ou pathologique du phénomène. C'est un tel rôle qui aura permis à Robert Stoller de dire du transsexualisme qu'il s'agissait de « déformations de la masculinité et de la féminité » (Stoller, 1989, p. 42), alors que pour ses opposants, défendant 40 ans plus tard le caractère polymorphe des expressions possibles de l'identité de genre, le phénomène trans apparaît comme intrinsèquement normal. On a là, entre ces deux modes de détermination de la normalité du phénomène, deux exemples paradigmatiques des registres de mise en problème de l'identité à travers lesquels il s'est vu problématisé. D'un côté, le phénomène met en scène une identification qui pose problème par rapport aux canons de l'identité de genre normale, alors que de l'autre côté, si l'identification pose problème, c'est en raison des résistances sociales qu'elle rencontre, sous forme de discriminations ou de stigmatisations. Ces deux registres sont à entendre ici sur un mode idéal typique, dont la portée est avant tout heuristique par rapport aux propos développés, et qui permet d'exacerber le rôle qu'a joué l'identité (de genre) comme vecteur de distribution normative. Rares sont ceux qui, encore aujourd'hui, défendent un modèle « pur » de pathologie et s'opposent à toute forme de réponse à la demande trans. De la même manière, et vu la nature de la demande trans (c'est-à-dire ce qu'elle suppose de modifications corporelles), il demeure difficile d'évacuer complètement la rationalité du modèle médical.

---

6. Ce qui le distingue du patient des premiers psychanalystes, qui souffrait lui, « surtout d'inhibitions qui l'empêchaient d'être celui qu'il croyait savoir qu'il était » (*ibid.*, p. 185).

Deux registres donc, de mise en problème de l'identité; deux registres qui, chacun à leur façon, évoquent un univers particulier de problèmes sociaux. Le premier registre, le registre médical, appréhende le phénomène comme relevant d'une identification pathologique, sur le modèle de la psychopathologie ou encore de la déviance. Le second registre, sociopolitique, considère que le phénomène tient d'un mode d'identification fondamentalement normal, en fonction de certaines hypothèses que l'on pourrait regrouper sous les idées de pluralisme du genre (Currah, 2006) ou encore de « droit à l'identité[7] ». Dans les deux cas, on se trouve devant des individus (objectifs) s'identifiant à un genre ou un sexe différent de celui qui leur a été attribué socialement, et qui souhaitent, à différents degrés, pouvoir vivre dans le genre ou le sexe auquel ils s'identifient.

7.2.1. Le registre médical

Le registre médical réfère à la manière dont le phénomène trans a fait l'objet, à l'intérieur de la médecine, d'une mise en problème de l'identité, menant à l'élaboration des nosographies psychiatriques de transsexualisme et de troubles de l'identité de genre, et à la mise en place d'un dispositif thérapeutique et légal de normalisation et de reconnaissance de l'identité énoncée. Les travaux de Robert Stoller, auquel nous avons déjà fait référence, sont particulièrement révélateurs (typique) de cette forme de mise en problème de l'identité. Psychiatre et psychanalyste, chercheur et directeur de l'une des premières cliniques de l'identité de genre (Meyerowitz, 2002, p. 222), ses travaux sur l'identité de genre occupent une place fondamentale dans la problématisation du phénomène trans comme problème d'identité.

Le principal apport de Stoller est l'introduction des concepts d'identité de genre et de noyau de l'identité de genre pour rendre compte du phénomène comme problème d'identité. Si Stoller n'a en rien introduit les concepts de genre (pensons aux travaux de Margaret Mead ou de Parsons), son apport consiste à avoir lié identité et genre, à avoir fait du genre une tonalité de l'identité de la personne, en en faisant la conscience que l'on a (consciente ou non) de sa propre existence et de son projet

---

7. Sans faire référence explicitement à un droit à l'identité, Bertrand Guillarme suggère que: « dans une démocratie, les gens peuvent raisonnablement diverger sur la signification qu'ils entendent donner à leur identité sexuelle [...] Il appartient aux individus, en tant que dimension de leur liberté de conscience, de déterminer librement comment ils entendent considérer leur identité biologique » (Guillarme, 2001, p. 50). C'est à un tel type de droit que fait référence l'idée de « droit à l'identité » utilisée ici.

dans le monde, ou pour exprimer les choses différemment, l'organisation des composantes psychiques qui doivent préserver la conscience que l'on a d'exister (Stoller, 1978, p. 14).

Tout ce qui touche au genre (c'est-à-dire à l'identité de genre) s'inscrit dans la *nature* même de l'individu comme son essence, tout autant, sinon plus, que ses caractéristiques biologiques. Chez Stoller, l'opposition entre le sexe et le genre vient en quelque sorte réitérer celle de l'âme et le corps, tout en postulant que leur relation normale doit être de nature symétrique. Le sexe distingue avant tout le mâle de la femelle, alors que le genre, d'ordre psychologique et social, distingue le féminin du masculin, la féminité de la masculinité et renvoie à toute « qualité ressentie comme masculine ou féminine par son possesseur » (Stoller, 1989, p. 30-31).

Là où le phénomène trans cause problème, c'est lorsque ce que Stoller appelle le « noyau de l'identité » s'oppose à l'identité de genre, lorsque le noyau irréductible de l'identité vraie se voit opposer le pourtour d'une conscience fausse.

Conceptualisé comme un fait tout autant indéniable que les caractères mâles et femelles, le noyau de l'identité de genre permet d'élever les genres masculin et féminin, caractères psychologiques, au même niveau de réalité empirique que le sexe. Ce noyau inaltérable est donc le substrat de l'identité sexuelle fondamentale, soit la « somme algébrique » (Stoller, 1989, p. 31) des caractéristiques biologiques et psychologiques de ce que sont le mâle masculin et la femelle féminine. C'est lorsque l'identité de genre – on le rappelle, la perception d'appartenir à un sexe ou à l'autre – entre en contradiction avec le noyau de l'identité de genre qu'il y a transsexualisme, suivant la première définition de Stoller (1978, p. 114) qui aura fait date :

> La conviction d'un sujet biologiquement normal d'appartenir à l'autre sexe ; chez l'adulte, cette croyance s'accompagne, de nos jours, de demandes d'interventions chirurgicales et endocriniennes pour modifier l'apparence anatomique dans le sens de l'autre sexe.

La problématisation du transsexualisme de Stoller, notamment la distinction qu'il opère entre transsexualisme primaire et transsexualisme secondaire, de même que l'étiologie qu'il propose, a rapidement été reléguée à l'histoire de la clinique médicale du transsexualisme. Il n'en demeure pas moins que sa conceptualisation de l'identité de genre, entre noyau irréductible et conscience singulière, est particulièrement emblématique de la mise en problème de l'identité caractéristique du registre médical. Le phénomène trans s'est vu défini comme problème d'identité parce qu'il mettait en scène des identités (ou des identifications) posant problème parce qu'elles apparaissent comme l'envers de ce que devaient être les identités de genres normales.

À l'intérieur du registre médical, le concept d'identité de genre a signé le triomphe de l'étiologie psychosociale sur l'explication biologique, celui de la sexologie (résolument pragmatique dans son traitement du changement de sexe) sur la psychanalyse (résolument conservatrice et protectrice de la différence sexuelle), et celui de la thérapeutique du changement de sexe sur la psychothérapie ou l'analyse. Le passage dans les années 1970 à l'intérieur de la clinique d'une définition purement psychopathologique du transsexualisme à une définition de la pathologie en termes de déviance, comme dysphorie de genre et comme trouble de l'identité, a redoublé l'effet de vérité de l'identité comme vecteur de mise en problème, tout en laissant la condition dans une zone grise, entre trouble psychique et normativité sociale (Castel, 2003, p. 154). Le genre est ainsi devenu la tonalité d'une identité personnelle dont l'anormalité n'était jamais complètement donnée par la nature ou la vie psychique, mais dont il fallait surtout corriger la déviance. En conséquence de quoi, la clinique de l'identité allait devenir une clinique de la souffrance causée par la déviance, souffrance qui était « l'effet fondamentalement normal [...] de sa déviance sur un individu » (Castel, 2003, p. 153). Le « sentiment d'identification intense à l'autre sexe » allait ainsi se voir associé « un désarroi cliniquement significatif ou une altération du fonctionnement social ou professionnel » (APA, 1996, p. 625), bref, une souffrance psychique qui allait servir de motivation à la prise en charge psychiatrique et à la thérapeutique du changement de sexe. La clinique de l'identité (transsexuelle) allait ainsi devenir une clinique de normalisation (des sexes) et de réhabilitation (de l'individu souffrant), fondant la prise en charge psychiatrique du transsexualisme sur une anormalité « de genre » qui allait ouvrir la voie à sa contestation actuelle. L'inscription du transsexualisme comme dysphorie de genre et éventuellement comme trouble de l'identité de genre allait avoir comme contrepartie politique et critique « le thème culturel de l'auto appropriation de l'identité personnelle » (Castel, 2003, p. 171) à partir de l'investissement du concept d'identité de genre par les sciences sociales et mouvements sociaux.

7.2.2. Le registre social

Loin des nosographies de transsexualisme et de trouble de l'identité, le phénomène trans apparaît ici principalement sous les vocables de transidentités, de *transgender,* ou d'identités transgenres. Les différents dérivés concepts d'identité de genre développés par Stoller et ses contemporains ont permis d'inscrire au cœur du phénomène trans une conception de l'identité résolument psychologique. Ils ont surtout permis, à l'intérieur du registre social, d'ouvrir la voie à une conception de l'individu comme « porteur » d'une identité de genre, en exacerbant le caractère « ressenti » (ou l'expérience phénoménale) de l'identité. La conscience d'appartenir à un sexe caractéristique de l'identité de genre conceptualisé dès les années 1960 et 1970 allait ouvrir la voie, dans les décennies suivantes, à une vision résolument réflexive du genre, à mi-chemin entre constructionnisme et individualisme. La problématisation du phénomène trans comme problème d'identité (de genre) a ainsi positionné la problématique au cœur des débats contemporains sur la « construction sociale » du genre. D'essence idéale à construction sociale, le genre allait devenir le cœur d'une problématisation de l'individualité sexuée éminemment réflexive, d'un individu *sujet du genre*, attaché « à sa propre identité par la conscience et la connaissance de soi » (Deleuze, 2004, p. 110).

La figure de l'individualité pathologique que dessinait le transsexualisme est ici appelée à faire l'objet d'une lecture tout autre, à la lumière d'un tout autre partage entre le normal et l'anormal, dressant les contours d'une individualité sexuée (ou gendérifiée) résolument normale, ouverte à la déconstruction normative du genre et à la construction de soi à travers le genre. Une telle lecture répond de la « dissolution » du sexuel anormal ou pathologique dans une normalité tous azimuts, dont l'anormal, le pathologique, apparaissent avant tout comme un « empêchement identitaire » subi par l'individu, dans les limites sociales imposées à l'épreuve identitaire. On oppose alors au paradigme de la binarité caractéristique du registre médical le paradigme de la diversité ou encore de la pluralité.

Il s'agit non plus de s'interroger sur ce qui fonde l'authenticité de l'identité sexuelle en fonction d'une essence biologique ou psychologique, mais de réfléchir l'identité de genre comme une construction individuelle. On utilisera ainsi des expressions comme « variation humaine », « *range of gender expression* », « *gender variant identité* », « *new gender options* » ou encore « *rainbow of self-expressions* » (More et Whittle, 1999)[8]. L'individu souffre moins de sa propre déviance, telle que postulée dans le modèle médical, que d'une souffrance d'origine sociale, dont il est la victime. La littérature ne vise plus tant alors à définir les critères de normalisation de l'identité transsexuelle qu'elle ne vise à défendre le pluralisme du genre, les modalités de sa reconnaissance politique, juridique et sociale, les formes de discrimination et de stigmatisation inhérentes à la condition trans ou dont la condition peut être la source. Tout un ensemble de questionnements théoriques et pratiques qui place radicalement la question trans du côté d'une normalité vulnérable, et qui fait des transidentités de nouvelles figures de la subjectivité ou de la citoyenneté. C'est alors une tout autre grammaire de l'identité qui se trouve convoquée, même si au final elle vise toujours à traduire quelque chose comme l'expérience d'être soi. Mais la teneur du problème d'identité change radicalement. On quitte

---

8. On comprend bien comment, pour les tenants de l'ordre symbolique, de telles expressions signent l'entrée dans « un monde sans limite ».

l'axe de la déviance et de la souffrance comme fondement de la reconnaissance identitaire, pour y substituer l'assurance et la protection d'un droit au libre épanouissement identitaire.

7.2.3. D'un registre à l'autre

Du registre légal au registre social, deux mondes s'affrontent. Le faisceau de questions caractéristiques du phénomène trans se trouve entièrement reformulé à la lumière d'une nouvelle conception de l'identité, même si, au final, on nous parle toujours d'identité, même si au final se on trouve toujours devant une mise en problème de l'identité. D'un point de vue historique, le phénomène trans s'est d'abord vu problématisé comme problème d'identité par la médecine, notamment par la psychiatrie et la sexologie, menant aux dispositifs médicaux et juridiques de changement de sexe et de changement d'identité tels qu'on les connaît aujourd'hui dans les pays occidentaux. Depuis les 20 dernières années, un important mouvement critique et militant s'oppose à la pathologisation et la médicalisation du phénomène inhérentes au registre médical, en proposant une relecture dont l'un des principaux arguments repose sur la diversité possible des expressions de l'identité de genre. Ces revendications signeraient pour certains la fin de la domination du modèle médical, à tout le moins du sous-modèle psychiatrique.

Entre le registre médical et le registre social, entre ces deux registres de mise en problème de l'identité, c'est tout le jeu de la définition du phénomène trans comme problème social qui se trouve rejoué. Si la consistance du problème social dans la clinique médicale apparaît relativement évidente à saisir, le déploiement du registre social rend l'exercice plus difficile. La manière dont l'identité s'y trouve mise en problème, moins sur le mode de la déviance (c'est-à-dire dans le registre médial) que sur celui d'une « normalité vulnérable » tend à confondre l'exceptionnalité de l'univers des problèmes sociaux et la généralité d'un nouveau mode de socialisation et de régulation de l'individualité. Le type d'« intervention sociale » en lien avec ces deux registres permet d'exemplifier ce point. Du côté du registre médical, l'intervention apparaît principalement sous la forme d'un dispositif thérapeutique, visant d'une part à normaliser l'identité (à défaire le problème d'identité) et d'autre part à soulager la souffrance propre à la dysphorie de l'identité de genre. En ce qui a trait au registre social, on pourrait penser qu'il entraîne la transformation de la thérapeutique en « médecine identitaire », redoublée par la mise en place de toute une série de dispositifs sociaux et politiques visant moins la souffrance que la protection d'un plein épanouissement identitaire.

7.3. L'ÉMERGENCE D'UNE MÉDECINE IDENTITAIRE

Au cœur de la remise en cause de la définition médicale du transsexualisme, la question de la thérapeutique pose un problème majeur. La norme internationale en matière de soins, officiellement définie par le *Standard of care* (WPATH, 2001) consiste à modifier le sexe social ou biologique de l'individu afin de «permettre un confort durable entre le soi et le genre afin de maximiser le bien-être psychologique et le sentiment d'épanouissement personnel[9]» (WPATH, 2001, p. 1). La thérapeutique est étroitement dépendante du diagnostic psychiatrique: il constitue à la fois la condition d'accès au traitement et sa première étape (WPATH, 2001). Sans compter le fait que la définition du transsexualisme et des troubles de l'identité sexuelle comme trouble mental représente dans de nombreux pays la possibilité que la thérapeutique soit financièrement prise en charge, que ce soit par l'État ou par le secteur privé. De la même manière, dans la plupart des codes de droits occidentaux, le changement de l'état civil, ou encore de la mention du sexe ou du genre sur les documents officiels d'identité (certificat de naissance, passeport, permis de conduire, etc.) dépend de l'intervention médicale, qu'il s'agisse du diagnostic, de la recommandation d'un psychothérapeute ou encore du traitement hormonal ou chirurgical[10].

L'histoire du transsexualisme laisse apparaître une importante particularité: si trouble il y a, il s'agit d'un trouble qui «résulte d'un autodiagnostic, son traitement est autoprescrit et le résultat autoévalué» (Castel, 2003, p. 48). La catégorie officielle s'est vue construire dans un dialogue entre praticiens et «patients» (Namaste, 2005). À partir de la publication de l'histoire de Christine Jorgensen[11] en 1952 (Meyerowitz, 2002), on voit

---

9. «*The general goal [...] is lasting personal comfort with the gendered self in order to maximize overall psychological weel-being and self-fulfillment*» (WPATH, 2001, p. 1).
10. Par exemple, au Québec, il existe deux types de modifications de l'État civil, le changement de la mention du sexe, et le changement de la mention du prénom. Dans les deux cas, les modifications ne peuvent se faire sans l'intervention du champ médical. Dans le cas du changement de sexe: *a*) la personne doit avoir subi avec succès des traitements médicaux et des interventions chirurgicales impliquant une modification structurale des organes sexuels destinés à changer ses caractères sexuels apparents et *b*) la demande doit être accompagnée d'un certificat du médecin traitant et d'une attestation du succès des soins établie par un autre médecin exerçant au Québec. Dans le cas de la modification du prénom, si la personne ne peut pas démontrer qu'elle utilise le prénom depuis au moins cinq ans, elle doit prouver, par un rapport médical et un rapport psychiatrique, qu'elle souffre de dysphorie de genre et qu'elle a entrepris ou subi une transformation physique, suffisamment importante pour être permanente, afin de faire correspondre son apparence physique au sexe auquel elle s'identifie (L.R.Q., c. C-10).
11. L'un des tout premiers cas de réassignation d'identité sexuelle à avoir été fortement médiatisé aux États-Unis.

apparaître aux États-Unis les débuts d'une expertise profane chez des individus souhaitant changer de sexe. Dans certains cas, les demandeurs de changement de sexe sont même plus au fait des recherches menées sur le transsexualisme que les médecins auxquels ils s'adressent (Meyerowitz, 2002). Dès les années 1960, les premières associations militantes se sont donné, entre autres mandats, de rendre accessible l'information relative aux opérations de changement de sexe, formalisant la « demande type » de changement de sexe qui apparaissait la plus légitime aux yeux des praticiens (Meyerowitz, 2002 ; Namaste, 2005 ; Stryker, 2008). La nosographie et le traitement officiels sont alors apparus comme réponse institutionnelle à une demande de changement de sexe déjà formalisée dans les termes de la médecine, dotant celle-ci d'un support conceptuel médical et psychiatrique. La demande de reconnaissance (je suis de cette identité-là, malgré ce corps, cette anatomie) faite par les transsexuels s'est vue traduite à l'aune de la rationalité médicale et psychiatrique, celles-ci ayant donné forme à la fois à la demande et à la réponse. L'identité énoncée par le transsexuel s'est vue reconnaître, d'une part au nom de la souffrance psychique mise de l'avant par les demandeurs, et d'autre part en fonction de l'anormalité pathologique que constitue la condition aux yeux de la médecine (la mise en problème médical de l'identité). On pourrait ainsi parler d'une première réponse médicale à la demande de changement de sexe, empruntant à la fois à la rationalité médicale, au vécu subjectif des individus, et à leur utilisation de la médecine. Une demande à laquelle la sphère médicale, notamment la psychiatrie, l'endocrinologie, la chirurgie et la psychologie, ont été les premières à apporter une réponse, parce qu'elle est apparue avant tout comme une souffrance, mais aussi parce qu'il s'agit d'un des rôles historiques de la médecine moderne que de s'immiscer dans cette « zone en lisière » (Foucault, 1963, p. 35), entre maladie et normativité, là où elle était la seule à avoir plein pied. En ce sens, on peut aussi concevoir la réponse médicale comme une « intervention sociale ». Comme le relève Foucault, la médecine moderne « prend [aussi] une posture normative, qui ne l'autorise pas simplement à distribuer des conseils de vie sages, mais la fonde à régenter les rapports physiques et moraux de l'individu et la société où il vit » (Foucault, 1963, p. 35). Dès lors, la réponse médicale doit aussi s'entendre comme réponse sociale : son rôle dépasse largement la seule thérapeutique, agissant à la fois comme instance sociale de mise en problème *et* de « mise en solution » de l'identité trans.

Un des problèmes soulevés par l'éventuelle dépathologisation du transsexualisme est donc le suivant. Si la condition transsexuelle (ou transidentitaire) semble dépendre de moins en moins du registre de la pathologie (l'axe de la déviance ou de la souffrance), elle n'en demeure pas moins dépendante, concrètement et paradoxalement, de l'univers médical. Concrètement, parce que l'éventualité d'une transformation du sexe suppose une intervention matérielle de la médecine, qui va de l'hormonothérapie à la chirurgie de réassignation de l'identité sexuelle. Paradoxalement, la thérapeutique, justifiée moins par des critères médicaux que sociaux, se voit dissociée du domaine pathologique et de la déviance identitaire. Dans cette optique, la *Charte internationale des droits du genre* (*International Bill of Gender Rights*), visant à redéfinir les Droits de l'homme dans la perspective d'un droit à l'identité (de genre), va jusqu'à inclure le droit à la modification (chirurgicale ou chimique) du corps parmi ses principales revendications (ICTLEP, 1995). C'est donc moins la référence au pathologique qui servirait d'appui à la thérapeutique qu'un droit à l'identité fondé sur l'argumentaire du pluralisme du genre. La logique même de la thérapeutique se trouve remise en cause, l'idée de guérison se voyant substituer celle de l'épanouissement identitaire.

On pourrait ainsi penser qu'on assiste aujourd'hui à l'émergence d'une médecine identitaire, semblable dans ses contours aux médecines et médicaments de confort (visant à rendre la vie plus facile et agréable), et de performance (visant à dépasser les standards de fonctionnement moyens). Le passage au niveau théorique de l'identification pathologique à un droit à l'identité[12] se verrait redoubler par le passage pratique d'une clinique médicale et psychiatrique de l'identité à une médecine identitaire, dont la fonction avouée, officielle[13], serait moins curative (Dagognet, 1998) que sociale. Le droit « abstrait » à l'identité trouverait ainsi un de ses versants « concrets » dans l'institution médicale. Les objectifs de la thérapeutique demeureraient sensiblement les mêmes : « permettre un confort durable entre le soi et le genre » et « maximiser le bien-être psychologique et l'épanouissement personnel ». Toutefois, on peut présumer qu'ils sont l'objet d'une transformation qualitative, quand le registre de la déviance et de la souffrance psychique cède le pas à celui de la reconnaissance et de la souffrance sociale. Pour le dire autrement, quel type de réponse constituerait la thérapeutique dans un contexte où la demande de changement de sexe apparaît formulée dans des termes débordant largement les cadres de l'exceptionnalité du phénomène trans comme problème social (comme déviance), au profit d'un usage généralisé d'une

---

12. À entendre ici comme un droit à être soi, comme un cas particulier de droit à la singularité.
13. Avouée, officielle, même si on peut supposer que la médecine a toujours une fonction sociale, explicite. À ce sujet, voir les travaux portant sur la médicalisation du social, ou encore Foucault, 1963.

grammaire de l'identité, traduisant la généralisation d'un nouveau mode de socialisation de la subjectivité et positionnant le phénomène du côté du résolument normal ?

Pour mieux expliciter l'idée de médecine identitaire, il est possible de faire une analogie, certes limitée, avec les transformations actuelles de la psychiatrie contemporaine, notamment sous le thème de la « santé mentale ». Selon Ehrenberg, la souffrance psychique et la santé mentale seraient aujourd'hui dissociées d'une référence à la psychopathologie, au profit d'une référence sociale au bien-être (Ehrenberg, 2004). On pourrait alors penser que les pratiques médicales propres au changement de sexe sont appelées à être dissociées d'une clinique de la dysphorie identitaire[14] et de ses fondements épistémologiques, au profit d'une référence sociale (et non plus médicale) au « confort entre le soi et le genre » et à l'« épanouissement personnel »[15]. En parallèle à une santé mentale qui viserait non seulement une absence de maladie, mais aussi un bien-être généralisé, la médecine identitaire répondrait d'une logique d'épanouissement personnel traduisant l'importance grandissante de la subjectivité comme préoccupation sociale. De même que les hypothèses de médecine de confort et de médecine de performance, l'hypothèse de la médecine identitaire serait à comprendre en lien avec l'émergence d'un nouveau mode de socialisation de l'individualité dans les sociétés occidentales, comme l'une des nouvelles institutions socialisatrices de l'individualité.

7.4. DE LA DÉVIANCE À L'ÉPANOUISSEMENT PERSONNEL

Le thème de la souffrance psychologique semble donc aujourd'hui céder peu à peu le pas à une tout autre logique. On monopolise moins la grammaire de la souffrance, et conséquemment celle de la pathologie ou de la déviance, qu'on convoque celle de l'épanouissement personnel, du droit à l'identité, du *self ownership*, soit le vocabulaire des droits politiques, plus particulièrement celui des *Droits de l'homme*, comme support de la revendication transidentitaire. Grammaire et vocabulaire qui évoquent à la fois le régime de la perversion ordinaire et celui de la diversité ordinaire, mais qui, dans les deux cas, suppose la généralisation du socialement problématique à l'ensemble du social. Les prémisses de législations que

---

14. Selon le *Petit Robert*, la dysphorie correspond à un « état de malaise » et a comme contraire l'euphorie. Dès lors, est-ce que l'on peut penser que la thérapeutique viserait un état d'« euphorie identitaire » ?
15. Qui sont, on le rappelle encore une fois, deux des objectifs de la thérapeutique officielle.

l'on voit apparaître dans certains États américains et au Canada[16] en matière de discrimination en fonction de l'identité de genre sont fortement représentatives de ce déplacement. Il ne s'agit plus de normaliser l'identité sexuelle à la lumière d'une théorie savante de la sexualité, mais plutôt de mettre en place les dispositifs nécessaires à la non-discrimination, à l'inclusion et à la participation citoyenne des personnes transgenres et transsexuelles. On pourrait ainsi former les néologismes de « multisexualisme » ou de « multigendrisme », comme on parle de multiculturalisme, pour définir le type de réponses qui commencent à émerger.

Outre les nombreux débats portant sur le caractère pathologique de la demande, les enjeux qu'elle suscite débordent alors largement les cadres de la seule pratique médicale du changement de sexe. Le passage du sentiment d'identification défini comme pathologique à un droit à l'identité, la substitution du terme de transsexualisme par ceux de transgenres et de transidentités, tout comme l'importance des thèmes de la diversité sexuelle et du pluralisme du genre, évoquent nombre de transformations générales propres aux sociétés contemporaines. Que l'on pense aux thématiques de la diversité culturelle (Taylor et Gutmann, 1994), à celle de la reconnaissance (Honneth, 2000 ; Caillé, 2007) et de la représentativité, ou encore aux diverses problématiques en lien avec l'intégration politique de la différence (Schnapper, 2007), les transformations de la question trans rappellent différentes lectures des transformations propres aux sociétés contemporaines. Comment gérer la différence, comment penser le rapport entre soi et l'Autre, dans un contexte où la société semble répondre moins d'un « contrat social » que de ce que plusieurs identifient comme une atomisation du social et une multiplication des particularités (Gauchet, 2002) ? Pour en revenir au phénomène trans, comment gérer ces différentes demandes dans un contexte où la différence sexuelle, considérée par certains comme au fondement du lien social et de l'altérité (Prokhoris, 2000), semble appelée à céder le pas à la particularité sexuelle, ce qui poserait la question trans comme menace directe de l'ordre social ou exemplifierait la nécessité de sa reformulation à l'aune d'une démocratie sexuelle ?

---

16. Au Canada, le projet de loi C-389 vise « le droit de tous les individus, dans la mesure compatible avec leurs devoirs et obligations au sein de la société, à l'égalité des chances d'épanouissement et à la prise de mesures visant à la satisfaction de leurs besoins, indépendamment des considérations fondées sur la race, l'origine nationale ou ethnique, la couleur, la religion, l'âge, le sexe, l'identité, l'expression ou l'orientation sexuelles, l'état matrimonial, la situation de famille, la déficience ou l'état de personne graciée ». *Projet de loi C-389*, Parlement du Canada, <http://parl.gc.ca/HousePublications/Publication.aspx?Docid=3906520&file=4>.

Dès lors, entre perversité ordinaire et diversité ordinaire, la mise en problème de l'identité du phénomène trans actuelle rejouerait l'hypothèse de la généralisation du socialement problématique à l'ensemble du social. D'un côté, figure emblématique des demandes incessantes de la part d'identités particulières d'être reconnue et protégée, il signerait la venue d'une «humanité d'entités abstraites, de "moi" venus au monde par parthénogenèse légale, et dont l'identité ne contiendrait plus de lien interne à celle des autres» (Castel, 2003, p. 124). De l'autre, exemple paradigmatique de la diversité (culturelle, religieuse, sexuelle, voire de la neurodiversité), il exemplifierait la nécessité de mettre en place des mesures de protection et d'intégration, ouvrant la voie à une société ouverte à la différence *des* Autres. D'un côté, le problème d'identité se donne comme problème social, parce qu'il menace d'atomisation l'être-ensemble, sous l'assaut de la particularisation identitaire; de l'autre, le problème social apparaît dans la vulnérabilité potentielle dont la diversité et ses identités multiples peuvent faire l'objet. Mais est-on encore ici dans les eaux sociologiques des problèmes sociaux? Est-on encore en présence d'un univers de faille, à moins d'accepter que l'entièreté du social se donne comme «faille», ce qui semble peu probable, tant le social aujourd'hui semble continuer de «tenir»?

7.4.1. Problème d'identité ou problème social?

Ces questions délimitent en quelque sorte l'espace où se déploient les différentes considérations développées jusqu'à maintenant. Elles questionnent à la fois la lecture du phénomène trans comme problème social d'identité et l'idée de problème social. Le type de problématisation dont le phénomène fait aujourd'hui l'objet, en insistant sur la dimension identitaire et ses résistances sociales suppose un type d'intervention qui répond plus, à notre sens, d'un régime de «protection» contre la domination ordinaire (Martuccelli, 2001) que d'une intervention sociale caractéristique de l'exceptionnalité des problèmes sociaux. On peut ainsi se demander s'il est nécessaire, voire pertinent, de formuler le phénomène trans dans les termes d'une grammaire de l'identité, d'en faire finalement un problème d'identité pour le concevoir comme problème social. En amont des deux registres de mises en problèmes de l'identité présentées, il nous semble qu'on touche plus à ce qui serait de l'ordre des usages sociaux de l'identité comme grammaire de socialisation de l'individualité, c'est-à-dire à l'identité comme manière de dire l'individu et de se dire comme individu. Dans un contexte où il existe des modèles forts de prescription d'identités normales[17], il est facile de concevoir qu'on puisse

---

17. Comme dans les sociétés traditionnelles ou dans les sociétés industrielles.

dire de telle ou telle forme d'identité qu'elle pose socialement problème, même si cette mise en problème de l'identité emprunte d'abord le langage de la médecine. Mais dans un contexte où l'usage de l'identité qui est fait apparaît résolument normal – et quoi de plus normal que de vouloir être soi –, où se joue le problème social?

On peut certes réfléchir le problème social en opposant l'identité comme support et l'identité comme contraintes (Véran, 2004). En lien avec l'idée d'«ethnicité situationnelle et optionnelle» ou de «postethnicitié» (Véran, 2004, p. 75), on pourrait ainsi parler de genre situationnel et optionnel ou d'identité postgenre. À l'inverse, et là où ces identités poseraient problème, c'est lorsqu'elles se donnent contre contrainte, c'est-à-dire comme des «assignations identitaires forçant l'ancrage de l'individu dans des collectifs stigmatisés» (Véran, 2004, p. 75). Mais on touche ici au registre des dominations ordinaires, et non pas au régime extraordinaire des problèmes sociaux. Il nous semble essentiel de distinguer l'épreuve de la domination ordinaire (qui a toute son importance), qui peut bien se donner dans les termes d'une individualité souffrante ou d'identités stigmatisées et le caractère extraordinaire de «l'exclusion structurelle», et le mot a son importance, dont les personnes trans peuvent potentiellement être victimes.

Peut-être le terme d'exclusion n'est-il pas le bon. Mais comment nommer l'exclusion dont les personnes trans peuvent être potentiellement victimes? Prenons par exemple le cas d'une itinérante[18] qui se verrait interdire l'accès à refuge pour femmes, parce que ses traits masculins font peur aux autres résidentes. L'itinérante a certes peut-être déjà été *un* itinérant, dans quel cas, on pourrait penser qu'on se trouve principalement devant un problème d'itinérance. Mais elle a peut-être déjà été notre expert-comptable, devenue experte-comptable, qui, à force de rejets, prise dans, disons un processus de désaffiliation (Castel, 1995), s'est retrouvée aux limites de la vie sociale. On comprend ici qu'un tel type de rejets, de discriminations diront les uns, n'a rien à voir avec les discriminations en lien avec l'identité de genre, au risque de complexifier à un point tel l'analyse des rapports de genre qu'il en désamorcerait toute la portée. La domination ordinaire qui peut caractériser les rapports de genre n'a rien à voir avec l'exceptionnalité de l'exclusion structurelle dont peuvent potentiellement être victimes les personnes trans. Mais reprenons la

---

18. Selon le National Center for Transgender Equality, organisme étasunien, entre 20 à 40% des personnes itinérantes aux États-Unis seraient transgenres, et près d'une personne sur 3 (29%) se serait vu refuser l'accès à un refuge pour diverses raisons (NCTE, 2011).

question : comment nommer, comment spécifier une telle forme d'exclusion des formes d'intégration sociale, sans en faire un problème d'identité, sans avoir recours à une grammaire de l'identité, quand c'est bien la personne, ce qu'elle est, qui semble impliquée ?

Évidemment, la question mériterait un traitement qui déborde largement les cadres du présent texte, notamment en ce qui a trait à l'analyse de ses dimensions empiriques. On peut toutefois suggérer quelques pistes de réflexion. *A priori*, on parle là d'une situation d'exception, qui n'a rien à voir avec la généralité de la « normalité vulnérable ». Dans un contexte où « l'identité [est devenue] le premier vecteur de la redéfinition de la notion de personne » (Ehrenberg, 1998, p. 180), rien ne permet, à partir d'une grammaire de l'identité, d'associer le phénomène trans à l'univers des problèmes sociaux. L'expérience de contraintes identitaires apparaît certes comme l'envers de la médaille du projet réflexif de soi (Giddens, 1991), mais *elle appartient au même continuum*. En ce sens, elle ne saurait être réfléchie comme relevant de l'univers de faille des problèmes sociaux. Il faut certes savoir donner sens à l'expression d'un tel type de normalité vulnérable, sans pour autant convoquer le concept de problèmes sociaux, ce qui risque d'empêcher de comprendre ce qui joue véritablement comme problème social avec le phénomène trans. Parce qu'il pose réellement problème, au-delà ou en deçà des identités qu'il met de l'avant. Il appartient concrètement à un univers de faille, qui peut, potentiellement, placer l'individu devant l'impossibilité, de trouver et prendre place dans les « structures sociales » non pas tant en raison de ce qu'il est, de la population à laquelle il appartient, mais en raison de l'absence de positionnement possible, à l'intérieur des structures sociales. Ce qui nous laisse finalement davantage devant un problème d'identification (au sens d'être identifié) que devant un problème d'identité, devant un problème où l'épreuve individuelle ne trouve pas prise au niveau des structures sociales. Dès lors, un problème d'exclusion ou de désaffiliation structurelle, mais en aucun cas un problème social qui relèverait d'une peur, d'un refus ou d'une menace de la diversité identitaire.

Références bibliographiques

AMERICAN PSYCHIATRIC ASSOCIATION (1989). *DSM-III-R manuel diagnostique et statistique des troubles mentaux*, Paris, Masson.

AMERICAN PSYCHIATRIC ASSOCIATION (1996). *DSM-IV manuel diagnostique et statistique des troubles mentaux*, 4e éd., Paris, Masson.

BAUDRILLARD, J. (1990). *La transparence du mal. Essai sur les phénomènes extrêmes*, Paris, Gallilée.

BAUMAN, Z. (2007). *Le présent liquide*, Paris, Seuil.

BAUMAN, Z. (2010). *Identité*, Paris, L'Herne.

BEAUCHEMIN, J. et CHAIRE DE RECHERCHE DU CANADA EN MONDIALISATION, CITOYENNETÉ ET DÉMOCRATIE (2004). *La société des identités : éthique et politique dans le monde contemporain*, Outremont, Athéna.

BECKER, H. (1985). *Outsiders*, Paris, Métaillé.

BERGER, P. (1973). *Comprendre la sociologie, son rôle dans la société moderne*, Paris, Resma.

BLUMER, H. et L. RIOT (2004). «Les problèmes sociaux comme comportements collectifs», *Politix*, vol. 17, n° 67, p. 185-199.

BONETTI, M. (1993). «La construction des problèmes sociaux», dans V. De Gaulejac et S. Roy (dir.), *Sociologies cliniques*, Marseille, Éditions Hommes et perspectives.

BRUBAKER, R. (2001). «Au-delà de l'identité», *Actes de la recherche en sciences sociales*, n° 139, p. 66-85.

CAILLÉ, A. (dir.) (2007). *La quête de reconnaissance. Nouveau phénomène social*, Paris, La Découverte.

CASTEL, P.-H. (2003). *La métamorphose impensable : essai sur le transsexualisme et l'identité personnelle*, Paris, Gallimard.

CASTEL, R. (1995). *Les métamorphoses de la question sociale, une chronique du salariat*, Paris, Gallimard.

CURRAH, P. (2006). «Gender pluralism under the transgender umbrella», dans P. Currah, R.M. Juang et S. Price Minter (dir.), *Transgender Rights*, Minneapolis, University of Minnesota Press, p. 3-31.

DAGOGNET, F. (1998). *Savoir et pouvoir en médecine*, Paris, Institut synthélabo pour le progrès de la connaissance.

DAVIDSON, A.I. (2005). *L'émergence de la sexualité : épistémologie historique et formation des concepts*, Paris, Albin Michel.

DE GAULEJAC, V. de (2009). *Qui est «je»*, Paris, Seuil.

DELEUZE, G. (2004). *Foucault*, Paris, Éditions de Minuit.

DORVIL, H. et R. MAYER (2001). «Problèmes sociaux : définitions et dimensions», dans *Problèmes sociaux. Théories et méthodologies*, tome I, Québec, Presses de l'Université du Québec, p. 1-13.

DUBAR, C. (2001). *La crise des identités : l'interprétation d'une mutation*, 2e éd., Paris, Presses universitaires de France.

EHRENBERG, A. (1998). *La fatigue d'être soi : dépression et société*, Paris, Odile.

EHRENBERG, A. (2004). «Les changements de la relation normal-pathologique. À propos de la souffrance psychique et de la santé mentale», *Esprit*, mai, p. 133-156.

EHRENBERG, A. (2005). «Des troubles du désir au malaise identitaire», *Le magazine littéraire*, n° 8, p. 34-38.

EPSTEIN, J. et K. STRAUB (1991). *Body Guards : The Cultural Politics of Gender Ambiguity*, Londres, Routledge.

ERIKSON, E.H. (1972). *Adolescence et crise. La quête de l'identité*, Paris, Flammarion.

ERIKSON, E.H. (1982). *Enfance et société*, Neuchatel, Delachaux et Niestlé.

FABRE, C. et É. FASSIN (1993). *Liberté, égalité, sexualité : actualité politique des questions sexuelles : entretiens*, Paris, Belfond.

FASSIN, É. (2009). *Le sexe politique. Genre et sexualité au miroir transatlantique*, Paris, Éditions de l'École des Hautes Études en sciences sociales.

FOUCART, J. (2009). *Fluidité sociale et souffrance*, Paris, L'Harmattan.

FOUCAULT, M. (1963). *Naissance de la clinique : une archéologie du regard médical*, Paris, Presses universitaires de France.

FOUCAULT, M., F. EWALD, A. FONTANA, V. MARCHETTI et A. SALOMONI (1999). *Les anormaux cours au Collège de France 1974-1975*, Paris, Gallimard/Seuil.

GAUCHET, M. (2002). « Quand les droits de l'homme deviennent une politique », dans M. Gauchet, *La démocratie contre elle-même*, Paris, Gallimard, p. 326-385.

GIDDENS, A. (1991). *Modernity and Self-Identity : Self and Society in the Late Modern Age*, Stanford, Stanford University Press.

GROENEMEYER, A. (2007). « La normativité à l'épreuve », *Déviance et société*, vol. 31, n° 4, p. 421-444.

GUILLARME, B. (2001). « La justice démocratique et l'effacement du genre », *Cité*, vol. 1, n° 5, p. 50.

HARDT, M. et A. NEGRI (2004). *Multitude : guerre et démocratie à l'âge de l'Empire*, Montréal, Boréal.

HIRSCHFLED, M. (2008). *Anomalie et perversions sexuelles*, Paris, L'Harmattan.

HONNETH, A. (2000). *La lutte pour la reconnaissance*, Paris, Les Éditions du Cerf.

INTERNATIONAL CONFERENCE ON TRANSGENDER LAW AND EMPLOYMENT POLICY – ICTLEP (1995). « The International Bill of Gender Rights », <http://inquirer.gn.apc.org/GDRights.html>.

KAUFMANN, J.-C. (2007). *L'invention de soi : une théorie de l'identité*, Paris, Hachette littérature.

KRAFFT-EBING, R.V. (1990). *Psychopathia sexualis. Étude médico-légale à l'usage des médecins et des juristes*, Paris, Pocket.

LATOUR, B. (1991). *Nous n'avons jamais été modernes. Essai d'anthropologie symétrique*, Paris, La Découverte.

LE BRETON, D. (1990). *Anthropologie du corps et modernité*, Paris, Presses universitaires de France, coll. « Sociologie d'aujourd'hui ».

LE RIDER, J. (2000). *Modernité viennoise et crises de l'identité*, Paris, Presses universitaires de France, coll. « Quadrige ».

LEBRUN, J.-P. (1997). *Un monde sans limite*, Toulouse, Erès.

LEBRUN, J.-P. (2007). *La perversion ordinaire. Vivre ensemble sans autrui*, Paris, Denoël.

LIPOVETSKY, G. et S. CHARLES (2004). *Les temps hypermodernes*, Paris, Grasset.

MARTUCCELLI, D. (2001). *Dominations ordinaires. Explorations de la condition moderne*, Paris, Balland.

MARTUCCELLI, D. (2002). *Grammaires de l'individu*, Paris, Gallimard.

MARTUCCELLI, D. (2010). *La société singulariste*, Paris, Armand Colin.

MAYER, R. (2001). « Le constructivisme et les problèmes sociaux », dans H. Dorvil et R. Mayer, *Problèmes sociaux. Théories et méthodologies*, tome I, Québec, Presses de l'Université du Québec, p. 111-134.

MEYEROWITZ, J.J. (2002). *How Sex Changed : A History of Transsexuality in the United States*, Cambridge, Harvard University Press.

MORE, K. et S. WHITTLE (dir.) (1999). *Reclaiming Genders. Transsexual Grammars at the Fin de Siècle*, Londres, Cassell.

MURAT, L. (2006). *La loi du genre : une histoire culturelle du « troisième sexe »*, Paris, Fayard.

NAMASTE, V.K. (2005). *Invisible Lives. The Erasure of Transsexual and Transgendered People*, Chicago, The University of Chicago Press.

NATIONAL CENTER FOR TRANSGENDER EQUALITY (2011). *Housing and Homelessness*, <http://transequality.org/Issues/homelessness.html>, consulté en avril 2011.

OTERO, M. (2003). *Les règles de l'individualité contemporaine : santé mentale et société*, Québec, Les Presses de l'Université Laval.

PROKHORIS, S. (2000). *Le sexe prescrit. La différence sexuelle en question*, Paris, Flammarion, coll. «Champs».

REDJEB, B., R. MAYER et M. LAFOREST (2001). «Problème social. Concept, classification et perspective d'analyse», dans H. Dorvil et R. Mayer (dir.), *Problèmes sociaux. Théories et méthodologies*, tome I, Québec, Presses de l'Université du Québec, p. 31-52.

SCHNAPPER, D. (2007). *Qu'est-ce que l'intégration*, Paris, Gallimard.

STOLLER, R.J. (1978). *Recherches sur l'identité sexuelle à partir du transsexualisme*, Paris, Gallimard, coll. «Connaissance de l'inconscient».

STOLLER, R.J. (1989). *Masculin ou féminin?*, Paris, Presses universitaires de France, coll. «Le fil rouge».

STRYKER, S. (2008). *Transgender Theory*, Berkeley, Seal Press.

TAYLOR, C. et A. GUTMANN (1994). *Multiculturalisme différence et démocratie*, Paris, Aubier.

VÉRAN, J.-F. (2004). «La dialectique de l'ethnicité: support des uns, contraintes des autres», dans V. Caradec et M. Martuccelli (dir.), *Matériaux pour une sociologie de l'individu, Perspective et débats*, Villeneuve d'Ascq, Presses universitaires du Septentrion, p. 75-89.

WPATH (2001). *Standards of Care: The Hormonal and Surgical Sex Reassignment of Gender Dysphoric Persons*, New York, Harry Benjamin International Gender Dysphonia Association, <http://wpath.org/Documents2/socv6.pdf>.

CHAPITRE 8

PROBLÉMATISER L'ITINÉRANCE
UNE PLURALITÉ DE FIGURES
Carolyne Grimard

Depuis plus d'un siècle, les refuges pour hommes itinérants à Montréal se sont développés en réaction à un problème de précarité résidentielle et de vulnérabilité généralisée. Ils ont accueilli, et accueillent encore aujourd'hui, des personnes ayant peu de ressources et qui ont besoin d'un endroit pour dormir (Aranguiz et Fecteau, 1998; Cousineau *et al.*, 2005; Simard, 2007). Alors qu'ils offraient principalement un service d'hébergement d'urgence (SHU), les refuges ont diversifié leur offre de services au cours des années. Agissant encore à la manière d'un filet de sécurité, les refuges n'accueillent plus seulement des hommes itinérants: des immigrants, des hommes qui ont terminé de purger une peine dans un établissement carcéral, des hommes extrêmement pauvres font maintenant partie de la population des refuges.

Bien qu'il y ait une tendance à percevoir l'itinérance comme un problème social homogène, une enquête dans les refuges montréalais nous a permis d'y constater une pluralité de figures rendant toute sa complexité au phénomène (Roy, 2008). Sans en reprendre les diverses théories explicatives, l'on peut dire que les personnes en situation d'itinérance sont dans des trajectoires de vie à contrecourant de la norme. L'extrême instabilité résidentielle que ces personnes vivent, combinée à une diversité de problèmes individuels, structurels et institutionnels les caractérisent. Cette figure est en contradiction avec celle contemporaine de l'individu autonome, responsable, intégré et bénéficiant de nombreuses ressources (symboliques, matérielles, etc.). Ainsi, les refuges prennent en charge des personnes dont le cumul de problèmes dépasse largement leur seule responsabilité individuelle.

Au fil des années, les refuges ont surtout accueilli une population d'hommes vulnérables qui ont utilisé leurs services de manière récurrente. Dans le but de limiter cet ancrage dans leurs services, les refuges ont récemment mis en place une forme de prise en charge qui s'est superposée à l'ancienne: l'une, qui permet d'accueillir de manière inconditionnelle, l'autre, qui accueille de manière conditionnelle. Or, les refuges disposent de bien peu de moyens pour accueillir, offrir des réponses aux besoins de base et tenter d'offrir une solution de rechange à la rue. En effet, bien que le gouvernement du Québec ait reconnu l'itinérance comme un problème social à régler[1] et à prévenir, force est de constater que les moyens donnés aux services communautaires (et plus particulièrement aux refuges) pour concrétiser cette belle intention, étaient largement insuffisants. Il semble donc que les refuges, services centraux pour les hommes itinérants, soient aux prises avec un problème social auquel ils ne peuvent pas répondre adéquatement.

Dans ce texte, nous examinerons les processus institutionnels dans lesquels s'inscrit l'interaction entre les refuges et les hommes qu'ils accueillent. Présentant d'abord l'itinérance comme un problème social complexe dont la pluralité des figures pose un défi aux chercheurs et aux intervenants qui veulent le circonscrire, nous illustrerons, à l'aide d'une enquête ethnographique qui a eu lieu dans les trois refuges montréalais pour hommes entre 2008 et 2009, trois figures idéal-typiques du recours aux refuges.

8.1. L'ITINÉRANCE À MONTRÉAL : UN PROBLÈME SOCIAL COMPLEXE

Les critères de définition d'un problème social sont variables. Cela tient même souvent «d'arrangements sociaux contingents» pour reprendre une formule de Hacking (Blumer, 2004, p. 186). Ainsi, faire une liste des critères qui définissent l'itinérance est une entreprise périlleuse car, comme tout problème social, l'itinérance se comprend en explorant les conditions de son émergence, de sa légitimation, de la mobilisation sociale qu'elle engendre, des pratiques d'intervention sur lesquelles elle s'appuie et de l'évolution des plans d'action qui lui sont consacrés (Blumer, 2004).

---

1. Du moins c'est ce qu'il affirmait en 1992 dans sa Politique de santé et de bien-être avec pour objectif l'élimination de l'itinérance d'ici 2002.

L'itinérance au Québec a émergé au XIXe siècle dans la foulée de crises économiques et de mouvements ruraux et urbains (Aranguiz et Fecteau, 1998). L'itinérance devient un véritable problème social lorsque les autorités publiques sont débordées par la prise en charge des hommes vagabonds, pauvres et sans ressources (Aranguiz, 1999). L'État, les communautés religieuses et la bourgeoisie locale d'alors décidèrent d'y consacrer temps et attention (Christie, 2005; Fecteau, 2004). Plusieurs vagues de mobilisation sont apparues au cours des deux derniers siècles, dont la plus récente est la commission parlementaire de l'automne 2008. Des pratiques d'intervention de plus en plus spécialisées se sont développées et des services destinés aux populations vivant à la rue sont mis en place. Des plans d'action se sont succédé provenant des différents paliers de gouvernements, des organisations communautaires, locales et régionales.

L'itinérance est une réalité à laquelle nombre de personnes font face (autochtones, femmes, jeunes, immigrants, anglophones, francophones, etc.), les hommes blancs et francophones sont toutefois en plus grand nombre à Montréal (Cousineau *et al.*, 2005; Fournier *et al.*, 1998; Hwang et Dunn, 2005). Pendant longtemps, les facteurs individuels ont constitué l'explication principale du problème de l'itinérance. Aujourd'hui, nombre d'auteurs préfèrent parler d'une combinaison de facteurs institutionnels, structurels et personnels (Laberge *et al.*, 1995; Koegel, 2004). L'itinérance ne se définit donc pas uniquement par l'absence de logement, mais le fait d'être itinérant signifie une très grande instabilité résidentielle qui favorise le développement d'une vulnérabilité généralisée, rendue visible par la vie à la rue.

Certains auteurs affirment que les personnes itinérantes vivent des formes extrêmes d'exclusion et de mépris social (Roy, 2007; Laberge et Roy, 2003). Plusieurs disent qu'elles sont le symbole du «désaffilié par excellence» (Castel, 1995; Thomas, 1997). On leur refuse parfois l'accès à des services, le droit à des prestations de sécurité du revenu, l'accès à des lieux publics, etc. (Grimard, 2006; Thomas, 2000). Ce sont souvent des individus qui tombent entre les mailles des filets de la sécurité sociale (O'Reilly-Fleming, 1993), qui ne vivent pas qu'un problème résidentiel mais aussi de lien social (Belorgey, 2005).

Les chercheurs s'entendent pour dire qu'il existe différentes formes ou figures d'itinérance. Il existerait des processus ou, comme le disent Roy *et al.* (2006), des «images fortes» décrivant le phénomène de l'itinérance. Itinérance temporaire, chronique, épisodique, *transient homeless*, *street homeless*, *rough sleepers*, sont là quelques-uns de ces termes utilisés pour caractériser les différentes formes d'itinérance (Acorn, 1993b; Bégin, 1995; Larsen, Poortinga et Hurdle, 2004). Ces «images fortes» témoignent de processus complexes qui marquent les représentations du phénomène. Roy *et al.* présentent trois de ces images: la première marque le début dans l'itinérance par la « dégradation d'une situation de vie » ; la deuxième dénote un cercle, « le cercle vicieux de la pauvreté, le cercle vicieux de l'échec, le cercle vicieux de la survie » ; la dernière témoigne d'un « enfermement où s'opère une normalisation de la condition de l'itinérance » (Roy *et al.*, 2006, p. 91).

Vivre en société contraint les individus au partage de l'espace public où coexistent des publics visibles et invisibles. Pichon (2009) soutient qu'il y a, aujourd'hui, ré-interrogation des formes de mobilité dans l'espace public à travers la pratique citoyenne, la vie citadine et les formes de l'habiter. Cette dernière, l'habiter, est centrale à notre propos. En effet, « les conditions de possibilités de l'habiter, ce que l'on peut appeler l'habitabilité[2] » sont défectueuses chez les personnes en situation d'itinérance. L'espace public devient donc pour elles un lieu où « habiter », c'est-à-dire un lieu où se déroule la vie quotidienne et parfois même la vie intime. Elles habitent, certes, l'espace public où elles sont à la fois visibles et invisibles, mais elles « habitent » aussi divers services mis en place pour elles (Pichon, 1996). Cela s'accompagne de formes de stigmates, de discrimination, de vulnérabilisation, voire de judiciarisation. Pour assurer leur survie, les personnes itinérantes devront nécessairement se tracer un circuit de l'assistance, généralement circonscrit à un territoire urbain précis (Pichon, 1996 ; Zeneidi-Henry, 2002).

Peu importe la façon dont on appréhende ce problème social, la vie à la rue est durement vécue par les personnes itinérantes ; vivre une situation d'itinérance est souffrant. Pour assurer la survie de ces personnes et pour les soustraire au regard de la population domiciliée, les autorités locales ont, à une certaine période, obligé les personnes itinérantes à recourir aux services (surtout les refuges) mis en place pour elles. Aujourd'hui, l'obligation d'y recourir ne tient plus. Néanmoins, comme la satisfaction des besoins de base est au fondement de ces services, le recours aux refuges fait désormais partie de l'habitus des hommes itinérants. Avec des règlements urbains stricts et contraignants quant à l'occupation de l'espace public, confrontés à la réalité de l'hiver et de la victimisation potentielle liées à la vie à la rue, les hommes itinérants sont, en quelque sorte, tenus de recourir aux refuges (Deverteuil, 2003 ; Thomas, 2000). Le recours aux refuges assurant la survie des hommes itinérants, la trajectoire de ces hommes est largement marquée par les refuges et ceux-ci sont marqués par les trajectoires de ceux-là ; les refuges sont donc une pièce importante du puzzle « itinérance comme problème social ».

---

2. Extrait d'une entrevue publiée en ligne : <http://www.millenaire3.com/Pascale-PICHON-Cette-mise-en-projection-de-l-es.69+M5979b66f0fd.0.html>.

8.2. LES REFUGES

À Montréal, on compte aujourd'hui trois refuges pour hommes en situation d'itinérance. Les deux plus vieux refuges, la Old Brewery Mission et Welcome Hall, ont été créés vers la fin du XIXe siècle afin de venir en aide aux hommes errants, chômeurs et vagabonds. C'est au milieu du XXe siècle que s'est ajoutée la Maison du Père. À cette même époque, l'organisation des services institutionnels est influencée par un État-providence ainsi que par la désinstitutionnalisation (Dorvil *et al.*, 1997). Cela aura un effet sur l'aide, notamment à travers la communautarisation de certains services (Mayer et Groulx, 1987). Pour les refuges, cela aura pour conséquence un ancrage et une consolidation des réponses qu'ils apportent aux hommes pauvres et démunis. À la fin du XXe siècle, l'aide aux hommes itinérants se concentre alors sur les refuges et une soupe populaire (l'Accueil Bonneau).

Concrètement, les réponses qu'apportent les refuges se répartissent en deux catégories. D'abord, le service d'hébergement d'urgence (SHU) qui est leur mission d'origine et celle qui est encore au cœur de leurs réponses. Le SHU est un hébergement fourni temporairement aux hommes qui connaissent une instabilité résidentielle. À cela s'ajoute généralement un repas, des vêtements et une possibilité de rencontre avec le personnel si un aiguillage vers d'autres services est demandé ou s'avère nécessaire[3]. L'autre réponse qu'apportent depuis peu les refuges vise la sortie de la rue. À travers une diversité de programmes à court et à moyen terme, les refuges offrent aux hommes qui le demandent une prise en charge orientée vers l'autonomie et la prise de responsabilités. Dans les SHU, l'aide est donc habituellement offerte, pour une nuit, ce qui comprend un accès à un lit dans un dortoir, un repas chaud et des vêtements si nécessaire. Quant à l'aide à la sortie de rue, elle est apportée à travers divers programmes qui offrent, notamment, une chambre privée ou semi-privée, un accompagnement dans des démarches de domiciliation et dans la recherche d'un emploi, ainsi qu'un encouragement à l'autonomie et à la prise de responsabilités à travers diverses activités (bénévolat).

En 1987, il y avait, à Montréal, 627 lits disponibles dans les refuges pour hommes itinérants (Fournier, 1989). On estimait également qu'un peu moins de 9 000 personnes différentes avaient été hébergées dans les centres pour itinérants entre mars 1988 et février 1989 (Fournier, 1989). En 2007, dans les trois grands refuges, il y avait un peu plus de 540 lits

---

3. Par exemple, si la personne est trop jeune (moins de 25 ans), elle sera aiguillée vers des organismes communautaires venant en aide aux jeunes de la rue; si le refuge accueille une personne qui présente un problème de santé physique ou mentale évident, un aiguillage vers les hôpitaux sera fait, etc.

disponibles[4]. La diminution du nombre de places s'explique par un réaménagement d'ensemble. En effet, entre 1987 et 2007, un certain nombre de lits disponibles pour l'hébergement d'urgence a été comptabilisé dans les nouveaux programmes de sortie de rue. En 2001, Statistique Canada, une agence du gouvernement fédéral, établissait à 14 150 le nombre de personnes dans des refuges le jour du recensement. L'on sait toutefois que cela peut être interprété de diverses manières (Hurtubise, Babin et Grimard, 2007). Cousineau et son équipe ont, quant à eux, établi qu'environ 700 nouveaux usagers avaient utilisé les refuges pendant la période froide entre 2003 et 2004 (Cousineau *et al.*, 2005).

En termes de financement et de programmes, depuis la fin des années 1990, les refuges acceptent les fonds octroyés par les gouvernements, même si ceux-ci sont peu élevés et insuffisants pour assurer des conditions de vie respectables. À ce propos, les refuges revendiquent un meilleur financement auprès du gouvernement québécois. Pomeroy et Casagrande (2007) indiquent que pour les dix-sept grands refuges canadiens, de 52% à 88% de leur financement proviennent de collectes de fonds privés. À Montréal, les premières subventions gouvernementales (fin 1990) attribuaient une allocation de 1,88 $ par lit par jour; cela dit, les refuges estiment le coût réel à 24 $ par lit par jour[5]. En 2006-2007, la subvention était portée à 5 $ par lit et, en décembre 2007, à 12 $.

Au Québec, aucun ministère ne revendique la responsabilité du dossier de l'itinérance; plusieurs se le partagent de manière informelle. C'est toutefois le ministère de la Santé et des Services sociaux qui est le référent informel. Or, bien que la santé et les services sociaux soient de juridiction provinciale, et même si le ministère de la Santé et des Services sociaux ne revendique pas totalement la responsabilité du dossier, bien qu'il l'ait de manière informelle, l'État fédéral n'a jamais pu intervenir sur le problème de l'itinérance à travers la santé et les services sociaux. Toutefois, le fédéral a trouvé une façon de contourner les juridictions provinciales en créant un programme canadien de financement d'initiatives locales qui devait être affecté exclusivement à la suppression et à la future prévention du problème d'itinérance. Le Secrétariat national des sans-abri a donc vu le jour à la fin des années 1990 et cela a eu des répercussions

---

4. Décompte fait en tenant compte de l'information contenue dans le *Répertoire des ressources communautaires pour personnes itinérantes dans le Grand Montréal*, 2006, produit par le Centre de référence du Grand Montréal.
5. Ces chiffres ont été dévoilés en février 2007, lors d'une conférence de presse du regroupement des refuges de Montréal. Le communiqué de presse officiel est sur le site web de la Mission Old Brewery: <http://www.oldbrewerymission.ca/otis_grant_fr.htm et http://www.oldbrewerymission.ca/services_hiver.html>.

sur les services destinés aux personnes itinérantes. De nombreuses structures d'accueil ont été construites et, de manière intangible, une nouvelle grammaire de l'intervention est apparue, de même que de nouvelles pratiques d'intervention.

Ce nouveau programme visant à octroyer un type de financement jamais vu auparavant demandait aux organismes communautaires un nouveau projet d'offre de services (puisque ce financement ne pouvait servir à couvrir la mission de base des organismes qui était déjà financée par le provincial), mais il exigeait aussi des statistiques et des résultats. Quantifier l'inquantifiable, nommer l'innommable, créer de nouveaux services, alors que les services actuels étaient sous-financés, tout cela était désormais exigé des services destinés aux personnes itinérantes. C'est donc dans cette mouvance que, au cours de la dernière décennie, les refuges ont modifié leur offre de services et qu'ils évoluent aujourd'hui.

Les trois refuges s'insèrent, par ailleurs, dans un important ensemble de services à Montréal. Grâce à cet ensemble, une diversité de besoins est comblée et les personnes itinérantes connaissent généralement très bien les organismes et services montréalais. Si elles ne connaissent pas toutes les ramifications de cet ensemble, celui-ci étant complexe et sans structure uniforme, elles s'en servent, toutefois, à leur manière : en développant des stratégies de débrouillardise qui leur permettent d'arriver à leurs fins (Grimard, 2006 ; Pichon, 1996 ; Zeneidi-Henry, 2002).

8.2.1. La logique institutionnelle

L'utilisation des refuges se comprend à la lumière du rôle joué par des processus institutionnels qui marquent les trajectoires des personnes itinérantes. Certains auteurs utilisent le terme *shelterization* en référence au processus d'institutionnalisation constaté dans les refuges pour hommes itinérants (Dordick, 1996 ; Grunberg et Eagle, 1990 ; Stark, 1994). Celui-ci sous-entend une adaptation forte de la part des usagers chez qui on observera progressivement une transformation identitaire liée aux exigences institutionnelles. La *shelterization* relie la personne et l'institution, entraînant une forme spécifique de dépendance à celle-ci. Pour Grunberg et Eagle (1990), le processus de *shelterization*, comme tout processus d'institutionnalisation, résulte de séjours prolongés dans les refuges. Le mode de prise en charge des refuges, qui assure tous les besoins des hommes, créerait donc une habitude ; les refuges sont, en effet, fréquentés pour combler tous ou presque tous les besoins. Or, ce ne sont pas les seuls lieux de prise en charge institutionnelle des personnes itinérantes, ni les seuls lieux avec lesquels les hommes itinérants entretiennent des liens institutionnels étroits. On voit également cette prise en charge institutionnelle dans le recours fréquent aux hôpitaux ou à travers les séjours en prison, tout aussi fréquents chez certains hommes itinérants.

La logique institutionnelle, qui prévaut dans les refuges, présente toutefois certaines particularités. D'abord, les refuges sont une institution qui accueille une population hautement stigmatisée, exclue, vulnérabilisée. Ils remplissent leur mission sans véritables moyens et ont peu de reconnaissance financière de l'État. Depuis quelques années, ils accueillent une population masculine beaucoup plus large que la seule population itinérante : en hébergeant des hommes escortés par la police[6], des hommes qui ont obtenu leur congé de l'hôpital mais qui n'ont pas de logement pour poursuivre leur convalescence, des nouveaux arrivants, bref en accueillant des hommes vulnérables qui n'ont aucun autre endroit où aller. Les refuges sont nécessaires puisqu'ils constituent le dernier filet de sécurité d'une population sans ressource. Leur fréquentation socialise des individus dans un dispositif qui semble proposer des réponses contradictoires en offrant une assistance d'urgence qui maintient les hommes dans les refuges en même temps qu'une offre de programmes qui veulent les sortir de la rue. Ainsi, d'une part, ils prennent en charge globalement les individus, de leur entrée jusqu'à leur sortie du refuge, réduisant leur autonomie l'instant d'une soirée et d'une nuit, et parfois même toute la journée. D'autre part, ils incitent constamment des individus à choisir une vie plus autonome et plus responsable. Ces réponses contradictoires à l'itinérance créent les conditions d'un passage et d'un ancrage possibles dans l'institution, dans la rue, dans le mode de vie rue/refuge, puisque les deux sont souvent intimement liés. C'est ce paradoxe que nous explorerons dans la suite du texte, plus particulièrement à la lumière d'idéaux-types construits autour du recours aux refuges.

8.3. Le recours aux refuges

Lors de notre enquête-terrain dans les refuges montréalais (Grimard, 2011), nous avons découvert une institution qui déployait une diversité de modalités de prise en charge à l'endroit d'une population démunie. Nous avons identifié certains mécanismes qui retenaient les usagers dans l'institution et d'autres qui les amenaient vers la sortie. Les modalités de prise en charge des refuges au moment de l'entrée, du séjour et de la sortie, les diverses trajectoires identifiées et les différentes modalités d'utilisation

---

6. La police ne veut parfois pas judiciariser un homme mais veut le retirer d'un espace public. Elle l'escortera alors dans un refuge.

des refuges démontrent qu'il n'y a pas de modèle unique de fréquentation de l'institution. Malgré les différences, de fortes similitudes et des moments charnières sont toutefois identifiables. Nous avons cherché à construire trois idéaux-types qualifiant le recours aux refuges, construction faite à l'aide d'un élément qui permet de distinguer les types de recours: la mobilisation de soi. Celle-ci est entendue ici en termes sociologiques (et non psychologiques) comme la capacité (ou non) de se voir en d'autres lieux que le refuge et d'agir (ou pas) (Soulet, 1998, 2003). Les idéaux-types présentés ne sont pas statiques, ils ne correspondent pas non plus au temps passé dans les refuges; ils illustrent une trajectoire selon la temporalité dans laquelle se situe un homme au moment où il a recours aux refuges. Ainsi, de nouveaux usagers pourraient être dans un idéal-type d'ancrage, tout comme des usagers de longue date pourraient être à un moment de leur trajectoire dans un recours idéal-typique de projection. De manière transversale, cinq caractéristiques distinguent ces trois idéaux-types. D'abord, la mobilisation de soi et les actions entreprises pour s'en sortir sont différentes selon la temporalité; les hommes posent des gestes et mobilisent des ressources autour d'eux soit pour rester dans le refuge, soit pour le quitter, ou encore ils oscillent entre les deux. Ensuite, on peut voir que selon l'idéal-type, certains voient un avantage à la vie en refuge, alors que d'autres y voient de nombreux inconvénients. Cela influencera la mobilisation de soi ainsi que les actions qui seront entreprises ou non. Selon l'idéal-type, les hommes présentent une combinaison de problèmes qui est identifiée ou non et à laquelle une réponse est apportée ou non. Et le dernier élément qui caractérise différemment les idéaux-types est la perte de certaines habiletés psycho-sociales. En effet, un recours soutenu aux refuges semble entraîner une perte de certains réflexes et habiletés quant à l'hygiène (de soi et d'un domicile), à la tenue d'un budget, à la capacité de faire ses courses, de payer ses comptes, etc. Selon l'idéal-type dans lequel se situent les hommes, une plus grande perte d'habiletés ou une volonté de les réacquérir apparaît. Expliquons ces idéaux-types plus en détail.

8.3.1. L'ancrage

Ce premier idéal-type est caractérisé, comme son nom l'indique, par des situations d'ancrage qui se donnent à voir à travers des histoires d'hommes vivant presque exclusivement dans le refuge. Cette installation dans les refuges témoigne d'un certain confort, d'une relative satisfaction des services offerts, voire de l'identification d'un certain nombre d'avantages associés à la vie en refuge. Pas ou peu de mobilisation de soi hors des refuges est envisagée par ces hommes. Au contraire, c'est une façon de se voir et une certaine manière d'adopter le refuge comme lieu de vie qui caractérise cet idéal-type.

Le recours quasi exclusif aux services destinés aux personnes itinérantes caractérise cette figure. Cela se voit par le fait que certains hommes font le même circuit chaque jour, revenant toujours aux mêmes endroits, tandis que d'autres utilisent successivement les refuges et les divers organismes, les uns à la suite des autres. Pour ces hommes, «vivre au jour le jour» est la devise. L'institution participe, en quelque sorte, à cette utilisation en circuit fermé en limitant la durée du séjour dans certains refuges à quinze nuits par mois. La mobilité au sein du réseau des refuges est ainsi nécessaire à la survie. À certains moments, la vie en refuge (avec son lot de règles et de contraintes) peut devenir trop contraignante et certains usagers préféreront s'éloigner et passer plus de temps dehors, y compris pour y dormir lorsque la saison le permet. Les nombreux allers-retours entre les refuges et la rue font en sorte qu'un bon nombre d'usagers ont perdu leurs effets personnels (sac à dos, pièces d'identité, médicaments, etc.). Par ailleurs, l'utilisation systématique et continue des refuges provoque la perte de certaines habiletés sociales chez ces individus. On note alors que la prise en charge des hommes de manière globale, c'est-à-dire à travers une offre de gîte, nourriture, vêtements, avec un fonctionnement où l'horaire est précis, les règles strictes, les routines bien réglées, entraîne progressivement une perte d'autonomie.

Tout séjour dans un refuge pose la question de l'inscription dans divers programmes de sortie de rue. Cela constitue un des éléments significatifs de la mobilisation de soi dans ou hors de l'institution. Toutefois, l'hésitation et la faible fréquentation de ces programmes caractérisent les hommes de cette figure. Le faible encadrement de ces programmes en lien avec l'objectif d'autonomisation constitue un véritable frein pour certains; la rigidité des règles appliquées au quotidien et l'encadrement serré des services d'hébergement d'urgence (SHU) seront préférés. Lorsqu'un recours aux programmes est tenté, il se solde souvent par un échec et un retour au SHU. Même si les SHU accueillent volontiers ces hommes, et ce, sans pénalité, ce retour est cependant durement vécu par eux.

Les conditions difficiles de vie à la rue le jour, la perte de motivation à changer la situation, le manque de sommeil lié à la vie en dortoir dans les refuges, l'environnement partagé avec d'autres hommes le soir dans les refuges font en sorte que le retour à une vie «normale» est souvent difficile à envisager. Et, en l'absence de motivation ou devant l'incapacité à vivre autrement et hors de ces murs, l'adaptation au mode de vie en refuge et l'utilisation «au jour le jour» sont la solution adoptée. Les caractéristiques principales des hommes qui sont inclus dans cette figure d'ancrage sont d'être aux prises avec d'importants problèmes de toxicomanie, d'alcoolisme, de pauvreté ou de santé (physique ou mentale). Ces problèmes sont identifiés comme étant des éléments qui bloquent une mobilisation de soi et donc, qui compromettent ou rendent illusoire une éventuelle sortie de la rue. Il arrive que les problèmes évoqués plus haut soient clairement identifiés et que des réponses soient proposées par des professionnels ou des spécialistes, mais, le plus souvent, les problèmes n'ont pas été considérés. Des difficultés d'accès aux services sont monnaie courante dans cette figure. On constate, dans certaines circonstances, une absence d'arrimage des programmes entre eux. Les conditions générales de pauvreté et certains problèmes de santé rendent difficile, voire impossible, la réinstallation autonome dans un domicile dans la communauté. La perte d'habiletés sociales et une santé fragile empêchent souvent le retour sur le marché de l'emploi de manière continue. Alors, les refuges représentent la seule solution même si elle est plutôt envisagée comme temporaire.

8.3.2. La circulation

L'idéal-type nommé *circulation* est caractérisé par des parcours alternant entre cycles de vie à la rue et appartement, entre les programmes de sortie de rue et la vie en refuges. Dans ce modèle, les séjours en refuges surpassent ceux passés à l'extérieur du refuge ; ces derniers restent donc centraux dans la vie de ces individus. Le recours aux programmes de sortie de rue est parfois envisagé, mais la mobilisation de soi est difficile. Le moment « idéal » est attendu. Parfois, un obstacle empêche d'agir, généralement un problème de santé ou de toxicomanie. D'autres fois, la mobilisation de soi hors du refuge est effective mais pour un court laps de temps. Ainsi, peu de plans d'action concrets sont mis en œuvre à la fin de la période de fréquentation du programme de sortie de rue ; les retours aux SHU sont, en conséquence, nombreux. Même s'il y a mobilisation de soi pour amener vers une vie hors du refuge, il y a surtout résistance à la sortie des refuges.

Ce sont les alternances entre des séjours nombreux et diversifiés à l'intérieur et à l'extérieur des refuges, un passage au SHU ou dans les programmes de sortie de rue qui caractérisent le recours aux refuges dans cette figure. On peut résumer cela par un enchaînement d'étapes de *in and out* entre les refuges, la vie en appartement, le retour et la reprise du cycle. Des « va-et-vient », des « séquences d'utilisation » marquent ces trajectoires depuis longtemps : des hommes reviennent et repartent au gré des séparations et des problèmes de dépendance qui refont surface. Par ailleurs, on constate chez les hommes composant cette figure la présence de problèmes de toxicomanie, non réglés et récurrents, pour lesquels les divers services n'ont plus de solutions intégrées à proposer. Cette situation entraîne de nombreux retours aux SHU.

Dans cet idéal-type, l'oscillation entre les avantages et les inconvénients de la vie en refuge est un élément majeur de la mobilisation de soi. Lorsque les individus y perçoivent plus d'inconvénients que de bénéfices, l'idée d'une vie à l'extérieur des refuges les fait s'activer. Les employés savent cela et justifieront certaines contraintes imposées par les refuges (limitation du temps de séjour) comme des leviers poussant les usagers vers la sortie de l'institution. Par ailleurs, lorsque les avantages liés au mode de vie en refuge apparaissent plus nombreux, les hommes ont tendance à vouloir y rester. Ils y trouvent des lieux sécuritaires qui les protègent contre les risques de la vie à la rue. Cependant, ce qui enclenche l'action et la mobilisation de soi vers d'autres lieux dépend souvent d'un événement précis, tel l'obtention d'une prestation gouvernementale ou l'accès à une cure de désintoxication. En l'absence de solution aux obstacles dressés devant eux, ces hommes demeurent dans les refuges.

En parallèle, s'installe une oscillation entre la mobilisation de soi hors et dans l'institution: on y entre facilement, on en sort difficilement; on veut y rester, on ne veut pas y rester; on le quitte souvent et on y revient encore plus souvent. D'un côté, l'institution cherche à conforter des individus vulnérables en comblant les besoins primaires ainsi qu'en offrant un lieu sécuritaire et thérapeutique. De l'autre, cette même institution ne veut pas rendre «trop confortables» les conditions de vie offertes à ces individus et cherchera à les repousser à travers diverses contraintes et un fonctionnement institutionnel rigide.

La transition vers la communauté extérieure au refuge semble être cruciale dans cet idéal-type. Un constat peut être fait: il y a un manque de ressources-clés, autant matérielles que symboliques, et cela entraîne une difficulté de mobilisation de soi. Une des activités fortes de la mobilisation de soi dans cette figure est la participation aux tâches effectuées bénévolement. Cela structure le quotidien, les journées et les soirées, permet d'assurer une transition vers la vie en communauté qui passe par la capacité d'assumer des responsabilités quotidiennement et ainsi retrouver, à travers ce travail, des habiletés souvent perdues. Toutefois, le moment de transition vers un domicile à soi n'est pas toujours bien assuré par l'institution et par l'individu. Généralement, la mobilisation de soi est chancelante, la transition rencontre concrètement des difficultés importantes et le retour vers le SHU est fréquent.

Dans cet idéal-type, les problèmes de dépendance (toxicomanie, alcoolisme, jeu compulsif) sont nombreux, très présents, voire envahissants. Les réponses à ces problèmes, à travers les cures de désintoxication, ne sont souvent pas accessibles sur-le-champ et elles sont mal coordonnées avec les programmes de sortie de rue. L'attente d'une réponse (de la part d'un professionnel ou pour accéder à un programme, par exemple) rend difficile la mobilisation de soi et les hommes sont alors bloqués et « installés » dans les refuges. La perte de certaines habiletés sociales se concrétise et devient souvent inévitable. L'hygiène et la gestion d'un budget, par exemple, ne sont pas des habiletés que l'on peut facilement maintenir quand on vit à la rue ou en refuge. En contrepartie, on remarque le développement de stratégies de débrouille pour faire face à l'extrême pauvreté, à la victimisation, entre autres, à travers de nouvelles façons de se procurer des revenus (recyclage de cannettes, récupération de fils de cuivre) ou à travers des façons de se protéger (connaître des commerces ouverts la nuit pour ne pas avoir à dormir dans la rue, repérer des endroits sécuritaires ouverts le jour pour ne pas être exposé aux risques de la vie à la rue).

La caractéristique majeure de cet idéal-type est donc une mobilisation de soi afin de chercher à partir vers d'autres lieux que les refuges en même temps qu'il y a installation dans les refuges. Des projets et des plans précis sont développés, mais des actions ne sont pas concrètement entreprises. Lorsqu'elles sont déployées, elles rencontrent des obstacles qui ont tendance à ramener les individus à nouveau vers les refuges.

8.3.3. La projection

Notre dernier idéal-type est caractérisé par un recours aux refuges qui se manifeste par une mobilisation concrète de soi vers une sortie. L'action est orientée vers une vie hors des réseaux des refuges. Cet idéal-type présente deux visages. D'abord, les *passagers*, qui s'y retrouvent pour quelques jours ou quelques semaines, n'ont jamais fréquenté un refuge auparavant et ne veulent pas y rester. Dès leur entrée au refuge, ils entreprendront des démarches qui les mèneront rapidement loin de celui-ci. Les refuges constituent pour eux une plate-forme d'action. Ensuite, les *supportés* qui, fort de leur expérience à la rue et dans les refuges, veulent réellement vivre ailleurs, et sont prêts à agir. Ils se verront offrir les supports nécessaires à leur sortie de l'institution et saisiront ces occasions. Cette aptitude à l'action est une combinaison de mobilisation de soi et de réponses institutionnelles qui correspondent à leurs besoins.

Différentes raisons poussent les *passagers* à recourir aux refuges : ils sont dans une grande précarité d'emploi, ils sont nouvellement arrivés au pays, bref ils sont dans des situations difficiles qui les mettent en situation de grande fragilité ou de vulnérabilité. Ils ne présentent cependant pas un cumul de ruptures, pas plus qu'ils ne présentent une trajectoire extrême d'exclusion sociale ou de désaffiliation. Dans cette figure, les refuges offrent certains avantages, dont le fait de résoudre les difficultés temporaires (à travers l'anonymat du recours aux refuges, la participation aux programmes de sortie de rue, etc.). Les *passagers* ne veulent pas s'y installer. Toutes les actions entreprises visent à les mener hors du réseau de services pour personnes itinérantes. D'ailleurs, les hommes de cette figure sont rapidement repérés par les employés qui, ne voulant pas qu'ils s'habituent au mode de vie itinérant, auront tendance à intervenir rapidement auprès d'eux. Le visage des *supportés* est, quant à lui, celui d'hommes qui passent d'une stratégie à une autre : allers-retours entre les domiciles en communauté, la rue, le refuge, les programmes de sortie de rue, les cures de désintoxication. La mobilisation de soi est très forte, mais des éléments imprévus ou de véritables obstacles renforcent la vulnérabilité de ces hommes et les ramènent parfois aux refuges. Ces derniers sont utilisés comme filet de sécurité afin d'éviter de se retrouver à la rue, ou encore comme tremplin pouvant mener ces hommes loin des situations de vulnérabilité.

Dans les deux cas, des actions concrètes sont entreprises pour quitter les refuges qui ne constituent plus une solution aux problèmes vécus par ces hommes. La vie en refuge ne représente pas le mode de vie qu'ils souhaitent adopter plus longtemps. Ils s'en détachent, se voient ailleurs et agissent pour en sortir. Dans les deux cas de figure de cet idéal-type, la mobilisation de soi vers d'autres lieux que le refuge est accompagnée de projets concrets, d'objectifs inscrits dans une temporalité précise (une semaine, un mois, un an). À cela s'ajoute, pour les *supportés*, une autre dimension forte : ils veulent être présents auprès de leurs enfants et petits-enfants, et cela les pousse à sortir du refuge. Ils s'imaginent en appartement et mettent tout en œuvre pour y arriver.

La question des éléments déclencheurs est importante dans cet idéal-type, que ce soit en termes de mobilisation de soi, d'action à déployer, de motivation, de volonté d'agir pour sortir des refuges, ou encore en ce qui a trait à l'accès à différents services, à l'existence de liens significatifs avec un intervenant, ou encore de revenus disponibles. Pour les *supportés*, certaines de ces actions ont souvent été entreprises par le passé (participation à des cures de désintoxication, à des programmes de sortie de rue ou tout séjour dans un domicile à l'extérieur des refuges) ; pour les *passagers*, il s'agit d'une première car une situation aussi importante de vulnérabilité et de dénuement n'a jamais été vécue. Pour les deux groupes, cela engendre un fort désir que la situation ne se prolonge pas. Cela les motive et accélère la sortie de l'institution. L'accès à une réponse adéquate et adaptée aux demandes et aux besoins est la clé de cette mobilisation. Par exemple, lorsqu'un désir d'agir s'est manifesté et que les possibilités concrètes d'avoir accès à un programme de sortie de rue ou de désintoxication sont présentes, un intervenant peut offrir de l'accompagnement, ou encore accorder une prestation financière récurrente. L'accessibilité directe et immédiate à un service, lorsque le besoin en est exprimé, semble donc être un élément clé dans la mobilisation de soi. Les tâches bénévoles accomplies dans les refuges sont également un élément important de cet idéal-type.

Lorsque la mobilisation de soi se manifeste et que des actions sont entreprises, celles-ci sont encadrées par un programme, par un accompagnateur, par un service ou s'appuient sur des mesures concrètes. Pour illustrer cela, on voit, par exemple, que la déclaration de revenus et diverses autres démarches administratives ignorées au cours des dernières années sont entreprises; les usagers qui ont des problèmes de toxicomanie connaissent, au moment où ils se mobilisent, des périodes stables depuis plusieurs années; une solution à un problème de santé physique d'un usager est trouvée, ce qui lui permettra de réintégrer un domicile dans la communauté sans avoir peur de le perdre lors de séjours à l'hôpital[7].

Les refuges peuvent constituer un point de chute pour les hommes de ce profil, à la suite de problèmes de santé (mentale et physique), de dépendance, et qui vivent dans des conditions de pauvreté extrême. À travers les programmes de résidence et d'appartements supervisés qu'ils offrent (après la participation à un programme de sortie de rue) à des individus invalides qui n'auront jamais les véritables moyens d'avoir une qualité de vie dans un domicile autonome en communauté, les refuges constituent un lieu accueillant. Pour un certain nombre d'hommes, les prestations d'invalidité ne permettent pas de satisfaire leurs besoins primaires. Le recours aux refuges revêt donc toute son importance pour eux: ils deviennent un point de chute, mais ils sont aussi un moteur pour l'action.

Ainsi, la caractéristique forte de cette figure est l'accès direct aux services demandés et une combinaison de réponses offertes pour résoudre leurs problèmes, et ce, sans embûche, au moment où le besoin en est exprimé. La vie en refuge présente des avantages en agissant comme filet de sécurité, certes, mais elle présente beaucoup plus d'inconvénients, ce qui a pour effet de dissuader l'installation dans les refuges. Finalement, les liens créés avec des personnes significatives (généralement des intervenants) aideront à maintenir des objectifs de sortie des refuges et à les concrétiser.

---

7. Les gens prestataires d'aide sociale se voient couper leur prestation lors des séjours de plusieurs semaines à l'hôpital. L'État suppose que, puisque tous les besoins primaires sont pris en charge par l'hôpital, la prestation d'aide sociale ne peut être maintenue. À la suite de longs séjours à l'hôpital, certains individus, qui avaient un domicile, se voient donc dans l'obligation de recourir à un refuge puisqu'ils ont perdu leur appartement faute de pouvoir payer le loyer. Lorsque les problèmes de santé sont récurrents et les séjours à l'hôpital nombreux, cela peut occasionner de véritables problèmes d'instabilité domiciliaire.

Conclusion

Ce que les refuges donnent à voir, ce sont des hommes qui y viennent pour en partir aussitôt, y rester temporairement ou s'y installer. Certains se sont faiblement mobilisés en adoptant les refuges comme milieu de vie. Lors de notre enquête, trop souvent, nous avons vu des hommes qui n'ont pu se mobiliser faute de recevoir des réponses correspondant à leurs besoins. Nous avons aussi vu des hommes qui, grâce à leur mobilisation, quittaient les refuges.

Par ailleurs, nous avons noté que les programmes de sortie de rue proposés dans les refuges semblaient mieux adaptés à une population masculine plutôt passagère (figure : *passager* de l'idéal-type *projection*). Cela nous laisse perplexe et nous interroge. En fait, il semble que les programmes de sortie de rue soient peu adaptés pour des hommes vivant à la rue ou en refuge depuis longtemps (idéaux-type *ancrage, circulation*). Pourquoi ? Comment expliquer alors qu'une partie des hommes rencontrés avaient soit déjà fréquenté ces programmes de nombreuses fois ou, au contraire, ne l'avaient jamais fait ? Les refuges offrent des programmes de sortie de rue, mais ils ne semblent pas pouvoir véritablement répondre aux besoins et aux demandes exprimés par les hommes. Comment peuvent-ils être une solution de rechange à la rue s'ils ne sont pas dotés des moyens pour y parvenir ? Comment les refuges peuvent-ils contribuer à la sortie de la rue d'une population extrêmement pauvre et vulnérable s'ils n'ont pas les moyens requis pour ce faire ?

Ces idéaux-types nous ont ainsi permis de voir les tensions continues entre les usagers et l'institution : entre l'assistance et le contrôle, entre l'ancrage et la sortie, entre la responsabilisation et l'infantilisation, entre des pratiques d'intervention tolérantes et rigides, entre l'accessibilité et les obstacles.

Aux prises avec des populations multiples aux trajectoires diversifiées et aux besoins complexes, les refuges, qui ont des pratiques d'intervention diverses et de faibles moyens financiers, ont une tâche ardue au regard de leur mission à l'endroit des hommes itinérants. La société confie aux refuges la responsabilité de l'aide à une population « endommagée » par la vie à la rue, extrêmement vulnérable, trop souvent désaffiliée et exclue du reste de la société, mais leur donne-t-elle les moyens de faire ce travail ? En effet, « l'arrangement social contingent » de Blumer (2004) se fait donc au profit d'hommes itinérants dont la trajectoire d'ancrage et de fidélisation aux refuges survient, puisque ces hommes n'ont que les refuges vers lesquels ils peuvent se tourner à certains moments de leur vie. Les refuges ont-ils alors une mission impossible ? Probablement, puisque si une fidélisation aux refuges est possible c'est que, outre la dynamique de *shelterization*, aucun autre lieu n'est disponible et aucune autre réponse sociale n'a été proposée à ces hommes.

Les refuges offrent alors deux principales voies : le service d'hébergement d'urgence et les programmes de sortie de rue ; ces voies sont parfois contradictoires, parfois complémentaires. Elles semblent correspondre, à la fois, aux attentes de l'État et des groupes communautaires en termes de responsabilisation, d'autonomisation et d'*empowerment*. Mais cela ne semble toutefois pas correspondre aux réalités et aux besoins des hommes qui ont un profil d'itinérance. En effet, le recours aux services se dessine en fonction des nombreux profils d'hommes qui les sollicitent, mais ils n'y trouvent pas les réponses nécessaires. Les trois idéaux-types constituent une proposition d'interprétation : pluralité de recours, pluralité de profils mais prise en charge populationnelle selon deux voies qui laissent peu de place à l'hétérogénéité de la population accueillie.

La prise en charge des hommes itinérants par les refuges « arrange » bien l'État. Ce problème social, défini comme tel par les autorités étatiques (notamment en 1992) puis constamment relégué à la communauté par ces dernières, se voit la victime du jeu de la « patate chaude » : personne ne veut avoir ce problème complexe « sur les bras ». Un problème social est « toujours un point d'attention sur lequel interviennent des intérêts divergents et conflictuels, des projets et des objectifs variés. C'est l'interaction de ces intérêts et projets qui constitue la façon dont une société s'occupe de chacun de ses problèmes sociaux » (Blumer, 2004, p. 193). Pour le Québec, c'est peu dire : aucun ministère ne revendique la responsabilité de l'itinérance (Roy et Hurtubise, 2008). Les refuges restent tout de même essentiels. Ils s'occupent des hommes qui ne peuvent rester continûment à la rue et ils « soulagent », en quelque sorte, la société (et de surcroît le gouvernement) d'un problème social insoluble avec les ressources et les mesures actuellement disponibles.

RÉFÉRENCES BIBLIOGRAPHIQUES

ACORN, S. (1993b). « Emergency shelters in Vancouver, Canada », *Journal of Community Health*, vol. 18, n° 5, p. 283-291.

ARANGUIZ, M. (1999). *A Social Refuse ! L'assistance et la perception des vagabonds à Montréal à la fin du XIXe et au début du XXe siècle*, Mémoire de maîtrise, Montréal, Département d'histoire, Université du Québec à Montréal.

ARANGUIZ, M. et J.-M. FECTEAU (1998). « Le problème historique de la pauvreté extrême et de l'errance à Montréal, depuis la fin du XIXe siècle », *Nouvelles pratiques sociales*, vol. 11, n° 1, p. 83-98.

BÉGIN, P. (1995). *Les sans-abri au Canada*, Ottawa, Bibliothèque du Parlement, Service de recherche.

BELORGEY, J.-M. (2005). « Préface », dans D. Ballet (dir.), *Les SDF. Visibles, proches, citoyens*, Paris, Presses universitaires de France, p. 15-21.

BLUMER, H. (2004). « Les problèmes sociaux comme comportements collectifs », *Politix*, vol. 17, n° 67, p. 185-199.

BURT, M.R., Y. LAUDAN, E.L. ARON et J. VALENTE (2001). *Helping America's Homeless. Emergency Shelter or Affordable Housing*, Washington, The Urban Institute Press.

CASTEL, R. (1995). *Les métamorphoses de la question sociale*, Paris, Fayard.

CHRISTIE, N. (2005). « A witness against vice : Religious dissent, political radicalism, and the moral regulation of aristocratic culture in Upper Canada », dans J.-M. Fecteau et J. Harvey (dir.), *La régulation sociale entre l'acteur et l'institution. Pour une problématique historique de l'interaction*, Québec, Presses de l'Université du Québec, coll. « Pratiques et politiques sociales et économiques », p. 420-434.

COUSINEAU, M.-M., A. COURCHESNE, V. MATTON-LACQUERRE et M. JASTREMSKI (2005). *Portrait de la clientèle fréquentant les refuges pour itinérants en saison froide*, Montréal, Centre international de criminologie comparée.

DEVERTEUIL, G. (2003). « Homeless mobility, institutionnal settings, and the new poverty management », *Environment and Planning A*, vol. 35, p. 361-379.

DORDICK, G. (1996). « More than refuge : The social world of a homeless shelter », *Journal of Contemporary Ethnography*, n° 24, p. 373-404.

DORVIL, H., H.A. GUTTMAN, N. RICARD et A. VILLENEUVE (1997). *Défis dans la reconfiguration des services de santé mentale*, Québec, Ministère de la Santé et des Services sociaux, Comité en santé mentale du Québec.

FECTEAU, J.-M. (2004). *La liberté du pauvre. Crime et pauvreté au XIXe siècle québécois*, Montréal, VLB Éditeur.

FOURNIER, L. (1989). *Énumération de la clientèle des centres d'hébergement pour itinérants à Montréal*, Montréal, Centre de recherche de l'hôpital Douglas.

FOURNIER, L., S. CHEVALIER, M. OSTOJ, M. CAULET, R. COURTEMANCHE et N. PLANTE (1998). *Dénombrement de la clientèle itinérante dans les centres d'hébergement, les soupers populaires et les centres de jour des villes de Montréal et Québec. 1996-1997*, Parties 1, 2 et 3, Québec, Santé Québec.

GRIMARD, C. (2006). *L'accès aux services institutionnels et communautaires : le discours des personnes en situation d'itinérance*, Montréal, Université du Québec à Montréal.

GRIMARD, C. (2011). *Les refuges pour hommes itinérants à Montréal, lieux de passage ou d'ancrage ?*, Thèse de doctorat, Montréal, Université du Québec à Montréal.

GRUNBERG, J. et P. EAGLE (1990). « Shelterization. How the homeless adapt to shelter living », *Hospital and Community Psychiatry*, vol. 41, n° 5, p. 521-525.

HURTUBISE, R., P.-O. BABIN et C. GRIMARD (2007). *Comprendre les refuges. Bilan de la littérature scientifique*, Montréal, Collectif de recherche sur l'itinérance, la pauvreté et l'exclusion sociale.

HWANG, S.W. et J.R. DUNN (2005). « Homeless people », dans S. Galea et D. Vlahov (dir.), *Handbook of Urban Health. Populations, Methods, and Practice*, New York, Springer, p. 19-41.

KOEGEL, P. (2004). « Causes of homelessness : Overview », dans D. Levinson (dir.), *Encyclopedia of Homelessness*, Thousand Oaks, Sage Publications, p. 50-57.

LABERGE, D., M.-M. COUSINEAU, D. MORIN et S. ROY (1995). *De l'expérience individuelle au phénomène global : configuration et réponses sociales à l'itinérance*, Montréal, Les Cahiers de recherche du CRI, n° 1.

LABERGE, D. et S. ROY (2003). « Continuité identitaire et survie ? », dans V. Châtel et M.-H. Soulet (dir.), *Agir en situation de vulnérabilité*, Québec, Les Presses de l'Université Laval, p. 143-156.

LARSEN, L., E. POORTINGA et D.E. HURDLE (2004). «Sleeping rough: Exploring the differences between shelter-using and non-shelter-using homeless individuals», *Environment and Behavior*, vol. 36, n° 4, p. 578-591.

MAYER, R. et L. GROULX (1987). *Synthèse critique de la littérature sur l'évolution des services sociaux au Québec depuis 1960*, Mémoire présenté à la Commission d'enquête sur la santé et les services sociaux, Montréal, Université de Montréal.

O'REILLY-FLEMING, T. (1993). *Down and Out in Canada: Homeless Canadians*, Toronto, Canadian Scholar's Press.

PICHON, P. (1996). «Survivre la nuit et le jour. La préservation de soi face au circuit d'assistance», *Politix*, n° 34, p. 164-179.

PICHON, P. (2009). Entrevue donnée à S. Mauris, <http://www.millenaire3.com/Pascale-PICHON-Cette-mise-en-projection-de-l-es.69+M5979b66f0fd.0.html>, consulté le 17 janvier 2011.

POMEROY, S. et M. CASAGRANDE (2007). *Analyse des modèles de financement et des enjeux relatifs aux grands refuges multiservices de l'ensemble du Canada*, Ottawa, Université d'Ottawa et Focus Consulting.

ROY, S. (2007). «L'itinérance: et inexistence sociale», dans V. Châtel (dir.), *L'inexistence sociale*, Fribourg, Éditions universitaires de Fribourg, p. 99-114.

ROY, S. (2008). «Rendre raison à la complexité de l'itinérance», dans P. Pichon (dir.), *SDF, sans-abri, itinérant. Oser la comparaison*, Louvain-la-Neuve, Presses universitaires de Louvain, p. 155-167.

ROY, S. et R. HURTUBISE (2008). *La lutte à l'itinérance. Une responsabilité collective qui nécessite un leadership de l'État*, Mémoire présenté à la Commission parlementaire sur l'itinérance, Montréal, CRI.

ROY, S., D. MORIN, F. LEMÉTAYER et C. GRIMARD (2006). *Itinérance et accès aux services: problèmes et enjeux*, Montréal, Collectif de recherche sur l'itinérance, la pauvreté et l'exclusion sociale.

SIMARD, M. (2007). «Au-delà du symptôme: de l'assistance à la pratique d'urgence sociale», dans S. Roy et R. Hurtubise (dir.), *L'itinérance en questions*, Québec, Presses de l'Université du Québec, p. 269-288.

SOULET, M.-H. (1998). «Les raisons d'agir», dans M.-H. Soulet (dir.), *Urgence, souffrance, misère*, Fribourg, Presses universitaires de Fribourg, p. 9-41.

SOULET, M.-H. (2003). «Faire face et s'en sortir. Vers une théorie de l'agir faible», dans V. Châtel et M.-H. Soulet (dir.), *Agir en situation de vulnérabilité*, Québec, Les Presses de l'Université Laval, p. 167-214.

STARK, L.R. (1994). «The shelter as total institution», *American Behavioral Scientist*, vol. 37, n° 4, p. 553-562.

THOMAS, G. (2000). «Vie itinérante et réglementation des espaces publics», dans D. Laberge (dir.), *L'errance urbaine*, Québec, Les Éditions Multimondes, p. 291-311.

THOMAS, H. (1997). *La production des exclus*, Paris, Presses universitaires de France.

ZENEIDI-HENRY, D. (2002). *Les SDF et la ville: géographie du savoir survivre*, Rosny-sous-Bois, Éditions Bréal.

CHAPITRE 9

DU PROBLÈME MORAL AU PROBLÈME SOCIAL[1]
Valérie de Courville Nicol

Mon objectif général[2] est de réfléchir à l'enracinement dans le corps de l'expérience du danger comme condition éventuelle de l'expérience du problème social. Pour ce faire, mon texte comprend quatre objectifs plus précis.

Mon premier objectif est de formuler une distinction entre l'expérience subjective du danger, soit le « danger extérieur », et l'expérience morale du danger, soit le « danger intérieur ». Mon deuxième objectif est de démontrer que l'expérience de tout problème est avant tout l'expérience d'un danger. Mon troisième objectif est de faire valoir que l'expérience du danger comme problème moral est une condition de l'expérience du danger comme problème social. Mon quatrième et dernier objectif est de préciser que si le problème social a comme condition de possibilité l'expérience morale individuelle, il n'en demeure pas moins que cette

---

1. Je tiens à remercier Marcelo Otero et Shirley Roy de m'avoir invitée à participer à un colloque sur le thème du problème social dans le cadre des rencontres annuelles de l'ACFAS, où j'ai présenté une version préliminaire et abrégée de ce texte.
2. Le texte qui suit s'inspire et est en partie formé d'extraits traduits de l'anglais de Valérie de Courville Nicol, *Social Economies of Fear and Desire: Emotional Regulation, Emotion Management, and Embodied Autonomy*, 2011, Palgrave Macmillan, reproduit avec l'autorisation de Palgrave Macmillan. Je remercie Michelle de Courville Nicol pour son soutien éditorial dans le cadre de cet exercice de traduction.

expérience doit être comprise comme émergeant dans le cadre de l'interaction du sujet avec différentes forces, dont les forces sociales, et que la problématisation du social représente elle-même une force qui agit sur l'expérience individuelle, qu'elle soit morale ou subjective.

9.1. Le processus de responsabilisation de soi : la moralisation du danger

Dans une analyse de la transformation des mœurs à l'aube de la modernité occidentale, le sociologue Norbert Elias (1973) vise à souligner, avec la notion de « peur intériorisée », que les sujets ne craignent plus les dangers extérieurs ou physiques, tel le danger de se faire voler en se promenant sur la route, et ne cherchent pas non plus de façon prépondérante à les éviter ; ils craignent plutôt ceux qui se situent à l'intérieur du soi. Le soi devient un objet de peur pour le soi, de sorte que le danger vient prendre sa place à l'intérieur du soi. Mais qu'est-ce que cela signifie, de dire que l'on craint son soi ?

L'objectivation de l'expérience émotionnelle du soi conditionne le processus de responsabilisation de soi envers le danger. La responsabilisation de soi renvoie au développement du sentiment moral de sa propre force dans la gestion des effets dangereux. C'est sur cette base que les individus sont incités, surtout en fonction de leurs interactions avec des attentes sociales moralement normatives, mais aussi au travers de leurs interactions avec d'autres forces, d'agir sur eux-mêmes dans l'instauration de la sécurité morale.

D'une part, on peut dire qu'Elias avance l'idée que la cause de la peur passe de l'extérieur à l'intérieur – de l'autre extérieur qui représente une menace physique pour le soi, au jugement intériorisé de l'autre social qui pose une menace morale pour le soi. D'autre part, on peut dire que, pour Elias, le soi devient une cause du danger pour lui-même, de sorte qu'il devient responsable de transformer sa force de façon à lui permettre de satisfaire les attentes de l'autre social intériorisé. Dans l'ensemble, le processus de civilisation désigné par Elias en est un où la cause perçue du danger passe des forces extérieures au soi comme force intérieure qui produit du danger. Ce processus de responsabilisation de soi renvoie au traitement social et individuel accru de la force du soi comme un problème, de sorte que cette force constitue un objet de peur.

Afin d'expliquer la responsabilisation de soi, je présente ici une distinction, que j'élabore davantage ailleurs[3], entre l'exercice de l'autonomie subjective et l'exercice de l'autonomie morale.

---

3. Voir *Social Economies of Fear and Desire* (2011).

Dans l'exercice de ce que j'appelle l'autonomie subjective, la perception de la menace relationnelle est gouvernée par la volonté subjective. L'autonomie subjective suppose l'établissement de règles subjectives – des orientations subjectives au conflit qui sont incarnées individuellement. Je pourrais avoir peur d'être attaquée par un ours en marchant le long d'un sentier, là où cette menace se rapporte à mon besoin d'agir sur l'ours comme moyen d'instaurer la sécurité.

Dans l'exercice de ce que j'appelle l'autonomie morale, la perception de la menace relationnelle est gouvernée par l'intention morale. L'autonomie morale suppose le développement de règles morales – des orientations morales au conflit qui sont incarnées individuellement. Je pourrais avoir peur d'être attaquée par un ours en marchant le long d'un sentier, là où cette menace se rapporte à mon besoin d'agir sur moi-même comme moyen d'instaurer la sécurité.

L'exercice de la responsabilité morale implique l'évaluation cognitive et émotionnelle de l'action du soi subjectif en tant que force qui devrait ou non être ce qu'elle est dans son lien au danger ou à la sécurité. À son tour, cette détermination informe l'intention autocontrôlante du soi moral.

Les rapports différents au danger auxquels fait référence Elias peuvent être compris en invoquant une distinction entre l'expérience subjective et morale du danger. L'expérience subjective du danger résulte de l'interaction conflictuelle entre le soi et une autre force, quelle que soit sa nature (par ex. sociale, physique, etc.). Ce conflit donne lieu à l'incarnation[4] d'une association entre cette force extérieure et un effet douloureux, produisant ainsi l'objet de peur. Par exemple, un sujet pourrait craindre la réprimande d'un parent ou d'attraper une affreuse maladie. Ici la cause du danger (c'est-à-dire la cause de la douleur anticipée) est une force extérieure (c'est-à-dire le parent, la maladie). D'un autre côté, l'expérience morale du danger résulte d'une interaction conflictuelle entre le soi et le soi en tant que force. Ce conflit intérieur donne lieu à l'incarnation d'une

---

4. J'utilise les termes «incarné» et «incarnation» («*embodied*» et «*embodiment*» en anglais) pour désigner la qualité de l'être qui a un corps, qui est vivant, et le processus par lequel l'être vivant incorpore les effets de ses interactions avec d'autres forces, vivantes ou pas, de sorte qu'il se constitue de façon relationnelle et interactive. C'est entre autres par l'entremise d'un processus d'incarnation que l'être vivant doté d'une subjectivité acquiert une mémoire affective qui fonde son expérience du danger et de la sécurité. Les structures affectives sont incarnées, c'est-à-dire qu'elles s'enracinent dans le corps et orientent la conduite en fonction de ce qui est ressenti par le sujet. J'utilise le terme «intériorisation» («*internalization*» en anglais) pour désigner le processus de responsabilisation par lequel certaines des forces qui sont incarnées deviennent des objets dangereux sur lesquels le sujet moral se sent poussé à agir, notamment par l'exercice de quatre formes de travail sur soi ou d'autocontrôle (la répression de soi, la correction de soi, l'activation de soi et la formation de soi).

association entre le soi en tant que force et un effet douloureux, produisant ainsi l'objet de peur. Par exemple, un sujet pourrait craindre le rôle de son soi comme cause de la réprimande du parent ou de la contamination par l'affreuse maladie. Ici la cause du danger (c'est-à-dire la cause de la douleur anticipée) est une force intérieure (c'est-à-dire le soi).

Il est à noter que les expériences subjectives de danger n'excluent pas les objets de peur faits de forces socialement menaçantes, pas plus que les expériences morales de danger n'excluent les objets de peur faits de forces physiquement menaçantes. C'est tout simplement que dans le premier cas, l'expérience des objets de peur n'est pas gouvernée par le sentiment de responsabilité du sujet par rapport à l'effet des menaces relationnelles alors que, dans le second cas, le sujet éprouve un sentiment de responsabilité pour sa souffrance. Ainsi, l'argument d'Elias selon lequel l'accroissement des efforts d'autocontrôle moraux mène à la réduction de la peur des dangers extérieurs ou physiques doit être remis en question, puisqu'il est basé sur deux prémisses erronées: d'abord, que les objets de peur extérieurs sont nécessairement physiques; et ensuite, que la peur de soi entraîne la diminution collective de l'exercice de la coercition physique et donc le déclin collectif de la peur des dangers physiques.

Le processus de responsabilisation de soi peut être pensé comme un processus par lequel le soi devient divisé intérieurement. En tant que force qui peut produire de la douleur, le soi subjectif devient une cause de danger pour le soi moral. Le soi subjectif devient une force productrice de douleur sur laquelle le soi moral doit agir. Par exemple, si un sujet entre en conflit avec la force sociale du chômage lorsqu'il est en chômage, cette force est vécue comme un danger extérieur tant et aussi longtemps que le sujet ne la perçoit pas comme une menace sur laquelle il peut agir par l'exercice de l'autocontrôle. Ainsi, un sujet peut répondre par la peur à la menace sociale du chômage et déployer les moyens de surmonter cette menace sans que cette menace ne soit traitée comme une chose sur laquelle le soi peut agir par l'entremise d'une action directive sur lui-même. Toutefois, lorsque le sujet fait l'expérience d'une menace comme une chose sur laquelle il peut agir par le truchement de l'autocontrôle, ce danger est moralisé.

Bien que les deux modalités dans l'expérience du danger interagissent avec les forces sociales, on ne peut les réduire à ces forces (c'est-à-dire que l'expérience individuelle du danger n'est pas simplement le reflet des forces sociales qui aident à le constituer). D'un autre côté, il faut souligner que même si la cause du danger moral est perçue par les sujets comme étant la force moralement problématique du sujet, le danger moral émerge de façon relationnelle et est incarné par l'entremise des interactions des sujets avec des forces extérieures, et en particulier des forces sociales. Dans certaines sociétés, les normes sociales favorisent les sentiments de responsabilité des sujets à l'égard des forces sur lesquelles ils ont parfois très peu ou aucun contrôle. Conséquemment, les sujets sont appelés à s'adapter à ces forces par l'exercice de l'autocontrôle moral.

De nombreux critiques contemporains[5] remettent en cause les rationalités néolibérales et la prise en charge individuelle du soi par le soi associées à la mouvance «self-help», ou à tout le moins questionnent les fondements idéologiques de ces formes de responsabilisation, dans la mesure où la capacité des individus d'exercer du pouvoir sur des forces comme le chômage, la victimisation criminelle, la pauvreté et la maladie est beaucoup moins grande que ces approches ne le laissent entendre. Il est probable que l'étendue des formes contemporaines de souffrance morale ait beaucoup à voir avec les processus de responsabilisation par lesquels les agents sont poussés à se sentir responsables des effets émotionnels douloureux d'un grand éventail de forces avec lesquelles il sont en conflit ou pourraient l'être. Ainsi, il nous faut mieux comprendre la dynamique de la douleur morale.

L'argument d'Elias devrait être reformulé comme suit : les menaces physiques sont devenues davantage vécues comme des menaces morales lors de la transition des sociétés européennes médiévales prémodernes à la modernité. Ce n'est pas tellement que les menaces physiques sont remplacées par les menaces sociales intériorisées, mais plutôt que les dangers physiques deviennent moralement menaçants. Lorsque l'agression physique devient un affront aux normes de la civilité, elle n'est plus seulement une force subjectivement menaçante qui produit de la peur dans la vie quotidienne. Elle devient aussi une force moralement menaçante qui produit une peur de soi chez un nombre de plus en plus important de sujets. Autrement dit, à la suite de la pression de forces sociales ayant des dimensions culturelles, politiques et économiques, il est attendu des sujets qu'ils exercent un contrôle sur la tendance habituelle du soi à faire usage de la coercition physique afin de résoudre les problèmes de la vie quotidienne. La répression de ce désir, ou sa transformation par l'entremise d'un autre moyen (p. ex. par sa correction ou par l'activation ou la formation d'un désir alternatif), devient une question de responsabilité personnelle pour un nombre croissant de soi moraux. Dans ce contexte particulier, on peut dire que la fréquence avec laquelle les sujets

---

5. Par exemple, voir McGee, 2005 ; Blackman, 2004 ; Berlant, 2004 ; Otero, 2003 ; Rimke, 2000 ; O'Malley, 1998 ; Ehrenberg, 1998 ; Nettleton, 1997 ; Petersen, 1997 ; Castel, 1981.

exercent le pouvoir en usant de moyens physiques coercitifs décline en raison de la gestion des émotions[6] de soi et d'autrui à laquelle ont recours les sujets.

Le processus de responsabilisation de soi nous rappelle que, même si la cause du danger moral est perçue par les sujets comme étant la volonté moralement problématique du soi (son incapacité à surmonter le danger du danger), elle émerge de façon relationnelle et est incarnée par l'entremise des interactions des sujets avec des forces extérieures, y compris le soi comme force extérieure ou étrangère sur laquelle le soi comme force intérieure ou propre à soi peut et devrait exercer un contrôle. Cette objectivation de soi signifie aussi que la perception par le sujet moral de la responsabilité de son soi subjectif dans la causalité du danger peut être projetée sur d'autres soi avec une responsabilité semblable.

Parce que le sujet moral peut assigner une intentionnalité morale à d'autres soi, la responsabilité de la malfaisance peut être attribuée à un autre soi. Si j'accordais une intentionnalité morale à l'ours cité dans mon exemple, la menace vécue dans mon conflit avec l'animal pourrait aussi être comprise comme une menace morale qui découle de l'absence de conformité de cet autre être moral envers un code de non-agression que je présume qu'il a en commun avec moi, auquel cas je pourrais chercher à inciter l'ours à adopter un mode de vie moral, ou chercher à le punir de ne pas avoir réussi à se conformer à mes attentes morales de la même façon que je le ferais avec tout autre être moral, moi-même compris.

Elias suggère que la transition à la modernité implique une augmentation des émotions de la peur qui ont le soi comme objet, mais il note aussi que l'expérience du dégoût envers les autres augmente. Il est donc important de rendre compte de la relation de contrôle du soi à lui-même dans son rapport aux menaces morales produites par les autres soi moraux. Et dans la mesure où ce dégoût a comme objets le soi et l'autre en tant qu'êtres qui ne sont pas civilisés, je pense qu'un argument complémentaire

---

6. J'utilise le terme «gestion des émotions» («*emotion management*» en anglais) pour désigner tout effort concerté d'agir sur l'expérience émotionnelle de soi ou d'autrui dans le but d'exercer du pouvoir sur les actions d'un agent. J'utilise le terme «régulation émotionnelle» pour désigner la pulsion structurée de peur ou de désir (p. ex. la terreur, le courage, la tristesse, le bonheur) qui est suscitée dans le processus de gestion des émotions. La gestion réussie de ses propres émotions donne lieu à l'autocontrôle moral. La gestion réussie des émotions d'autrui peut susciter chez l'autre un effort de gestion de ses propres émotions, ou encore elle peut avoir sur l'autre un effet de régulation émotionnelle. Dans tous les cas, la gestion des émotions suppose un désir moral d'agir sur soi ou sur autrui dans un processus de socialisation émotionnelle.

serait que les émotions qui sont déclenchées par une compréhension culturelle de l'autre irrationnel sont à la hausse à l'aube de la modernité, surtout en ce qui a trait aux forces du corps qui sont représentées comme étant indisciplinées.

9.2. Les bases subjectives et morales du danger : de la souffrance à la souffrance morale

Dans l'expérience subjective du danger, le danger est ressenti comme étant causé par une force extérieure, alors que dans l'expérience morale du danger, le danger est ressenti comme étant causé par le soi. Tout danger doit être incarné pour être ressenti. Mais l'incarnation d'un danger ne mène pas nécessairement à la perception d'une responsabilité morale individuelle envers lui. Ainsi, l'incarnation du danger est distincte du sentiment de responsabilité pour celui-ci, puisque ce sentiment dépend de la perception du danger comme autogénéré – il dépend de son intériorisation – et suscite des efforts de transformation de soi.

La perception du danger qui mène à l'expérience de la peur implique la capacité douloureuse d'anticiper la douleur. La peur est l'envie douloureuse de se distancier de l'expérience de douleur anticipée (c'est-à-dire du danger) qui cause la souffrance. La perception du danger qui mène à l'expérience de la peur de soi implique la capacité douloureuse d'anticiper la douleur anticipée. La peur de soi est l'envie douloureuse de se distancier de la douleur anticipée anticipée (c'est-à-dire du danger moral) qui cause la souffrance morale.

Bref, un danger est un effet douloureux anticipé causé par une force externe (c'est-à-dire par un objet de peur), alors qu'un danger moral est un effet douloureux anticipé causé par une force intérieure (c'est-à-dire par un objet de peur moral). La peur est l'envie douloureuse de surmonter le danger, tandis que la peur morale, ou la peur de soi, est l'envie douloureuse de surmonter le danger moral. Enfin, la souffrance est l'expérience douloureuse de la peur, tandis que la souffrance morale est l'expérience douloureuse de la peur morale.

Même si on peut dire d'une forêt qu'elle pratique une forme d'autonomie biologique, on ne peut dire qu'elle vive la peur ou la peur de soi, puisqu'elle n'a pas un sens d'elle-même comme être différencié qui lui permettrait de vivre l'envie de surmonter le danger dans sa forme subjective ou morale. Par ailleurs, on peut dire d'une forêt qu'elle est en danger, dans la mesure où sa destruction produit des conséquences douloureuses anticipées pour les êtres incarnés qui la perçoivent comme telle. La connaissance de la mise en danger d'une forêt est nécessairement subjective, puisqu'elle implique l'anticipation douloureuse de l'impact de sa destruction. Cette connaissance peut aussi être morale si elle implique l'anticipation de l'anticipation de l'impact de sa destruction.

Or il est important de ne pas confondre l'expérience subjective du danger avec la distinction sociale moralement normative entre les dangers subjectifs et les dangers objectifs. Cette distinction correspond à un ordre social, voire à une économie émotionnelle, qui favorise la discipline de soi – soit la gestion des émotions du soi par la répression ou la correction de désirs illégitimes ou incorrects. Par ailleurs, une autre distinction, plus contemporaine, entre les dangers inacceptables et les dangers acceptables, correspond à un ordre social, voire à une économie émotionnelle, qui favorise la réalisation de soi – soit la gestion des émotions du soi par l'activation ou la formation de désirs latents ou immatures.

9.3. Des peurs ir/rationnelles aux peurs mal/saines

Il existe un nombre infini de dangers, puisqu'il existe un nombre infini de manières par lesquelles différentes forces peuvent être associées avec un effet douloureux dans la constitution de problèmes ou d'objets de peur. De la même façon, il existe un nombre infini d'orientations émotionnelles face à ces dangers (de formes d'in/capacité), de signes qui pourraient déclencher leur expérience, et de moyens potentiels d'instaurer la sécurité (de façons d'exercer du pouvoir)[7]. Cela ne veut pas dire que

---

7. Dans la «théorie de l'in/capacité incarnée» (*embodied in/capacity theory*) que je développe dans *Social Economies of Fear and Desire* (2011), j'avance que la peur est une pulsion liée à l'incapacité. La peur pousse le sujet à déterminer la forme de son incapacité de façon à permettre le développement de son contraire, la capacité. Lorsque le conflit entre le besoin d'agir face au danger (la douleur anticipée) et l'absence de la forme du désir nécessaire à l'action «capacitante» qui la déclenche sont résolus, la peur, en tant qu'expression ressentie de l'incapacité, donne lieu à la forme du désir, qui est l'expression ressentie de la capacité. L'expérience du danger est ainsi surmontée et cède sa place à l'expérience de la sécurité (le plaisir anticipé) à laquelle le désir est associé. Le désir est une pulsion liée à la capacité qui pousse le sujet à déterminer la forme de l'exercice du pouvoir et à actualiser son exercice dans l'instauration de la sécurité.
   Les normes émotionnelles sont les formes collectives d'orientations émotionnelles incarnées par les sujets. La théorie de l'in/capacité incarnée propose de comprendre le développement des normes émotionnelles spécifiques à un groupe social donné à partir de trois paires de normes émotionnelles de base qui structurent le passage à l'action de façon stratégique, en fonction de la perception du partage des pouvoirs dans un rapport de force. La norme émotionnelle terreur/courage structure les paires émotionnelles qui poussent à la confrontation (p. ex. les sentiments d'oppression/émancipation ou les sentiments de rage/de vengeance). Les paires émotionnelles qui se développent à partir de cette norme sont axées vers

les forces que nous considérons comme étant dangereuses émergent de façon arbitraire. Les perceptions moralement normatives, socialement produites, culturellement cohérentes, et politiquement motivées de ce qui constitue un danger comptent parmi les forces qui ont un impact important sur l'expérience qu'ont les sujets du danger, que ces expériences soient subjectives (où la cause est perçue comme étant extérieure) ou morales (où la cause est perçue comme étant intérieure).

L'expérience du danger constitue une relation incarnée à des forces dont la dangerosité n'est pas inhérente, même si elles peuvent être vécues comme telles. Ainsi, la distinction qui est parfois formulée entre le danger subjectif ou imaginaire et le danger objectif ou réel doit être comprise comme une distinction morale portée par les normes sociales qui a l'effet de gérer les émotions. Cette distinction détermine ce que les sujets devraient ou ne devraient pas craindre. Les sujets peuvent ainsi être tenus responsables d'éliminer leurs peurs irrationnelles ou de faire émerger des peurs rationnelles.

Le danger subjectif est une notion généralement utilisée pour désigner la perception d'un danger qui est gouvernée par des impressions subjectives ou des convictions morales plutôt que par des faits scientifiques. Par contre, le danger objectif est une notion qui est utilisée pour désigner la perception d'un danger qui est gouvernée par des faits scientifiques plutôt que par des impressions subjectives ou des convictions morales. La notion de danger objectif implique normalement aussi un engagement envers l'idée selon laquelle une force est dangereuse parce qu'il est probable qu'elle entraîne un effet destructeur au niveau de l'être physique. La détermination du danger objectif repose ainsi sur un engagement relatif à une valeur telle que la vérité établie de façon scientifique et les données statistiques portant sur la probabilité d'effets physiquement destructeurs. À ce titre, elle repose sur des attentes sociales moralement normatives.

---

le présent, sont de nature révolutionnaire, et reposent sur la perception du sujet qu'il a la capacité de renverser son adversaire, voire de le transformer de façon radicale. La norme émotionnelle phobie/fuite structure les paires émotionnelles qui poussent à l'évitement (p. ex. les sentiments de victimisation/de survie ou les sentiments d'être condamné/de fatalité). Les paires émotionnelles qui se développent à partir de cette norme sont axées vers le passé, sont de nature compensatoire, et reposent sur la perception du sujet qu'il n'a pas la capacité de renverser le pouvoir d'une force menaçante, et qu'il vaut mieux le mitiger. La norme émotionnelle inquiétude/sûreté structure les paires émotionnelles qui poussent à la prévention (p. ex. les sentiments de risque/de précaution ou les sentiments d'horreur/d'ordre). Les paires émotionnelles qui se développent à partir de cette norme sont axées vers le futur, sont de nature anticipatoire, et reposent sur la perception du sujet qu'il n'a la capacité ni de renverser, ni de mitiger le pouvoir d'une force menaçante, et qu'il vaut mieux empêcher toute forme de contact avec elle.

Bien qu'il soit commun de percevoir la douleur anticipée engendrée par la destruction physique comme une forme légitime de danger, il est de plus en plus fréquent de percevoir la douleur anticipée engendrée par la destruction psychologique comme une forme tout aussi légitime de danger. Dans le contexte contemporain, ces formes rivales de la compréhension moralement normative du danger correspondent respectivement à un engagement, ancré dans la raison, envers la discipline de soi, et à un engagement, ancré dans la santé, envers la réalisation de soi.

Dans l'économie émotionnelle disciplinaire, la distinction entre le danger subjectif et le danger objectif est utilisée comme moyen de différencier les évaluations moralement correctes et incorrectes ou rationnelles et irrationnelles de douleur anticipée. Les dangers subjectifs ou imaginaires désignent les expressions de danger qui ne se conforment pas aux attentes sociales moralement normatives par rapport à la nature exacte du danger, alors que les dangers objectifs ou réels désignent leur conformité aux normes morales par rapport à la nature exacte du danger. Les dangers subjectifs sont expliqués comme étant le résultat d'une compréhension inexacte de la réalité (c'est-à-dire des dangers qui résultent de peurs irrationnelles) et qui provoquent des conséquences immorales, tandis que les dangers objectifs sont expliqués comme étant le résultat d'une compréhension exacte de la réalité (c'est-à-dire des dangers qui résultent de peurs rationnelles) et qui provoquent des conséquences morales.

Ici, les dangers sont associés à des conséquences physiques destructrices. Le sujet incapable d'en venir à une compréhension morale et rationnelle du danger cherchera à s'autodiscipliner pour régler ce problème (p. ex. si j'ai peur de voler à bord d'un avion là ou cette action est associée à un risque peu élevé de destruction physique, je dois réprimer ou corriger mon désir de ne pas voler; si je suis un enfant qui a peur de perdre son toutou là où cette perte est associée à un risque peu élevé de destruction physique, je dois réprimer ou corriger mon désir de ne pas me séparer de mon toutou; si je suis quelqu'un qui a peur d'une catastrophe nucléaire là où la probabilité statistique de ce genre de catastrophe est associée à un risque peu élevé de destruction physique, je dois réprimer ou corriger mon désir de rejeter l'utilisation de l'énergie nucléaire).

Dans l'économie émotionnelle de la réalisation, la distinction entre le danger inacceptable et le danger acceptable est déployée comme moyen de différencier les formes non standard et standard ou malsaines et saines de douleur anticipée. Les dangers inacceptables ou anormaux désignent les expressions de danger qui ne se conforment pas aux attentes sociales moralement normatives vis-à-vis des formes standard de danger, alors que les formes acceptables ou normales de danger désignent leur conformité aux normes morales vis-à-vis des formes standard de danger. Les dangers inacceptables sont expliqués comme étant le résultat de formes non standard de douleur anticipée (c'est-à-dire les dangers qui résultent de peurs malsaines) et qui provoquent des conséquences immorales, tandis que les dangers acceptables sont expliqués comme étant le résultat de formes standard de douleur anticipée (c'est-à-dire les dangers qui résultent de peurs saines) et qui provoquent des conséquences morales.

Ici, les dangers sont associés à des conséquences psychologiques destructrices. Le sujet incapable d'en venir à une compréhension morale et saine du danger cherchera à se réaliser pour régler ce problème (p. ex. si j'ai peur de voler à bord d'un avion parce que voler est associé à un degré élevé de détresse psychologique, je ne devrais pas réprimer ou corriger mon désir de ne pas voler, mais activer ou former mon désir de voler, si cette peur est jugée malsaine dans ma culture, et ce danger acceptable ou normal; si je suis un enfant qui a peur de perdre son toutou parce que cette perte est associée à un degré élevé de détresse psychologique, je ne devrais pas réprimer ou corriger mon désir de conserver mon toutou, mais activer ou former mon désir de me séparer de mon toutou si cette peur est jugée malsaine dans ma culture; si je suis une personne qui a peur des catastrophes nucléaires parce que la possibilité, même minime, de ce genre de catastrophe existe et est associée à une détresse psychologique, je ne dois pas réprimer ou corriger mon désir de rejeter l'utilisation d'énergie nucléaire, mais reconnaître que ma peur est saine, si ce danger est considéré inacceptable ou anormal dans ma culture).

Évidemment, il est utile, en exerçant son autonomie, de craindre certaines forces et pas d'autres. Il est aussi utile d'être capable de réfléchir aux forces qui devraient ou ne devraient pas susciter la peur. À bien des égards, la détermination de qui devrait craindre quoi et pourquoi est au cœur de la lutte politique. Selon les termes de la théorie de l'in/capacité incarnée (2011), les perceptions morales du danger émergent des interactions entre les sujets et les normes sociales, de sorte que leur exactitude ou leur acceptabilité est une question de valeurs et dépend de la nature de l'économie émotionnelle à l'intérieur de laquelle les dangers prennent forme. Puisque l'expérience du danger et du danger moral est affectée par les interactions entre les sujets et les attentes sociales moralement normatives, le fait que certaines perceptions du danger soient favorisées et d'autres défavorisées est lourd de conséquences.

9.4. Sur le lien entre le problème moral et le problème social

La relation entre le problème social et la moralité est normalement pensée en fonction de l'impact des normes morales sur la problématisation de certains sujets, subjectivités ou comportements. Cette perspective est incomplète. Je suggère l'idée que la souffrance morale est basée sur la relation du sujet avec sa propre incapacité à exercer du pouvoir sur les causes de sa douleur et qu'elle est ainsi ancrée dans une dimension morale biographique distincte de sa dimension sociale, sans y être imperméable. Mon objectif est de réinscrire un sujet incarné dans le développement des problèmes moraux et de la moralisation des relations sociales à travers une conception du sujet biographique comme interagissant avec les forces sociales et, plus particulièrement, avec les attentes sociales moralement normatives.

Je comprends la dynamique de l'expérience subjective du danger de la manière suivante. La perception du danger (c'est-à-dire une force à laquelle on associe un résultat douloureux) mène à l'expérience de la peur (c'est-à-dire l'envie douloureuse d'éviter une douleur anticipée et de surmonter ainsi le danger) qui met en branle la quête d'une solution espérée à ce problème (c'est-à-dire la détermination de la forme d'in/capacité). Lorsque la forme d'in/capacité a été identifiée, la perception de la sécurité (c'est-à-dire une force à laquelle on associe un résultat agréable) remplace la perception du danger et mène à l'expérience du désir (c'est-à-dire l'envie agréable de rechercher le plaisir anticipé et d'instaurer ainsi la sécurité) qui met en branle la quête d'une solution espérée à ce second problème (c'est-à-dire la détermination du moyen de pouvoir).

Par ailleurs, je comprends la dynamique de l'expérience morale du danger comme suit. La perception du danger moral (c'est-à-dire du soi comme force à laquelle on associe un résultat douloureux) mène à l'expérience de la peur de soi (c'est-à-dire l'envie douloureuse d'éviter une douleur anticipée anticipée[8] et de surmonter ainsi le danger moral) qui met en branle la quête d'une solution espérée à ce problème (c'est-à-dire la détermination de la forme d'in/capacité morale – que le désir soit illégitime, incorrect, latent ou immature). Lorsque la forme d'in/capacité morale a été identifiée, la perception de la sécurité morale (c'est-à-dire du soi comme force à laquelle on associe un résultat agréable) mène à l'expérience du désir de soi (c'est-à-dire l'envie agréable de rechercher le plaisir anticipé anticipé et d'instaurer ainsi la sécurité morale) qui entraîne la quête d'une solution espérée à ce second problème (c'est-à-dire la détermination du moyen de pouvoir moral – le moyen de réprimer, de corriger, d'activer ou de former le désir).

---

8. L'anticipation de la douleur ou du plaisir est le propre de toute expérience émotionnelle dite subjective. L'anticipation qui fonde l'expérience émotionnelle subjective est anticipée à son tour, comme objet, dans le cours de l'anticipation qui fonde l'expérience émotionnelle morale. C'est donc l'expérience émotionnelle en tant que telle qui est l'objet de l'expérience émotionnelle morale, caractérisée par le désir de transformer l'expérience émotionnelle subjective qui pose problème (soit un désir illégitime, incorrect, latent ou immature).

Nous avons vu que les problèmes moraux sont vécus par des soi moraux qui perçoivent les forces du danger et de la sécurité comme des objets d'intervention. Cela suppose que des soi conscients d'eux-mêmes exercent leur propre force directive dans la résolution de problèmes. La distinction que l'on peut faire entre le problème moral et le problème social m'importe ici. Si tous les problèmes peuvent être compris comme provenant soit d'une menace relationnelle, soit d'une sécurité relationnelle, et qu'ils constituent ainsi des expériences subjectives de peur ou de désir, et si toutes les expériences subjectives peuvent être transformées en expériences morales pour autant qu'elle soient vécues comme des problèmes qui peuvent et devraient être surmontés par un travail sur soi, ces problèmes moraux et ces solutions peuvent également devenir des problèmes sociaux.

Je maintiens aussi que les règles morales individuelles se développent par l'entremise des interactions des individus avec de multiples forces qui les poussent à vivre certaines relations comme désirables et sujettes au contrôle individuel, et d'autres comme indésirables et également sujettes au contrôle individuel. Ces règles morales peuvent devenir des normes morales si elles sont portées par des forces sociales, dont les forces culturelles et politiques et, à leur tour, ces normes morales peuvent pousser les individus à développer de nouvelles règles morales. Bien que je tienne à une distinction entre les forces qui sont des règles et les forces qui sont des normes, celles-ci devraient être comprises comme interactives.

Finalement, je soutiens que le problème moral est vécu par un soi moral à la suite de la perception d'une absence de solution au danger en tant qu'objet dangereux ou à la sécurité en tant qu'objet sécurisant – lorsque les individus exercent l'autonomie morale, leur expérience du danger moral est associée à la souffrance morale, et leur expérience de la sécurité morale au bien-être moral, qui sont tous deux la conséquence de la perception des sujets de leur propre force comme objet de pouvoir. Comment donc pouvons-nous comprendre le problème social ?

L'existence du problème social dépend de la capacité des sujets de faire l'expérience des relations entre les soi et les autres comme objets sur lesquels on peut et doit agir afin de s'éloigner de la souffrance et de s'approcher du bien-être.

Mus par l'expérience de la peur de soi – l'envie douloureuse de surmonter le danger moral – et par celle du désir de soi – l'envie agréable d'instaurer la sécurité morale – qui se rapportent aux relations entre les soi et les autres, les sujets doivent chercher à résoudre les problèmes moraux que représentent ces relations en trouvant des solutions morales. Autrement dit, afin que les relations entre les soi et les autres deviennent l'objet d'un problème moral, ceux qui perçoivent ces relations doivent non seulement avoir la capacité d'exercer l'autonomie morale et de faire l'expérience morale de la souffrance et du bien-être, ils doivent aussi percevoir ces relations comme sujettes à l'évaluation morale et au contrôle et faire l'expérience de la peur de soi et du désir de soi en leur compagnie.

De plus, le sujet moral, dont la perception de son rapport à soi et à autrui comme objet de danger ou de sécurité moral forme la base de la moralisation des relations sociales, doit être conçu comme un soi qui peut exercer du pouvoir sur lui-même en tant qu'autrui (comme un objet subjectif sur lequel le soi peut agir de façon directive par lui-même), comme un soi qui peut exercer du pouvoir sur les autres en tant que soi (en tant qu'objet subjectif qui peut agir de façon directive sur d'autres soi), et comme un soi sur qui le pouvoir d'autrui peut être exercé (en tant qu'objet subjectif sur lequel d'autres soi peuvent agir de façon directive). C'est à la fois en tant que soi-comme-autrui et autrui-comme-soi que l'individu fait l'expérience de ses problèmes comme ceux d'un autre sur lesquels il peut et devrait exercer du pouvoir, et qu'il fait l'expérience des problèmes d'autrui comme ceux de soi qui peuvent et devraient également faire l'objet de la force directive des soi et des autres.

L'expérience du problème social requiert un sujet moral. Ce sujet moral doit être responsabilisé face à la menace posée par les relations entre lui et les autres de sorte que ces relations deviennent sujettes à la moralisation.

Bref, la responsabilisation de soi face à la nature dangereuse des relations entre les soi et les autres est une condition du développement du soi et de l'autre social « moralisable » ou « réformable » et donc du problème social. Les sujets doivent se percevoir comme capables d'exercer du pouvoir sur la qualité de leurs relations avec les autres et se sentir portés à le faire, de la même façon qu'ils doivent percevoir les autres comme capables d'exercer cette même force directive. Enfin, comme condition de la constitution du problème social, les individus doivent développer la capacité de faire l'expérience d'eux-mêmes comme à la fois les sujets et les objets de l'intervention dans la production de la souffrance et du bien-être et étendre ceci aux autres soi moraux. Les problèmes sociaux sont ainsi des problèmes moraux qui affectent les soi et les autres moraux en tant qu'objets d'intervention dans leurs relations entre eux, et leur développement est incité par l'expérience de la peur de soi et du désir de soi.

De puissantes forces sociales, dont les forces culturelles, économiques et politiques, peuvent contribuer de façon collective à l'expérience individuelle de la souffrance et de la peur, de la souffrance morale et de la peur de soi, du bien-être et du désir, du bien-être moral et du désir de soi. On peut également faire valoir que certaines de ces forces contribuent à la formation de problèmes sociaux, si on en vient à comprendre qu'elles affectent la qualité des rapports sociaux de manière indésirable et de façon à nous inciter à penser et à ressentir que nous devrions exercer du pouvoir sur elles. Afin de faire cette détermination, il peut nous être utile de mieux comprendre les dynamiques émotionnelles et les effets qui sont produits par le jeu entre l'expérience individuelle et les forces sociales, entre autres.

Le degré à partir duquel les acteurs incarnés sont capables de diriger le cours des actions avec lesquelles ils sont en conflit de façon à diminuer leur souffrance morale et à accroître leur bien-être moral détermine le degré à partir duquel ils sont capables d'exercer leur autonomie morale. Bien que l'exercice du pouvoir, ou l'actualisation de ses désirs, dépende de l'accès aux moyens d'exercer le pouvoir, voire de la liberté, celle-ci n'est pas un gage de l'autonomie et peut même favoriser l'hétéronomie. Par ailleurs, l'exercice de l'autonomie subjective et morale peut accroître certaines formes de souffrance et en faire diminuer d'autres.

La plus ou moins grande incapacité à éviter les expériences de souffrance, la fréquence de cette incapacité, son intensité et sa durée, de pair avec la plus ou moins grande capacité à réaliser des expériences de bien-être, la fréquence de cette capacité, son intensité et sa durée, sont des forces que l'on peut examiner afin de mieux saisir les dynamiques d'économies émotionnelles précises et des forces sociales et autres qui contribuent à leur développement. Cela comprend les structures d'inégalité qui ont un impact sur l'exercice de l'autonomie subjective et morale, et d'autres forces comme la nature excessivement puissante de diverses normes qui écrasent la capacité de l'individu de moduler l'exercice de son autonomie subjective ou morale en fonction de son incarnation unique et située, de sorte qu'ils soit plutôt appelé à s'adapter.

Cette approche nous permet de prendre les formes contemporaines de la souffrance au sérieux dans leur lien aux phénomènes subjectivement et moralement incarnés, qui sont aussi matériellement réels et biologiquement significatifs. Elle nous permet également de reconnaître que si différentes forces, dont les forces sociales, contribuent de façon incontournable à constituer l'autonomie subjective et morale des individus, la pratique de l'autonomie est distincte de ces forces, auxquelles on ne peut la réduire. L'incapacité ou la capacité d'un individu de résoudre des problèmes en s'appropriant les forces qui exercent une pression sur lui par l'exercice de son autonomie, qu'elle soit subjective ou morale, produit de plus et de moins grands degrés d'impuissance chez les individus dont les expériences demeurent uniques.

Enfin, nous devons demeurer conscients du fait que la détermination de problèmes sociaux, la façon dont ils sont compris, et les solutions proposées pour les surmonter ont le potentiel d'accroître plutôt que de diminuer l'intensité et l'ampleur de la souffrance des individus. Les problématisations du social et les pratiques qui les accompagnent peuvent contribuer à la production de différents types de problèmes, dont les problèmes sociaux et individuels[9].

Références bibliographiques

BERLANT, L. (2004). «Introduction: Compassion (and withholding)», dans L. Berlant, *Compassion: The Culture and Politics of an Emotion*, New York, Routledge, p. 1-14.

BLACKMAN, L. (2004). «Self-help, media cultures and the production of female psychopathology», *European Journal of Cultural Studies*, vol. 7, p. 219-236.

CASTEL, R. (1981). *La gestion des risques: de l'antipsychiatrie à l'après-psychanalyse*, Paris, Éditions de Minuit.

DE COURVILLE NICOL, V. (2011). *Social Economies of Fear and Desire: Emotional Regulation, Emotion Management and Embodied Autonomy*, New York, Palgrave Macmillan.

EHRENBERG, A. (1998). *La fatigue d'être soi: dépression et société*, Paris, Odile Jacob.

ELIAS, N. (1973). *La civilisation des mœurs*, Paris, Calmann-Lévy.

MCGEE, M. (2005). *Self-Help Inc.: Makeover Culture in American Life*, Oxford, Oxford University Press.

NETTLETON, S. (1997). «Governing the risky self: How to become healthy, wealthy and wise», dans A. Petersen et R. Bunton (dir.), *Foucault: Health and Medicine*, New York, Routledge, p. 207-222.

O'MALLEY, P. (1998). *Crime and the Risk Society*, Darmouth, Aldershot.

OTERO, M. (2003). *Les règles de l'individualité contemporaine: Santé mentale et société*, Québec, Les Presses de l'Université Laval.

PETERSEN, A. (1997). «Risk, governance and the new public health», dans A. Petersen et R. Bunton (dir.), *Foucault, Health and Medicine*, New York, Routledge.

RIMKE, H.M. (2000). «Governing citizens through self-help literature», *Cultural Studies*, vol. 14, n° 1, p. 61-78.

---

9. Je ne considère pas pour autant qu'il soit possible ou même souhaitable d'en finir avec la souffrance, qu'elle soit subjective ou morale, ou avec la peur et la peur de soi. À ce sujet, voir *Social Economies of Fear and Desire* (2011).

PARTIE 3

ÉMERGENCES ET CONSTRUCTIONS

CHAPITRE 10

QUAND UN NON-PROBLÈME DEVIENT PROBLÈME
DE LA MÉDICALISATION À LA PHARMACEUTICALISATION
Johanne Collin

La sociologie est généralement réfractaire à toute vision consensualiste. Pourtant, dans le champ de la sociologie de la santé, il existe un consensus depuis plus de quarante ans autour de la question de la médicalisation. Depuis les travaux fondateurs d'Irving Zola (1966, 1972), puis de son élève, Peter Conrad, rares sont les sociologues qui ont remis en question la définition quasi universelle de la médicalisation comme débordement injustifié du champ du médical sur celui du social, ou encore en tant qu'étiquetage de problèmes sociaux comme relevant du champ et du pouvoir normatif de la médecine. Les travaux de Peter Conrad (1992, 2007) ont traversé plus de trois décennies assez glorieusement et sans sérieuses remises en question, jusqu'à ce qu'au début des années 2000 apparaisse, d'une part, le concept de biomédicalisation (Clarke *et al.*, 2003) et, d'autre part, une approche foucaldienne portée par Nikolas Rose et sa *Politics of Life Itself* (2007a). La biomédicalisation se veut certes une lecture beaucoup plus large et plus englobante des transformations qui traversent et secouent les sociétés occidentales contemporaines, notamment à travers le rôle des technosciences dans la transformation des identités. L'approche de Clarke *et al.* ne contredit cependant pas diamétralement celle de Conrad. Elle a plutôt pour effet de la compléter, en élargissant le regard pour englober l'ensemble du social.

Au regard des diverses analyses et de leurs différents angles et thèmes – les travaux sur la médicalisation du vieillissement qui se penchent ou se sont penchés sur la ménopause ou la dysfonction érectile, les études sur la dépression mais également sur d'autres diagnostics psychiatriques (phobie sociale, TDAH, PTSD, etc.) –, force est de constater que le médicament – et le rôle de l'industrie pharmaceutique – sont presque toujours au cœur du phénomène de médicalisation.

10.1. LA QUESTION DE LA MÉDICALISATION

Il s'agit dans ce texte de proposer un schéma interprétatif de l'accroissement du recours aux médicaments qui aille au-delà de l'interprétation consensuelle de la médicalisation comme «complot» de l'*establishment* médical, de la pharmaceutique et des tiers payeurs (entendre ici les compagnies d'assurance) pour pervertir, détourner, contraindre les individus à se considérer comme malades et à recourir aux technologies médicales (et notamment aux médicaments) pour régler des problèmes sociaux. En effet, la médecine comme discipline et comme profession n'est pas monolithique, comme le souligne Nikolas Rose dans un article fort intéressant sur la question :

> Medicine has no essence, be it epistemological (there is no single medical model), political (the power of medicine cannot be reduced to social control or the management of social problems), or patriarchal (medicine and medics do not merely seek control over women and their bodies). Medicine is not a single entity: clinical medicine is only one component among many ways in which individual and group life have been problematized from the point of view of health. And medical knowledge, medical experts, and medical practices play very different parts in different locales and practices (Rose, 2007a, p. 700).

La médicalisation dans son acception courante en sociologie implique en fait une certaine passivité de la part des individus, une naïveté, une propension à se laisser manipuler par l'industrie pharmaceutique, les médecins et la santé publique. Les vastes campagnes fondées sur une certaine pédagogie du danger seraient en elles-mêmes suffisantes pour persuader les individus – patients en devenir – de redéfinir leur mal-être et leur inconfort en termes de maladies et de s'en remettre entièrement à l'expertise médicale pour y trouver une solution. Mais cette approche – qui n'est pas celle des grands penseurs de la médicalisation comme Conrad – est largement véhiculée, un peu comme une pensée magique, qui largement surestime le pouvoir des techniques de marketing à dicter des façons de faire, de voir, de comprendre et d'agir aux individus. Non pas que ces techniques ne soient pas efficaces, bien au contraire. Cependant, elles n'agissent pas seules. Comme le souligne Rose :

> [A]lthough drug companies use techniques of modern marketing, they do not seek to dupe an essentially submissive audience [...] Marketing does not so much invent false needs, as suggested by cultural critics, but rather seeks to understand the desires of potential consumers, to affiliate those with their products, and to link these with the habits needed to use those products (Rose, 2007a, p. 702).

Si médicalisation il y a, notamment à travers le recours massif au médicament de la naissance à la mort, dans toutes les phases de la vie, cela n'est certes pas le seul résultat d'un processus coercitif d'imposition de règles de conduite. Il s'agit bien davantage de la rencontre ou de la convergence d'aspirations à « être mieux que bien » de la part des profanes et à « faire mieux que bien » de la part des experts. Après Foucault, les Lupton (Lupton, 1995 ; Tullock et Lupton, 2003), Armstrong (1995) et Rose (1998, 2007a et b) – pour ne nommer que ces trois auteurs-phares d'une lecture foucaldienne de la sociologie de la santé – ont bien montré comment la médecine comme profession et comme science avait façonné dès le XIXe siècle les individus contemporains, non seulement dans leur corps, mais aussi dans leurs aspirations et leurs désirs les plus intimes. La médicalisation dont il est ici question s'épanouirait donc parce que profondément ancrée dans une économie politique de la subjectivité, de l'individualisme, nourrie par un registre d'images fortes et fortement médiatisées de ce qu'est une *bonne* vie, par un répertoire des possibles qui s'offrent à l'individu contemporain (quelle que soit sa situation socio-économique). Aspirer à une vie meilleure, à une santé parfaite, à être mieux que bien et à être le plus « soi-même » possible implique, pour l'individu contemporain, de constamment rééditer son image et son identité – d'être actif donc dans la coconstruction de l'individualité contemporaine. De fait, comme le souligne R. Nye : « *The irony of this development is that the goal of a perfectly healthy population – bodies that are "natural" and unmedicalized – can only be achieved by the individual internalization of a totally medicalized view of life* » (Nye, 2003, p. 119).

Nous proposons donc d'envisager la médicalisation comme le produit de la convergence (malentendus qui fonctionnent) des valeurs dominantes dans l'ensemble de la société (c'est-à-dire dans le monde profane) et dans le monde médical (expert et scientifique) autour notamment de l'obsession du risque et de l'aspiration à la santé parfaite. L'une et l'autre de ces valeurs sont étroitement articulées à la notion de prévention, elle-même de plus en plus axée sur le recours au médicament.

Nikolas Rose nous incite à aller au-delà des clichés et des acceptions désormais traditionnelles du concept de médicalisation pour en scruter les mécanismes. Il nous exhorte plutôt à se servir de la fenêtre qu'elle nous fournit sur les sociétés occidentales contemporaines pour en observer les mutations profondes.

> The theme of medicalisation, implying the extension of medical authority beyond a legitimate boundary, is not much help in understanding how, why, or with what consequences these mutations have occurred. Medicalisation might be a useful neutral term to designate issues that were not at one time but have become part of the province of medicine [...] The term medicalisation may be the starting point of an analysis, a sign of the need for an analysis, but it should not be the conclusion of an analysis (Rose, 2007a, p. 702).

Pour mieux cerner le « comment » et le « pourquoi » de cette colonisation du social par le médical, nous nous proposons de développer dans ce texte trois dimensions qui engagent tout particulièrement la question du médicament, au cœur de la médicalisation à travers : 1) l'abaissement des seuils de tolérance face aux dysfonctionnements corporels ; 2) l'élargissement des usages et des indications thérapeutiques des médicaments ; 3) l'extension des limites corporelles et l'amélioration des potentialités comme poste avancé de cette médicalisation.

Pour y parvenir, il convient de se pencher, dans un premier temps, sur les transformations épistémologiques majeures dans le champ de la médecine et de la santé conduisant aux peurs et aux désirs qui soutiennent et nourrissent la médicalisation.

10.2. Vers une reconfiguration du couple santé/maladie

Depuis la fin des années 1940, les enjeux de la santé publique et de la médecine se sont réorganisés autour d'une série de transformations majeures dont notamment l'essor de l'industrie pharmaceutique d'envergure internationale – la *Big Pharma* –, le développement et la multiplication des spécialités médicales ainsi que l'institutionnalisation de l'épidémiologie et du champ de la promotion de la santé. Chacune de ces transformations mériterait en soi que nous y consacrions plusieurs pages, mais là n'est pas notre objectif. Toutes, en revanche, se cofertilisent et constituent les piliers ou les bases sur lesquelles peuvent s'actualiser deux changements majeurs dans l'épistémologie médicale au XXe siècle.

Le premier prend forme à travers la redéfinition de ce qu'est la santé. En 1947, en effet, l'Organisation mondiale de la santé nouvellement créée décrète que la santé ne doit plus se définir uniquement par l'absence de maladie mais qu'elle doit plutôt être envisagée comme un état de bien-être physique, psychique et social de tous les instants.

Un second changement épistémologique majeur concerne l'élargissement du regard médical et du prisme à partir duquel la profession envisage son champ d'action. David Armstrong (1995) a bien décrit comment le XIXe siècle est le théâtre de cet élargissement de focale. Partant de la *Naissance de la clinique* (Foucault, 1972), Armstrong montre comment, à compter des dernières décennies du XIXe siècle, la médecine comme science et comme profession élargit le prisme de son regard, de la clinique à la sphère publique, du chevet du malade à l'ensemble de la population, de la maladie avérée à la prévention de celle-ci. Et ce, avec comme résultat l'émergence d'une santé publique de plus en plus active pour mettre en place des mesures de prévention des épidémies, des maladies infectieuses puis, au fur et à mesure que leur prévalence devient plus importante au XXe siècle, des mesures de prévention des maladies chroniques.

Toutefois, c'est véritablement avec l'institutionnalisation de l'épidémiologie comme discipline à partir des années 1950, que la santé publique acquiert un impact majeur sur l'épistémologie médicale. Avec la multiplication des enquêtes populationnelles, il y a en effet passage d'une perspective clinique fondée sur la dichotomie entre santé et maladie à une approche épidémiologique fondée sur une distribution de variables continues. Les maladies chroniques, cibles privilégiées de la santé publique, seront progressivement appelées à être diagnostiquées sur la base de déviations numériques (par rapport à la courbe normale) plutôt qu'au regard de symptômes (Greene, 2007). En conséquence, elles seront traitées de façon préventive avant même que n'apparaisse tout signe de maladie avérée. Se situant toujours plus ou moins à la marge, plus ou moins dans la moyenne, en somme sur un continuum, l'individu à risque constitue nécessairement, aux yeux de la médecine et de la santé publique, un malade en devenir (Collin, 2007 ; Armstrong, 1995 ; Lupton, 1995).

Cette reconfiguration conduit donc à brouiller les frontières entre santé, bien-être et confort, d'un côté, et entre santé et maladie, de l'autre, le médicament devenant un outil dont l'usage est justifié, tant par la prévention de la maladie que par sa présence. Au cours des prochaines pages, il s'agira de montrer, à partir de l'exemple de l'hypertension artérielle, comment les objectifs de repérage des risques chers à l'épidémiologie et à la santé publique conduisent à l'éclatement de la notion de causalité et au développement d'une médecine prédictive et préventive visant à agir en amont du développement de la maladie. Il s'agit, en fait, de montrer comment, au cours des dernières décennies, l'évolution des raisonnements cliniques se conjugue à une mobilisation de la santé publique autour de ces problèmes ainsi qu'à l'arrivée sur le marché de nouveaux médicaments pour redéfinir les contours de la maladie à travers un abaissement des seuils à partir desquels l'intervention médicale est considérée comme requise.

10.3. L'ABAISSEMENT DES SEUILS DE TOLÉRANCE FACE AUX DYSFONCTIONNEMENTS CORPORELS

L'hypertension artérielle est considérée à la fois comme maladie et comme facteur de risque de maladies cardiovasculaires. Or ces dernières sont parmi les principales causes de mortalité dans les sociétés occidentales contemporaines (OMS, 2004a et b). Dès le début des années 1960, on note une préoccupation croissante dans les milieux médicaux pour la question de l'hypertension[1]. Ce n'est toutefois qu'à partir du milieu des années 1970 que les discours médicaux et de santé publique proclament la nécessité d'une prise en charge systématique de cette condition (Wang et Vasan, 2005).

De façon schématique, on peut avancer que la conjonction de deux événements préside à ce changement de perspective. Le premier est l'arrivée sur le marché d'agents thérapeutiques plus efficaces. Le second est la publication d'une étude randomisée, première enquête populationnelle du genre, démontrant les conséquences positives du contrôle de l'hypertension au sein de la population sur la morbidité et de la mortalité associées aux maladies cardiovasculaires (Veterans Administration Cooperative Study Group on Antihypertensive Agents, 1970). La conjonction des deux conduira rapidement à faire passer le dépistage et le traitement de l'hypertension au premier rang des préoccupations médicales. La prévention primaire sera transférée, du même coup, des mains des cardiologues à celles des médecins généralistes. Enfin, dans cette foulée, les guides de pratique destinés aux omnipraticiens commenceront à se multiplier (Hansson, 2002).

Si les contours de l'hypertension n'ont cessé d'évoluer depuis les années 1960 (Wang et Vasan, 2005), c'est essentiellement en fonction de deux processus. Le premier correspond à l'abaissement progressif des seuils à partir desquels on définit la tension artérielle comme anormale. Le second renvoie, quant à lui, à une évaluation de plus en plus complexe du cumul des facteurs de risques associés à l'hypertension et à la maladie coronarienne (Will, 2005). L'un et l'autre participent d'un élargissement progressif de la zone d'intervention de la médecine et de la santé publique par la prescription médicamenteuse et celle de « saines habitudes de vie » au sein de la population.

Dans les guides de pratique, on distingue d'emblée des niveaux d'hypertension, établis en fonction des risques associés à chacun (OMS, 2004). Ces niveaux de gravité de l'hypertension vont de *faibles* (SBP: 140-159 ou DBP 90-99 mm Hg), à *modérés* (SBP: 160-179 ou DBP 100-109 mm Hg), à *élevés* (SBP > 179 ou DBP > 109 mm Hg) (Getz *et al.*,

---

1. Selon le National Health Examination Survey (NHES) américain.

2004)[2]. Ces guides de pratique, régulièrement réédités et mis à jour en fonction des nouvelles connaissances scientifiques, se multiplient à partir des années 1970. Mais plus encore, on distingue désormais parmi les individus ne souffrant pas d'hypertension ceux qui ont une pression artérielle *optimale* (<120/80), de ceux dont la pression est jugée *normale* (120-129/80-85 mm Hg) et enfin, de ceux qui ont un niveau de pression «*supra-normal*» (*high normal*) (130-139/85-89 mm Hg) (Hansson, 2002). Dans ce dernier cas, on parle de *pré-hypertension* (Nesbitt et Julius, 2000; Greenlund *et al.*, 2004; Ritz, 2007).

Comme les études montrent par ailleurs qu'il n'existe pas de seuil en deçà duquel la relation entre le niveau de pression et la mortalité cardiovasculaire n'est pas statistiquement significative, les experts en concluent que moins la pression artérielle est élevée, plus les risques d'incidents cardiovasculaires sont faibles (Hansson, 2002; Ritz, 2007). Les guides de pratique tendent donc désormais à préconiser les niveaux de tension artérielle les plus bas possibles pour l'ensemble de la population, avec comme résultat d'englober un nombre croissant d'individus dans le groupe des personnes *à risque* (Nesbitt et Julius, 2000).

C'est ainsi que, selon des guides de pratique norvégiens, 76% des individus âgés entre 20 et 79 ans en 2001 faisaient partie de la *population à risque* de développer des maladies cardiovasculaires (Getz *et al.*, 2004)[3]. On peut en conclure que 76% de la population norvégienne devenait d'emblée *problématique* en regard de ces critères et se trouvait désormais dans la mire des interventions tant médicales que de santé publique.

Dans cette optique, suivre à la lettre les recommandations des guides de pratique revient à considérer que la majorité de la population est en deçà d'une norme qui ne correspond plus à une courbe de distribution normale de la population, mais bien à une valeur idéale permettant d'atteindre une santé parfaite, comme en témoigne cet article médical:

> This raises the question as to whether average Western values should be regarded as «normal». Today's average levels are not typical of values throughout human evolution. Differences in lifestyle (diet and habitual exercise) underlie the differences in the physiological variables, and relatively recent changes are likely to have been responsible for the emergence of the associated diseases (ischaemic heart

---

2. Ils sont également associés à des niveaux de risque qui varient en fonction de la condition du patient. Ainsi, un diabétique, souffrant par exemple d'hypertension faible, se verra attribuer un niveau élevé de risque cardiovasculaire (Getz *et al.*, 2004).
3. En fait, 50% des personnes âgées de 24 ans et plus en Norvège, et 90% de celles âgées de 49 ans et plus, présenteraient, selon ces normes, des taux de cholestérol ou de pression artérielle supérieurs à ceux recommandés.

disease, non-insulin dependent diabetes, hip fracture). Present average values of certain key risk factors in Western populations should not be regarded as « normal » (Law et Wald, 2002, p. 1573).

Ainsi, à partir de l'idée que la prévention, poste avancé de l'action sur la maladie, peut précisément permettre d'éviter l'aggravation, voire l'apparition d'un problème de santé avéré, on cherche à détecter, à repérer et à diagnostiquer les problèmes éventuels comme des « pré-problèmes », tel que l'illustre la notion de pré-hypertension. Ici, apparaît en clair la conceptualisation du couple santé/maladie comme variables continues, sur un continuum en somme, où se déplacerait la frontière entre normal et pathologique au gré des nouvelles recherches scientifiques. La médecine fondée sur la preuve (*evidence based medicine*) et l'épidémiologie alimentent cette quête perpétuelle de la santé parfaite et cette aspiration de la médecine à « faire mieux que bien ».

Une réorientation des attentes normatives face à la quête de la santé parfaite devient donc partie intégrante de la redéfinition des contours de ce qu'est la maladie et des seuils à partir desquels il est légitime d'intervenir médicalement.

Le choix de l'exemple de l'hypertension n'est pas fortuit pour illustrer et scruter ce dispositif qui contribue à l'élargissement constant du champ d'action de la médecine et à la fabrication de nouveaux problèmes de santé. En effet, si les auteurs critiques de la médicalisation ne remettent généralement pas en question l'étiologie médicale et biologique du problème que constitue l'hypertension, il en va tout autrement de la dépression ou encore de la dysfonction érectile qui, eux, constituent des exemples phares des écrits sociologiques sur la médicalisation. Pourtant, l'hypertension partage avec ces deux cas d'importantes similitudes, ce qui permet de pousser plus loin l'analyse du processus de médicalisation.

Dans le cas de la dépression ou de la dysfonction érectile, tout comme dans celui de l'hypertension, on relève dans la littérature médicale de nouvelles catégories nosographiques, ou à tout le moins diagnostiques, qui s'apparentent à un abaissement des seuils à partir desquels est mobilisée l'attention de la santé publique et l'intervention de la médecine. À la pré-hypertension, s'apparente ainsi la dépression *légère* (Kirmayer, 2002, etc.) et la dysfonction érectile *partielle* (Marshall et Katz, 2002; Marshall, 2006).

De plus, dans chacun des trois cas, les facteurs de risque sont clairement identifiés, les signes avant-coureurs de la maladie largement diffusés et les traitements préventifs fortement suggérés. Une « veille » médicale et populationnelle est instaurée, notamment à travers l'accent mis sur le dépistage et le transfert de la prise en charge médicale des spécialistes vers les généralistes. Dans les trois cas également, la mise en marché de nouveaux médicaments pour traiter ces affections s'accompagne de techniques efficaces de marketing pharmaceutique, d'une large diffusion d'outils d'autodiagnostics et d'une rhétorique alarmiste de la santé publique suggérant l'épidémie (Collin, 2007).

Si l'évolution des raisonnements scientifiques et thérapeutiques autour de l'hypertension met en évidence l'importance de l'abaissement des seuils de tolérance face aux dysfonctionnements corporels en tant que mécanisme fondamental dans le processus de médicalisation, un autre dispositif est également éclairant : celui de l'élargissement des indications thérapeutiques pour un médicament.

10.4. Faire « mieux que bien » et « être mieux que bien » : l'élargissement des indications thérapeutiques

Le phénomène de prescription « hors indications » (*off label prescriptions*) est relativement peu étudié alors que lui revient pourtant une part non négligeable de la colonisation du social par le médical. C'est dès lors sur ce dispositif que portera cette deuxième section, à partir de l'exemple des hormones de croissance fort bien documenté par Peter Conrad et Deborah Potter (2004).

En 1985, la compagnie Genentech réussit à synthétiser l'hGH (*human Growth Hormone*) et à la commercialiser aux États-Unis. Il s'agit alors d'une percée sur le marché puisque cette molécule synthétique est beaucoup plus efficace et moins nocive que la molécule naturelle prélevée de la génisse qui, jusque-là, constituait le seul médicament disponible pour traiter les cas de nanisme. Cette percée entraîne rapidement un accroissement de la demande et une diminution des coûts de production de l'hormone synthétique. Une baisse du prix du traitement de cette déficience hormonale s'en suit, si bien que le médicament pourra désormais être administré en dehors du contexte hospitalier, c'est-à-dire dans les cliniques privées et en médecine ambulatoire.

Comme le montrent bien Conrad et Potter, à partir du moment où le médicament devient accessible en dehors du contexte hospitalier et à moindre coût, on assiste à une véritable explosion des recours liée notamment à l'élargissement des usages au-delà des indications cliniques pour lesquels le médicament a reçu son approbation de mise en marché, ce qui correspond à la prescription hors indication. Cela signifie en clair qu'à partir de ce moment, les hormones de croissance ont commencé à être prescrites et utilisées à bien d'autres fins que celle de suppléer les déficiences hormonales de personnes atteintes de nanisme. Cet élargissement s'est fait de deux façons. D'abord autour de la question des problèmes de croissance, en ciblant des enfants de très petite taille mais ne souffrant pas de déficience hormonale[4]. Ensuite par la prescription du médicament pour des problèmes tout à fait distincts de ceux associés à la croissance. Par exemple, à travers la prescription aux personnes atteintes du sida en vue de maintenir leur masse musculaire, aux grands brûlés, aux personnes atteintes de cancer pour maintenir leur poids lors de la chimiothérapie. Les hormones ont également été prescrites pour leurs propriétés antiâge ainsi que pour contrer l'ostéoporose.

Le phénomène de prescription hors indication est largement répandu et concerne de nombreuses classes de médicaments. Les médicaments psychotropes, anxiolytiques, sédatifs et hypnotiques d'un côté, les antidépresseurs de l'autre sont largement utilisés pour contrer la douleur, traiter la migraine, les maux de dos, etc. Les antidépresseurs pour traiter le syndrome prémenstruel ou contrer le tabagisme[5].

Dans le cas des hormones de croissance, ce qui est particulièrement intéressant et ici digne de mention tient au fait que c'est la convergence très articulée et explicite des intérêts et demandes de différents acteurs qui a conduit à un élargissement des usages, mais plus encore, à la «création» d'une nouvelle entité diagnostique, celle de *petite taille idiopathique* (*idiopathic short stature*). Le terme «idiopathique» désigne en médecine une maladie ou un symptôme apparus spontanément ou dont les causes sont inconnues.

De 1985 à 1990, 94% des 534 endocrinologues interviewés dans le cadre d'une enquête admettent avoir prescrit les hormones de croissance à des enfants de petite taille mais ne souffrant d'aucune déficience hormonale (Conrad et Potter, 2004). Une forte demande des parents d'enfants de petite taille se conjugue alors à l'extension des pratiques de prescription hors indication des pédiatres endocrinologues pour orchestrer la contestation médicale de critères diagnostiques jugés trop stricts et imposés par les guides de pratique sur l'usage en clinique privée des hormones de croissance.

Au cours des années 1990, cette contestation cède le pas à une mobilisation concertée des acteurs-clés auprès des législateurs: groupes de parents, groupes de médecins, industrie pharmaceutique. Celle-ci prend notamment la forme d'une fondation, financée par l'industrie, la *Human Growth Foundation* qui devient alors un groupe de pression puissant auprès de l'État pour faire reconnaître comme maladie le fait d'être de petite taille. Cette convergence d'intérêts chez des acteurs collectifs vise également l'élargissement des indications pour l'usage de l'hormone de croissance.

---

4. La petite taille pouvant s'expliquer par des facteurs génétiques/environnementaux.
5. Dans ces deux derniers cas, une nouvelle indication a été reconnue pour la même molécule, en autorisant l'usage à ces fins.

Ainsi, des acteurs collectifs qui souvent s'affrontent en poursuivant des intérêts contradictoires ou divergents, voient ici converger leurs actions pour coconstruire de nouvelles entités pathologiques à partir d'une déviation à la norme quant à ce que l'on considère socialement comme une grandeur acceptable, normale, souhaitable pour les individus et surtout susceptible de les soustraire à la stigmatisation. Tout cela, à terme, entraîne comme conséquence délétère un rehaussement de la norme ainsi que des attentes sociales quant à ce que devrait être la taille « idéale » d'un individu « normal » au sein de cette société.

Le déplacement des seuils de tolérance au-delà desquels l'intervention médicale est, sinon souhaitée, du moins envisagée, rend plus tangible et accessible l'aspiration des individus à « être mieux que bien » et celle de la médecine à « faire mieux que bien ». Du même coup, elle ouvre également la porte à un autre dispositif de colonisation du social par le médical : celui de l'optimisation de soi, de l'amélioration des potentialités qui renvoie en anglais au concept de *enhancement*.

10.5. DE L'ABAISSEMENT DES SEUILS AUX PRATIQUES D'OPTIMISATION DE SOI

La définition de ce qu'est l'optimisation de soi (*enhancement*) pose un défi particulier dans la mesure où le concept renvoie à des réalités multiples et mouvantes. Selon Juengst (1998), il recouvre l'ensemble des interventions visant à améliorer le fonctionnement de l'humain qui vont au-delà de ce qui est nécessaire pour recouvrer la santé. Or, la santé est en soi une notion fort relative, dont les contours et les contenus sont constamment réédités en fonction des contextes et des sociétés dans lesquels elle s'inscrit. Sans repères fixes ni définition universelle, il devient difficile de tracer la ligne qui distingue l'optimisation de soi du simple traitement pour recouvrer la santé. Prenant parfois la forme d'interventions de nature non médicale – on pense ici à l'entraînement intensif pour améliorer ses capacités, ou encore à la méditation pour accroître sa concentration –, l'amélioration des potentialités repose néanmoins largement sur des interventions de nature médicale tels la chirurgie esthétique et le recours aux médicaments.

Le concept d'optimisation n'est cependant pas tout à fait équivalent à celui de « dépassement de soi » (Ehrenberg, 1992), dans la mesure où il renvoie à différents niveaux et modalités d'amélioration des potentialités. Conrad (2007) en distingue trois : réparation, normalisation et dépassement. Dans le premier cas, celui de réparation, l'intervention vise à redonner à l'individu le potentiel qu'il possédait jadis. En d'autres termes, à ramener l'individu (son corps/son cerveau) à son niveau de performance ou d'apparence antérieur. Le recours aux traitements antiâge en constitue une bonne illustration. La deuxième modalité d'optimisation de soi consiste à ramener le niveau de performance de l'individu à celui de la moyenne de son groupe de référence. La prescription d'hormones de croissance aux enfants de petite taille pour leur permettre, à terme, d'atteindre une stature «normale», est un bon exemple de ce deuxième type d'optimisation de soi. Le troisième cas est bien celui du dépassement de soi, où l'intervention vise à permettre à l'individu d'aller au-delà de ses propres capacités, et ce, de manière récurrente. Ici on vise l'extension des limites corporelles. Dans les trois cas, le médicament est, le plus souvent, constitutif du processus d'optimisation de soi.

Dans le contexte où l'individu aspire à recouvrer son état (physique, psychique, mental) – la norme à laquelle il se compare est celle de sa performance ou de son état antérieur. Dans le deuxième cas de figure, la norme à laquelle se compare l'individu est celle de la moyenne du groupe – que ce soit au niveau de sa performance intellectuelle ou sportive que de son apparence physique. La normalisation équivaut ici à une standardisation des apparences, des comportements, des capacités. Finalement, dans le troisième cas, la norme à laquelle l'individu se compare est celle de sa propre performance qu'il s'agit alors de dépasser. On le voit, le concept d'*enhancement* est complexe et déborde largement l'acception traditionnelle de ce qu'est la médicalisation, comme l'illustre le cas du recours aux « amplificateurs cognitifs » – mieux connus sous le nom de *smart drugs* – chez les étudiants universitaires.

10.5.1. Le cas des *smart drugs*

Des étudiants y ont recours avant leurs examens, ou pour terminer un travail de session, des camionneurs, pour rester éveillés sur la route, des militaires, lorsqu'ils sont en zone de combat. Dans les milieux où la performance intellectuelle, la concentration et la vigilance sont exigées, le recours aux «*smart drugs*» ou amplificateurs cognitifs semble de plus en plus répandu. Il s'agit en fait de médicaments destinés au traitement des troubles de l'attention, du sommeil ou de la mémoire[6], mais dont l'usage est détourné à des fins d'amélioration des capacités cognitives. Les sociétés occidentales contemporaines s'inquiètent d'un phénomène dont elles découvrent l'ampleur et qui est perçu par plusieurs experts comme irréversible.

---

6. On parle, entre autres, du methylphenidate (notamment Ritalin), des amphétamines (notamment Adderall), ainsi que le modafinil (entre autres Alertec).

Il y a quatre ans déjà, le débat faisait rage dans les médias à la suite de la publication d'une série d'articles dans des revues prestigieuses telles que *Nature* (Greely *et al.*, 2008) et *Lancet* (Rose, 2008) sur l'usage croissant des *smart drugs*, notamment à l'université. Le phénomène soulève une série de questions largement débattues dans les milieux de l'éthique (Cakic, 2009; Farah *et al.*, 2004; Sahakian et Morein-Zamir, 2010; Outram, 2010; Lanni *et al.*, 2008). Ainsi, avec l'arrivée sur le marché de médicaments de plus en plus efficaces pour contrer les problèmes de mémoire et de concentration, le recours aux *smart drugs* à des fins d'amélioration des performances intellectuelles ne risque-t-il pas de s'amplifier? Faut-il dès lors en réglementer l'usage? Et si on le réglemente, ne cautionne-t-on pas du même coup le principe de recourir à des médicaments pour accroître les performances d'individus qui ne souffrent d'aucune maladie? S'agit-il alors de dopage? Le phénomène est-il plus acceptable lorsqu'il est question du cerveau que des muscles? Enfin, sur un autre registre, l'usage d'amplificateurs cognitifs permet-il d'être davantage soi-même (de libérer son potentiel) ou sert-il plutôt à alimenter l'idéologie productiviste et les pressions à la performance qui caractérisent les sociétés occidentales contemporaines?

Le débat éthique autour de cette question a notamment relancé la discussion sur la distinction entre traitement et optimisation de soi ainsi que sur les dimensions épistémologiques et normatives du phénomène (Commission de l'éthique de la science et de la technologie, 2009). La question des *smart drugs* illustre en fait le brouillage des frontières entre santé et maladie, mais plus encore, entre nature et artifice, inclusion et exclusion sociale; autant de dimensions qui sous-tendent l'accroissement généralisé de la place du médicament dans les sociétés contemporaines et nous amènent au-delà de la médicalisation.

Quant aux écrits de santé publique, ils appréhendent le phénomène sous l'angle de l'abus ou du mauvais usage des médicaments. Or, les concepts d'abus, de mauvais usage ou de détournement renvoient à une norme de conduite idéale qui identifie comme déviant tout recours en dehors du cadre médical. Au regard de ces critères, l'usage non médical de médicaments prescrits chez les étudiants se serait accru de 542% depuis vingt ans (NIDA, 2001, p. 4). Dans les milieux universitaires américains, le phénomène toucherait en outre entre 16 et 25% des étudiants (Outram, 2010)[7].

L'usage croissant des *smart drugs*, quelle que soit son ampleur réelle, permet de mettre au jour un autre dispositif de la colonisation du social par le médical. En effet, la démarcation entre les usages médicaux et non

---

7. Toutefois, on note de grandes variations, selon les études, au niveau de la prévalence du phénomène, celle-ci oscillant entre 6,9% (McCabe *et al.*, 2005) et 39,4% (Peralta *et al.*, 2010).

médicaux des médicaments chez les étudiants en contexte universitaire n'est pas aussi bien tracée que ne le suggèrent les études issues du champ des toxicomanies et de l'addiction. Si la plupart de ces études postulent d'emblée que les étudiants se procurent ces médicaments de manière illicite, par Internet ou le marché noir, des usages licites peuvent également être envisagés comme non médicaux au sens où ils ne visent pas une finalité thérapeutique. Quelques études qualitatives mettent en évidence le fait que parfois, voire souvent, la prescription de méthylphénidate ne se fonde pas sur l'établissement d'un diagnostic clair de trouble de l'attention (Collin *et al.*, à paraître; Quintero, 2006, 2009). En d'autres termes, il est alors prescrit « au cas où » ou encore à la demande de l'étudiant, en réponse à des symptômes flous et à l'expression verbale de difficultés à se concentrer, mais pas pour contrer un problème de santé avéré. Dans ce contexte, l'usage « élargi », voire non thérapeutique, des amplificateurs cognitifs, s'effectue par les pratiques de prescriptions des médecins. Il n'est pas issu d'une consommation illicite, mais bien d'un accès cautionné par l'autorité médicale. Il contribue pourtant à accroître le recours au médicament pour gérer le social. La porosité de la frontière entre usage médical et non médical se double alors d'une égale porosité entre un usage licite et illicite de ces médicaments. Finalement, cette porosité gagne également la frontière entre la performance et l'envers de la performance.

En effet, la demande de performance intellectuelle et la compétition qui sont omniprésentes dans le champ universitaire engendrent une aspiration, un désir mais plus encore, une injonction à se dépasser, simplement pour pouvoir rester dans la course. Or, certaines études nous montrent que l'usage croissant des amplificateurs cognitifs en réponse à une demande incontournable de performance intellectuelle se double d'un usage tout aussi important et de plus en plus impératif d'antidépresseurs. Ainsi, l'analyse du phénomène des *smart drugs* en milieu universitaire ne peut faire l'économie de celle de l'« envers de la performance » : la dépression.

Ce qui frappe dans ce contexte, c'est que les antidépresseurs peuvent, eux aussi, au même titre que les amplificateurs cognitifs, faire l'objet tant d'un usage médical que non médical. Ainsi, certains étudiants s'automédicamentent avec des antidépresseurs, c'est-à-dire qu'ils en font un usage illicite (parce qu'ils se les procurent par le marché noir, sans prescription), mais à des fins médicales puisque leur objectif est de gérer une humeur dépressive (Collin *et al.*, à paraître; McKinney et Greenfield, 2010). Certains autres en font un usage licite, parce qu'ils leur ont été prescrits, mais non médical parce qu'ils les utilisent à des fins autres que thérapeutiques. On le voit, tous les cas de figure sont possibles et complexifient considérablement le portrait de cette colonisation du médical par le social, un médical sans les médecins, et un social tout entier tourné vers des dispositifs médicaux pour combler ses propres attentes.

Néanmoins, le recours croissant aux médicaments parmi les étudiants et la variété des motifs qui le sous-tendent témoignent d'une banalisation de ce que représente le fait de prendre un médicament aujourd'hui. Les amplificateurs cognitifs sont utilisés par les étudiants pour optimiser leur potentiel, mais également et surtout pour répondre aux pressions normatives de dépassement qui caractérisent l'université (Møldrup *et al.*, 2003).

Il faut voir que ces générations d'étudiants sont issues de sociétés où le recours aux médicaments, notamment psychotropes, n'a cessé de s'accroître depuis l'essor de la psychopharmacologie moderne dans les années 1950. Ainsi le recours aux médicaments psychotropes est profondément inscrit dans les mœurs depuis plusieurs décennies : de l'immense popularité des premiers anxiolytiques dans les années 1950 et 1960 (tel le Valium) (Tone, 2009), à celle des antidépresseurs ISRS dans les années 1980 (tel le Prozac) et à l'accroissement sans précédent de la prescription de méthylphénidate (tel le Ritalin) depuis les années 1990. Ces générations d'étudiants sont les héritières de l'individualisme narcissique qui caractérise nos sociétés occidentales contemporaines mais sont également les précurseurs des modalités futures de la colonisation du social par le médical.

CONCLUSION : DE LA MÉDICALISATION À LA PHARMACEUTICALISATION

Entre l'abaissement des seuils de tolérance face aux dysfonctionnements et l'extension des limites corporelles et psychiques, il y a plus, en fait, qu'un débordement injustifié du champ du médical sur celui du social. Dans l'analyse de ce qui, socialement, conduit au déplacement des frontières entre le normal et le pathologique, la médicalisation en tant que concept doit davantage constituer un point de départ qu'un aboutissement ou une conclusion. L'analyse fine du phénomène à travers le prisme du médicament conduit même à envisager la médicalisation comme un processus, parmi plusieurs, au carrefour desquels agit le médicament.

En effet, l'accroissement de l'usage des médicaments pour un ensemble de motifs dépassant largement le cadre de la médecine et de la thérapeutique fait partie de ce que plusieurs sociologues appellent désormais *pharmaceuticalisation* (Williams *et al.*, 2011 ; Abraham, 2010). Ce processus va bien au-delà d'une simple extension de la médicalisation du social. La pharmaceuticalisation renvoie plutôt à un phénomène complexe à travers lequel le médicament s'inscrit dans la vie quotidienne des individus comme dispositif de transformation des identités (individuelles et collectives) et des dynamiques sociales (Collin, à paraître).

En fait, on peut envisager la pharmaceuticalisation comme étant la résultante de l'interaction entre trois processus majeurs, ceux de médicalisation (Conrad, 2007), de molécularisation (Rose, 2007b) et de biosocialisation (Rabinow, 1996). Alors que la médicalisation concerne le déplacement des frontières entre le normal et le pathologique, la molécularisation renvoie au déplacement de la frontière entre nature et artifice, entre nature et culture, à travers notamment les pratiques d'optimisation de soi et d'extension des limites corporelles[8]. Finalement, la biosocialisation, en tant que processus au sein duquel les frontières entre conformité et résistance sont constamment redessinées, est également tributaire du phénomène de pharmaceuticalisation (Collin, à paraître).

Les sociétés occidentales contemporaines sont caractérisées par un remodelage des identités collectives à travers les dimensions somatiques et les attributs physiques que les individus partagent et autour desquels ils se mobilisent. L'injonction d'autonomie qui pèse sur ces derniers implique qu'ils doivent constamment remodeler leur image, performer et se distinguer des autres pour atteindre à une identité qui fasse la preuve de leur caractère unique (Otero, 2012; Ehrenberg, 2010; Lasch, 2000). En même temps, ils doivent tout de même entrer dans le moule et se conformer à la norme sociale pour se sentir intégrés. Aspirer à être le plus soi-même possible implique donc nécessairement de se conformer aux attentes sociales et aux normes de standardisation des apparences et des comportements, mais également de résister à cette standardisation. Cette tension entre les deux pôles caractérise la construction des identités sociales.

Cette conceptualisation plus large du phénomène de recours extensif au médicament dans nos sociétés permet d'échapper aux explications simplistes souvent associées au phénomène de médicalisation. Elle permet d'envisager que le rôle central joué par le médicament ne se limite pas au brouillage des frontières entre normal et pathologique, mais qu'il s'étend également à celles entre nature et artifice ainsi qu'entre conformité et résistance.

---

8. Telle que définie par Nikolas Rose, en effet, la molécularisation « *is the style of thought of contemporary biomedicine which envisages life* [...] *as a set of intelligible vital mechanisms among molecular entities* [...] *In principle, it seems, any element of a living organism – any element of life – can be* [...] *manipulated and recombined with anything else* » (2007a, p. 83).

Références bibliographiques

ABRAHAM, J. (2010). « Pharmaceuticalization of society in context: Theoretical, empirical and health dimensions », *Sociology*, vol. 44, n° 4, p. 603-622.

ARMSTRONG, D. (1995). « The rise of surveillance medicine », *Sociology of Health and Illness*, vol. 17, n° 3, p. 393-404.

CAKIC, V. (2009). « Smart drugs for cognitive enhancement: Ethical and pragmatic considerations in the era of cosmetic neurology », *Journal of Medical Ethics*, vol. 35, n° 10, p. 611-615.

CAPLAN, A. et C. ELLIOTT (2004). « Is it ethical to use enhancement technologies to make us better than well? », *PLoS Med*, vol. 1, n° 3, p. e52.

CLARKE, A.E., J.K. SHIM, L. MAMO, J.R. FOSKET et J.R. FISHMAN (2003). « Biomedicalization: Technoscientific transformations of health, illness, and US biomedicine », *American Sociological Review*, vol. 68, n° 2, p. 161-194.

COLLIN, J. (2007). « Relations de sens et relations de fonction: risque et médicament », *Sociologie et sociétés*, vol. 39, n° 1, p. 99-122.

COLLIN, J., J. SIMARD et H.-C. DESROSIERS (à paraître). « Smart drugs, life-style drugs and the cult of performance in young adults: A theoretical perspective », *Salute e Societa*.

COMMISSION DE L'ÉTHIQUE DE LA SCIENCE ET DE LA TECHNOLOGIE (2009). *Avis: médicaments psychotropes et usages élargis: un regard éthique*, Québec, Gouvernement du Québec.

CONRAD, P. (1992). « Medicalization and social control », *Annual Review of Sociology*, vol. 18, p. 209-232.

CONRAD, P. (2005). « The shifting engines of medicalization », *Journal of Health and Social Behavior*, vol. 46, n° 1, p. 3-14.

CONRAD, P. (2007). *The Medicalization of Society: On the Transformation of Human Conditions Into Treatable Disorders*, Baltimore, The Johns Hopkins University Press.

CONRAD, P. et D. POTTER (2004). « Human growth hormone and the temptations of biomedical enhancement », *Sociology of Health and Illness*, vol. 26, n° 2, p. 184-215.

EHRENBERG, A. (1992). « Dépassement permanent », dans A. Ehrenberg et P. Mignon (dir.), *Drogues, politique et société*, Paris, Descartes.

EHRENBERG, A. (2010). *La Société du malaise*, Paris, Odile Jacob.

FARAH, M.J. *et al.* (2004). « Neurocognitive enhancement: What can we do and what should we do? », *Nature Reviews Neuroscience*, vol. 5, n° 5, p. 421-425.

FOUCAULT, M. (1972). *Naissance de la clinique: une archéologie du regard médical*, Paris, Presses universitaires de France.

GETZ, L., A. LUISE KIRKENGEN, I. HETLEVIK, S. ROMUNDSTAD et J.A. SIGURDSSON (2004). « Ethical dilemmas arising from implementation of the European guidelines on cardiovascular disease prevention in clinical practice. A descriptive epidemiological study », *Scandinavian Journal of Primary Health Care*, vol. 22, n° 4, p. 202-208.

GREELY, H. *et al.* (2008). « Towards responsible use of cognitive-enhancing drugs by the healthy », *Nature*, vol. 456, n° 7223, p. 702-705.

GREENE, J.A. (2007). *Prescribing by Numbers: Drugs and the Definition of Disease*, Baltimore, The Johns Hopkins University Press.

GREENLUND, K.J., J.B. CROFT et G.A. MENSAH (2004). « Prevalence of heart disease and stroke risk factors in persons with prehypertension in the United States, 1999-2000 », *Archives of Internal Medicine*, vol. 164, n° 19, p. 2113.

HANSSON, L. (2002). « Hypertension management in 2002: Where have we been? Where might we be going? », *American Journal of Hypertension*, vol. 15, n° 10, p. S101-S107.
JUENGST, E.T. (1998). « What does enhancement mean? », dans E. Parens (dir.), *Enhancing Human Traits: Ethical and Social Implications*, Washington, D.C., Georgetown University Press.
KIRMAYER, L.J. (2002). « Psychopharmacology in a globalizing world: The use of antidepressants in Japan », *Transcultural psychiatry*, vol. 39, n° 3, p. 295-322.
LANNI, C. et al. (2008). « Cognition enhancers between treating and doping the mind », *Pharmacological Research*, vol. 57, n° 3, p. 196-213.
LASCH, C. (2000). *La culture du narcissisme : la vie américaine à un âge de déclin des espérances*, Paris, Climats.
LAW, M.R. et N.J. WALD (2002). « Risk factor thresholds: Their existence under scrutiny », *British Medical Journal*, vol. 324, n° 7353, p. 1570-1576.
LUPTON, D. (1995). *The Imperative of Health: Public Health and the Regulated Body*, Thousand Oaks, Sage Publications.
MARSHALL, B.L. (2006). « The new virility: Viagra, male aging and sexual function », *Sexualities*, vol. 9, n° 3, p. 345.
MARSHALL, B.L. et S. KATZ (2002). « Forever functional: Sexual fitness and the ageing male body », *Body et Society*, vol. 8, n° 4, p. 43.
MCCABE, S.E. (2008). « Screening for drug abuse among medical and nonmedical users of prescription drugs in a probability sample of college students », *Archives of Pediatrics and Adolescent Medicine*, vol. 162, n° 3, p. 225.
MCCABE, S.E., C.J. TETER, C.J. BOYD, J.R. KNIGHT et H. WECHSLER (2005). « Nonmedical use of prescription opioids among US college students: Prevalence and correlates from a national survey », *Addictive Behaviors*, vol. 30, n° 4, p. 789-805.
MCKINNEY, K. et B. GREENFIELD (2010). « Self-compliance at "Prozac campus" », *Anthropology & Medicine*, vol. 17, n° 2, p. 173-185.
MØLDRUP, C., J. MORGALL TRAULSEN et A. BIRNA ALMARSDÓTTIR (2003). « Medically-enhanced normality: An alternative perspective on the use of medicines for non-medical purposes », *International Journal of Pharmacy Practice*, vol. 11, n° 4, p. 243-249.
NATIONAL INSTITUTE ON DRUG ABUSE – NIDA (2001). *Prescription drugs: Abuse and addiction*, Research Report Series, Publication Number 01-4881, Bethesda, National Institute of Health.
NESBITT, S.D. et S. JULIUS (2000). « Prehypertension: A possible target for antihypertensive medication », *Current Hypertension Reports*, vol. 2, n° 4, p. 356-361.
NYE, R.A. (2003). « The evolution of the concept of medicalization in the late twentieth century », *Journal of the History of the Behavioral Sciences*, vol. 39, n° 2, p. 115-129.
ORGANISATION MONDIALE DE LA SANTÉ (2004a). *Médicaments prioritaires pour l'Europe et pour le monde*, WHO/EDM/PAR/2004.7.
ORGANISATION MONDIALE DE LA SANTÉ (2004b). *The World Medicines Situation*, Genève, Organisation mondiale de la santé.
OTERO, M. (2012). *L'ombre portée. L'individualité à l'épreuve de la dépression*, Montréal, Boréal.
OUTRAM, S.M. (2010). « The use of methylphenidate among students: The future of enhancement? », *Journal of Medical Ethics*, vol. 36, n° 4, p. 198-202.

PARENS, E. (2000). *Enhancing Human Traits: Ethical and Social Implications*, Washington, D.C., Georgetown University Press.

PERALTA, R.L. et J.L. STEELE (2010). «Nonmedical prescription drug use among US college students at a Midwest university: A partial test of social learning theory», *Substance Use and Misuse*, vol. 45, n° 6, p. 865-887.

PRESIDENT'S COUNCIL ON BIOETHICS (2003). *Beyond Therapy: Biotechnology and the Pursuit of Happiness*, Washington, D.C., The President's Council on Bioethics.

QUINTERO, G. (2009a). «Controlled release: A cultural analysis of collegiate polydrug use», *Journal of Psychoactive Drugs*, vol. 41, n° 1, p. 39-47.

QUINTERO, G. (2009b). «Rx for a party: A qualitative analysis of recreational pharmaceutical use in a collegiate setting», *Journal of American College Health*, vol. 58, n° 1, p. 64-72.

QUINTERO, G., J. PETTERSON et B. YOUNG (2006). «An exploratory study of socio-cultural factors, contributing to prescription drug misuse among college students», *Journal of Drug Issues*, automne, p. 903-932.

RABINOW, P. (1996). *Essays on the Anthropology of Reason*, Princeton, Princeton University Press.

RITZ, E. (2007). «Total cardiovascular risk management», *The American Journal of Cardiology*, vol. 100, n° 3, p. S53-S60.

ROSE, N. (1998). *Inventing Our Selves: Psychology, Power, and Personhood*, Cambridge, Cambridge University Press.

ROSE, N. (2007a). *The Politics of Life Itself: Biomedicine, Power, and Subjectivity in the Twenty-First Century*, Princeton, Princeton University Press.

ROSE, N. (2007b). «Beyond medicalisation», *The Lancet*, vol. 369, n° 9562, p. 700-702.

ROSE, S. (2008). «How smart are smart drugs?», *The Lancet*, vol. 372, n° 9634, p. 198-199.

SAHAKIAN, B.J. et S. MOREIN-ZAMIR (2010). «Neuroethical issues in cognitive enhancement», *Journal of Psychopharmacology*, vol. 25, n° 2, p. 197-204.

TONE, A. (2009). *The Age of Anxiety: A History of America's Turbulent Affair with Tranquilizers*, New York, Basic Books.

TULLOCH, J. et D. LUPTON (2003). *Risk and Everyday Life*, Thousand Oaks, Sage.

VETERANS ADMINISTRATION COOPERATIVE STUDY GROUP ON ANTIHYPERTENSIVE AGENTS (1970). «Effects of treatment on morbidity in hypertension; II. Results in patients with diastolic blood pressure averaging 90 through 114 mm Hg», *Journal of the American Medical Association*, 1970, n° 213, p. 1143-1152.

WANG, T.J. et R.S. VASAN (2005). «Epidemiology of uncontrolled hypertension in the United States», *Circulation*, vol. 112, n° 11, p. 1651-1662.

WILL, C.M. (2005). «Arguing about the evidence: Readers, writers and inscription devices in coronary heart disease risk assessment», *Sociology of Health and Illness*, vol. 27, n° 6, p. 780-801.

WILLIAMS, S.J., J. GABE et P. DAVIS (2009). *Pharmaceuticals and Society: Critical Discourses and Debates*, New York, Wiley-Blackwell.

WILLIAMS, S.J., P. MARTIN et J. GABE (2011). «The pharmaceuticalisation of society? A framework for analysis», *Sociology of Health and Illness*, vol. 33, n° 5, p. 710-725.

ZOLA, I.K. (1966). «Culture and symptoms – an analysis of patient's presenting complaints», *American Sociological Review*, vol. 31, n° 5, p. 615-630.

ZOLA, I.K. (1972). «Medicine as an institution of social control», *The Sociological Review*, vol. 20, n° 4, p. 487-504.

CHAPITRE 11

CONSTRUIRE UN PROBLÈME SOCIAL. ET POURQUOI PAS ?
LE CAS DE LA JUDICIARISATION DE L'ITINÉRANCE
Céline Bellot, Marie-Ève Sylvestre et Bernard St-Jacques

La question du problème social s'impose à tout chercheur qui s'intéresse à un milieu ou à une population socialement disqualifié (Dumont *et al.*, 1994). Ce premier traité québécois le rappelle tant par le nombre de problèmes sociaux apparaissant au fil des chapitres, que par l'œuvre de description des problèmes sociaux, à travers les différents traités édités par Dorvil et Mayer (2001). Il devient en effet le plus souvent inéluctable de s'ancrer dans la construction sociale, politique, institutionnelle, scientifique des problèmes sociaux et des groupes-cibles et d'en faire des objets d'étude. Pris entre valeurs et normes, la compréhension d'un problème social devient une modalité de lecture de la société, de son fonctionnement comme de ses dysfonctionnements, à travers l'écart entre les situations de vie des personnes et celles communément attendues (Dorvil et Mayer, 2001; Dumont, 1994). Pour autant, cette lecture traditionnelle des problèmes sociaux entendus en termes individualisants a laissé la place à d'autres lectures, où les enjeux de structures sont apparus comme importants. Le problème social est alors envisagé comme résultant des effets des rapports de pouvoir et de domination (Ouellett, 1998; Dumont, 1994). Ainsi, et en dépit de l'évolution de la lecture des problèmes sociaux, il n'en demeure pas moins que le chercheur pose son regard en termes d'extériorité et de neutralité, en enquêtant tantôt sur les personnes affectées par des problèmes, tantôt sur la société qui pense et agit sur ces problèmes.

Par exemple, appréhender la rue, et cela quel que soit le pays, c'est avant tout s'intéresser à l'itinérant, au SDF, au clochard, autant qu'aux catégories socioadministratives qui renvoient aux problèmes, aux risques et aux besoins des personnes, renforçant dès lors la légitimité des cadres d'action autour de l'aide à offrir ou du contrôle à exercer (Pichon, 2008). Or, la superposition des catégories de désignation et des catégories d'action invisibilisent tellement le travail normatif qui s'opère dans chaque pays, que Pichon (2008) affirment que la réflexion sur la place et l'utilité de la recherche sur le phénomène du sans-abrisme, entendu de manière générique, doit s'inscrire dans une perspective comparative, afin de se dégager de ces impensés dans lesquels sont plongés les chercheurs. En effet, la lecture d'un problème social exige d'y remédier et donc de s'inscrire dans une logique d'action (Dorvil et Mayer, 2001).

Cette dynamique d'essentialisation des personnes à travers leur vulnérabilité et leur faiblesse impose au chercheur de s'inscrire dans une extériorité, qui lui donne au mieux à s'indigner de cette condition, au pire à strictement la révéler (Payet et Giuliani, 2010; Soulet, 2008). Certes, les problèmes sociaux sont le résultat de constructions situées dans le temps et l'espace. Le chercheur peut donc appréhender les mécanismes d'interprétation qui font qu'un problème devient problème et que des solutions sont mises de l'avant (Tachon, 1985). Le chercheur, dans ce contexte, comme l'indiquent Dorvil et Mayer (2001), observe le scénario par lequel une situation-problème devient problème social, quels en sont les acteurs de légitimation et pour la production de quelles solutions. Pour ces auteurs, les conditions d'existence d'un problème social sont : 1) la constatation d'une situation-problème; 2) l'élaboration d'un jugement à son endroit; 3) la volonté et le sentiment de pouvoir transformer cette situation et, finalement, 4) la mise en œuvre d'un programme d'intervention qui peut être de natures diverses, puisqu'elle peut comprendre une action sociale, une action législative ou une action institutionnelle (Dorvil et Mayer, 2001, p. 3).

Pourtant, comme le dit Rancière (2007), le chercheur devrait s'intéresser à mieux expliciter les raisons que la personne donne de sa souffrance que de soutenir l'expression de son malheur. En effet, exposer le malheur observé de l'autre pose d'entrée de jeu le cadre par lequel sera étudiée l'expérience de l'individu. L'emprise de la misère, du malheur, etc., est si forte qu'elle produit des empêchements à penser et à travailler en dehors du cadre établi du problème social, car il définit *de facto* des objets, des conditions et des postures de recherche (Payet *et al.*, 2010).

Pour autant, il est possible de notre point de vue de se déprendre de cette emprise, en cherchant, non pas à résister mais à reproduire la mécanique du problème, mais de manière inversée. Et si le problème n'était pas construit autour des personnes itinérantes, mais autour des interventions construites comme autant de solutions que la société utilise à leur endroit! En somme, fabriquer son propre problème social pour sortir de l'ordre social établi.

À partir de l'expérience vécue par la création d'alliances et de stratégies entre les acteurs de la recherche des milieux de pratique et de la rue, nous montrerons comment il est possible de « mettre à l'épreuve » la société, le savoir et les relations de pouvoir en cherchant à aboutir à un renversement de perspective. Ce chapitre est pour nous une occasion d'étudier, sous l'angle des problèmes sociaux, ce que nous avons réussi à faire collectivement. Nous présenterons donc comment en établissant autrement la relation d'enquête, en devenant des « entrepreneurs moraux », nous avons pu sortir de la dénonciation, pour parvenir à la reconnaissance de la judiciarisation comme un problème social.

11.1. ÉTABLIR AUTREMENT LA RELATION D'ENQUÊTE

Si dès les premiers instants de nos recherches sur l'itinérance, nous avons posé l'enjeu d'une éthique de la rencontre (Bellot, 2001), le récit de cette dynamique d'enquête doit s'inscrire davantage dans le récit d'une action collective en défense des droits des personnes itinérantes, dans laquelle la recherche a été totalement intégrée (Bellot et St-Jacques, 2011). Associant chercheurs, intervenants et personnes en situation d'itinérance, cette action, nommée Opération Droits Devant (ODD), a pour objectif de dénoncer la judiciarisation et de promouvoir des solutions de rechange (Bellot et St-Jacques, 2007, 2011). Elle sera la plateforme de notre travail collectif, qui de rencontres en forums a permis de redessiner les contours de la relation recherche et action, pour faire reconnaître la judiciarisation des personnes en situation d'itinérance comme un problème social. Pour y parvenir, nous avons dû penser autrement les conditions et les postures de la recherche, en s'affranchissant de la pensée instituée et en s'engageant avec les autres acteurs dans cette démarche.

11.1.1. S'affranchir de la pensée instituée

Commençons par une évidence. La production en sciences sociales d'une multitude de recherches sur les pauvres, la misère, les injustices et les inégalités ne semble pas avoir permis la réduction voire l'élimination de ces situations, par une amélioration des interventions. De nombreuses critiques viennent au contraire montrer comment les lectures scientifiques des difficultés, des vulnérabilités des individus contribuent à orienter les modalités de l'intervention, oubliant de ce fait leurs forces tout comme les effets éventuellement pervers de certaines interventions sur les problèmes sociaux (Soulet, 2009; Génard, 2007). Or, au palmarès de la misère, la personne en situation d'itinérance occupe la première place, tant les conditions d'affaiblissement et de vulnérabilité qu'elle vit paraissent insurmontables à quiconque. Pourtant, la démarche ethnographique utilisée dans des recherches antérieures a permis de constater les forces et les potentialités de ces personnes, trop souvent ignorées ou impensées (Bellot, 2001).

Ces résultats s'inscrivent aussi dans une perspective épistémologique et théorique de construction de la rue, non pas comme un lieu de tous les dangers mais comme un espace de construction identitaire (Parazelli, 2002). En effet, l'analyse contemporaine de la littérature entourant la question des jeunes de la rue semble de manière nette poser ces jeunes tantôt comme victimes ou tantôt comme délinquants (Bellot, 2001). Ainsi, la rue, espace de danger pour y concevoir une socialisation des jeunes, inscrit les recherches comme les interventions dans une dynamique visant à établir les risques subis, ou simplement vécus par les jeunes, devenus du même coup catégorie de population à risque, parfois en danger, le plus souvent dangereux (MacDonald, 2010).

Or, à l'instar d'autres auteurs, la rupture avec cette perspective visait à sortir de cet *a priori* normatif, en cherchant à comprendre du point de vue des jeunes le sens qu'ils accordaient à cette expérience. Cette posture a ainsi permis de montrer la pluralité des situations vécues par les jeunes, les différentes opportunités rencontrées dans la rue, à partir de la rencontre avec un jeune et sa trajectoire (Bellot, 2001).

Pour autant, cette décision épistémologique et théorique d'un regard de l'intérieur de la rue, a exigé une méthodologie particulière, celle de l'ethnographie qui, par l'observation participante, nous a permis de «vivre» au côté des jeunes, ou plus exactement de s'immerger dans le monde social de la rue durant plusieurs années, ce qui, de toute évidence, nous a imposé de revisiter le sens de la recherche et de l'engagement (Céfaï, 2010).

11.1.2. S'engager avec

Les critères de la rigueur scientifique de toute démarche de recherche sont enseignés comme des diktats, où la distanciation du chercheur avec son objet d'étude et les participants à sa recherche constitue la clé de voûte de toute la validité de la construction du savoir. C'est dans cette perspective, que sont le plus souvent tus, ignorés, non dits, les émotions, les sentiments, les remords, les exaspérations et la colère que l'on peut vivre, en réalisant une enquête où la force et la vulnérabilité de ces jeunes se côtoient de manière constante (Naudier et Simonet, 2011; Céfaï, 2010; Payet *et al.*, 2008).

Cette mise à l'épreuve comme individu nous a conduits à repenser notre rapport à la recherche (Élias, 1983). Il s'agissait de concevoir une relation plus réciproque, où le regard sur l'engagement du jeune dans le monde de la rue devait aussi s'accompagner d'une réflexivité sur notre propre engagement dans le monde de la recherche. Ainsi, cette éthique de la rencontre place au-delà de la construction du savoir un jeu réciproque de réflexion sur la construction de soi comme chercheur mais aussi la propre construction identitaire des jeunes rencontrés (Payet *et al.*, 2010; Martuccelli, 2010; Bellot, 2000). En ce sens, cette dynamique de réflexivité permettait de gérer la tension entre distance et proximité. Il s'agissait, par le respect et la réciprocité, d'en arriver à un rapport d'authenticité où pouvaient s'exprimer, de part et d'autre, les écarts aux normes établies. Cette posture a été adoptée ensuite par l'ensemble des acteurs de l'Opération Droits Devant.

De plus, les relations d'engagement construites à travers l'Opération Droits Devant ont été balisées par les épreuves telles que décrites par Payet *et al.* (2010), de la présence, de la décence et de la consistance. En termes de présence, l'exigence de proximité, d'empathie, voire de sympathie, en raison même des expériences d'injustices constatées, impose au chercheur de marquer une distanciation qui lui permettra de construire une position, un rapport au monde, un rapport aux autres. Or, nos expériences ethnographiques à Montréal, ou nos expériences de terrain à l'étranger sont venues de manière implicite colorer la question de la présence dans la démarche entreprise dans le cadre de la judiciarisation. Il s'agissait dans un premier temps de renoncer à produire les conditions d'une recherche permettant de rendre compte dans une dynamique d'extériorité de l'injustice vécue par les personnes en situation d'itinérance. Mais, bien au contraire, il fallait chercher à appréhender avec eux l'insaisissable, soit la nature même du phénomène produisant cette expérience et ce sentiment d'injustice.

Dès lors, la construction de l'objet d'étude autour de la judiciarisation se résumait à une question de recherche: combien de contraventions émises et quel était leur parcours judiciaire et leur effet sur les personnes et le système pénal? Cette question commune sera le socle scientifique de la démarche, posé à partir du même besoin de savoir pour mieux lutter contre ces pratiques. L'engagement a été aussi teinté par l'épreuve de la décence. En effet, être à l'écoute des injustices vécues, les avoir constatées sur le terrain, exigeait d'aller au-delà de ce recueil pour les faire reconnaître dans la société dominante (Payet *et al.*, 2008). Certes, il est vrai que comme chercheures ancrées dans une perspective postcritique et postethnographique, l'établissement empirique de ces pratiques discriminatoires, afin de les révéler dans leur caractère systémique, pouvait se suffire en soi (Payet *et al.*, 2008). Cependant, l'épreuve de la décence imposait davantage. Il devenait nécessaire de s'interroger sur les conditions mêmes de la démarche et les postures à adopter pour transformer ces pratiques injustes. À ce titre, il n'était pas possible de réaliser une démarche au nom de ces personnes, mais bien de faire avec elles, une démarche commune dans laquelle serait intégrés tant les savoirs expérientiels que ceux scientifiques, les chiffres autant que les témoignages, les images autant que les paroles à travers le discours complémentaire de l'ensemble des acteurs : chercheurs, intervenants et personnes en situation d'itinérance.

Ce parti pris de mutualisation des savoirs mettait à l'épreuve déjà les processus d'affaiblissements politiques et institutionnels que vivent les personnes en situation d'itinérance, renvoyant leurs témoignages, leurs paroles à un statut d'anecdote au mieux ou au pire, à leur dangerosité et à leur nature criminelle. Cette décence devenait alors une occasion de mettre à l'épreuve la société, tant dans son regard porté sur les personnes en situation d'itinérance que sur les pratiques qu'elle exerçait à leur endroit. Imposer la révélation des expériences d'injustice comme leur expression par les personnes les plus concernées définissait la position et l'engagement pris par tous, pour rétablir au sein même de la démarche un espace de citoyenneté partagé par tous les acteurs (Renault, 2004).

En ce sens, l'épreuve de la consistance, soit celle de la finalité de la recherche, était d'entrée de jeu posée. Il s'agissait de produire dès le départ un cadre de réflexion et d'action visant la promotion de solutions de rechange, notamment à partir d'une définition commune des différents niveaux de déjudiciarisation attendus : fin de l'émission des contraventions, aménagement du processus judiciaire et fin de l'emprisonnement pour non-paiement d'amende à travers des dynamiques de reconnaissance sociale tant des personnes en situation d'itinérance elles-mêmes dans leur droit de cité que des expériences d'injustice qu'elles subissaient.

Dès lors, la réciprocité s'imposait comme projet intellectuel et réflexif mais aussi comme projet d'action. La judiciarisation est devenue notre problème comme celui de ces jeunes et des intervenants qui les entouraient. Alors, du support apporté de manière informelle au déchiffrage des dossiers de la cour municipale de certains jeunes qui le souhaitaient, à la participation à des réflexions et des débats sur les manières de faire face à la judiciarisation, la voie de l'engagement s'est tracée naturellement dans une dynamique de proximité construite autour d'une confiance établie par la coprésence de plusieurs années dans le milieu de l'itinérance et par la nature même de la démarche et des buts poursuivis.

Ce projet de construction d'une nouvelle connaissance, à travers un partenariat, celui de l'Opération Droits Devant, qui visait à rendre visibles des pratiques jusque-là non recensées, a permis d'en dresser les contours et d'obtenir des retombées en termes de solutions de rechange à mettre en œuvre. En ce sens, il s'agissait véritablement de faire reconnaître un phénomène, celui des injustices produites que la société ne souhaitait pas voir, de les dénoncer et de proposer de nouvelles solutions. Rendre visible l'invisible constituait un credo et à ce titre, nous obligeait à devenir des «entrepreneurs moraux» en faisant état de pratiques «déviantes» quant à notre état de Droit. Celles-ci, en effet, produisent des discriminations à l'endroit des personnes les plus vulnérables de notre société. Il faut associer systématiquement les personnes les plus concernées à ce travail de reconnaissance.

11.2. Devenir des «entrepreneurs moraux»

Pour Becker, un entrepreneur moral est un individu, un groupe ou une organisation formelle qui prend la responsabilité de persuader la société de définir ou de mettre en œuvre des règles, des politiques visant à dénoncer des comportements qui ne correspondent pas à leur morale. En somme, un entrepreneur moral établit de nouveaux *outsiders* en produisant de nouvelles définitions de ce qui est bien ou mal (Becker, 1963). À notre époque, où la vérité se construit autour d'expertises, d'évidences produites à travers des savoirs empiriques, le passage obligé par une démarche scientifique apparaissait inéluctable pour mieux faire notre dénonciation de la judiciarisation (Bellot et St-Jacques, 2011). En s'inscrivant dans une dynamique d'entrepreneur moral, il s'agissait de soutenir un dévoilement dans une démarche d'émancipation où l'utilité n'est pas dirigée vers l'acteur faible mais bien vers la société et les rapports de domination et de pouvoirs qu'elle a instaurés. Ce passage de l'indignation de quelques-uns à l'évidence de tous a exigé de produire des savoirs, des nouveaux rapports de pouvoir et une morale pour devenir une VOIX (Berger et Sanchez-Mazas, 2008; Hirschman, 1995).

11.2.1. La production de savoirs

De nombreuses recherches portant sur les populations stigmatisées, oppressées et dominées ont cherché à établir de nouveaux rapports méthodologiques, fondés sur une éthique de la rencontre, de la participation et de la réciprocité (Sanchez-Mazas *et al.*, 2010). Dans cette perspective, elles œuvrent à rétablir de la «capacité» et de la «compétence» comme différentes formes d'intervention et d'action publique par ailleurs (Génard et Cantelli, 2007).

Dans notre dynamique partenariale construite en amont de la recherche, l'objectif n'était pas de compenser mais bien de compléter et en ce sens, les différents savoirs devaient pouvoir s'exprimer dans les débats que nous souhaitions voir émerger. À cet égard, la construction commune de la question de recherche a été une occasion de renforcer les capacités de l'ensemble des acteurs en suscitant un intérêt commun pour un savoir qui, sans effacer la singularité de l'expérience de judiciarisation, viendrait aussi en démontrer la nature systémique de ces pratiques. Cette mutualisation des savoirs permettait d'assurer une cohérence à la démarche et un rapport de réciprocité et d'égalité dans la production des savoirs.

Comme nous l'avons déjà mentionné, personne n'avait aucune idée du nombre de contraventions émises à l'égard des personnes en situation d'itinérance car il n'existait aucune statistique judiciaire sur ces infractions pénales. Dès lors, le travail de production de données quantitatives, réalisé dans le cadre de l'alliance établie à travers l'Opération Droits Devant apparaît comme une première, permettant de soutenir l'émergence de données inédites. Certes, des témoignages, des contraventions rattachées à des individus existaient, avaient été diffusés, mais ils se heurtaient systématiquement au fait que les autorités les considéraient comme des anecdotes, des situations singulières et personnelles. En somme, le caractère systémique de ces pratiques discriminatoires était contesté et ne parvenait pas à être documenté. En collaboration avec la Cour municipale de Montréal, nous avons donc cherché dans une démarche inédite à dénombrer les contraventions émises à partir d'une liste d'adresses d'organismes œuvrant dans le milieu de l'itinérance, adresses utilisées par les personnes lors de la remise de contraventions, et à appréhender le parcours judiciaire de ces contraventions. Sans entrer dans les détails des résultats de la recherche, mentionnons que nous avons étudié plus de 65 000 constats d'infraction entre 1994 et 2010, constaté l'augmentation (+ de 700 %) de ces constats entre le début et la fin de la période, la généralisation de l'emprisonnement pour non-paiement d'amende jusqu'en 2003, et la hauteur de la dette des personnes en situation d'itinérance à Montréal évaluée au jour de notre étude à près de 15 millions de dollars. La présentation médiatique récente d'un bilan de ces 15 années de recherche a permis de montrer, d'une part, que des solutions de rechange ont été mises en place et atténuent parfois les injustices vécues (notamment la fin de la pratique d'emprisonnement pour non-paiement d'amende à Montréal); d'autre part, elle a été aussi une occasion de rappeler combien les personnes itinérantes plus âgées sont aujourd'hui les cibles de cette judiciarisation et tout particulièrement dans le métro, où plus de 50 % des constats d'infraction sont constatés. Ainsi, il existe un groupe de plus de 800 personnes qui reçoivent plus de 10 constats d'infraction par année, et dont la dette moyenne s'élève à plus de 4000 $. Le cas extrême de nos recherches concerne un homme itinérant de 51 ans qui a reçu 390 constats d'infraction dans les six dernières années et qui a plus de 88 000 $ de dettes. Ces chiffres parlaient et parlent d'eux-mêmes (Bellot *et al.*, 2005, 2011).

Pour autant, ils étaient et sont présentés en complémentarité avec les témoignages des personnes en situation d'itinérance et des intervenants. Lors d'un dernier forum de l'Opération Droits Devant, après avoir exposé la situation de 18 personnes ayant reçu plus de 100 constats d'infraction, une des personnes en situation d'itinérance présente dans de nombreux forums s'est avancée au micro et a dit croire faire partie de ces 18 personnes et a raconté son quotidien. Ainsi, au-delà des chiffres, un visage de la surjudiciarisation était révélé, sans que cette exposition ait été préparée. En somme, la présentation des données de recherche résonnait pour cette personne dans sa propre expérience et elle en témoignait.

Cette anecdote nous permet de rappeler que des moments importants ont été consacrés à diffuser et à transmettre à l'endroit des personnes concernées les données quantitatives issues des recherches. Ce travail visait à établir un sentiment de compétence pour parler de la judiciarisation au-delà de sa propre expérience, mais aussi pour mieux penser les solutions de rechange à défendre (Payet et al., 2008; Cantelli et Génard, 2007). Progressivement, nos données (si tant est qu'elles puissent nous appartenir) sont devenues les données de tous. Ainsi, dans des forums, débats et mémoires qui ont eu lieu par la suite, de nombreuses personnes ont utilisé ces données dans leur propre discours pour dénoncer la judiciarisation. Au-delà même de la production du savoir, il s'agissait d'en permettre sa circulation. Le travail en commun a sûrement facilité cette circulation, en donnant l'opportunité directe à chacun d'intégrer les différents faits établis pour produire son propre discours sur la judiciarisation. En outre, ces données quantitatives, par l'ampleur et la gravité de la situation qu'elles révélaient, ont été une occasion de prise de conscience collective y compris au sein de l'Opération Droits Devant, car personne n'avait imaginé de tels chiffres possibles. Nous pouvions imposer un débat public, pour lequel nous avions établi les faits et nous proposions de discuter des solutions de rechange possibles. Un nouveau rapport de force était créé et permettait de modifier les rapports de pouvoir.

11.2.2. La production de nouveaux rapports de pouvoir et de savoir

La publicisation des résultats quantitatifs de la recherche associée aux témoignages des personnes en situation d'itinérance et des intervenants a marqué une étape dans la démarche en établissant de nouveaux rapports. En effet, l'émergence de ces nouveaux savoirs permettait de révéler les contours d'un phénomène tout en agissant dans le cadre d'un monopole, puisqu'aucun acteur ne pouvait contester les faits que nous établissions. Au fil des années, la médiatisation des données et des problèmes entourant la judiciarisation a contribué à faire de ce dossier un dossier public, renforçant l'activité médiatique autour du phénomène. Ainsi, lors de la dernière conférence de presse, en mars 2012, pas moins de 50 médias étaient présents pour entendre le bilan de ces recherches.

Ainsi, nous devenions les acteurs de la démonstration du caractère systémique des pratiques de discrimination, sans qu'il soit possible d'opposer des arguments autres qu'idéologiques en regard de ce phénomène. Certes, ces données ont fait l'objet de contestation. Pour le service de police, leur mandat d'ordre public imposait d'agir de manière répressive, en raison notamment des plaintes de citoyens. Sylvestre (2010) montrera qu'il n'en était rien à partir des données policières sur les plaintes des citoyens. Pour la Ville de Montréal, l'absence de directive explicite quant à la judiciarisation prouvait la non-intention systémique ou alors plus récemment l'absence de traitement différentiel entre les citoyens.

Pour autant, dans la société civile et progressivement au sein des acteurs politiques et sociojudiciaires, le fait d'emprisonner des personnes en situation d'itinérance apparaissait comme injuste, inefficace et coûteux, d'autant que les infractions reprochées concernaient des comportements adoptés par tous. Ainsi, par exemple, dans le cadre d'activités de distribution symbolique de contraventions, des intervenants associés à des personnes en situation d'itinérance pouvaient expliquer directement l'expérience de l'injustice vécue, en montrant à monsieur-et-madame-tout-le-monde que leurs comportements auraient pu être réprimés, que seules les personnes en situation d'itinérance l'étaient et que pour cela, elles étaient emprisonnées. En articulant un changement de regard sur les personnes comme sur les pratiques de judiciarisation, la diffusion de ces savoirs a permis de rendre visible l'ampleur de ces pratiques, mais aussi de déconstruire l'image de dangerosité et de criminalité associée à l'itinérance.

Les faits nous permettaient d'établir que les reproches faits aux personnes en situation d'itinérance étaient mineurs et dès lors, qu'ils ne pouvaient pas impliquer une telle force de coercition qui, dans la très grande majorité des cas, conduisait ces personnes en prison. L'évidence devenait nouvelle. Ces pratiques de judiciarisation étaient condamnables dans la mesure où elles étaient discriminatoires, injustes et coûteuses pour les personnes comme pour le système pénal (Harcourt, 2006). Dès lors et fort de nos soutiens, les interpellations des acteurs sociojudiciaires s'en trouvaient facilitées. La Commission des droits de la personne et des droits de la jeunesse créait alors un groupe tripartite (organismes communautaires, Ville de Montréal et services de police et de sécurité du métro) afin qu'ils puissent travailler ensemble à comprendre la situation et à proposer des solutions de rechange. Si, dans un premier temps, la contestation d'un mandat visant des solutions autres a été forte, par la suite, la diffusion des données que nous apportions et la réflexion qu'elles ont suscitée ont permis d'ouvrir le débat sur d'autres mesures possibles.

Plus encore, il devenait possible d'aller à la rencontre des acteurs sociojudiciaires : juges, procureurs, policiers pour réfléchir ensemble sur des solutions de rechange. Un nouveau problème était né... Pas tout à fait problème social mais problème cependant de ces acteurs qui devaient, ou mieux, justifier leurs pratiques ou en changer. C'est dans ce contexte que la signature des mandats d'emprisonnement pour non-paiement d'amende a cessé à la Cour municipale de Montréal. Certes, au départ de manière non officielle, sous couvert de problèmes techniques, mais dès cet instant, l'emprisonnement n'était plus une solution. Progressivement, le Service de police s'est mis à documenter lui-même ses propres pratiques, établissant pour la première fois des statistiques policières sur les contraventions émises et cherchant à en démontrer leur diminution. Ainsi, la judiciarisation n'était plus la seule solution, et sans que la population itinérante de Montréal ait fortement changé durant ces années, les contraventions n'étaient plus le seul réflexe sur la rue. Le travail d'alliance et de partenariat accompli autour du Comité alternative justice-itinérance, où siège l'ensemble des acteurs sociojudiciaires à Montréal, est à cet égard remarquable. Il a permis de construire des solutions de rechange à la judiciarisation mais aussi de travailler un rapprochement entre les différentes instances judiciaires et communautaires, mais aussi entre les acteurs et les personnes en situation d'itinérance elles-mêmes. Certes, nous avions été entrepreneurs, bâtisseurs de savoirs. Il nous restait à imposer une morale.

11.2.3. La production d'une morale

La production d'une morale est généralement associée à la définition du Bien et du Mal. Ancrée dans la théorie de la reconnaissance telle que développée par Honneth (2006) et Renault (2000), notre démarche construisait cette morale dans une perspective critique, sur la dénonciation du mépris social vécu par les personnes en situation d'itinérance et sur la dynamique émancipatrice que pouvait produire la lutte pour la reconnaissance (Pharo, 2009 ; Caillé et Lazzeri, 2009). Au plan argumentatif, cette construction d'une morale devait articuler les enjeux de la normativité, pour fournir les ressorts d'une critique sociale susceptible de faire évoluer les pratiques étudiées (Caillé, 2007 ; Caillé et Lazzeri, 2009). En somme, la vérité que nous établissions sous la forme d'une morale devait faire écho au mépris social vécu et au désir de changement souhaité (Honneth, 2006).

L'utilisation des témoignages, la présentation de situations réelles constituaient dès lors le premier élément de cette morale. Elles donnaient l'occasion de révéler le mépris social que vivent les personnes en situation d'itinérance, à travers les pratiques de judiciarisation qu'elles subissent (Bellot et St-Jacques, 2011). Tout d'abord, le déni de reconnaissance affective ou mépris relationnel était illustré dans nos discours par le rejet vécu lors de la remise d'une contravention. En effet, que saisir du reproche de ne pas avoir traversé la rue à la lumière, que saisir du reproche de flânage ou de celui d'avoir occupé plus d'une place sur un banc public, que celui du refus total de sa propre existence et de sa présence dans l'espace public!

En outre, ces contraventions émises sur la voie publique, aux yeux de tous, renforcent l'image de dangerosité et de la criminalité des personnes en situation d'itinérance puisque les «autres citoyens», pour les mêmes comportements, ne feront pas l'objet de contravention. La spirale du mépris social se poursuit donc sans égard pour la situation judiciaire réelle des personnes, et la nature des faits reprochés, lors de la remise du constat d'infraction.

Plus encore, ces contraventions vont conduire à un mépris juridique dans la mesure où nos recherches ont permis de montrer que leur parcours judiciaire était totalement administratif. À aucun moment, les personnes en situation d'itinérance n'étaient entendues par le système de justice, au mépris de toute règle relative aux droits fondamentaux. Les seuls acteurs rencontrés sont des policiers au moment de l'émission du constat d'infraction et au moment de l'exécution du mandat d'emprisonnement pour non-paiement d'amende. Rejet, opprobre social, violation de droits fondamentaux constituaient les clés de la construction de notre morale, à travers la présentation des expériences d'injustices vécues par les personnes en situation d'itinérance judiciarisées (Renault, 2000). Cette première trame argumentative, en permettant de rendre visible l'injustice subie, constituait un premier pas de lutte vers la reconnaissance. Elle s'ancrait dans une logique de dénonciation des atteintes aux droits fondamentaux, tout en montrant la nature exacte des faits reprochés aux personnes en situation d'itinérance. En somme, il s'agissait de promouvoir des droits bafoués à travers une démonstration empirique de l'expérience d'injustice vécue en révélant les faits reprochés aux personnes mais aussi les conséquences des pratiques de judiciarisation sur la situation des personnes (Payet *et al.*, 2010; Voirol, 2009). Ce faisant, la production de notre morale s'inscrivait dans une défense des droits et libertés portant dans son essence une éthique politique et juridique de l'état de droit de nos sociétés démocratiques instaurant l'égalité de tous (Lazzeri, 2010). En revendiquant la même justice pour tous, la morale défendue visait à faire la démonstration de l'injustice vécue d'un emprisonnement généralisé des personnes en situation d'itinérance pour des faits d'incivisme mineurs que la plupart des citoyens adoptait aussi. À ce titre, cette morale a percé les murs de la Cour municipale de Montréal, puisque dans le cadre des solutions de rechange mises en place par les travaux du CAJI, la rencontre entre procureurs, juges, avocats et personnes en situation d'itinérance est redevenue possible.

Pour autant, cette trame argumentative ne pouvait se suffire à elle-même dans la mesure où les cadres de légitimation de la judiciarisation, ancrés dans une morale de la sécurisation des rues et du maintien de l'ordre public, avaient de nombreux défenseurs et entrepreneurs (Harcourt, 2006). C'est donc en regard des conséquences de ces pratiques de judiciarisation que nous avons bâti l'autre élément de notre morale. Ainsi, sans grande illusion sur l'appel à la solidarité et à la justice pour les personnes les plus vulnérables de notre société, il nous fallait aussi définir une stratégie, qui par l'évidence, devait faire la démonstration de l'inefficacité de ces pratiques. Il s'agissait en quelque sorte de « délégitimer » ces pratiques, en montrant combien elles étaient contre-productives en regard de la sécurité et de l'ordre public (Harcourt, 2006). Dans une optique plus pragmatique qu'idéaliste, les arguments étaient aussi nombreux. La question du coût social de la judiciarisation était abordée à travers les témoignages en montrant comment ces pratiques ramenaient davantage les personnes à la rue qu'elles ne les en sortaient, en raison des pertes de logement, de revenus, d'emploi et de suivi psychosocial qu'elles occasionnaient. En outre, les données quantitatives qui révélaient l'ampleur de ces pratiques offraient la possibilité de rendre compte de l'engorgement du système pénal et correctionnel et donc de leur coût organisationnel et institutionnel. En effet, comme 75 % des contraventions finissaient en emprisonnement pour non-paiement d'amende, il était facile de démontrer que l'explosion du nombre de contraventions émises au fil du temps ne permettrait pas de traiter et d'incarcérer toutes les personnes à raison d'une quinzaine de jours par contravention d'autant plus que, de manière générale, la politique gouvernementale affirmait que l'incarcération dans le champ criminel devait être le dernier recours. Comment dès lors, les pratiques systématiques d'incarcération pour des infractions pénales, c'est-à-dire des infractions considérées comme mineures par rapport aux infractions criminelles, pouvaient se justifier ? En somme, le système pénal s'était emballé, faute de regard sur ses pratiques, et qu'il devait renoncer à cette forme de contrôle des populations itinérantes, puisqu'il ne pouvait matériellement traiter ce volume de contraventions et qu'il se plaçait en contradiction avec les politiques gouvernementales. C'est dans cette optique que nous avons demandé une amnistie pour les constats émis. De plus, le jeu des multiplications entre le nombre de contraventions et le coût de l'incarcération permettrait de faire la démonstration du coût financier de ces pratiques. Aujourd'hui, où l'emprisonnement pour non-paiement d'amende n'est plus utilisé, la dette de 1,5 million de dollars par année des personnes en situation d'itinérance à Montréal constitue un point d'assise pour montrer combien il est illusoire de penser recouvrer ces sommes.

Ce travail argumentatif, de la production d'une morale cherchant à délégitimer des pratiques de judiciarisation, avait pour objectif de créer un vent d'indignation, soit en regard des injustices vécues, soit en regard de leur coût pour la société pour ouvrir une brèche pour d'autres interventions. Une morale était née, un discours construit et porté par une VOIX collective dans tous les contextes possibles. Pour autant, devenir entrepreneur moral exigeait de convaincre et de faire passer l'idée de l'itinérance comme problème social à celle de la judiciarisation comme problème social.

11.3. Soutenir la reconnaissance de la judiciarisation comme un problème social

Parvenir à la construction d'un problème social exigeait de créer un mouvement, une dynamique collective susceptible de soutenir nos lectures de la judiciarisation, mais aussi des changements demandés. Or, si notre partenariat autour de l'Opération Droits Devant ne faisait aucun doute, en termes d'engagement de tous, il s'agit pour soutenir la reconnaissance de convaincre et persuader d'autres acteurs de la légitimité de notre morale. Les lectures sur les mouvements sociaux montrent classiquement que les populations les plus marginalisées ne peuvent soutenir une action collective faute de ressources, et donc d'opportunités de s'inscrire dans le débat public (Bellot et St-Jacques, 2011). Certes, la dynamique établie dans l'Opération Droits Devant créait en quelque sorte des ressources, notamment en apportant des faits scientifiques à cette dénonciation de la judiciarisation. Pour autant, en tenant compte de notre engagement en regard de cette dénonciation, il importait de ne pas ignorer les sentiments d'injustices vécues et dans ce sens, de construire une VOIX à partir de cette émotion. À l'instar d'Hirschman (1995), l'exigence d'être et d'incarner collectivement cette VOIX devait se mesurer à notre capacité collective de porter notre morale, nos revendications dans l'espace public en dénonçant la judiciarisation des personnes en situation d'itinérance.

Cependant, tout comme le montrent Boltanşky et ses collègues dans leur article sur «la dénonciation» (1984), l'enjeu demeure le passage du singulier au collectif dans la construction d'un grief qui a un pouvoir de généralisation en raison de sa cohérence et des faits apportés dépassant l'histoire personnelle des individus victimes de ces injustices. En somme, pour nous il s'agissait de lutter contre le discours de l'anecdote que nous opposaient les tenants de la judiciarisation en montrant bien au contraire le caractère systémique de ces pratiques. Boltansky *et al.* (1984) décrivent cet enjeu autour de la condition de dé-singularisation qui permet de rattacher chaque expérience d'injustice à un ensemble collectif d'expériences similaires. Les données quantitatives ont permis ce travail-là même si nous avons toujours souhaité conserver aussi les histoires singulières dans la production de notre morale pour en faire tout au moins des cas exemplaires de notre cause. Cependant, ce processus de généralisation ancrait notre démarche dans une dimension politique et critique, dont l'aboutissement devait être de délégitimer les justifications associées à la judiciarisation pour les remplacer par notre appel à la justice pour les personnes en situation d'itinérance (Boltansky et Thévenot, 1991).

Pour ce faire, nous avons choisi d'assumer notre indignation à l'endroit de la judiciarisation, de persuader les autres de la légitimité de notre morale et finalement d'obtenir des changements.

11.3.1. Assumer l'indignation, devenir une voix

L'indignation est à la mode. Si certains y voient un nouvel espoir de changement, d'autres la condamnent au motif qu'elle ne peut être porteuse de projet. S'indigner serait tout au plus l'expression des bonnes consciences. Ainsi, toujours nécessaire, elle ne serait jamais suffisante, même si elle permet une ouverture sur l'Autre et le collectif (Mattéi, 2005). De notre côté, l'indignation, en incarnant des jeux d'émotions et de passions, permettait de rendre compte de l'injustice vécue, perçue et démontrée en sortant du rapport de conflit traditionnel entourant les formes de rationalités de la justice et de l'injustice (Renault, 2000).

Comme le regrette Sommier (2010), la dimension *affectuelle* des mouvements sociaux est le plus souvent ignorée dans les analyses de ces derniers. Or, elle montre comment cette dimension est cruciale dans la compréhension des dénonciations publiques des injustices. Traïni (2009) conclut ainsi que les émotions sont au cœur des mobilisations actuelles en permettant par l'indignation de réaffirmer ce qui est Bien et Mal. Pour cet auteur, la performance des mobilisations collectives devrait être lue en regard de leur performance à susciter des émotions, à travers son analyse des dispositifs de sensibilisation. Dubet (2005) poursuit sur cet enjeu en montrant le décalage dans nos sociétés entre les sentiments d'injustice et les capacités d'agir. Pour cet auteur, le ressort essentiel de l'action collective doit se retrouver dans la capacité des acteurs à faire de leur propre jugement normatif une indignation morale qui puisse être partagée. En un mot, devenir un entrepreneur moral.

Ce travail sur l'émotion susceptible de créer de l'indignation est très loin du registre traditionnel de la recherche. Pourtant, dans le contexte de l'Opération Droits Devant, il est devenu évident que le travail commun des différents acteurs : chercheurs, intervenants et personnes en situation d'itinérance devait s'orienter dans ce sens, en montrant comment la judiciarisation exigeait de nous une réaction d'indignation. Pourtant, il fallait encore faire plus, convaincre les autres de s'indigner aussi.

11.3.2. Persuader les autres

Le travail argumentaire de conviction n'est pas toujours associé à la recherche. De manière plus critique, il est associé directement à une dynamique de militantisme qui pourrait nuire à la qualité scientifique de la démarche, même si certains auteurs évoquent les enjeux ou les devoirs de militance de l'intellectuel (Foucault, 1976). Pour autant, et de manière paradoxale, la recherche n'a jamais autant eu besoin de transférer et diffuser ces savoirs et réfléchir aux retombées anticipées de ces derniers. En ce sens, la dynamique du rapport savoir-société s'inscrit dans une logique d'influence à laquelle il importe de s'intéresser et de réfléchir. Les principes d'extériorité et de neutralité paraissent battus en brèche par le souci actuel de s'interroger sur le pouvoir de la recherche, à travers les enjeux de communication et de réception de cette dernière (Céfaï et Amiraux, 2003). Le travail entrepris dans le cadre de ce partenariat et de notre engagement a été de soutenir vers l'extérieur un rapport d'expert basé sur des faits obtenus rigoureusement, afin de susciter un débat qui ne parvenait pas à émerger. Devenus experts en judiciarisation de l'itinérance considérant nos savoirs, il devenait possible de dévoiler cette situation et la dénoncer à travers différentes scènes universitaires, médiatiques, judiciaires, administratives et politiques. Comme le reprend Céfaï et Amiraux (2003) de la catégorie de Castel (1985), cette nouvelle position permettait de s'inscrire en « expert instituant » et, ce faisant, d'orienter le débat vers une possible réflexion sur les pratiques de judiciarisation, en soutenant la formation du jugement sur l'action de la police et du système pénal à l'endroit des personnes itinérantes. Comme le décrit Castel, nous avions rassemblé différentes pièces d'un dossier : témoignages, statistiques, pièces matérielles comme autant de preuves de la nature contre-productive et injuste de la judiciarisation… Dès lors, la cause à défendre devait être crédible aux yeux des autres acteurs, qui peu à peu s'y intéressaient et portaient alors un regard critique sur la judiciarisation (Voirol, 2009).

Enfin, la judiciarisation devenait un problème social. C'est ainsi que quelques années après la naissance de l'Opération Droits Devant, de nombreux rapports juridiques ou politiques ont intégré ce phénomène dans leur analyse, au point même d'en faire l'enjeu premier d'une réflexion sur les politiques et les pratiques en matière d'itinérance.

Ainsi, au plan juridique, la Commission des droits de la personne et des droits de la jeunesse (2009), après avoir cherché pendant deux années à convaincre les différents acteurs concernés (organismes communautaires, service de police et de sécurité du métro, Ville de Montréal) de dialoguer et de développer des solutions de rechange, s'est prononcée dans un avis remarqué sur la nature discriminatoire de ces pratiques de judiciarisation. Dans un avis créant le profilage social comme calque du profilage racial, la Commission, en s'appuyant en partie sur les données que nous avons produites, dénonce les pratiques et exige leur abandon.

Au plan politique, le rapport de la Commission parlementaire sur l'itinérance aborde la question de la judiciarisation et prend position pour évoquer son caractère néfaste et coûteux, autant pour les personnes en situation d'itinérance que pour la société (Commission de la santé et des services sociaux sur l'itinérance, 2009). Elle montre en outre que parmi les participants à la Commission, il y a un consensus pour affirmer que l'emprisonnement pour non-paiement d'amende n'est pas du tout la solution. Rappelons ici que nos données en 2005 montraient que 72 % des contraventions émises auprès des personnes en situation d'itinérance se terminaient par un emprisonnement pour non-paiement d'amende. Quatre ans plus tard, cette solution n'est plus du tout envisageable, l'évidence a changé de côté. La prison n'est pas la solution alors que quelques années auparavant, le passage en prison était forcément mérité. En outre, la Commission recommande que les municipalités développent d'autres modes de régulation sociale que celui de la judiciarisation. Elle recommande de surcroît l'adoption d'une politique de radiation des dossiers actifs dans les cours municipales. Ainsi, par cette recommandation, la légitimité de la judiciarisation tombe complètement, puisqu'elle n'aboutit à rien, au point même que les contraventions émises devraient être annulées (radiées). Indirectement, les contraventions deviennent un problème social et les radier devient une solution, délégitimant de manière absolue leur raison d'être.

Comment lire le pouvoir de persuasion de la recherche si ce n'est à travers les discours et les documents produits par les acteurs politiques et judiciaires qui tentent de créer des changements dans leur pratique ou leur représentation, afin de mettre un frein ou une fin aux pratiques de judiciarisation ?

Ces démonstrations de l'adhésion d'autres acteurs à cette lecture de la judiciarisation comme un problème ne doit pas faire oublier que les attentes n'étaient pas simplement dans les représentations, mais bien dans les pratiques menées à l'endroit des personnes en situation d'itinérance. Qu'en est-il alors des changements obtenus ?

11.3.3. Obtenir des changements

L'écriture de ce chapitre se situe environ six années après la diffusion de la première recherche, et au moment même où une troisième vague de données vient d'être diffusée. Il importe cependant de mentionner différents acquis obtenus au cours de ces années. Dans un premier temps, il nous faut rappeler que dès 2006, la Cour municipale de Montréal a renoncé à signer les mandats d'emprisonnement pour non-paiement d'amende pour des raisons officiellement techniques. Dans nos échanges avec les acteurs de la Cour municipale, ils refusaient de voir ce renoncement comme un moratoire. Pourtant, dans le rapport de la Commission parlementaire, c'est bien un moratoire que les parlementaires évoquent pour féliciter la Cour municipale de cette action. Ainsi, ce renoncement à l'emprisonnement pour non-paiement d'amende à Montréal a permis à de nombreuses personnes en situation d'itinérance d'éviter la prison pour des contraventions. Rappelons que pour chaque contravention, la personne était emprisonnée environ 15 jours, et que lors de nos études plus de 45 000 contraventions pouvaient être encore concernées par cette mesure. Mais ce renoncement n'existe pas dans les autres municipalités et si une révision du Code de procédure pénale est en cours, elle n'a pas encore abouti pour parvenir à la fin de l'emprisonnement en cas d'incapacité de payer.

Le dialogue créé et les comités de travail, notamment CAJI, mis en place pour soutenir le développement de solutions de rechange à la judiciarisation, a aussi eu quelques effets. La réduction du nombre de contraventions émises par le service de police est réelle, de même que le souci actuel de documenter ces interventions à l'endroit des personnes en situation d'itinérance. L'obligation faite aux autres acteurs de rendre compte de leurs pratiques en matière de judiciarisation permet de maintenir visible ce phénomène qui, jusqu'à nos premières recherches, était totalement invisible. Des données existent maintenant et sont publiques. Elles peuvent devenir des indicateurs de la réussite ou d'échec en termes de promotion d'autres solutions et de réduction de la judiciarisation. Elles sont en outre transmises dans le cadre des comités de travail aux différents acteurs. Forte de son expérience de collecte de données, l'Opération Droits Devant s'est engagée dans de nouvelles démarches de documentation : les abus et violences policières, la perception de la situation par les acteurs de terrain, quant au changement ou non dans les pratiques policières (RAPSIM, 2011). Ces démarches construites en coopération avec les chercheures se sont cependant développées sous la responsabilité exclusive des organismes communautaires et des personnes en situation d'itinérance. À ce titre, il est notable de considérer que l'expérience acquise dans la construction et l'engagement en partenariat d'une stratégie de dénonciation de la judiciarisation, utilisant et mobilisant différents acteurs, est reprise à d'autres fins, mais en continuité dans la défense des droits des personnes en situation d'itinérance. Cette dynamique de construction stratégique de la reconnaissance de l'injustice et de la discrimination semble porter ses fruits, puisque des acteurs de la scène judiciaire s'associent de plus en plus aux revendications portées par le RAPSIM.

La création d'une équipe de procureurs désignés à la Cour municipale de Montréal, l'aménagement des travaux compensatoires, la création d'équipes de médiation sociale mais aussi de patrouilles policiers et travailleurs sociaux font partie de toutes les solutions innovantes mises en place depuis 2006. Elles ont toutes le mérite d'exister et de chercher à réduire le recours à la judiciarisation ou à réduire les conséquences fâcheuses de ces pratiques. Non entendues dans notre première étude et invisibles, elles bénéficient aujourd'hui de rencontres possibles avec les procureurs de la Couronne, y compris dans la communauté, puisqu'ils se déplacent hors de la cour avec des juges dans le cadre du PAJI (procureur désigné). Elles peuvent aussi être mieux soutenues dans le cadre des travaux compensatoires ou par la signature facilitée d'entente de paiement. Ce travail commun entre les instances, fondé sur des dynamiques de proximité et développé autour de l'idée de l'adaptation du droit, pour rendre une meilleure justice, a totalement changé les rapports entre les acteurs qui maintenant se connaissent, se reconnaissent et agissent ensemble dans le même sens. Pour autant, elles ont toutes en commun de concerner un nombre restreint de situations, au plus une centaine par stratégie alors même que des milliers de contraventions sont encore émises annuellement. En fait, ces solutions de rechange ne parviennent à toucher actuellement qu'une contravention sur 30, mais leur déploiement et leurs effets sont appelés à se multiplier. Cependant, elles ne parviendront pas à atteindre la source: l'émission de constat d'infraction à laquelle la police de Montréal et les agents de perception du métro ne semblent pas avoir du tout renoncé.

Conclusion

La présentation de ce chapitre a été une occasion de montrer comment il est possible de soutenir une posture de recherche qui s'éloigne de la neutralité et de l'extériorité tout en s'inscrivant dans un univers d'engagement, au profit du changement social. Elle pose alors l'entreprise morale, non simplement comme un objet d'étude mais bien comme une stratégie d'action et de connaissance qui permet le dévoilement de situations sociales que la société refuse de voir. Contribuant à la connaissance tout autant qu'amélioration des conditions sociales de vie des populations les plus vulnérables de nos sociétés, cette posture de recherche exige cependant de s'imposer une réflexivité éthique de tous les instants pour demeurer dans cette tension constante entre rigueur et engagement. Pour autant, elle permet de faire reconnaître des situations d'injustices construites à travers le mépris social à l'endroit de personnes vulnérables. À ce titre, elle inscrit le projet de connaissance dans un espace plus large que le savoir, celui du progrès de la justice en cherchant à décrire le monde pour le refaire.

Si la judiciarisation est devenue un réel problème social au point que de nombreux acteurs, communautaires, institutionnels, administratifs, politiques et judiciaires travaillent à développer des solutions de rechange, tout n'est pas encore gagné. Elles demeurent le plus souvent des brèches, car personne ne parvient encore à soutenir la création de solutions plus globales et intégrées, où la situation d'itinérance pourrait être considérée comme une injustice sociale à laquelle la société doit faire face en reconnaissant les mêmes droits à tous. C'est le projet d'une Politique en itinérance qui pour l'instant n'a pas encore traversé le champ de l'action politique et gouvernementale (RSIQ, 2006). Gageons que cette inertie, en termes de droit, pourrait être le socle d'un nouveau problème social !

RÉFÉRENCES BIBLIOGRAPHIQUES

BECKER, H. (1963). *Outsiders*, New York, The Free Press.

BELLOT, C. (2000). « La trajectoire : un outil dans la compréhension de l'itinérance », dans D. Laberge (dir.), *L'errance urbaine*, Montréal, Éditions Multimondes, p. 101-119.

BELLOT, C. (2001). *Le monde de la rue. Expérience et trajectoires de jeunes*, Thèse en criminologie, Montréal, École de criminologie, Université de Montréal.

BELLOT, C., I. RAFFESTIN, M.-N. ROYER et V. NOËL (2005). *Judiciarisation et criminalisation des populations itinérantes*, Rapport de recherche au Secrétariat national des sans-abri.

BELLOT, C. et B. ST-JACQUES (2007). « La gestion pénale de l'itinérance : un enjeu pour la défense des droits », dans S. Roy et R. Hurtubise, *L'itinérance en question*, Québec, Presses de l'Université du Québec, p. 171-192.

BELLOT, C. et B. ST-JACQUES (2011). « La défense des droits des personnes itinérantes. L'histoire d'un partenariat entre chercheurs, intervenants sociaux et population cible », dans D. Chabanet, P. Dufour et F. Royall (dir.), *Les mobilisations sociales à l'heure du précariat*, Paris, EHESS, Lien social et politiques.

BELLOT, C., M.-E. SYLVESTRE et C. CHESNAY (2012). *La judiciarisation des personnes en situation d'itinérance. 15 années de recherche : bilan et enjeux*, Rapport de recherche du Canadian Homeless Research Network.

BERGER, M. et M. SANCHEZ-MAZAS (2008). « La voix des sans domicile. Des usages sociaux du jeu démocratique dans les Espaces Dialogues en Belgique », dans J.-P. Payet, F. Giuliani et D. Laforgue (dir.), *La voix des acteurs faibles. De l'indignité à la reconnaissance*, Rennes, Presses universitaires de Rennes, p. 181-194.

BOLTANSKY, L., Y. DARRÉ et M.-A. SCHILTZ (1984). « La dénonciation », *Actes de la recherche en sciences sociales*, n° 51, p. 3-40.

BOLTANSKY, L. et L. THÉVENOT (1991). *De la justification. Les économies de la grandeur*, Paris, Gallimard.

CAILLÉ, A. (dir.) (2007). *La quête de reconnaissance. Nouveau phénomène social total*, Paris, La Découverte.

CAILLÉ, A. et C. LAZZERI (dir.) (2009). *La reconnaissance aujourd'hui*, Paris, CNRS.

CANTELLI, F. et J.-L. GÉNARD (dir.) (2007). *Action publique et subjectivité*, Paris, Droit et Société, LGDJ.

CASTEL, R. (1985). «L'expert mandaté et l'expert instituant», dans CRESAL, *Situations d'expertise et socialisation des savoirs*, Saint-Etienne, CRESAL.

CÉFAÏ, D. (2010). *L'engagement ethnographique*, Paris, EHESS.

CÉFAÏ, D. et V. AMIRAUX (2003). «Les risques du métier. Partie 2», *Cultures & Conflits*, n° 47, automne 2002, <http://conflits.revues.org/index832.html>, consulté le 1er juillet 2011.

COMMISSION DE LA SANTÉ ET DES SERVICES SOCIAUX SUR L'ITINÉRANCE (2009). *Itinérance: agissons ensemble*, Québec, Assemblée nationale.

COMMISSION DES DROITS DE LA PERSONNE ET DES DROITS DE LA JEUNESSE (2009). *La judiciarisation des personnes itinérantes à Montréal: un profilage social*, Montréal, Avis de la Commission.

DORVIL, H. et R. MAYER (2001). «Introduction», dans H. Dorvil et R. Mayer (dir.), *Problèmes sociaux. Théories et méthodologies*, tome I, Québec, Presses de l'Université du Québec, p. 1-13.

DUBET, F. (2005). «Du sentiment à l'action», *Ceras, Recherche et action sociales*, Projet n° 289, <http://www.ceras-projet.com/index.php?id=1220>.

DUMONT, F. (1994). «Approche des problèmes sociaux», dans F. Dumont, S. Langlois et Y. Martin (dir.), *Traité des problèmes sociaux*, Québec, Institut québécois de recherche sur la culture, p. 1-21.

ÉLIAS, N. (1983). *Engagement et différentiation*, Paris, Folio.

FOUCAULT, M. (1976). «La fonction politique de l'intellectuel», dans M. Foucault, *Dits et écrits 1976-1979*, vol. 3, Paris, Gallimard, p. 109-114.

GÉNARD, J.L. (2007). «Capacités et capacitations: une nouvelle orientation des politiques publiques», dans F. Cantelli et J.-L. Génard (dir.), *Action publique et subjectivité*, Paris, Droit et Société, LGDJ, p. 41-64.

HARCOURT, B. (2006). *L'illusion de l'ordre. Incivilités et violences urbaines: tolérance zéro?*, Paris, Descartes.

HIRSCHMAN, A. (1995). *Défection et prise de parole*, Paris, Fayard.

HONNETH, A. (2006). *La société du mépris. Vers une nouvelle théorique critique*, Paris, La Découverte.

LANGLOIS, S. (1994). «Fragmentation des problèmes sociaux», dans F. Dumont, S. Langlois et Y. Martin (dir.), *Traité des problèmes sociaux*, Québec, Institut québécois de recherche sur la culture, p. 1107-1126.

LAZZERI, C. (2010). «Reconnaissance et redistribution? Repenser le modèle dualiste de Nancy Fraser», dans A. Caillé et C. Lazerri (dir.), *La reconnaissance aujourd'hui*, Paris, La Découverte, p. 171-225.

MACDONALD, S.-A. (2010). *Staying Alive while Living the Life. Conceptualisations of Risk Among Homeless Youth*, Thèse en service social, Montréal, École de service social, Université de Montréal.

MARTUCCELLI, D. (2010). *La société singulariste*, Paris, Armand Colin.

MATTÉI, J.-F. (2005). *De l'indignation*, Paris, La Table Ronde.

NAUDIER, D. et M. SIMONET (dir.) (2011). *Des sociologues sans qualités? Pratiques de recherche et engagements*, Paris, La Découverte.

OUELLET, P. (1998). *Matériaux pour une théorie générale des problèmes sociaux*, Thèse, Montréal, Sciences humaines appliquées, Université de Montréal.

PARAZELLI, M. (2002). *La rue attractive. Parcours et pratiques identitaires des jeunes de la rue*, Québec, Presses de l'Université du Québec.

PAYET, J.-P. et F. GIULIANI (2010). «Introduction: Rencontrer, interpréter, reconnaître. Catégorisation et pluralité de l'acteur faible», dans J.-P. Payet, C. Rostaing et F. Giuliani (2010). *La relation d'enquête. La sociologie au défi des acteurs faibles*, Rennes, Presses universitaires de Rennes, p. 7-19.

PAYET, J.-P., F. GIULIANI et D. LAFORGUE (dir.) (2008). *La voix des acteurs faibles. De l'indignité à la reconnaissance*, Rennes, Presses universitaires de Rennes.

PAYET, J.-P., C. ROSTAING et F. GIULIANI (2010). *La relation d'enquête. La sociologie au défi des acteurs faibles*, Rennes, Presses universitaires de Rennes.

PHARO, P. (2009). «Les ambiguïtés de la reconnaissance», dans A. Caillé et C. Lazzeri (dir.), *La reconnaissance aujourd'hui*, Paris, CNRS, p. 386-402.

PICHON, P. (2008). *SDF, sans-abri, itinérant. Osons la comparaison*, Louvain, Presses universitaires de Louvain.

RANCIÈRE, J. (2007). *Le philosophe et ses pauvres*, Paris, Flammarion.

RAPSIM (2011). *Profilage social. Un portrait de la situation dans l'espace public*. Rapport de recherche.

RENAULT, E. (2000). *L'expérience de l'injustice*, Paris, La Découverte.

RENAULT, E. (2004). *L'expérience de l'injustice. Reconnaissance et clinique de l'injustice*, Paris, La Découverte.

RSIQ (2006). *Pour une politique en itinérance. Plateforme de revendications du RSIQ*.

SANCHEZ-MAZAS, M., J. MAGGI, M. ROCA et I. ESCODA (2010). «En quête de la voix des sans-droits. Le cas des exclus du droit d'asile», dans J.-P. Payet, C. Rostaing et F. Giuliani (dir.), *La relation d'enquête. La sociologie au défi des acteurs faibles*, Rennes, Presses universitaires de Rennes, p. 143-160.

SOMMIER, I. (2010). «Les états affectifs ou la dimension affectuelle des mouvements sociaux», dans O. Fillieule, E. Agrikoliansky et I. Sommier (dir.), *Penser les mouvements sociaux. Conflits sociaux et contestations dans les sociétés contemporaines*, Paris, La Découverte, p. 185-202.

SOULET, M.-H. (2008). «La vulnérabilité. Un problème social paradoxal», dans V. Châtel et S. Roy (dir.), *Penser la vulnérabilité. Visages de la fragilisation du social*, Québec, Presses de l'Université du Québec, p. 65-88.

SOULET, M.-H. (2009). «Nouvelles pathologies sociales et transformation de l'action sociale», dans. J. Cultiaux et T. Périlleux (dir.), *Destins politiques de la souffrance*, Toulouse, Érès, p. 85-98.

SYLVESTRE, M.-E. (2010). «Policing the homeless in Montreal: Is this really what the population wants?», *Policing and Society*, vol. 20, n° 4, p. 432-458.

TACHON, M. (1985). «Travail social et gestion des problèmes sociaux», dans F. Bailleau, N. Lefrancheur et V. Feyre (dir.), *Lectures sociologiques du travail social*, Paris, Éditions Ouvrières, p. 177-187.

VOIROL, O. (2009). «Invisibilité et "système". La part des luttes pour la reconnaissance», dans A. Caillé et C. Lazzeri (dir.), *La reconnaissance aujourd'hui*, Paris, La Découverte.

CHAPITRE 12

LA CONSTRUCTION DU PROBLÈME SOCIAL DE LA MALADIE DANS LE QUÉBEC DES ANNÉES 1930
Martin Petitclerc

Qu'est-ce qu'un problème social? Cette question, apparemment simple, pose des problèmes importants à la théorie sociale. Puisqu'il s'intéresse au changement dans le temps, l'historien prend évidemment rapidement conscience qu'il est impossible d'en arriver à une définition stable d'un problème social, une définition qui serait valable dans n'importe quel contexte spatio-temporel. Par exemple, lorsque les missionnaires Jésuites arrivent dans la vallée du Saint-Laurent au XVIIe siècle, ils considèrent généralement que les maisons longues des Hurons ne sont pas propices à la vie ordonnée qu'ils associent à la famille nucléaire patriarcale européenne. Les Hurons, évidemment, n'ont pas la même vision du rôle de la maison longue qui est, pour eux, au cœur même des réseaux d'alliance qui structurent, d'une façon largement égalitaire, la vie sociale. À l'inverse, lorsque le jeune Huron Sauvignon visite la France en 1611, avec Samuel de Champlain, il est renversé par le «grand nombre de nécessiteux et de mendiants», affirmant «que si les Français avaient un peu d'intelligence, [ils] pourraient régler ce problème, les solutions étant simples» (Finkel, 2006, p. 17). Les Français, à leur tour, n'ont évidemment pas la même perception de cette situation puisque les inégalités sociales sont indissociables d'une conception différente de l'ordre social, fondée sur les rapports de dépendance propres à l'Ancien Régime. Cet exemple illustre cette idée bien connue que ce qu'on conçoit comme un problème social, du moins lorsque l'on reste dans l'univers du sens commun, n'existe pas indépendamment des valeurs et du sens commun.

La théorie sociale a bien tenté de se dégager de ce sens commun à partir du tournant du XXe siècle, et donc de saisir le problème social dans sa relation positive avec la «société». Qu'il suffise ici de rappeler que Durkheim a montré, par exemple, que le suicide, phénomène individuel qui semblait résister à toute objectivation scientifique, pouvait être rationalisé lorsqu'on le transformait scientifiquement en «fait social» afin d'en rendre compte par une explication causale généralisable, validée dans ce cas-ci par l'analyse comparative. Le suicide pouvait ainsi être envisagé comme la manifestation d'une dysfonction sociale profonde, c'est-à-dire l'anomie produite par l'affaiblissement des institutions et des normes sociales (Durkheim, 1985). Par la suite, la sociologie américaine, à commencer par la fameuse École de Chicago, s'est illustrée par une objectivation similaire des problèmes sociaux. Les chercheurs associés à cette École ont, en effet, tenté de cerner les problèmes sociaux (la pauvreté, la délinquance, la criminalité, etc.), conçus comme des phénomènes de la réalité sociale reflétant la brisure de l'équilibre écologique naturel. Les méthodes d'intervention devaient ainsi s'appuyer sur une analyse scientifique des conditions d'émergence de ces problèmes, conditions recherchées dans les facteurs de dysfonction sociale, notamment dans le déclin des formes traditionnelles de vie communautaire au sein de la ville industrielle. Plusieurs chercheurs ont par la suite orienté cette réflexion vers une meilleure prise en compte des normes socialement partagées dans la définition des problèmes sociaux. Par exemple, Robert Merton a souligné que les taudis et la pauvreté n'étaient pas généralement considérés comme des problèmes selon les normes de l'Angleterre du XVIIe siècle. Il en déduisait ainsi que l'analyse d'un problème social devait s'attarder avant tout au décalage entre «ce qui est» et ce qui «devrait être» dans une société donnée. C'est principalement ce décalage entre les moyens et les fins, lorsqu'il s'agrandit, qui serait la source primordiale de l'anomie, et donc de comportements déviants (Merton et Nisbet, 1961; Mayer, 1990; Dumont, Langlois et Martin, 1994; Dorvil et Mayer, 2001).

Plutôt que d'insister sur la dimension «objective» des problèmes sociaux, d'autres chercheurs ont centré davantage l'analyse sur les processus subjectifs par lesquels une société particulière en vient à considérer un phénomène comme un problème social. Cette perspective «constructiviste», qui se développe à partir des années 1970, mais dont les origines peuvent être retracées dans les premières études interactionnistes et culturalistes des années 1920 et 1930, s'intéresse moins à la déviance, à la pauvreté, etc., en tant que phénomène de la réalité sociale, qu'aux processus par lesquels ces phénomènes en viennent à être définis par les acteurs comme des problèmes sociaux[1]. Ce texte s'inscrit principalement dans cette perspective «constructiviste» large, et vise donc à mettre l'accent sur les négociations entourant la définition des problèmes sociaux. S'il est indéniable que la pauvreté, la maladie, etc., sont bien des problèmes «réels», nous soutenons qu'en dernière analyse, c'est moins la transformation de la réalité sociale que le processus complexe de négociations entre les parties intéressées par la question sociale qui explique la mutation fondamentale dans la définition des problèmes sociaux. Plus précisément, cette mutation au Québec, dans les années 1930, se manifeste par l'abandon d'une définition chrétienne et libérale des problèmes sociaux, centrée principalement sur la faute personnelle, et l'adhésion de plus en plus large à une définition en termes d'«accidents», donc relevant principalement des risques perçus comme intrinsèques à la société industrielle. Que le «risque», étroitement associé à la statistique sociale, soit souvent présenté comme une donnée sociale objective, rend paradoxalement encore plus pertinente une approche constructiviste du problème social[2].

Pour analyser cette mutation, nous allons donc analyser les débats entourant la question d'un système d'assurance-maladie lors des travaux de la Commission des assurances sociales du Québec (Commission Montpetit). Premièrement, nous allons présenter brièvement la Commission et les acteurs qu'elle met en relation. Deuxièmement, nous nous attarderons à saisir plus précisément l'importance de la «découverte» des risques dans la genèse des États-providence, et notamment la redéfinition des problèmes sociaux en terme d'accidents. Enfin, dans la troisième section, nous montrerons les enjeux que pose cette redéfinition pour l'analyse de la construction d'un problème social spécifique, celui du risque de la maladie pour les salariés québécois des années 1930.

12.1. La Commission des assurances sociales du Québec

La Commission des assurances sociales du Québec (Commission Montpetit) est instituée en 1930 par le gouvernement libéral de Louis-Alexandre Taschereau. Elle entreprend ses travaux au début de l'année 1931 et remet ses derniers rapports au début de l'année 1933. Pendant un peu plus de deux ans, les commissaires, recrutés au sein des élites patronale, syndicale, nationaliste, cléricale, médicale et gouvernementale, tiennent près d'une centaine de séances. Ils entendent un peu moins de 200 témoignages d'intervenants divers, provenant de la plupart des régions du Québec, de

---

1. La référence classique est Spector et Kitsuse, 2009. Pour un résumé des principales thèses, voir Mayer, 1990, p. 34-38.
2. Cette perspective n'est pas étrangère aux questionnements relatifs aux rapports entre risque et moralité développés dans Ericson et Doyle, 2003.

l'Ontario, et même de quatre pays d'Europe. La Commission produit sept rapports, soit ceux sur l'assurance-maladie, l'assurance du vieil âge, l'assurance-chômage, les allocations familiales, l'assistance à l'enfance, l'hygiène industrielle et le risque des maladies professionnelles[3]. La référence explicite aux «assurances sociales» souligne l'importance que la plupart des acteurs de cette commission attribuent à de nouveaux modes de prise en charge qui requièrent une redéfinition des problèmes sociaux en termes de risques[4].

La présidence de la commission est confiée à Édouard Montpetit, professeur fort respecté d'économie politique et sociale à l'Université de Montréal et proche du Parti libéral. Outre le président, deux commissaires représentent les deux grandes Églises de la province, soit Mgr Georges Courchesne de Rimouski, évêque de Rimouski, et Frederick-George Scott, recteur anglican à l'Église Saint-Matthew de Québec[5]. Parmi les commissaires, on retrouve également Georges-Arthur Savoy, industriel des Cantons-de-l'Est et président de la section québécoise de l'Association des manufacturiers canadiens. En outre, deux commissaires sont issus des deux grandes centrales syndicales de la province: John T. Foster, président du Conseil des métiers et du travail de Montréal (CMTM) qui regroupe les unions «internationales» montréalaises, et Gérard Tremblay, secrétaire général de la Confédération des travailleurs catholiques du Canada (CTCC), représente les syndicats catholiques. Tremblay, pendant les travaux de la Commission, est toutefois nommé sous-ministre du Travail du Québec par le gouvernement libéral, mais continue tout de même de siéger à la Commission Montpetit. Enfin, Alphonse Lessard, directeur de l'assistance

---

3. Le rapport sur le risque des maladies professionnelles est en fait une simple recommandation pour que le gouvernement du Québec intègre ce risque dans la nouvelle loi sur les accidents du travail qui met en place, en 1930, une assurance publique pour les travailleurs accidentés. Pour une brève présentation de la Commission Montpetit, on peut consulter Benoît Gaumer, 2008, p. 26-34. Voir également Pelletier et Vaillancourt, 1975, p. 117-118.
4. S'il est vrai que la Commission recommande des mesures d'assistance pour les femmes administrées par l'État, comme les pensions aux mères nécessiteuses, les principales réflexions et propositions portent sur la protection assurancielle des hommes pourvoyeurs. En ce sens, il faut sans doute nuancer l'idée que la Commission Montpetit prône un «maternalisme d'État» (Cohen, 2006, p. 91). Soulignons au passage que la Fédération nationale Saint-Jean-Baptiste recommande également des programmes d'assurances sociales pour les mères à la naissance de leur enfant, ce qui témoigne d'une redéfinition du problème social de la maternité nécessiteuse en termes de risque social (voir Cohen, 2006, p. 95-96).
5. Fait intéressant à souligner, Scott avait participé, en 1919, à la grève de Winnipeg et était le père de Frank Scott, célèbre socialiste de la Ligue de la reconstruction sociale et l'un des fondateurs du Co-operative Commonwealth Federation, ancêtre du Nouveau Parti démocratique du Canada, en 1932.

publique et du Service provincial d'hygiène, est également nommé commissaire. On tente donc de nommer des commissaires qui représentent les principaux groupes intéressés par la question sociale, à l'exception notable, toutefois, des nombreux groupes de femmes, dont la Fédération nationale Saint-Jean-Baptiste, impliqués dans les secours aux nécessiteux (Cohen, 2006, p. 94).

On a souvent dit que la Commission avait produit peu de résultats concrets, ce qui explique que les historiens y aient accordé peu d'intérêt. Tout de même, mentionnons que les recommandations de la Commission influencent certainement le gouvernement québécois dans la reconnaissance du risque de la maladie industrielle dans la Loi sur les accidents du travail, dans l'adoption des pensions aux mères nécessiteuses et dans la participation au programme fédéral de pensions de vieillesse au milieu des années 1930. De même, la majorité des commissaires recommande la participation du gouvernement québécois à un éventuel programme fédéral d'assurance-chômage, ce qui sera fait en 1940. Enfin, c'est en reprenant, en partie, une recommandation de cette Commission qu'Adélard Godbout met sur pied, en 1942 et 1943, la Commission d'enquête sur les hôpitaux et la Commission d'assurance-maladie, pour voir à la mise en place, justement, d'un système d'assurance-maladie. C'est sur cette question de l'assurance-maladie que nous nous attarderons dans la troisième section. Plus largement, les rapports de la Commission Montpetit serviront de référence à la plupart des personnes intéressées par la question sociale jusqu'aux années 1950, notamment au sein du mouvement ouvrier.

Cependant, l'importance de la Commission déborde largement les politiques concrètes qu'elle aurait pu inspirer. En effet, pour la première fois dans l'histoire du Québec, une partie de l'élite franco-québécoise remet en question la primauté de l'assistance catholique traditionnelle dans la prise en charge des problèmes sociaux. Considérant la place centrale qu'occupe la charité catholique dans la société de l'époque, on peut comprendre qu'Édouard Montpetit y voit le signe d'un nouveau rapport que cette société entretient à l'égard d'elle-même. Il souligne que :

> La population [...] a, pendant des siècles, mené une existence simple, reposant sur la famille et sur la paroisse [...] Les institutions et les communautés religieuses venaient ensuite à la rescousse pour le soin des enfants et des vieillards. Ce régime admirable a fonctionné avec succès pendant des siècles, mais aujourd'hui [...] l'armature sociale de la Province de Québec est insuffisante [...] C'est ici que, malgré le ressort de la famille et le dévouement sans bornes de nos institutions, l'organisme de secours qui fonctionne dans la PQ paraît insuffisant, parce qu'il est débordé en quelque sorte par le mouvement économique (Québec, 1933a, p. 13-14).

Si la Commission marque un moment de rupture évident dans le discours des élites franco-québécoises, il faut souligner que la critique du système traditionnel d'assistance n'est pas une nouveauté. Dès le milieu du XIXᵉ siècle, des initiatives relevant de la prévoyance, individuelle ou sociale, avaient eu un certain succès. C'est le cas, notamment, des sociétés de secours mutuels qui, comme nous le verrons, interviendront lorsque la Commission Montpetit envisagera d'adopter des formes d'assurances sociales qui s'apparentaient à leurs propres pratiques (Petitclerc, 2007). Grâce à ces mutuelles, dont les pratiques sont reproduites dans de nombreux syndicats, une partie de la classe ouvrière s'était familiarisée avec les principes de l'assurance. À partir de la fin du XIXᵉ siècle, des revendications ouvrières insistent de plus en plus sur la nécessité d'adopter des politiques assurancielles de prise en charge des problèmes sociaux, notamment pour la compensation des accidentés du travail. Par la suite, le mouvement ouvrier milite pour une extension de ce principe à plusieurs autres dimensions de la précarité salariale, que ce soit le chômage, la vieillesse, la maladie, etc. Bien sûr, ces propositions de réforme ne se limitent pas au Québec, ou au Canada, mais deviennent une préoccupation commune de tous les mouvements ouvriers nationaux, appuyés en cela par les travaux importants de l'Organisation internationale du travail de la Société des Nations à partir de 1919 (Toucas, 2009; Kott, 2008). C'est donc dans ce contexte que le secrétaire général de la CTCC, Gérard Tremblay, rappelle les fondements de l'assurance sociale en 1929. Ces fondements découlent d'une redéfinition des « maux sociaux » en termes d'accidents que « personne au monde n'empêchera ». Les assurances sociales désignent ainsi :

> l'ensemble des institutions qui, dans une région déterminée, tendent à alléger la misère du peuple en en répartissant les risques sur l'ensemble de la population. Les risques de la misère sont nombreux ; on peut prévenir les uns ; il faut accepter les autres. Personne au monde n'empêchera quelqu'un d'être malade, de vieillir et de mourir. Personne au monde ne peut organiser un régime économique ou la production et la consommation seront réglées avec une telle précision qu'il ne pourra exister de chômage. Mais toutefois, on peut par la coopération, atténuer très largement les maux sociaux qui s'ensuivent de la maladie, de l'invalidité, de la vieillesse, de la mort et même du chômage (Tremblay, 1929, p. 1-2).

12.2. Le risque, l'assurance et l'État-providence

Bien que le mouvement ouvrier contribue indéniablement à la diffusion du discours sur les risques sociaux, ce dernier n'est évidemment pas un simple produit de la culture ouvrière. En fait, ce discours a une longue histoire, émergeant dans le cadre des premières assurances maritimes au XIVᵉ siècle[6], puis se généralisant au fil de l'expansion de l'assurance au

---

6. Certains auteurs font remonter la genèse du risque à l'apparition des premiers jeux de hasard, vers 3500 avant Jésus-Christ (Berstein, 1998).

cours des siècles suivants, et notamment avec le développement des premières assurances sociales dans l'Allemagne de Bismarck dans les années 1880. Ce discours acquiert, parallèlement, une dimension de plus en plus formelle à mesure que se développent le calcul des probabilités, la statistique sociale et, finalement, l'actuariat au XIXe siècle. En ce sens, si le mouvement ouvrier s'empare de ce discours pour légitimer ses propres projets de politiques sociales, il s'agit tout de même d'un discours qui lui échappe en bonne partie et qui est susceptible d'être repris par différents groupes d'intérêts. Comme nous le verrons dans le cas du problème social de la maladie, le recours aux notions de risque et d'accident ne permet pas de «fixer» solidement la définition du problème social ou la reconnaissance d'un droit social à des indemnités en cas de maladie. En fait, la redéfinition du problème social de la maladie comme un accident laisse place à de nombreuses interprétations, selon les intérêts des différents groupes sociaux intéressés par la question.

Mais avant d'en arriver là, il est nécessaire de s'attarder quelque peu sur la signification du risque dans la réflexion générale sur la genèse des États-providence. Alors que la genèse de l'État-providence est souvent interprétée en termes de conquêtes ouvrières ou d'un compromis fordiste visant à stabiliser le système capitaliste, plusieurs auteurs ont souligné depuis quelques décennies l'importance de la «découverte» des risques dans le développement de la protection sociale et de la solidarité sociale dans le contexte de la modernité industrielle (Ewald, 1996)[7]. Si, comme nous l'avons vu, le terme de risque existe depuis le XIVe siècle, c'est vraiment à partir du XIXe siècle que le discours sur le risque s'impose comme un aspect central de la politique sociale. En effet, le paradigme libéral de la souveraineté individuelle, jusqu'au tournant du XXe siècle, détermine les balises à l'intérieur desquelles il faut définir les problèmes sociaux. Ces problèmes sont rapportés constamment à la faute personnelle et les solutions apportées, de la charité publique ou privée à la prévoyance individuelle, ont donc en commun de viser la responsabilisation de l'individu (ce qui correspond essentiellement, dans les termes de l'époque, à l'homme pourvoyeur)[8].

À partir du milieu du XIXe siècle, alors que les tensions sociales menacent de plus en plus les jeunes sociétés libérales, il y a nécessité de repenser les termes d'une question sociale qui semble de plus en plus menaçante pour l'ordre social. Le problème politique crucial, à partir de ce moment, est de justifier la logique d'une intervention inédite de l'État

---

7. Pour les théoriciens du risque, comme Ulrich Beck et Anthony Giddens, l'État-providence est un système de gestion collective des risques (Giddens, 1999, p. 9).
8. Cette définition libérale des problèmes sociaux contraint d'ailleurs à une reformulation majeure de la conception chrétienne de l'assistance (Fecteau, 2004).

dans la gestion de la question sociale, mais sans que cette intervention ne puisse déboucher sur une remise en cause du principe de la souveraineté individuelle (Donzelot, 1984). Ce problème trouvera, dans le dernier tiers du XIXe siècle, une réponse originale avec la « découverte » des risques sociaux qui permet de redéfinir les problèmes sociaux comme des « accidents ». Un discours nouveau permet alors d'envisager une logique d'intervention de l'État pour indemniser les victimes de ces accidents qui, comme le disait Tremblay, ne « peuvent être empêchés ». En même temps, puisque ces accidents sont, en quelque sorte, le résultat inévitable de la vie en société (industrielle), la reconnaissance d'une responsabilité collective ne mène pas à la reconnaissance d'une « faute » qui justifierait une transformation radicale de l'ordre social[9]. La raison « probabilitaire », qui permet de saisir l'accident dans son occurrence statistique, est pour Ewald « le grand événement politique des deux derniers siècles » (Ewald, 1996, p. 105).

Un savoir nouveau permet donc d'identifier de nombreux problèmes qui, progressivement, se dégagent du paradigme libéral de la responsabilité individuelle pour être objectivés en « accidents ». C'est l'assurance, comme technologie du risque, qui permet de fonder concrètement la logique autolimitative de cette intervention de l'État social. Il s'agit, comme le soulignait encore une fois Tremblay, de « répartir les risques sur l'ensemble de la population », risques qui font référence à des accidents que personne ne peut empêcher, à qui aucune faute ne peut être imputée. À la fin du XIXe siècle, ce sont les assurances sociales contre les accidents du travail qui donnent une application concrète de cette technologie du risque en Occident. En 1909, la reconnaissance au Québec du risque professionnel en matière d'accidents du travail témoigne, par ailleurs, des limites d'une intervention qui, tout en reconnaissant un risque, n'envisage pas de mécanisme assuranciel de compensation des victimes. C'est en grande partie en contestant les limites de cette loi, qui reconnaît le principe d'un risque social, mais sans mettre en place une politique concrète d'indemnisation, que le mouvement ouvrier québécois développe son discours sur les assurances sociales. Lorsque la Commission des assurances sociales est mise sur pied, en 1930, le gouvernement libéral a déjà promis, après plus de deux décennies de contestation ouvrière, la mise en place d'une assurance publique contre les accidents du travail (Lippel, 1986).

Le succès politique de l'assurance sociale, ce dont témoigne son développement rapide dans les pays occidentaux au début du XXe siècle[10], repose en grande partie sur l'espoir d'une définition objective des problèmes

---

9. C'est ce que Paretti-Watel appelle les « dangers sans cause » et les « dommages sans faute ». Ce sont des « accidents » dont la responsabilité ne peut, par définition, être attribuée à quiconque (Peretti-Watel, 2001, p. 6).
10. Pour un récent bilan des premiers régimes d'assurances sociales, voir Dreyfus, 2009.

sociaux en tant qu'accidents. C'est pourquoi le discours sur les risques sociaux se présente comme un discours technique neutre. La société industrielle produirait des accidents dont les occurrences pourraient être calculées par un savoir probabilitaire, par une analyse scientifique des risques. Cela dit, même s'il a toutes les apparences d'un savoir objectif, le discours du risque est un discours moral, imprégné de valeurs, et susceptible de répondre à différents intérêts. En somme, comme nous tenterons de le montrer en étudiant les négociations entourant la définition du problème social de la maladie du salarié, le risque est moins «découvert» dans les conditions objectives d'existence de la société industrielle, que «construit» par les préoccupations subjectives de différents groupes sociaux intéressés par la question sociale.

12.3. LE PROBLÈME SOCIAL DE LA MALADIE

Lorsque la Commission s'attarde enfin à la question de l'assurance-maladie, à l'automne 1932, un fort sentiment en faveur des assurances sociales se manifeste dans l'opinion publique. À l'automne 1932, la plupart des intervenants, à l'exception notable des sociétés d'assurances et du Collège des médecins, considèrent l'avènement des assurances sociales comme inévitable au Québec. Tout de même, même si le discours sur le risque permet à plusieurs de se dégager des contraintes du discours traditionnel sur l'assistance, tous ne s'entendent pas sur la définition même du problème social à prendre en charge. C'est de l'interaction entre ces différents intervenants, et des négociations autour de la définition du risque qu'il faut assurer, que se construit le problème social de la maladie du salarié dans les années 1930. Pour bien saisir cette dynamique, nous aborderons, tour à tour, les trois principaux groupes d'intérêt concernés par cette question, soit le mouvement ouvrier, les sociétés d'assurance et les médecins.

Le mouvement ouvrier revendique un programme d'assurance sociale obligatoire avec cotisations obligatoires depuis plusieurs années. Cette revendication est devenue de plus en plus importante dans les années 1920, alors qu'augmentent les coûts associés aux soins médicaux et hospitaliers. Comme nous l'avons souligné, ce sont les pressions du mouvement syndical qui incitent le gouvernement Taschereau à mettre l'assurance-maladie à l'ordre du jour des travaux de la Commission des assurances sociales. Comme pour les pensions de vieillesse et l'assurance-chômage, le mouvement ouvrier désire que soit reconnu un droit à la protection contre le problème social de la maladie. En 1930, dans le *Canadian Congress*

Journal, organe du Congrès des métiers et du travail du Canada, on rappelle aux éventuels commissaires que la contribution des salariés à la production sociale leur donnerait le droit à la protection sociale :

> *Experience is demonstrating more clearly to the public mind that the success of the Dominion and its integral parts depend absolutely upon the institution and maintenance of the highest possible standards for its citizens physically, morally and mentally. These can be achieved by the enactment of legislation that will guarantee to all the protection that they are entitled to as a reward for their contribution to the productive effort of the country* (Congrès des métiers et du travail du Canada, 1930, p. 34).

En fait, pour le mouvement ouvrier québécois, la question n'est pas de savoir s'il faut des assurances sociales, mais bien quelle forme devrait prendre celles-ci. « [Si l'État] ne peut faire respecter le droit au travail [des ouvriers], il doit pourvoir à leurs besoins matériels », affirme-t-on dans *Le Monde ouvrier*, organe du Conseil des métiers et du travail de Montréal (Conseil des métiers et du travail de Montréal, 1930c, p. 1-B). Dans le même journal, on affirme « qu'il faut reconnaître que plusieurs réformes à tendance socialiste s'imposent, telles que les assurances sociales sous toutes leurs formes » (Conseil des métiers et du travail de Montréal, 1932, p. 1). Pour *Le Monde ouvrier*, le mandat de l'éventuelle Commission est essentiellement de choisir entre deux conceptions des assurances sociales, celle qui serait financée par l'État qui assumerait la responsabilité générale du problème social ou celle qui serait financée par des contributions de la part des ouvriers et des patrons, ce qui n'empêcherait pas des subventions de l'État (pour l'administration du système, notamment). Si la première forme est plutôt défendue par les socialistes et la gauche radicale, la seconde gagne la faveur du mouvement ouvrier international et catholique (Conseil des métiers et du travail de Montréal, 1930b, p. 1-A).

En 1930, le Congrès des métiers et du travail du Canada insiste pour que l'un de ses représentants, John T. Foster, également président du Conseil des métiers et du travail de Montréal depuis 18 ans, soit nommé comme l'un des commissaires de la Commission. Foster a participé à de nombreuses rencontres internationales, tenues notamment sous l'égide du Bureau international du travail de la Société des Nations. C'est pourquoi Foster est certainement, parmi tous les commissaires, l'un des mieux renseignés sur les différentes expériences européennes d'assurances sociales. Chez les dirigeants syndicaux comme Foster et Tremblay, on a d'ailleurs été fortement impressionné par la Conférence internationale du travail de 1925, tenue sous l'égide de la Société des Nations, qui en était arrivée à la conclusion que la reconnaissance des risques sociaux impliquait nécessairement la reconnaissance parallèle de droits sociaux. L'une des résolutions de cette Conférence était qu'un

> régime de travail fondé sur la justice sociale exige l'organisation d'une protection efficace des travailleurs contre les risques qui peuvent mettre en danger leur existence et celle de leur famille; le meilleur moyen d'obtenir une telle protection consiste dans l'institution d'un système d'assurance sociale donnant aux bénéficiaires des droits nettement établis (Charpentier, 1933, p. 3).

Pour le mouvement ouvrier québécois, le risque maladie a deux dimensions essentielles: soit le risque associé à la perte du salaire de l'ouvrier et le risque relatif aux dépenses en soins médicaux et hospitaliers. Un système d'assurance-maladie devrait donc, puisque le capitalisme et le salariat placent les ouvriers dans une position de grande vulnérabilité à l'égard de ces risques liés à la maladie, compenser ces derniers par un droit, celui d'être indemnisé en cas de maladie «accidentelle». Évidemment, ces revendications touchent directement les intérêts des sociétés d'assurances et ceux de la profession médicale. Plus précisément, si le risque associé à la perte de salaire touche directement les intérêts des sociétés d'assurances, celui associé aux dépenses en soins médicaux concerne au premier chef les médecins. Cela aura pour conséquence d'engendrer un processus d'arbitrage pendant les audiences de la commission qui, comme on le verra, débouche sur une conception très différente des risques que ce qu'envisage le mouvement ouvrier.

En ce qui concerne les sociétés d'assurances, leurs intérêts sont évidemment directement liés au marché de l'assurance individuelle et, dans une moindre mesure, aux premières formes d'assurances collectives qui se développent dans les grandes entreprises depuis le début du XXe siècle, notamment par le biais de la Metropolitan Life Insurance Company. D'ailleurs, lorsque les commissaires font leur voyage d'études en Europe en 1931, ils prennent conscience qu'ils sont précédés de peu par des délégués de cette société d'assurances qui mènent leur propre enquête sur les assurances sociales européennes. On sait, d'ailleurs, que cette société lutte, depuis plusieurs années, pour imposer une solution privée à la question sociale, cherchant à tout prix à éviter que les choix politiques faits dans plusieurs pays d'Europe traversent l'Atlantique pour gagner l'Amérique du Nord (Klein, 2003). Sous-estimant visiblement les enjeux économiques que posent ces questions aux sociétés d'assurances, Montpetit s'étonne que ces dernières aient présenté une fin de non-recevoir au projet d'assurances sociales discuté au Québec. Pour ce dernier, en effet, les assurances sociales devraient plutôt «engraisser» les sociétés d'assurances québécoises. Visiblement, ces dernières ne sont pas rassurées par le fait que les commissaires s'entendent déjà pour que ces sociétés, si on devait en arriver à cette décision, joueraient un rôle important dans la gestion de l'assurance-maladie. Si bien qu'elles affirment devant les commissaires que les assurances sociales, loin de les engraisser, les «tueraient». Le commissaire ouvrier Foster ne s'en étonne pas, soulignant que même les sociétés de secours mutuels, qui pratiquent pourtant l'assurance individuelle sous une forme coopérative, n'ont plus aucun « esprit social » et ne pensent qu'à leurs profits (Québec, 1932b, p. 32-39). En fait, les administrateurs mutualistes partagent visiblement les préoccupations sociales de Charles Leclerc, administrateur de l'Union Saint-Joseph du Canada, qui rappelle à la fin des années 1930 que l'œuvre sociale de la mutualité est devenue la « contrepartie du bolchevisme, du communisme, du socialisme et de toutes les erreurs semblables ». Parmi ces « erreurs semblables », il faut compter les assurances sociales qui sont, selon lui, contraires à l'esprit même de la mutualité :

> La mutualité démontre que tout travailleur a le droit absolu de disposer du fruit de son travail, comme bon lui semble ; elle établit qu'il y a absurdité à prétendre imposer à tout le monde, en dépit des tempéraments, habitudes, besoins, ressources différentes, une même pratique pour la chose la plus spéciale et la plus personnelle qui soit, la prévoyance ! (Leclerc, 1939, p. 30-35).

Les sociétés de secours mutuels présentent, lors des audiences de la Commission, un portrait très alarmiste des systèmes d'assurance-maladie européens. Insistant principalement sur le premier risque identifié par le mouvement ouvrier, elles croient impossible d'administrer une assurance maladie qui accorderait des indemnités pour compenser les pertes de salaire. Lors de leurs témoignages, les administrateurs mutualistes ont insisté, d'une part, sur les abus de la part des médecins qui, désirant se constituer une clientèle privée, donneraient des « certificats de complaisance » pour que les assurés tirent davantage de bénéfices que ceux auxquels ils ont droit (Québec, 1932a, p. 32). D'autre part, pour ces sociétés, se cacherait derrière tout assuré demandant des indemnités de salaire, un fraudeur potentiel. En s'appuyant sur leur expérience privée de gestion de caisses d'assurance-maladie individuelle, ils affirment que jusqu'à 40 % des demandes d'indemnités en cas de maladie étaient de nature frauduleuse (Québec, 1932b, p. 8-9). J. Charles Gamache, directeur général de la nouvelle Société nationale d'hospitalisation de Québec, prétend à son tour qu'indemniser les malades est tout simplement « l'équivalent d'indemniser le chômage », ce qui n'est visiblement pas une bonne chose… (Québec, 1932a, p. 1-5). D'ailleurs, cette société d'hospitalisation, à laquelle s'associera Édouard Montpetit lui-même, aime rappeler qu'elle a la prudence de ne pas verser d'indemnités directement aux assurés (Québec, 1932b, p. 36-37). Nous verrons que cette société aura un impact important sur les recommandations finales des commissaires.

Globalement, les sociétés d'assurances, préoccupées principalement par le risque de la perte du salaire, s'intéressent assez peu au risque que représentent les pertes associées aux dépenses médicales. Ce n'est évidemment pas le cas des médecins, qui considèrent qu'une assurance sociale qui s'adresserait à ce deuxième risque identifié par le mouvement ouvrier aurait des conséquences considérables sur leur statut et leurs pratiques professionnelles. C'est donc sans surprise que la plupart des médecins semblent s'y opposer au tout début des années 1930. Dans *Le Monde ouvrier*, on souligne rapidement que «la profession médicale [...] s'oppose à l'adoption d'un système d'assurances sociales – même avant de savoir ce que sera ce système» (Conseil des métiers et du travail de Montréal, 1930a, p. 1-A). On se fait un devoir de citer de longs passages d'un texte d'opinion d'un médecin hostile aux assurances sociales, identifiant les trois grands problèmes qui leur sont associés: «1) L'assurance accident [du travail] tue la volonté de travailler; 2) L'assurance-maladie paralyse la volonté de bien se porter; 3) L'assurance vieillesse détruit l'esprit d'épargne chez un peuple». Le médecin souligne en outre que «l'assurance en maladie étouffe l'énergie, favorise la mollesse du corps et de l'esprit et conduit à une éternisation [*sic*] de la maladie. Nous avons vu des malades ne pas vouloir guérir afin de continuer à recevoir leurs bénéfices.» L'État peut bien encourager l'hygiène sous toutes ses formes, selon lui, mais

> pas de caisses en maladie qui conduisent à la friponnerie. Si quelquefois les assurances sociales sont utiles aux individus, elles sont funestes pour tout un peuple. Car il est bien démontré, et l'expérience de ceux qui ont essayé ce système le prouve, que l'assurance sociale obligatoire aujourd'hui contribue à entretenir la maladie au lieu de protéger la santé [...] [On] ne doit pas assister en spectateur muet à la ruine, à la corruption de l'ouvrier canadien, en laissant établir ici sans protester, l'assurance maladie obligatoire (*ibid.*).

Parmi les associations médicales, le Collège des médecins est sans doute celle qui a le moins d'intérêt dans le projet. Pierre-Calixte Dagneau, le président du Collège, visiblement confiant de l'appui du corps médical, condamne cette nouvelle «religion des organisations ouvrières» que serait l'assurance-maladie à cotisations obligatoires. Dagneau évoque de quelle façon le Collège devrait manœuvrer pour bloquer un tel projet. Selon lui, il est plus facile

> [pour nous, membres du Collège,] d'intervenir auprès des membres de la Commission qui doit faire rapport afin d'obtenir que les Assurances sociales ne soient pas mises au programme des mesures proposées au Gouvernement pour la législation à venir, et [...] d'agir sur un petit groupe que de tenter d'aller heurter de front toutes les organisations ouvrières attachées à ce projet [...] Avec l'espoir que nous avons, sinon empêché [*sic*] complètement la loi d'être considérée un jour, au moins ajourné [*sic*] sa discussion à des périodes assez éloignées pour que les expériences tentées en d'autres pays aient donné des résultats tels que nos Législateurs ne croient jamais devoir entrer dans cette voie, qui pour nous est fausse en principe (Conseil des métiers et du travail de Montréal, 1931, p. 3-A).

Ce désir de ne pas heurter de front le mouvement ouvrier explique que le Collège ait présenté un mémoire laconique, d'à peine une page et demie, à la Commission. Sans s'y opposer directement, le Collège formule quelques commentaires qui, dans les faits, sont une fin de non-recevoir à l'égard d'une assurance sociale couvrant les risques associés aux dépenses médicales. Premièrement, il rappelle le principe du respect intégral du secret médical, ce qui exclut tout rapport entre un médecin et un assureur (un «tiers payant»), que ce dernier soit privé ou public. Ensuite, il évoque trois grandes inquiétudes à l'égard d'un projet d'assurance-maladie, soit la destruction de l'enseignement médical clinique, la diminution de la qualité des soins prodigués et, finalement, la corruption qui résulterait des certificats de complaisance (Dubé, 1933, p. 30-31). Inébranlable dans sa conception traditionnelle de la pratique libérale et de l'inviolabilité de la relation privée entre le patient et le médecin, le Collège des médecins ne peut envisager qu'une assurance sociale pour les indemnités en cas de pertes de salaire, seule forme d'assurance sociale qui ne menacerait pas l'exercice de la pratique médicale libérale. Pour le Collège, une assurance sociale couvrant les dépenses médicales ouvrirait la porte au salariat médical et à la médecine d'État. Le Collège des médecins va donc à l'encontre de la position des sociétés d'assurances qui jugent, elles, que les indemnités pour compenser les pertes de salaire mèneraient tout simplement à la fraude généralisée.

Cela dit, la position du Collège des médecins est de plus en plus contestée au sein du corps médical. L'opposition provient principalement d'une nouvelle organisation, fondée au milieu des années 1920, la Fédération des sociétés médicales de district. Cette organisation publie une revue, *L'Action médicale* (Baillargeon, 2009), qui s'est donné pour objectif de défendre les intérêts économiques des médecins généralistes qui ont une clientèle de patients ayant peu de moyens pour payer des honoraires suffisants. Cette organisation promeut donc l'idée d'un nouveau syndicalisme médical approprié aux nouvelles conditions socioéconomiques de la pratique médicale dans une société industrielle. Cette revue s'était clairement positionnée contre les assurances sociales dans les années 1920, synonyme pour un temps «d'exploitation médicale». Toutefois, la revue considère de plus en plus que le salariat ouvrier fait de la maladie un risque social, ce qui rend une partie de la pratique médicale traditionnelle anachronique (Baillargeon, 2009, p. 98 et ss.). C'est pourquoi *L'Action médicale* appuie, au tournant des années 1930, le projet d'un système d'assurance maladie qui garantirait aux médecins généralistes leurs revenus. Renversant la position du Collège des médecins, l'association affirme qu'une assurance contre les pertes de salaire serait impraticable et qu'il faudrait plutôt envisager une assurance pour la seule couverture du risque associé aux dépenses médicales. À cet égard, une position dogmatique sur le secret médical, comme celle du Collège des médecins, serait finalement contraire aux intérêts des médecins généralistes:

> Nous rejetons le mode de paiement direct par l'assuré, même au cas où un règlement pourvoirait à la remise des frais médicaux à l'assuré pour les transmettre ensuite au médecin. Dans notre pays où l'imprévoyance règne, du moins chez les gagne-pain qui relèvent des assurances sociales, [les] montants alloués pour le paiement des honoraires pourraient être détournés de leurs fins (Baillargeon, 2009, p. 111).

La campagne de *L'Action médicale* est suffisamment importante pour contraindre une autre société médicale, l'Association médicale de la province de Québec, de ne pas s'opposer au projet d'assurance-maladie devant la Commission Montpetit. Cette association avait été fondée en 1922 et se présente comme «l'organisme représentatif de la médecine organisée ici» (Association médicale de la province de Québec, 1932, p. 15).» Il semble que les commissaires en sont également convaincus, puisque leurs recommandations s'appuieront largement sur le mémoire de cette association. Dans son mémoire, l'Association provinciale se contente de présenter les conditions qui devraient être respectées pour l'établissement d'un système d'assurance-maladie obligatoire, ce qu'elle juge (malheureusement) inévitable. Tentant de trouver une position mitoyenne entre *L'Action médicale* et le Collège des médecins, elle propose un système qui devrait couvrir à la fois les risques associés à la perte de salaire et ceux associés aux frais médicaux et d'hospitalisation (Québec, 1932a, p. 27-30).

C'est bien sûr la couverture relative aux dépenses médicales qui préoccupe le plus l'Association médicale. S'inspirant en grande partie des arguments du Collège des médecins quant au respect de la pratique médicale libérale, l'association croit qu'il faut protéger intégralement le secret médical, la liberté médicale et le paiement à l'acte, ce qui demanderait, comme l'exigeait le Collège, que les indemnités soient versées directement aux assurés qui, ensuite, paieraient leurs honoraires médicaux (bien que *L'Action médicale*, le mouvement ouvrier et plusieurs réformateurs jugent cette pratique administrative irréaliste à l'époque). De cette façon, croit-on du côté de l'Association médicale, on éviterait toute relation entre le médecin et le tiers payant, relation qui menace de rabaisser le médecin au statut d'un simple exécutant salarié. Enfin, pour s'assurer de maintenir les principes de la pratique libérale médicale, l'association insiste sur le fait qu'un éventuel système d'assurance-maladie obligatoire devrait se limiter à ce qu'elle appelle les salariés de la classe moyenne, qui sont, en fait, les ouvriers trop pauvres pour payer seuls leurs frais médicaux, mais trop riches pour être considérés comme indigents et bénéficier, ainsi, de l'assistance publique et d'un traitement médical gratuit (*ibid.*, p. 28). Si on arrivait à bien délimiter ces catégories de population, en réduisant l'assurance sociale à une portion restreinte de la population qui, de toute façon, était incapable de se payer des soins médicaux suffisants, l'association ne s'opposerait donc pas à un système d'assurance-maladie à cotisation obligatoire.

CONCLUSION

La Commission a formulé ses recommandations dans son rapport final rendu public à la toute fin de l'année 1932 (Québec, 1933b). Le rapport de la Commission reconnaît le risque de la maladie dans une société industrielle, c'est-à-dire que la maladie ne peut plus être envisagée sous le seul angle de la faute personnelle, de la charité traditionnelle et de la prévoyance individuelle. La première question est de savoir, selon le président Montpetit, si la prise en charge de ce risque social doit nécessairement prendre la forme d'une assurance à cotisation obligatoire ou à cotisation volontaire. Cette question fait l'objet d'un débat entre les commissaires, opposant principalement Montpetit et Courchesne d'un côté, les représentants syndicaux et le médecin Alphonse Lessard de l'autre. Pour les premiers, indemniser la perte de salaires serait, comme l'ont affirmé les sociétés d'assurances, une «prime à l'exploitation». Pour Montpetit, ce serait la voie par laquelle «le peuple s'engage[rait] dans une espèce d'état d'assistance». Pour les seconds, l'assurance sociale serait justement l'antidote à la dépendance que provoquerait nécessairement l'assistance charitable. Selon Alphonse Lessard, par exemple: «Plus on soulagera les mesures d'assistance publique, [...] mieux ce sera, parce que tout système d'assistance appelle l'assistance et le système d'assurance est infiniment préférable à tous points de vue» (Québec, 1932b, p. 51-52). Malgré le consensus de plus en plus généralisé pour l'assurance-maladie obligatoire au sein de la population, ce qui est reconnu par les commissaires eux-mêmes (Québec, 1933b, p. 316), ces derniers n'ont finalement pas jugé bon d'en recommander directement l'adoption. L'influence de Montpetit et Courchesne a visiblement été cruciale, puisque le rapport final suggère au gouvernement de donner une dernière chance à l'assurance privée, mais subventionnée, afin de répondre au risque que représente la maladie dans une société industrielle.

La deuxième question posée par le rapport est de savoir quels sont les risques qu'il faudrait assurer par cette assurance privée subventionnée. Ce que les commissaires appellent une «solution du milieu», soit le régime de la «liberté subsidiée», est en fait une politique sociale minimale qui doit rassurer les sociétés d'assurance et le corps médical, tout en soulageant le fardeau des hospitalisations gratuites sous l'assistance publique (une préoccupation de Courchesne). La reconnaissance du risque de la maladie ne débouche pas, ici, sur un droit social, comme le réclament les organisations ouvrières, mais bien sur une politique d'assurances sociales qui vise essentiellement à subventionner des initiatives comme la Société nationale d'hospitalisation, une mutuelle philanthropique à laquelle participera Montpetit lui-même. Cette mutuelle, en se chargeant essentiellement du risque associé aux coûts des soins médicaux et hospitaliers, a pour mission fondamentale d'assurer des revenus stables aux médecins et aux hôpitaux, pas de reconnaître un droit social aux ouvriers. En outre, la Société nationale d'hospitalisation a d'ailleurs eu le bon sens, selon les commissaires, de ne pas accorder d'indemnités en cas de perte de salaire, car «ce qui rend le contrôle difficile pour les sociétés d'un autre genre, c'est qu'elles assurent à leurs membres en cas de maladie, des prestations en argent, le malade pouvant chercher à prolonger son état pour toucher plus longtemps» (Québec, 1933b, p. 320). En somme, les risques qu'il faut assurer, selon le rapport final de la Commission, ne sont pas ceux associés à la maladie du salarié, ce qui est pourtant l'objectif premier des organisations ouvrières, mais bien ceux associés aux mauvaises créances contractées par les médecins et les hôpitaux.

Enfin, ces négociations autour du risque de la maladie et des façons de le prendre en charge témoignent de lourds enjeux sociaux et politiques associés à la définition du problème social. Pendant longtemps, l'apparente objectivité du discours sur le risque a pu fonder un discours sur les droits sociaux qui a permis d'envisager l'État-providence, chez les syndicalistes, réformateurs et scientifiques, comme la réalisation d'un nouveau contrat social, et donc la formation d'une nouvelle communauté politique. À certains égards, cela est en partie vrai. Tout de même, comme le montre notre étude, il ne semble pas qu'une définition objectiviste des problèmes sociaux, comme semble le permettre le discours sur les risques, ait permis de fonder définitivement cette nouvelle communauté politique. Si on s'approche de l'actualité, par exemple, on constate sans peine que les «réformes» successives de l'assurance-chômage, qui ont permis une réduction considérable de la protection offerte, tout en pavant la voie au détournement des primes versées dans les fonds consolidés de l'État, montrent bien que la «découverte» du risque social du chômage n'a pas suffi à fonder définitivement le droit social (Campeau, 2001). Cela est confirmé, par ailleurs, par l'exemple des récentes ouvertures faites à l'assurance privée dans le système d'assurance-maladie québécois. Dans ce cas-ci, le nouveau discours sur le risque ne vient pas appuyer le droit social, mais bien plutôt le miner, en insistant sur «la liberté de choix» des assurés et sur l'efficacité de l'assurance privée dans la gestion des risques et la mobilisation de la médecine privée[11]. Il ne faudrait pas en conclure, comme le font les théoriciens du risque comme Beck et Giddens, que cette remise en question s'explique parce que la nature des risques a

---

11. Groupe de travail sur le financement du système de santé (2008). *En avoir pour notre argent*, Québec, Gouvernement du Québec. Un membre du groupe de travail, Michel Venne, a toutefois eu une position dissidente à l'égard des principales propositions visant l'assurance privée. Voir p. 297 et suivantes du même rapport.

changé dans la « modernité avancée » et la « société du risque[12] ». En fait, les débats engendrés par les remises en question du système de santé québécois témoignent plutôt que la définition d'un problème social, et des risques à prendre en charge collectivement, est toujours étroitement liée à des valeurs, et donc à une conception particulière de la communauté politique.

Références bibliographiques

ASSOCIATION MÉDICALE DE LA PROVINCE DE QUÉBEC (1932). « Un mémoire de sur les assurances », *La Presse*, 17 octobre, p. 15.

BAILLARGEON, F. (2009). *La crise de la médecine libérale et le débat sur les assurances sociales au Québec de 1925 à 1945 à travers les pages du journal* L'Action médicale, Mémoire de maîtrise (histoire), Montréal, Université du Québec à Montréal.

BERSTEIN, P. (1998). *Against the Gods. The Remarkable Story of Risk*, New York, John Wiley and Sons.

CAMPEAU, G. (2001). *De l'assurance chômage à l'assurance emploi. L'histoire du régime canadien et de son détournement*, Montréal, Boréal.

CHARPENTIER, A. (1933). « Les assurances sociales obligatoires », *La vie syndicale*, vol. 11, n° 12, janvier, p. 3.

COHEN, Y. (2006). « Genre, religion et politiques sociales au Québec dans les années 1930 : les pensions aux mères », *Revue canadienne de politique sociale*, vol. 56, p. 87-112.

COMMISSION DES ASSURANCES SOCIALES DE QUÉBEC (1932a). *Procès-verbal de la séance tenue à Montréal le 15 octobre*, Dossier Assurances sociales, cote A S20, Archives de l'Archidiocèse de Rimouski.

COMMISSION DES ASSURANCES SOCIALES DE QUÉBEC (1932b). *Procès-verbal de la séance tenue à Montréal le 28 octobre*, Dossier Assurances sociales, cote A S20, Archives de l'Archidiocèse de Rimouski.

COMMISSION DES ASSURANCES SOCIALES DE QUÉBEC (1933a). *Premier et deuxième rapports*, 2ᵉ éd., Québec, Gouvernement du Québec.

COMMISSION DES ASSURANCES SOCIALES DE QUÉBEC (1933b). *Septième rapport et Annexe aux Rapports de la Commission. L'assurance maladie-invalidité*, Québec, Ministère du Travail.

CONGRÈS DES MÉTIERS ET DU TRAVAIL DU CANADA (1930). « Social insurance », *Canadian Congress Journal*, vol. IX, n° 6, p. 34.

CONSEIL DES MÉTIERS ET DU TRAVAIL DE MONTRÉAL (1930a). « Les assurances sociales », *Le Monde ouvrier*, 14 janvier, p. 1-A.

---

12. Anthony Giddens (1999, p. 7), l'un des plus importants architectes de la réforme du Parti travailliste britannique (*New Labour*) et de la réforme de l'État-providence au Royaume-Uni, insiste sur le fait que « *in a era of manufactured risk – the welfare state cannot continue on in the form in which it developed in the post-1945 settlement. The crisis of the welfare state is not purely fiscal, it is a crisis of risk management in a society dominated by a new type of risk.* »

CONSEIL DES MÉTIERS ET DU TRAVAIL DE MONTRÉAL (1930b). «Les assurances sociales», *Le Monde ouvrier*, 1er février 1930, p. 1-A.

CONSEIL DES MÉTIERS ET DU TRAVAIL DE MONTRÉAL (1930c). «Les assurances sociales», *Le Monde ouvrier*, 9 août, p. 1-B.

CONSEIL DES MÉTIERS ET DU TRAVAIL DE MONTRÉAL (1931). «Les assurances sociales», *Le Monde ouvrier*, 26 décembre, p. 3-A.

CONSEIL DES MÉTIERS ET DU TRAVAIL DE MONTRÉAL (1932). «Les assurances sociales», *Le Monde ouvrier*, 5 novembre, p. 1.

DONZELOT, J. (1984). *L'invention du social: essai sur le déclin des passions politiques*, Paris, Fayard, coll. «Espace du politique».

DORVIL, H. et R. MAYER (dir.) (2001). *Problèmes sociaux. Théories et méthodologies*, tome I, Québec, Presses de l'Université du Québec.

DREYFUS, M. (dir.) (2009). *Les assurances sociales en Europe*, Rennes, Presses universitaires de Rennes.

DUBÉ, L.-F. (1933). *Les assurances sociales et les médecins praticiens*, Mémoire présenté à la Commission des assurances sociales le 3 décembre 1932, Québec, Gouvernement du Québec.

DUMONT, F., S. LANGLOIS et Y. MARTIN (dir.) (1994). *Traité des problèmes sociaux*, Québec, Institut québécois de la recherche sur la culture.

DURKHEIM, É. (1985). *Le suicide, étude de sociologie*, Paris, Presses universitaires de France.

ERICSON, R.V. et A. DOYLE (dir.) (2003). *Risk and Morality*, Toronto, University of Toronto Press.

EWALD, F. (1996). *L'État-providence*, Paris, Grasset.

FECTEAU, J.-M. (2004). *La Liberté du pauvre. Crime et pauvreté au XIXe siècle québécois*, Montréal, VLB éditeur.

FINKEL, Alvin (2006). *Social Policy and Practice. A History*, Waterloo, Wilfrid Laurier University Press, p. 17-22.

GAUMER, Benoît (2008). *Le système de santé et des services sociaux du Québec*, Québec, Les Presses de l'Université Laval, p. 26-34.

GIDDENS, A. (1999). «Risk and responsibility», *The Modern Law Review*, vol. 62, no 1, p. 1-10.

GROUPE DE TRAVAIL SUR LE FINANCEMENT DU SYSTÈME DE SANTÉ (2008). *En avoir pour notre argent*, Québec, Gouvernement du Québec.

KLEIN, J. (2003). *For All These Rights: Business, Labor, and the Shaping of America's Public-Private Welfare State*, Princeton, Princeton University Press.

KOTT, Sandrine (2008). «Une "communauté épistémique" du social? Experts de l'OIT et internationalisation des politiques sociales dans l'entre-deux-guerres», *Genèses*, no 71, juin, p. 26-46.

LECLERC, C. (1939). *L'Union Saint-Joseph du Canada. Son histoire, son œuvre, ses artisans!*, Ottawa, Union Saint-Joseph du Canada.

LIPPEL, K. (1986). *Le droit des accidentés du travail à une indemnité. Analyse historique et critique*, Mémoire de maîtrise (histoire), Montréal, Université du Québec à Montréal.

MAYER, R. (1990). «Problème social: le concept et les principales écoles théoriques», *Service social*, vol. 39, no 2, p. 13-43.

MERTON, R.K. et R. NISBET (1961). *Contemporary Social Problems*, New York, Harcourt Brace Inc.

PELLETIER, M. et Y. VAILLANCOURT (1975). *Les politiques sociales et les travailleurs. Les années trente*, Cahier 2, Montréal, s.é., p. 117-118.

PERETTI-WATEL, P. (2001). *La société du risque*, Paris, La Découverte.

PETITCLERC, M. (2007). *Nous protégeons l'infortune: les origines populaires de l'économie sociale au Québec*, Montréal, VLB, coll. «Études québécoises».

PETITCLERC, M. et Y. ROUSSEAU (2005). «Mutualité, protection sociale et réformes assurancielles au Québec, 1890-1945», *Histoire et société. Revue européenne d'histoire sociale*, n° 16, p. 32-43.

SPECTOR, M. et J. KITSUSE (2009). *Constructing Social Problems*, New Brunswick, Transaction Publishers.

TOUCAS, Patricia (2009). «L'internationalisation du thème de la protection sociale (1889-1939)», dans M. Dreyfus (dir.), *Les assurances sociales en Europe*, Rennes, Presses universitaires de Rennes, p. 209-259.

TREMBLAY, Gérard (1929). «Les assurances sociales», *La vie syndicale*, vol. 6, n° 2, décembre, p. 1-2.

CHAPITRE 13

DE LA PROBLÉMATISATION DES USAGES ET DES USAGERS DE DROGUES ILLICITES
Nicolas Carrier

«*Les drogues ne sont pas pour moi parce que je suis déjà cool.*» Voilà ce que les adultes responsables de la Stratégie nationale antidrogue du gouvernement du Canada estiment bon (et efficace?) de communiquer aux jeunes pour les convaincre d'adopter une vie sans drogues[1]. Ou, plus précisément, pour les convaincre d'une jeunesse – juridiquement délimitée – sans drogues. Car il est explicitement communiqué aux jeunes que les adultes, eux, sont enjoints à jouir d'une vie sans drogue. Le programme gouvernemental est clair: pas de drogues pour les jeunes, pas de drogue pour les adultes[2]. Cette régression du multiple au simple, dont témoigne notamment la stratégie nationale actuelle, est sans doute l'un des effets sociosymboliques les plus puissants du régime prohibitionniste: *la* drogue est placée naturellement, c'est-à-dire culturellement, dans un espace dont sont exclus tabac, alcool, produits de l'industrie pharmaceutique et autres substances psychoactives d'usage commun, telles la caféine, la théobromine (cacao) et la théophylline (thé). Les représentations culturelles et les pratiques sociales sont évidemment plurielles et conflictuelles, et ce,

---

1. Voir <http://www.0droguepourmoi.ca> (toutes les références aux pages web dans ce chapitre étaient encore valides en juin 2012).
2. Voir <http://www.strategienationaleantidrogue.ca>.

peut-être à un degré sans précédent sociohistorique. Leur complexité et leur conflictualité doivent cependant être appréhendées dans le contexte de leur constante et violente négation par le pouvoir juridico-politique.

Dans ce contexte, le problème social de «la» drogue est évidemment celui des drogues illicites. Les problématisations des usages et des usagers des drogues-distinguées-de-la-drogue se réalisent généralement avec une focale spécifique: alcool au volant, *binge drinking*, sur-médication des femmes incarcérées, teneur en caféine des boissons «énergisantes», tabagisme, etc. Incontestablement, les substances psychoactives illicites sont également problématisées dans leur singularité, parfois dans des épisodes de préoccupations intenses, que de nombreux observateurs n'hésiteront pas à qualifier de «paniques morales». Le récit des sciences sociales sur l'histoire de la prohibition des drogues en témoigne de façon éloquente (voir plus bas). L'important est que, dans les démocraties occidentales contemporaines, acteurs et institutions peuvent suggérer que «la drogue est un problème social» dans des contextes sociosymboliques au sein desquels «la drogue» présente une polysémie moindre que «problème social».

Dans les réseaux spécialisés de communications des sciences sociales, la mobilisation de termes tels que «problème social» génère par contre, habituellement, une attente de conceptualisation minimale: qu'est-ce qu'un problème social? Malgré quelques débats importants, la production académique demeure toutefois caractérisée par des préoccupations essentiellement normatives à l'égard d'un répertoire toujours immense et éminemment renouvelable de problèmes sociaux. Ainsi, la Society for the Study of Social Problems regroupe des chercheurs «à la poursuite de la justice sociale» dont les travaux sont répartis dans vingt-deux sous-divisions de «problèmes spéciaux[3]». La plupart des ouvrages académiques portant sur les problèmes sociaux, généralement produits comme outils d'accompagnement pédagogique, ne sont, en fait, qu'un collage – souvent plutôt bancal – de textes à tendance sociologiquement pornographique[4] sur une série de «problèmes» associés à des groupes ou individus singularisés: drogues/drogués, pauvretés/pauvres, crimes/criminels, maladies/malades, itinérances/itinérants, jeux de hasard/*gamblers*, etc.

Ce chapitre débute en examinant l'alternative typique que l'on présente aux chercheurs en sciences sociales: choisir entre une analyse objectiviste ou constructionniste des problèmes sociaux. Les objectivistes tendent à limiter les débats sur leurs pratiques à une dimension purement méthodologique, et ce sont surtout les constructionnistes qui se sont

---

3. Voir <http://www.sssp1.org>.
4. La sociologie reformule fréquemment sa condamnation des *zoo-keepers of deviance* (Gouldner, 1975) et des travaux centrés sur les *Nuts, Sluts & Perverts* (Liazos, 1972); voir par exemple O'Brien (2005).

préoccupés d'enjeux conceptuels (et épistémologiques). Pour la sociologie contemporaine, un des enjeux principaux est de repenser les frontières entre plusieurs notions et concepts : problèmes sociaux, paniques morales, déviances, contrôle social, régulation morale. Ce chapitre propose une contribution aux débats contemporains en plaçant surtout les points de focalisation empirique sur les modalités contemporaines de problématisation des usages et des usagers de drogues prohibées.

13.1. Objectivistes et constructionnistes

En dépit des différentes traditions intellectuelles qui les animent et de la variété des contextes sociohistoriques et institutionnels qui les surdéterminent, on dichotomise habituellement les travaux des sciences sociales sélectionnant leur objet dans le répertoire des problèmes sociaux en deux territoires épistémologiquement incommensurables. C'est pour rester, ne serait-ce que provisoirement, fidèle aux désignations traditionnelles que je les ai nommés constructionnistes et objectivistes.

Historiquement premier, le territoire objectiviste a été façonné, d'abord et avant tout, par des sciences du social dont l'émergence et l'institutionnalisation ont été légitimées, au moins partiellement, par la promesse d'un savoir utile au bien commun, voire nécessaire à la survie de la société[5]. Sur ce territoire, le savoir expert découvre et démontre l'existence de problèmes sociaux, c'est-à-dire de certains états de fait qui constituent une menace pour le bien-être des personnes et de la société. Le savoir expert peut non seulement découvrir et démontrer l'existence de problèmes sociaux qui ne font pas l'objet de préoccupations sociopolitiques (Merton, 1971), mais il peut même, au contraire du « public », permettre de distinguer vrais et faux problèmes (Liazos, 1972 ; Manis, 1974). Lorsqu'elles se positionnent sur le territoire objectiviste, les sciences sociales se présentent habituellement comme de « pures modalités techniques de gestion des "problèmes sociaux" » (Freitag, 2001, p. 20). De façon typique, les pratiques de recherche dont regorge le territoire objectiviste reposent effectivement sur l'*a priori* que la résolution d'une question de connaissance permettra la résolution d'une problématique proprement politique.

---

5. Comme le remarque Freitag (2011, p. 87), « les sciences sociales ne représentent d'abord qu'une nouvelle forme de la réflexion et du discours doctrinal que les sociétés modernes développent sur elles-mêmes pour orienter et légitimer les nouvelles modalités formelles de régulation qui vont régir leur développement, dans le cadre d'un procès d'autoproduction qui devient explicite à mesure qu'elles conquièrent leur autonomie à l'égard des références transcendantales de nature religieuse ».

La colonisation du second territoire, dit constructionniste, est généralement attribuée au programme de recherche avancé par Spector et Kitsuse dans *Constructing Social Problems*. Publié pour la première fois en 1977, le livre s'ouvre sur une condamnation de la stérilité du territoire objectiviste : « *There is no adequate definition of social problems within sociology, and there is not and never has been a sociology of social problems.* » La fameuse solution de Spector et Kitsuse pour établir une sociologie fertile des problèmes sociaux consiste tout simplement à refuser le projet d'une sociologie statuant autoritairement sur l'existence concrète des conditions putatives que prennent pour référent les activités de réclamations (*claimsmaking activities*) construisant les problèmes sociaux (Spector et Kitsuse, 2001, p. 75). Les auteurs nous proposent une sociologie constructionniste des problèmes sociaux dont le premier mouvement est donc *la négation du projet* de la sociologie objectiviste des problèmes sociaux. La sociologie doit adopter une conception des problèmes sociaux totalement indifférente aux conditions sociales problématisées et porter son attention sur les modalités symboliques de constitution et de contestation des problèmes sociaux. La tradition qu'instaure *Constructing Social Problems* est ainsi une sociologie des problèmes sociaux qui rend « *the ostensive objects of claimsmaking activities entirely epiphenomenal to claimsmaking activities* » (Weinberg, 2009, p. 62).

En somme, alors qu'une approche objectiviste repose sur la capacité d'évaluer et de hiérarchiser les torts – potentiels ou avérés – de conditions et de pratiques sociales particulières, permettant du coup de qualifier les problèmes sociaux en termes de degré, l'approche constructionniste repose sur la volonté de comprendre comment acteurs et institutions parviennent (ou non) à inscrire des conditions et des pratiques sociales dans un registre éminemment moral (ou à les en retirer). Cette attention portée à la performance des pratiques sociosymboliques par les constructionnistes suggère clairement que nous ne sommes pas confrontés à une perspective strictement nominaliste. En effet, si l'on a pu – notamment à la suite du « théorème de Thomas » sur les effets de la « définition de la situation » – maintenir que les problèmes sociaux ne sont que ce que les discours désignent comme tels (Fuller et Myers, 1941), la tradition constructionniste s'intéresse particulièrement à l'inégalité des capacités sociales de problématisation (ou de moralisation). En cela, elle s'est dès le départ inscrite dans le courant critique de l'interactionnisme symbolique américain, particulièrement popularisé par C.W. Mills (1939, 1940) et H.S. Becker (1963).

13.1.1. Illustrations

Il est indéniable que la masse principale des innombrables travaux objectivistes sur les problèmes associés aux usages et aux usagers de drogues prohibées ont pour projet de développer un savoir-instrument à visée non émancipatoire dont les aspects normatifs ne sont pas réflexivement saisis. En voici une liste extrêmement courte : travaux en psychiatrie moléculaire tentant de découvrir les architectures génétiques « responsables » d'une plus grande susceptibilité à (ab)user de drogues ; travaux en criminologie développementale tentant de prédire quels enfants deviendront « trafiquants » ; travaux en service social tentant d'évaluer les meilleures stratégies de support aux familles de « polytoxicomanes » ; travaux en psychologie tentant de mesurer l'impact des programmes de « traitement » ; travaux en épidémiologie tentant d'établir les taux de « troubles de comorbidité » au sein d'une « population » de consommateurs ; travaux en sociologie tentant de mesurer l'impact de la répression policière sur la disponibilité des substances prohibées ; travaux en économie tentant de chiffrer les pertes en produit intérieur brut attribuables à l'usage. Cette courte liste illustre le genre de travaux de recherche en opposition duquel s'est établie, dans le domaine des drogues illicites, la tradition dite constructionniste. Bien souvent, les constructionnistes vont notamment tenter d'établir la pertinence de leurs travaux dans ce domaine en se réservant le monopole des travaux à prétention critique ; cela ne doit pas faire oublier que ce sont des travaux objectivistes qui ont fourni de solides fondations au mouvement antiprohibitionniste.

En effet, la critique savante de la prohibition des drogues, qui prend traditionnellement la forme de la démonstration de ses « effets pervers », repose sur un simple déplacement de ce qui fait objectivement problème du point de vue des sciences sociales : non plus les usages et les usagers, mais leur criminalisation et pénalisation. On a ainsi documenté l'inefficacité[6] du régime prohibitif, malgré les ressources importantes accordées aux appareils répressifs et leur tendance à violer droits et libertés des personnes suspectées d'infractions criminelles de ce type (des conditions volontaires et des interactions consensuelles). Le fait que le droit pénal recrute ses principaux clients au sein de groupes sociaux jeunes, pauvres,

---

6. L'idée qu'une norme pénale institutionnalisée doit « logiquement » être mise en question lorsqu'elle ne performe pas ou peu est évidemment d'une aberrante naïveté sociologique. Si l'on fait ici abstraction des arguments plus complexes de l'abolitionnisme pénal (p. ex. Ruggiero, 2010 ; Golash, 2005), la problématisation des usages sociaux du pouvoir (la menace) et de la force (la peine) du droit pénal ne prend pas, typiquement, la forme d'une mise en question de leur légitimité sur la base de leur inefficacité ; on ne demandera pas la décriminalisation de l'agression sexuelle du fait de l'incapacité des appareils juridico-répressifs à en enrayer toutes les occurrences.

marginalisés et racialisés a été dénoncé, de même que les conséquences importantes, jugées démesurées, de la criminalisation et la pénalisation pour des personnes dépeintes soit comme victimes (figure typique du toxicomane *vampirisé* par «la» drogue), soit comme «non victimisantes» (recours aujourd'hui quasi-désuet à la notion de crimes sans victimes). On montre et condamne le fait que le partage des drogues licites et illicites ne corresponde pas à la nocivité des substances et que la nocivité de plusieurs drogues illicites soit largement attribuable au régime prohibitif (absence de contrôle de qualité, adultération des produits). Et une focale moins domestique fait apparaître les usages du régime prohibitionniste comme modalité de protection d'intérêts stratégiques d'un pouvoir souverain (principalement sous la forme américaine du couplage de la politique des drogues avec la politique étrangère), ou, plus généralement, comme modalité de reproduction de la domination du Nord sur le *Global South*[7].

La démonstration des «effets pervers» du régime prohibitionniste a été couramment mobilisée, surtout depuis le dernier tiers du siècle passé, pour asseoir la conclusion qu'il faut y remédier par voie de décriminalisation ou de légalisation. Toutefois, les travaux contemporains ont plutôt tendance à conclure à la nécessité de développer davantage les stratégies de réduction des méfaits (*harm reduction*)[8] telles que les programmes d'échange (ou de distribution) de seringues et les lieux d'injection de drogues illicites[9]. Ce faisant, les questions sur le bon et le juste qui animent fréquemment les conclusions des travaux objectivistes sur la prohibition et qui mettent en cause, avant tout, les *usagers*, s'effacent derrière des considérations impudiques pour une efficace gestion des *pratiques* d'usage (Carrier, 2003; Carrier et Quirion, 2003).

Les travaux objectivistes reposent donc sur une problématisation autoréférentielle de leurs objets. C'est en effet l'activité scientifique qui découvre et démontre ce qui fait problème (les effets neurophysiologiques des usages, la criminalité associée au marché illicite, la criminalisation

---

7. Cette énumération des critiques du régime prohibitionniste est non exhaustive, notamment parce que plusieurs critiques ne dépendent pas d'un élément factuel fourni par des pratiques de recherche à prétention objective, par exemple lorsque l'on fait du minimalisme pénal un horizon politique que *devraient* poursuivre les démocraties libérales, ou lorsque l'on formule une critique en suivant un argument libertarien ou anarchiste.
8. J'utilise ici la traduction québécoise plutôt que la franco-européenne «réduction des risques» (voir notamment Brisson, 1997). Je reviens plus bas sur les stratégies de réduction de méfaits, dont les savoirs produits par les travaux objectivistes constituent sans doute la principale condition de possibilité.
9. On désigne fréquemment ces espaces dans les termes de la sécurité (*Safe Injection Rooms, Safe Injection Facilities, Safe Injection Sites*) cependant qu'aucun contrôle n'est exercé sur les substances; les rapports annuels de ces organisations et les travaux de recherche détaillent fièrement le nombre de surdoses efficacement gérées.

des consommateurs, etc.). Parce qu'ils y voient une modalité importante de reproduction des rapports sociosymboliques aux usages et usagers, ainsi que des outils inestimables pour la (re)légitimation politico-juridique du régime prohibitionniste, les constructionnistes transforment très souvent ces travaux objectivistes en objets de recherche. Autrement dit, le savoir expert produit par les travaux objectivistes est abordé comme un mode particulier de construction des problèmes sociaux, parfois qualifié de « positivisme social démocratique » (Young, 1988), dont il faut étudier la logique interne et les effets sociaux. L'analyse constructionniste des problèmes sociaux a ainsi été présentée, dès le départ, comme un projet de connaissance prenant pour objet un procès de problématisation qui lui serait toujours donné de l'extérieur.

Dans le domaine des drogues illicites, les analyses sociohistoriques proposant une interprétation de la naissance de la prohibition illustrent parfaitement cette posture[10]. Dans le cas du Canada (qui, en regard des autres espaces sociopolitiques occidentaux, amorce précocement un règne prohibitionniste avec sa Loi sur l'opium en 1908), les analyses sociohistoriques ont identifié quelques clés explicatives majeures. Si l'internationalisation de la prohibition des drogues a sans aucun doute contribué à modeler les développements du régime prohibitionniste canadien, il semble difficile d'en faire une source déterminante de sa naissance[11]. Les analyses constructionnistes portent plutôt leur regard sur une scène domestique particulièrement marquée par l'influence des ligues de tempérance étasuniennes, la construction du « péril chinois », et la solidification progressive du « pouvoir » médical.

Voici, décrites *grossièrement*, les grandes lignes des récits constructionnistes de la naissance de la prohibition au Canada (Grayson, 2008 ; Giffen, Endicott et Lambert, 1991 ; Boyd, 1991). Les progrès technoscientifiques[12] permettent la découverte et la production de nouvelles substances et de nouveaux usages dont la profession médicale célèbre les vertus. Les usages de l'héroïne à des fins médicales ou non médicales (sauvagement commercialisée par la firme Bayer), de la morphine et de la cocaïne

---

10. Tout comme, d'ailleurs, la plupart des travaux sur les usages et les usagers qui s'énoncent dans l'une des nombreuses variations du mode « la construction sociale de *x* » (p. ex. Murakawa, 2011 ; Manning, 2007).
11. En effet, les premiers moments formels de cette internationalisation ont eu lieu à la Conférence de Shanghai de 1909, c'est-à-dire après la naissance de la prohibition canadienne (voir notamment Grayson, 2008 ; McAllister, 1999 ; Bewley-Taylor, 1999 ; Rico, 1986 ; Lowes, 1966). La justification politique du projet de Loi sur l'opium comprend toutefois une référence marginale à une « tendance mondiale » (Beauchesne, 1991, p. 131).
12. Surtout la capacité d'extraire des alcaloïdes tels que la morphine et la cocaïne de l'opium et des feuilles de coca, ainsi que l'invention de la seringue hypodermique.

(*Coca-Cola*) ne feront l'objet d'une problématisation morale, médicale et politico-juridique intensive et systématique qu'à la suite de leur pleine démocratisation, c'est-à-dire seulement lorsqu'ils ne seront plus l'apanage des classes privilégiées (Bachman et Coppel, 1989). L'histoire conventionnelle d'une découverte un peu « tardive » des propriétés toxicomaniaques attribuées aux nouvelles drogues, et tout particulièrement à l'héroïne, est ici révisée pour proposer qu'elles commencent à faire problème lorsqu'elles sont observables au sein des classes populaires. Cependant, le régime prohibitionniste canadien naît alors que les usages d'opiacés sont surtout problématisés lorsqu'ils prennent place dans les fumeries d'opium dans les quartiers chinois de la côte ouest (Solomon et Green, 1988). Le contact avec l'Autre asiatique, construit comme culturellement et biologiquement inférieur, est abordé dans les termes de la contamination. Les ligues de tempérance ajoutent « tout naturellement » l'opium à une liste des menaces « de dégénérescence de la civilisation occidentale judéo-chrétienne » (Comité spécial du Sénat sur les drogues illicites [Nolin], 2002, p. 465) qui comprend alors l'alcool, le tabac, la prostitution et les jeux de hasard. Surtout dans les deux dernières décennies du XIXe siècle, la présence asiatique dans l'Ouest canadien est construite comme problématique non seulement moralement, mais aussi économiquement : « *in the context of the tight labor market of the 20th century British Columbia, the Asian immigrant was both feared and resented by those who similarly toiled for the capitalists* » (Boyd, 1988, p. 446). En 1907, la Asian Exclusion League organise à Vancouver une manifestation qui conduit les manifestants à saccager plusieurs commerces du *Chinatown*. Venu enquêter sur les réclamations pour dédommagement, le sous-ministre du Travail (fédéral) « découvre le trafic d'opium un peu par accident » (Commission d'enquête sur l'usage des drogues à des fins non médicales [LeDain], 1970, p. 193) et remet un rapport associant opium et « péril jaune » qui conduira tout droit à la Loi sur l'opium de 1908. Les multiples récits constructionnistes de la naissance de la prohibition au Canada concluent habituellement à l'instrumentalisation du droit pénal pour contrôler des populations pauvres et racialisées, faisant des procès initiaux de criminalisation des *réactions* à des « paniques morales ».

Cette même logique réactive, toujours articulée à des axes de classe et ethno-raciaux, expliquerait également, au moins partiellement, l'ingestion de la cocaïne par le régime prohibitionniste en 1911[13]. Mais cette

---

13. L'inclusion de la cocaïne dans la Loi sur l'opium et les autres drogues de 1911 aurait fait suite à une panique morale s'étant principalement manifestée à Montréal (Giffen, Endicott et Lambert, 1991; Solomon et Green, 1988), considérée par certains comme étant avant tout un sous-produit de la couverture médiatique de la situation étasunienne (panique à propos d'une panique?), où l'on faisait de la cocaïne la cause de nombreux actes de violence commis par des Afro-américains dans des États postesclavagistes (Rico, 1986; Glorie, 1984).

interprétation est plus difficile à soutenir à l'égard du cannabis. Les constructionnistes discutent surtout du livre *The Black Candle* (Murphy, 1922), qui reprend plusieurs articles d'abord publiés dans une revue à large audience, et dans lequel madame la juge Murphy – par ailleurs militante centrale de la première vague féministe canadienne – prévient ses concitoyens des menaces que posent les «Jaunes» et les «Noirs» et «leur» opium et cocaïne, mais aussi du nouveau danger que représente le cannabis. Alors «virtuellement inconnu» au pays (Solomon et Green, 1988, p. 96), le cannabis est notamment présenté comme pouvant faire de ses usagers des «maniaques délirants sujets à tuer ou à violenter d'autres personnes» (Murphy, 1922, p. 332). La drogue est prohibée en 1923, un an après la parution du livre. Mais si un problème social a été constitué à l'époque, il a laissé bien peu de traces: l'inclusion du cannabis, par amendements (discrets et à la dernière minute) à la Loi sur l'opium et les drogues narcotiques, n'a fait l'objet d'aucun débat parlementaire et demeure une cause obscure (Carrier, 2004). Même en 1955, le cannabis n'est pas du tout une source de préoccupations pour le Comité spécial sur le trafic des stupéfiants au Canada. Il faut attendre la diffusion massive de son usage dans les années 1960 pour trouver des indices attestant de la construction sociale d'un problème social, voire d'une panique morale[14]. Cette question des indicateurs sociohistoriques *concrets* de la moralisation ou de la problématisation de conditions *putatives* est au cœur des débats constructionnistes[15] et constitue, pour les objectivistes, la preuve de la nature aporétique de toute analyse des problèmes sociaux s'inscrivant dans la tradition de Spector et Kitsuse.

13.2. Dés/articulation problématique-problématisé

Est-ce que la tradition dite constructionniste ne fait que déplacer le lieu d'un procès sociologique d'ontologisation en opposition duquel elle prétend s'établir? N'est-on pas confronté à la même approche objectiviste manipulée sur deux objets distincts (conditions problématiques/pratiques de problématisation)[16]? L'opposition entre objectivisme et constructionnisme

---

14. L'indice le plus clair est, bien sûr, la mise en place, en 1969, de la Commission d'enquête sur l'usage des drogues à des fins non médicales (1970, 1972, 1973) par un gouvernement libéral sommé de réagir à l'explosion de la consommation de drogues prohibées.
15. Voir notamment Weinberg, 2009; Carrier, 2006a; Hunt, 1999a; Ibara et Kitsuse, 1993; Best, 1989; Woolgar et Pawluch, 1985.
16. Je distingue conditions problématiques et pratiques de problématisation alors que les débats anglophones s'articulent à la distinction entre *social conditions* et *claims* (ou *claimsmaking activities*).

n'est-elle pas frauduleuse ? Les débats sur l'être des problèmes sociaux permettent en tout cas de constater que la désarticulation de la problématique et du problématisé, élément fondateur du programme constructionniste, ne constitue pas nécessairement une caractéristique formelle des analyses constructionnistes contemporaines. Du coup, l'usuelle distinction objectiviste/constructionniste ne permet plus d'organiser typologiquement les études sur les problèmes sociaux.

Comme je l'ai mentionné plus haut, la façon dont la différence objectiviste/constructionniste est manipulée dans les travaux sur les problèmes sociaux suggère que, saisies à un niveau d'abstraction suffisant, les approches se distinguent selon que les objets de la pratique scientifique sont des éléments produits autoréférentiellement ou non. Pour les constructionnistes, la découverte et la démonstration de problèmes sociaux par la sociologie objectiviste n'est pas sociologique parce qu'elle est une moralisation sociologique de conditions sociales et non une analyse de la problématisation sociale de conditions putatives. Les constructionnistes analysent des problèmes sociaux dont l'existence n'est pas, à l'origine, pensée comme un produit de l'observation sociologique. Les débats prennent forme surtout lorsque, dans le contexte beaucoup plus général de la « crise de la représentation[17] », la supériorité alléguée du discours sociologique est problématisée : la pratique sociologique veut se référer à la réalité des pratiques sociales de problématisation... tout en refusant à ces pratiques sociales d'être le miroir de réalités sociohistoriques concrètes. Autrement dit, le programme de recherche constructionniste est victime de sa propre médecine : le « constructionnisme strict[18] » fait des discours sociologiques constructionnistes des pratiques de problématisation dont on ne peut pas évaluer les référents concrets (p. ex. Aronson, 1984). Il s'agit donc, pour les constructionnistes dits stricts, de mettre fin à la problématique autoexclusion de l'analyse sociologique des problèmes sociaux dans l'analyse sociologique des problèmes sociaux.

Cette « régression à l'infini » est interrompue par les constructionnistes dits contextuels ou modérés. On ne propose pas de rediriger l'analyse sur des conditions problématiques[19] et on réaffirme que ce qui détermine sociologiquement la construction d'un problème social n'est jamais réductible à la « gravité objective d'une condition donnée » (Goode

---

17. Voir par exemple Denzin (1997) et Tyler (1986).
18. L'expression *strict constructionism* est particulièrement malheureuse dans le contexte étasunien où elle évoque (dans un sens sans doute pas très commun) une autolimitation de l'herméneutique juridique associée à un conservatisme judiciaire.
19. Ce que l'on justifie notamment ainsi : « *if we were to focus on the conditions themselves and the threat they pose as our primary concern, we would be wandering in a theoretical wilderness, an unfocused, uncentered hodge-podge* » (Goode et Ben-Yehuda, 2009, p. 159).

et Ben-Yehuda, 2009, p. 159). Cependant, on insiste sur le fait que les conditions problématisées ne sont pas toutes des réalités simplement instituées par des pratiques sociosymboliques : le problématisé et la problématique sont donc réarticulés. Par exemple, Best (1999) a voulu montrer que la saisie sociosymbolique dominante (aux États-Unis) de la violence en fait une occurrence aléatoire, cependant qu'elle ne l'est pas dans les faits. Toutefois, on ne clarifie pas quelle est, pour une analyse qui s'inscrit dans la tradition constructionniste, la valeur théorique de la (dis)qualification du problématique dans la compréhension des processus de problématisation. En quoi, par exemple, l'interprétation de la construction sociale du problème d'une drogue particulière est-elle menacée par l'absence d'un discours expert sur l'épidémiologie de son usage ou sur les propriétés pharmacologiques de la substance ? Analyser l'extension de la prohibition des drogues, au moins partiellement, comme un produit de la diffusion des conditions problématiques liées aux usages (dépendances, etc.) ne relève pas d'une approche constructionniste. Ce sont donc plutôt les visées critiques de l'évaluation du factuel qui sont mises de l'avant, comme si le discours sociologique sur la construction des problèmes sociaux trouvait son sens dans la correcte problématisation sociale des conditions problématiques (et dans la dénonciation des problématisations incorrectes). Comme dans d'autres champs d'étude, on craint ici le court-circuitage de la critique sociologique par l'idéalisme, le relativisme ou le postmodernisme, jugés caractéristiques d'un constructionnisme strict qu'il serait impossible de prendre au sérieux (p. ex. Goode et Ben-Yehuda, 2009 ; Best, 1993).

La constitution de la différence strict/contextuel comme mode d'observation des pratiques constructionnistes, correspondant à la présence ou à l'absence d'une mise en rapport sociologique du problématique et du problématisé, témoigne du caractère suranné de la différence objectiviste/constructionniste. En effet, les travaux des constructionnistes contextuels peuvent être distingués de l'approche objectiviste non pas épistémologiquement, mais seulement par le fait que cette dernière ne porte pas son regard analytico-normatif sur le problématisé. Autrement dit, le constructionnisme contextuel ne signale que la différenciation interne des études objectivistes des problèmes sociaux, dont certaines comprennent un moment analytique consacré aux procès sociaux de problématisation. Avec ou sans cette préoccupation pour les mécanismes de construction des problèmes sociaux, ces études sont caractérisées, notamment, par des postures épistémologiques réalistes et par des modes de construction et d'appréhension d'objet dualistes. Le constructionnisme strict, à l'opposé, est dialogique et relativiste, maintenant l'entièreté de ses référents empiriques dans un domaine strictement sociosymbolique et préférant proposer une interprétation des logiques et des modes de «productions idiomatiques» (Ibarra et Kitsuse, 1993) plutôt que de juger de leur degré de correspondance aux réalités sociohistoriques concrètes. Au lieu de mobiliser la distinction objectiviste/constructionniste, je préfère distinguer les analyses des problèmes sociaux en manipulant la distinction positiviste/constructiviste, laquelle peut s'appliquer à l'étude de la construction des problèmes sociaux (c'est-à-dire que la démonstration sociologique de la problématique est distinguée de l'examen des procès sociaux de problématisation, lequel peut être évaluatif ou interprétatif).

Les débats et postures analytiques relatifs à l'être des problèmes sociaux ne peuvent être confinés à un champ strictement épistémologique. En effet, ils mettent en lumière un devoir de conceptualisation (par lequel s'explicitent habituellement les allégeances théoriques) des différents modes sociaux de problématisation. Comment, à l'égard des usages et des usagers d'une drogue dans un contexte sociohistorique donné, établir les frontières et penser les modes de liaison entre leur construction comme problème social, la manifestation d'une panique morale à leur égard, le procès de médicalisation et la mobilisation du droit pénal ?

13.3. MORALISATION, MÉDICALISATION, RISQUE, CRIMINALISATION

Qu'ils soient positivistes ou constructivistes, les portraits idiographiques contemporains de la construction des problèmes sociaux présentent habituellement des modalités explicatives ou interprétatives qui placent des modes formellement indépendants d'appréhension et de signification du réel dans une zone d'indistinction conceptuelle. Moralisation, problématisation, contrôle (production de la déviance), gouvernement (au sens foucaldien), criminalisation, régulation morale, médicalisation, (discours sur le) risque ; voilà autant de concepts et notions dont les frontières sociologiques présentent une porosité importante.

Depuis le début des années 2000, cette porosité a été particulièrement mise en évidence dans les débats américains, britanniques et canadiens au sein des études sur les paniques morales[20]. Dans ces débats, la question de la (dis)proportionnalité se présente d'ailleurs comme une réverbération des enjeux associés à l'articulation du problématisé et du problématique dans les études sur les problèmes sociaux : les études sur les paniques morales doivent-elles être des instruments pour dire aux gens qu'ils pètent les plombs pour rien ? Dans la plupart des cas, la réponse est affirmative ; les analyses des paniques morales établissent des réactions sociales

---

20. Voir notamment Hier, 2011, 2008, 2002a, 2002b ; Hunt, 2011, 1999b ; Best, 2011 ; Critcher, 2009, 2008, 2003 ; Cohen, 2002 ; Rohloff, 2011 ; Rohloff et Wright, 2010.

irrationnelles[21], et une large part du travail analytique porte sur l'établissement de la limite à partir de laquelle on peut/doit parler de panique. Pour certains, dont Cohen (2002, p. xxi), cet exercice classificatoire met en lumière la valeur (sociologique et critique) de la mobilisation de la notion : pourquoi des conditions putatives sérieuses ne font-elles pas l'objet de paniques morales, cependant que d'autres, socialement peu conséquentes, parviennent à générer des paniques morales? Autrement dit, pour les représentants les plus enjoués des *panic studies*, l'enjeu est de montrer non seulement que certaines conditions problématisées génèrent des inquiétudes sans fondements, mais aussi que certaines conditions problématiques ne suscitent pas de souhaitables paniques morales[22]. Il s'agit donc, comme dans les analyses positivistes des problèmes sociaux, d'un programme évaluatif visant à différencier les conditions non problématiques problématisées des conditions problématiques non problématisées. Nous en avons une excellente illustration lorsque l'on fait valoir une critique de la prohibition des drogues qui limite sa portée au cannabis (par exemple, lorsque l'on fait valoir que cette drogue est moins nocive que l'alcool).

Lorsque les questions d'adéquation ou de proportionnalité sont cantonnées à une lointaine périphérie du travail d'interprétation sociologique ou lorsqu'elles sont complètement ignorées (p. ex. Hunt, 2011), les paniques morales sont parfois resituées dans le cadre plus large des tactiques de régulation morale, dont elles constitueraient des manifestations temporairement plus explicites ou extrêmes[23]. Ces tactiques sont pensées dans une logique gouvernementale foucaldienne, c'est-à-dire comme des projets qui, s'appuyant sur la «liberté» des sujets, visent à conduire leurs conduites, constituant donc «*a set of actions upon other actions*» (Foucault, 1982, p. 221). La régulation morale construit les objets

---

21. Deux exemples au sein d'une multitude d'écrits : il n'y pas de cultes sataniques dans les garderies (deYoung, 1998), l'étendue de l'usage de LSD dans les années 1960 a été surestimée (Goode, 2008).
22. L'ironie est que la sociologie confine généralement les paniques morales au domaine de la réaction disproportionnée ; les conditions pour lesquelles les sociologues jugent adéquat de paniquer ne sont donc pas, en raison de leur adéquation au réel tel qu'ils et elles l'observent, pensées comme paniques morales (voir aussi Best, 2011 ; Garland, 2008).
23. Plus récemment Rohloff (2011; Rohloff et Wright, 2010) a suggéré de relocaliser les paniques morales dans le cadre de la psychologie sociohistorique d'Elias (1994) ; une perspective théorique qui, peut-être, met plus clairement l'herméneutique foucaldienne du sujet en relation avec le procès de formation de l'État et la structure des interdépendances sociales. Que l'on préfère les processus de (dé)civilisation d'Elias ou la gouvernementalité foucaldienne, l'enjeu est notamment de parvenir à montrer les relations empiriques entre la volatilité des paniques et l'épaisseur des trames sociohistoriques de la régulation morale, tout en les dissociant analytiquement (Hier, 2011, p. 10).

(pratiques, conditions) qu'elle prend pour cibles plutôt que de porter sur des objets moraux qui seraient indépendants du procès de moralisation : the « *moral dimension is the result of the linkage posited between subject, object, knowledge, discourse, practices and their projected social consequences* » (Hunt, 1999a, p. 7).

Comme dans les études sur la construction des problèmes sociaux, la moralisation constitue le processus premier dont se saisissent les études sur la régulation morale. Toutefois, au contraire des premières, ces dernières s'articulent toujours à une préoccupation pour la performance de la moralisation sur le plan de la subjectivité, et tout particulièrement pour la constitution contemporaine d'un sujet posé comme autonome, à qui revient la responsabilité d'agir sur lui-même et de s'autoréaliser. Dans ce contexte, les injonctions morales autoritaires seraient remplacées par la dissémination de savoirs et de technologies dans lesquels la moralisation est un « pouvoir impuissant » dont les effets de séduction produisent une « contrainte positive » (Carrier, 2008a) ou une « coercition consensuelle » (Hunt, 1997)[24].

Mobilisé pour saisir les processus contemporains de moralisation des usages et des usagers de drogues illicites, le cadre foucaldien de la régulation morale a pour défaut important d'indifférencier moralisation et criminalisation, lesquelles sont toutes deux pensées comme stratégies de gouvernement (« conduite de la conduite »), la criminalisation représentant au mieux l'extrémité contondante de la moralisation (Carrier, 2008b). Comme dans le cas des études sur la construction des problèmes sociaux et sur les paniques morales, les frontières conceptuelles entre criminalisation et moralisation sont relativement diffuses, cependant que ces deux modes d'observation du réel présentent des logiques et des corollaires sociaux distincts, qui se révèlent aisément dans la comparaison de nos rapports contemporains à la pollution, à l'obésité, au masculinisme, au tabac, au crack, aux fusillades en milieux scolaires, à la pédophilie, etc. (voir Critcher, 2009)[25].

Par ailleurs, si la régulation morale aujourd'hui déploie ses tactiques de séduction autour des axes de l'autonomie, de la liberté et de la responsabilité, cela implique que ces contraintes positives sont communiquées par la construction sociale de « déviants » (on les dit : irresponsables, à

---

24. Cela semble être bien saisi par la formule de Rose (1999), qui suggère que le sujet du libéralisme avancé est « obligé d'être libre ».
25. Critcher (2009) a notamment suggéré que de situer les paniques morales dans le vaste domaine de la régulation morale a pour effet de gommer trois dimensions importantes du procès de moralisation : présence/absence d'une menace pour l'ordre moral d'un espace sociopolitique, présence/absence d'une solution punitive, et auto-/hétéro-référence des tactiques de régulation morale.

risque, dangereux, dépendants, fous, malades, inactifs, anormaux, etc.). Cela signifie que le mécanisme au cœur du concept de régulation morale est identique à l'objet de la plupart des analyses contemporaines du contrôle social[26] et de celles qui se décrivent toujours sous le vocable – un peu vieillot – de sociologie de la déviance[27]. Typiquement, ces analyses rendent sociologiquement équivalente la construction du réel par la manipulation des distinctions déviant/commun, normal/anormal et bien/mal. En résulte un amalgame d'évaluations factuelles, de postulats essentialistes et de processus de moralisation qui rend difficile l'interprétation de leurs modes d'articulation dans un espace-temps donné, suscitant un aveuglement sociologique considérable. Par exemple, la construction sociologique de l'usage de cannabis comme déviance (sur la base de la criminalisation de sa possession) rend pratiquement inobservable le discours juridique qui trouve une raison de punir dans le caractère commun de l'usage, que la logique juridique n'utilise pas pour revoir sa normativité interne, mais bien pour problématiser l'étendue de la désobéissance à ses normes, pourtant décrites comme reflet des valeurs que partagent les citoyens et citoyennes (Carrier, 2007). Cela illustre d'ailleurs le besoin de ne pas faire des processus de moralisation des mécanismes de constitution du réel indépendants de leurs lieux de production ou d'interprétation: leurs sens, leurs significations et leurs effets ne sont pas les mêmes selon que la construction morale du réel est le fait du politique, du juridique, des médias de masse, des œuvres de fiction, mais aussi des sciences sociales.

Les usages et les usagers de drogues ne sont pas, dans la société contemporaine, constitués comme problématiques par la seule manipulation du triptyque, classique et poreux, déviance-anormalité-immoralité. Il faut, en effet, examiner si et comment ces modes de problématisation s'arriment, séquentiellement ou de façon incrémentielle, à trois autres

---

26. Les travaux de Lianos (2003, 2001; Lianos et Douglas, 2000) et de Bogard (2006, 1996) constituent ici deux exceptions importantes, en ce qu'ils ne font plus de la «réaction à la déviance» la modalité fondatrice du contrôle social. Notons, de plus, que les chercheurs qui préfèrent l'usage du terme régulation (sociale ou morale) à celui de contrôle social justifient cette sélection en affirmant le besoin d'une mise à distance avec une tradition de recherche posant le caractère vertical, étatique et conscient du contrôle social. Il s'agit toutefois d'une tradition qui est loin de saturer les usages sociologiques du concept (Carrier, 2006b). Enfin, les études sur la régulation morale tendent à privilégier des processus applicables au «souci de soi» (*self-formation*), cependant que celles sur le contrôle social mettent plus fortement l'accent sur les mécanismes de production et de gestion de l'Autre.
27. Le problème de la porosité des frontières entre moralisation et criminalisation est dupliqué ici dans une relative dédifférenciation du déviant et du criminel, laquelle est mise en lumière par le besoin de recourir à l'expression «déviance criminalisée» qui, pourtant, est employée pour désigner la criminalisation, et non pas la moralisation.

modalités de constitution du réel formellement indépendantes : (bio)médicalisation, discours sur les risques et criminalisation. Un tel examen sociologique de la mise en relation de la déviance, de l'anormalité, de l'immoral, du pathologique (maladie, anomalie, etc.), du risque (probabilité, susceptibilité, etc.) et du criminel permet de mettre en question la fluide continuité des normes pénales avec « la » norme postulée dans les travaux sur la régulation d'inspiration foucaldienne, de même que la mécanique causale problème-médicalisation-panique-criminalisation qui supporte généralement les travaux sur les problèmes sociaux, les paniques morales et le contrôle social. Lorsque les frontières conceptuelles ne présentent plus une importante porosité, l'analyse peut ainsi se déployer sur l'observation et l'interprétation des associations, plurielles et contingentes, de réalités constituées par différents observateurs[28].

Le mode médical de constitution du réel ne se distingue pas du fait de la transmutation de certains usages en symptômes, ni du fait que la production du symptôme est immédiatement articulée à un impératif thérapeutique. En effet, un tel processus général de « symptomatologisation » (Carrier, 2006a) peut très bien décrire, notamment, la sociologie positiviste des problèmes sociaux. La particularité de la médicalisation est la territorialisation corporelle des causes que permettraient d'observer les éléments symptomalogisés ; la médicalisation d'un objet (condition, pratique) est constitutive de causes biopathologiques qu'il s'agit alors de « découvrir ». Ainsi, la toxicomanie construite par le regard médical est dépendante d'un déterminisme pharmacologique, lequel ne sert pas inévitablement de fondation à la construction de la toxicomanie par d'autres observateurs (scientifiques et non scientifiques).

Il est désormais commun de suggérer que la médicalisation s'impose avec une puissance sociale telle qu'elle tend à phagocyter les modalités alternatives de rapport au réel[29], et que la constitution du réel par la logique médicale, particulièrement lorsqu'elle s'arrime à un discours sur le risque, correspond en fait à un processus de régulation morale (p. ex. Hunt, 2003 ; Lupton, 1997, 1995). La constitution d'un risque pour le corps correspondrait donc au mode dominant de problématisation ou de

---

28. En ce sens, la distinction sociologique des différences mobilisées socialement dans la construction des usages et des usagers est la condition de possibilité d'une pratique constructiviste – non seulement parce qu'ainsi la construction sociosymbolique du réel est immédiatement aperçue comme un produit autoréférentiel, mais aussi parce qu'une telle pratique sociologique repose sur la transparence de sa propre autoréférentialité (Carrier, 2011 ; Luhmann, 2002, 1998a ; Teubner, 1989).
29. Un examen moins superficiel conduit toutefois à suggérer, dans le champ des usages et des usagers de drogues illicites comme ailleurs, la « santé » de la sociopathologisation et de la psychopathologisation, c'est-à-dire des modes non médicaux de symptomatologisation (Carrier, 2008a ; Carrier et Quirion, 2003).

moralisation, la porosité des frontières du vieux triptyque déviance-anormalité-immoralité étant reproduite dans le collage plus récent risque-biopathologie-immoralité : la construction sociale d'un futur corporel mis en danger par les formes actuelles des conditions ou pratiques s'attacherait à l'injonction morale d'agir sur elles.

La condition de possibilité du discours sur le risque est que le risque soit attribuable à une décision, faute de quoi on le confond, comme Beck (2001), avec le danger. Et c'est parce que le risque constitue un rapport à l'incertitude caractérisé par l'attribution d'une responsabilité (Luhmann, 1998b, 1993) que risque et moralisation sont jugés indissociables (p. ex. Ericson et Doyle, 2003). Il me semble toutefois pertinent de découpler analytiquement non seulement médicalisation et risque, mais également risque et moralisation. L'indissociation du risque et de la moralisation est le produit d'une sociologie du risque qui n'observe que la construction des aspects non souhaitables d'un futur non advenu. En effet, l'impossibilité de dissocier risque et morale est le fait d'un regard analytique qui ne conçoit pas les possibles incertains évalués positivement dans les termes du risque. De plus, ne pas découpler risque et moralisation conduit la sociologie à poser *a priori* que la décision de faire usage de drogues prohibées est moralisée du fait des risques qui lui sont attribués. Et quels risques ? Les risques associés à l'usage ne sont pas tous territorialisés dans les corps[30]. Dans un contexte prohibitionniste, la criminalisation fait partie des risques associés à l'usage d'une façon tout aussi évidente que le partage du permis et de l'interdit n'entretient pas un rapport d'identité avec le partage du moral et de l'immoral. Si la légitimation du recours au pénal implique certainement des éléments moralisés – le droit pénal s'autodécrivant comme incarnation des valeurs d'une communauté politique – la criminalisation implique aussi des modalités – la menace et l'usage de la force pénale – qui ne peuvent caractériser les processus non juridiques de moralisation[31].

---

30. Et même lorsque l'on se limite aux risques biomédicaux, il faut mobiliser, au minimum, une seconde distinction : corps menacés par les pratiques d'autrui, et souvent représentés comme « innocents » (le corps piqué accidentellement par la seringue souillée et abandonnée dans l'environnement par autrui), et corps menacés par les pratiques du sujet (l'individu « à risque », le corps « autovictimisé »).
31. Et il n'est d'ailleurs pas certain que les usages sociaux de cette menace et de cette force soient forcément analysables dans les termes de la régulation morale. La popularité des travaux du « second » Foucault (p. ex. 1975, 1976), qui font des processus de criminalisation la simple extrémité du « pouvoir de la norme », a contribué de façon importante à l'ossification des modes sociologiques d'appréhension des rapports entre normes pénales et non pénales, et à l'indistinction conceptuelle de la force, du pouvoir et de l'influence (Carrier, 2011, 2008a, 2008b).

Les études sur les problèmes sociaux et sur les paniques morales tendent à considérer la criminalisation comme le témoin ultime de l'efficacité sociale de pratiques de moralisation. La criminalisation est en ce sens abordée comme la résolution au moins temporaire d'un conflit social, établissant autoritairement le mode de problématisation adéquat. Par exemple, hier comme aujourd'hui, les usages d'opiacés sont, nous dit le droit pénal, acceptables ou non selon qu'ils s'inscrivent dans des finalités thérapeutiques sous supervision médicale. Idem, aujourd'hui, pour le cannabis. Or, du point de vue d'une sociologie constructiviste, les études sur la construction des problèmes sociaux sont décevantes puisqu'elles produisent une représentation trop peu complexe du sens de la moralisation, comme si la criminalisation ne venait que confirmer ou renforcer un discours médico-scientifique (lui-même représenté comme unitaire plutôt que traversé de controverses). Évidemment, médicalisation et criminalisation sont, dans le cas des drogues prohibées, des modalités de production de sens qui s'interpénètrent. Toutefois, les risques biomédicaux mobilisés par le droit pénal pour (re)fonder l'interdiction et l'imposition de la souffrance sont, dans une perspective constructiviste, analysés non pas dans les termes de la soumission du juridique au scientifique, mais plutôt comme des produits juridiques[32]. Le cas de la légalisation de l'usage de cannabis à des fins médicales est à cet égard particulièrement explicite: les réseaux de communication académiques sont toujours traversés de débats à l'égard de l'inclusion du cannabis dans la pharmacopée contemporaine – particulièrement lorsqu'il est fumé – cependant que le plus haut tribunal canadien a établi la démonstration scientifique des vertus thérapeutiques des cannabinoïdes afin de justifier la légalisation de la possession inscrite dans cette finalité. Évidemment, les scientifiques se moquent éperdument des prétentions du droit à décider de l'évolution des usages appropriés de la distinction entre le vrai et le faux.

Dans le contexte d'un espace politique libéral démocratique, le mode d'institution juridique du problème que posent les pratiques et conditions associées à certaines substances est remarquablement compliqué, sur le plan de l'évidence culturelle des raisons d'interdire et de punir, par l'absence des instruments de légitimation habituels que sont l'interaction conflictuelle et la victime non consentante. La prohibition de conditions volontaires et d'interactions consensuelles impose, en effet, au droit pénal un devoir de créativité afin de remplacer le conflit et la victimisation comme modalités typiques de détautologisation (ou déparadoxification) de la décision juridique, c'est-à-dire pour attribuer les motifs de la décision

---

32. Voir, par exemple, le concept de formation discursive chez Foucault (1969) ou d'autopoïèse chez Luhmann (1995); pour une discussion comparative des deux concepts, voir Teubner (1989).

à des éléments extérieurs au droit (p. ex. Luhmann, 2004; Teubner, 2001a, 2001b; Clam, 2001), et ainsi masquer, de façon plus ou moins culturellement efficace, la violence constitutive du droit (p. ex. Agamben, 2005; Benjamin, 2000; Derrida, 1990). Autrement dit, dans ses opérations typiques à l'égard de crimes «standard» (Pires, 2002) ou «normaux» (Sudnow, 1965), le droit pénal ne sélectionne pas (c'est-à-dire ne construit pas) des faits pour déterminer qu'il est juste et souhaitable d'interdire et de punir (certains types de violences, par exemple), alors que, dans le cas des drogues, il doit inventer juridiquement des raisons, jugées extra-juridiques, pour affirmer autre chose que les conditions et pratiques associées à l'usage, au commerce et à la production de certaines drogues sont criminelles parce qu'elles sont criminelles. C'est évidemment ici que les travaux positivistes sur les problèmes sociaux associés aux usages et aux usagers des drogues visées par le droit pénal sont juridiquement très utiles.

Il faut également noter que la construction juridique de la passivité politique à l'égard des critiques de la prohibition des drogues permet également la justification de la décision juridique. En effet, s'il faut rappeler que la Charte des droits et libertés de 1982 a permis au droit de restreindre quelques-unes des libertés accordées aux appareils répressifs dans le domaine des drogues (notamment des pouvoirs extraordinaires de perquisition et le renversement du fardeau de la preuve pour certaines infractions), le droit a néanmoins trouvé dans l'absence de projets politiques répondant aux critiques massives du régime prohibitionniste une raison de maintenir la validité juridique des normes d'interdictions et de sanctions pénales. Bien que, du point de vue du droit, il y ait plusieurs bonnes raisons de mettre en question la sagesse de l'approche prohibitionniste (p. ex. R. c. Malmo-Levine *et al.*, 2000), le droit conclut que son devoir se limite à établir la constitutionnalité du recours au pénal en matière de drogues (p. ex. R c. Clay, 2003)[33]. La réaffirmation juridique

---

33. Le juridique donne au politique le «droit» d'utiliser le juridique, cela sans être contraint par le *harm principle*, parce que les consommateurs peuvent se causer du tort, parce qu'il s'agit d'un motif moral qui ne contrevient pas aux droits et libertés reconnus par la Charte en raison de la construction juridique de la liberté, et que ce motif moral renvoie aux valeurs «fondamentales» de la société, parce que le juridique observe la volonté politique de maintenir le recours au droit pénal en matière des drogues visées par les lois. La Cour suprême observe, certes, la «controverse» autour de la «sagesse» de ce recours, mais laisse en ce domaine au politique le soin de juger de l'existence d'un consensus sur le plan de la morale. Ainsi, le juridique s'autorise la création du consensus autour des valeurs fondamentales, mais se refuse à statuer sur le consensus au sujet de la morale. Ou, pour le dire autrement, le juridique attribue au politique le soin d'établir que la prohibition est contraire aux valeurs fondamentales. En corollaire, le droit affirme le caractère juste du recours au pénal à l'égard des interactions consensuelles et des conditions volontaires liées aux substances psychoactives prohibées, tout en insistant sur la

du droit d'user du droit en cette matière a traditionnellement mobilisé la distinction de finalités thérapeutiques et non thérapeutiques. Une pratique médico-scientifique peut ainsi prescrire de l'héroïne dans le cadre d'un « traitement » de la manie toxique qui n'est finalisé ni dans l'arrêt, ni dans la décroissance de l'usage, mais dans son maintien, cependant que le droit, en prohibant sa possession, menace de sa force quiconque veut faire usage de cette substance de façon autonome. Toutefois, le cas d'InSite, premier (et pour le moment seul) site d'injection supervisé de drogues illicites au Canada, suggère une transformation de la problématisation des drogues par le recours à la criminalisation. Le droit ne constitue plus le crime simplement lorsque l'on quitte un espace dessiné par des finalités thérapeutiques mais, dans certains cas, dès lors que les usages à des fins non thérapeutiques ne prennent pas place sous surveillance médicale.

En activité depuis 2003 dans le *downtown eastside* de Vancouver, InSite est une manifestation spécifique de stratégies de réduction des méfaits liés à l'usage des drogues[34]. Comme les programmes, plus anciens, d'échange ou de distribution de matériel de consommation (seringues, etc.), InSite prend pour cible des pratiques d'usage, et non des usagers. Cela signifie que les problématisations juridiques et disciplinaires sont tout à fait satellitaires dans la problématisation opérée par les stratégies de réduction des méfaits : cette problématisation ne se révèle pas par la constitution de l'usage comme crime ou symptôme de troubles sociaux, psychologiques ou corporels (toxicomanies, désaffiliation sociale, maladie mentale, troubles cognitifs, anomalies neurophysiologiques, etc.), mais seulement par la production de risques divers attribués aux pratiques d'usage (et, dans le cas d'InSite, des seules pratiques d'injection). Au contraire de la cacophonie que produit la variété des thèses sur l'étiologie des manies toxiques, les problématisations qui supportent les stratégies de réduction des méfaits n'abordent pas une personne dont l'usage témoigne de quelque chose, mais simplement des pratiques « à risque » dont il s'agit d'assurer une gestion technique.

Dans les réseaux de communications académiques, la promotion des sites d'injection se déploie, au Canada comme ailleurs, en mobilisant, d'abord et avant tout, les objectifs suivants : réduction des problèmes de

---

    possibilité qu'un tel recours ne soit pas pour autant « sage ». La Cour suprême fonde la conformité de la prohibition aux principes de justice fondamentale dans l'observation de l'inaction politique, interprétée comme témoin des valeurs ayant cours dans la société contemporaine. Dans ce cadre, tout refus de se plier aux injonctions du pénal est pensé comme conflit ouvert entre une personne donnée et la société. Voir Carrier (2008a).

34. Voir notamment <http://www.communityinsite.ca> et <http://supervisedinjection.vch.ca>.

santé pouvant découler des pratiques d'injection (contaminations virales, endocardites, abcès, etc.); réduction des « nuisances » associées à l'usage des consommateurs très pauvres (pollution des espaces publics et semi-publics par des objets souillés et par la visibilité des corps pauvres, indésirables et « nuisibles », et criminalité associée à l'usage dans ces espaces); amélioration de l'accès aux services sociosanitaires chez les consommateurs marginalisés qui les utilisent peu (problématique biopolitique des « hard to reach »), et enfin, réduction globale des coûts des services de santé associables à l'usage (services ambulanciers, traitements hospitaliers, etc.). Bref, on produit scientifiquement une masse de problèmes actuels ou virtuels associés à la santé strictement biocorporelle d'une population constituée par une pratique particulière, celle des « UDI » (usagers de drogues injectables).

Alors qu'aux paliers municipal et provincial, l'efficacité biopolitique d'InSite a été louangée, au palier fédéral le site a été représenté négativement par le gouvernement, notamment comme une déchirure du régime prohibitionniste qui fragilise le pouvoir souverain en contredisant si publiquement ses normes. Après avoir choisi d'y mettre un terme, le ministre fédéral de la Santé se faisait ordonner par la Cour suprême, en 2011, de maintenir la suspension de la validité juridique de certains aspects de la Loi réglementant certaines drogues et autres substances à l'égard d'Insite[35]. Dans ce jugement, le droit fait de la toxicomanie une maladie dont les causes fondamentales sont toujours incertaines, et des toxicomanes du *downtown eastside* des clients à la recherche de soins médicaux qui pourraient leur sauver la vie. La tentative gouvernementale de mettre un terme aux activités d'InSite est juridiquement inacceptable, notamment, en ce qu'elle viole le droit à la sécurité de la personne que protège la Charte des droits et libertés. Par exemple, le droit construit les 336 interventions face à des surdoses réalisées par les employés d'InSite comme preuve du caractère sécuritaire et efficace de l'organisme. Le juridique utilise sa représentation de la toxicomanie, certes influencée par les représentations d'acteurs sociaux non juridiques, afin de refuser les représentations politiques (Procureur général du Canada) qui font de l'usage un choix criminel ou le symptôme de troubles générant un impératif, non

---

35. Principalement en utilisant le « *loophole* » juridique institué par la légalisation du cannabis à des fins thérapeutiques (Canada [Attorney General] *c*. PHS Community Services, 2011, par. 20). Le tribunal a notamment arrêté que: « *where, as here, a supervised injection site will decrease the risk of death and disease, and there is little or no evidence that it will have a negative impact on public safety, the Minister should generally grant an exemption* » (Canada [Attorney General] *c*. PHS Community Services, 2011, p. 11).

pas de gestion des pratiques construites par le risque, mais de soins finalisés dans l'abstinence. Le droit affirme donc ici que les « malades » responsables sont ceux qui perforent leur corps sous le regard d'autrui, tout en réassurant le politique que la criminalisation est toujours souhaitable à l'égard des « malades » irresponsables, soit ceux qui choisissent des pratiques d'injection non supervisées ; la décision de la Cour suprême à l'égard d'InSite n'est pas « *a licence for injection drug users to possess drugs wherever and whenever they wish* » (Canada [Attorney General] *c.* PHS Community Services, 2011, par. 140)[36].

Au contraire du droit, le politique peut, dans les limites de *son* interprétation des limitations constitutionnelles de ses options gouvernementales, imposer une modification des normes d'interdiction et de sanction sans aucune forme de légitimation explicite, c'est-à-dire de façon purement autoritaire[37]. Ainsi, quelques mois à peine après le jugement au sujet d'InSite, la Loi omnibus sur la sécurité des rues et des communautés était adoptée. Cette loi modifiait, notamment, la Loi réglementant certaines drogues et autres substances afin d'établir des peines d'incarcération minimales à l'égard des personnes reconnues coupables de cultiver plus de cinq plants de cannabis (minimum 6 mois de prison) et de trafic[38] de drogues illicites dans ou près d'une école (minimum deux ans de pénitencier). De façon analogue aux précédents projets législatifs concernant le cannabis (Carrier, 2004), la justification politique de ce que l'on nomme les peines planchers s'est limitée à la formulation de slogans (p. ex. *tough on crime*) dans un contexte où le cannabis est associé au « crime organisé », et à des affirmations peu ou pas élaborées sur la nocivité de la substance pour la santé biocorporelle et pour la société. C'est moins « la » drogue que le crime qui a été politiquement problématisée, ce que la sociologie a à son tour problématisée dans les termes d'un virage punitif (Carrier, 2010).

---

36. L'usager est donc construit comme autonome dans la dépendance, capable de gérer les risques biocorporels que pose *pour lui* ses pratiques, mais également comme personne mettant en danger la possibilité de la « liberté » des « citoyens ». D'où le fait que les stratégies de réduction des méfaits ne soient pas réductibles à un procès généralisé de gestion de risques biomédicaux ; elles s'arriment, en effet, à des projets visant la sécurisation d'un quartier. Clairement, les stratégies de réduction des méfaits ne proposent pas de remplacer la criminalisation et la thérapeutique des usagers, comme le veut l'argument qui en fait un cheval de Troie antiprohibitionniste. Au contraire, le mode d'institution du réel qui les supporte produit de nouvelles raisons de prévenir, d'interdire, de punir et de soigner (Carrier, 2008a).
37. Le droit aura bien sûr la possibilité de juger rétrospectivement de leurs défauts de validité juridique.
38. Rappelons ici que le don est juridiquement construit dans les termes du trafic.

Conclusion

Le corollaire de la tradition établie par Constructing Social Problems est la totale désarticulation sociologique de la problématique et du problématisé. Il s'agit, comme je crois l'avoir montré rapidement, d'un corollaire que refusent des pratiques de recherche qui néanmoins s'autodécrivent toujours comme constructionnistes. Une analyse radicalement constructiviste des formes sociales de problématisation suppose la pleine acceptation de l'impossibilité de distinguer le « monde tel qu'il est du monde tel qu'il est observé » (Luhmann, 2002, p. 11). On peut, certes, en retour, observer cela comme une « autodestruction » des sciences sociales (Gauchet, 2005, p. 182) ou comme la castration de leurs forces critiques (p. ex. Lea, 1998). Mais on peut également y voir la possibilité d'une mise en question de *tous* les modes d'observation du réel, orientant du coup le regard analytique sur les modes autoritaires de définition et de signification du réel. Autrement dit, on peut associer l'épistémologie constructiviste à un mode de critique non autoritaire, et donc résolument anarchiste (Carrier, 2008b).

Cela est particulièrement mis en évidence par le fait qu'une sociologie constructiviste n'a pas pour projet d'établir la légitimité d'un mode de rapport au réel, posant plutôt l'inexistence d'une pure *extériorité* permettant d'établir le juste, le vrai, le bon, le beau, etc. Il s'agit donc d'une sociologie qui ne distingue pas la construction des « problèmes sociaux » du procès plus large de la construction de la réalité, laquelle est conçue comme une production autoréférentielle (à laquelle n'échappe pas magiquement la sociologie). Le rapport à l'usage et à l'usager qui se construit dans les termes de la criminalisation, d'une logique de soin (médicale ou non) ou dans le discours du risque est donc sociologiquement appréhendé comme un rapport toujours contingent, comme d'ailleurs l'est un rapport à l'usage et à l'usager dans des termes économiques, spirituels, ludiques, etc. En somme, la construction du réel prend toujours la forme d'une réduction temporaire de sa complexité, laquelle ne trouve pas son fondement dans une réalité concrète indépendante du rapport observant-observé, mais dans la sélection d'un mode de construction par un observateur donné. En ce sens, on peut traiter de façon synonymique, comme Mills (1940) à la suite de Mead (1918, 1925), construction et contrôle social (Carrier, 2011). Comme j'ai tenté de le montrer dans ce chapitre, cela ne correspond ni à une posture idéaliste, ni à un strict nominalisme.

RÉFÉRENCES BIBLIOGRAPHIQUES

AGAMBEN, G. (2005). *State of Exception*, Chicago, Chicago University Press.

ARONSON, N. (1984). «Science as claims-making activity: Implications for social research problems», dans J.W. Schneider et J.I. Kitsuse (dir.), *Studies in the Sociology of Social Problems*, Norwood, Ablex, p. 1-30.

BACHMAN, C. et A. COPPEL (1989). *Le dragon domestique: deux siècles de relations étranges entre l'Occident et la drogue*, Paris, Albin Michel.

BEAUCHESNE, L. (1991). *La légalisation des drogues... pour mieux en prévenir les abus*, Montréal, Méridien.

BECK, U. (2001). *La société du risque. Sur la voie d'une autre modernité*, Paris, Aubier.

BECKER, H.S. (1963). *Outsiders. Studies in the Sociology of Deviance*, New York, Free Press.

BENJAMIN, W. (2000). «Critique de la violence», dans W. Benjamin, *Œuvres I*, Paris, Folio, p. 210-243.

BEST, J. (1989). *Images of Issues: Typifying Contemporary Social Problems*, New York, Aldine de Gruyter.

BEST, J. (1993). «But seriously, folks: The limitations of the strict constructionist interpretation of social problems», dans J.A. Holstein et G. Miller (dir.), *Reconsidering Social Constructionism. Debates in Social Problems Theory*, New York, Aldine de Gruyter, p. 129-147.

BEST, J. (1999). *Random Violence. How we Talk About New Crimes and New Victims*, Berkeley, University of California Press.

BEST, J. (2011). «Locating moral panics within the sociology of social problems», dans S.P. Hier (dir.), *Moral Panic and the Politics of Anxiety*, New York, Routledge, p. 37-52.

BEWLEY-TAYLOR, D.R. (1999). *The United States and International Drug Control*, Londres, Printer.

BOGARD, W. (1996). *The Simulation of Surveillance. Hypercontrol in Telematic Societies*, Cambridge, Cambridge University Press.

BOGARD, W. (2006). «Welcome to the society of control: The simulation of surveillance revisited», dans K.D. Haggerty et R.V. Ericson (dir.), *The New Politics of Surveillance and Visibility*, Toronto, University of Toronto Press, p. 55-78.

BOYD, N. (1988). «Canadian punishment of illegal drug use: Theory and practice», dans J.C. Blackwell et P.G. Erickson (dir.), *Illicit Drugs in Canada: A Risky Business*, Scarborough, Nelson, p. 301-313.

BOYD, N. (1991). *High Society: Illegal and Legal Drugs in Canada*, Toronto, Porter.

BRISSON, P. (1997). *L'approche de réduction des méfaits: sources, situations, pratiques*, Montréal, Comité permanent de lutte à la toxicomanie.

CARRIER, N. (2003). «Une dépolitisation hygiénique: les lieux d'injection de drogues illicites comme stratégie de "réduction des méfaits"», *Déviance et Société*, vol. 27, n° 1, p. 59-76.

CARRIER, N. (2004). «Les vedettes de la prohibition du cannabis», *Drogues, santé et société*, vol. 2, n° 2 et vol. 3, n° 1, p. 233-286.

CARRIER, N. (2006a). «Les criminels des universitaires. Les formations discursives de la déviance criminalisée», *Champ pénal. Nouvelle revue française de criminologie*, n° 3, mai, <http://champpenal.revues.org/document528.html>.

CARRIER, N. (2006b). «La dépression problématique du concept de contrôle social», *Déviance et Société*, vol. 30, n° 1, p. 3-20.

CARRIER, N. (2007). « The autonomy and permeability of law. The case of the Canadian prohibition of cannabis », *Canadian Journal of Law & Society*, vol. 22, n° 1, p. 123-138.

CARRIER, N. (2008a). *La Politique de la stupéfaction. Pérennité de la prohibition des drogues*, Rennes, Presses universitaires de Rennes.

CARRIER, N. (2008b). « Speech for the defense of a radically constructivist sociology of (Criminal) Law », *International Journal of Law, Crime and Justice*, vol. 36, n° 3, p. 168-183.

CARRIER, N. (2010). « Sociologies anglo-saxonnes du virage punitif : timidité critique, perspectives totalisantes et réductrices », *Champ pénal. Nouvelle revue internationale de criminologie*, vol. 7, avril, <http://champpenal.revues.org/7818>.

CARRIER, N. (2011). « Critical criminology meets radical constructivism », *Critical Criminology*, vol. 19, p. 331-350.

CARRIER, N. et B. QUIRION (2003). « Les logiques de contrôle de l'usage des drogues illicites : la réduction des méfaits et l'efficience du langage de la périllisation », *Drogues, santé et société*, vol. 2, n° 1, p. 9-73.

CLAM, J. (2001). « Monétarisation, généralisation de l'envie et paradoxe du droit », *Droit et société. Revue internationale de théorie du droit et de sociologie juridique*, vol. 47, p. 155-182.

COHEN, S. (2002). *Folks Devils and Moral Panics*, 3ᵉ éd., New York, Routledge.

COMITÉ SPÉCIAL DU SÉNAT SUR LES DROGUES ILLICITES (2002). *Le cannabis : positions pour un régime de politique publique pour le Canada. Rapport du Comité spécial du Sénat sur les drogues illicites. Volume II : Partie III*, Ottawa, Gouvernement du Canada.

COMMISSION D'ENQUÊTE SUR L'USAGE DES DROGUES À DES FINS NON MÉDICALES [LeDain] (1970). *Rapport provisoire*, Ottawa, Information Canada.

COMMISSION D'ENQUÊTE SUR L'USAGE DES DROGUES À DES FINS NON MÉDICALES [LeDain] (1972). *Le cannabis*, Ottawa, Information Canada.

COMMISSION D'ENQUÊTE SUR L'USAGE DES DROGUES À DES FINS NON MÉDICALES [LeDain] (1973). *Rapport final*, Ottawa, Information Canada.

CRITCHER, C. (2003). *Moral Panics and the Media*, Milton, Open University Press.

CRITCHER, C. (2008). « Moral panic analysis : past, present and future », *Sociology Compass*, vol. 2, n° 4, p. 1127-1144.

CRITCHER, C. (2009). « Widening the focus : Moral panics as moral regulation », *British Journal of Criminology*, vol. 49, p. 17-34.

DENZIN, N.K. (1997). *Interpretive Ethnography. Ethnographic Practices for the 21st Century*, Thousand Oaks, Sage.

DERRIDA, J. (1990). « Force of law : The mystical foundation of authority », *Cardozo Law Review*, vol. 11, p. 919-1046.

DEYOUNG, M. (1998). « Another look at moral panics : The case of satanic day care centers », *Deviant Behavior*, vol. 19, p. 257-278.

ELIAS, N. (1994). *The Civilizing Process*, Oxford, Blackwell.

ERICSON, R.V. et A. DOYLE (2003). « Risk and morality », dans R.V. Ericson et A. Doyle (dir.), *Risk and Morality*, Toronto, University of Toronto Press, p. 1-10.

FOUCAULT, M. (1969). *L'archéologie du savoir*, Paris, Gallimard.

FOUCAULT, M. (1975). *Surveiller et punir. Naissance de la prison*, Paris, Gallimard.

FOUCAULT, M. (1976). *Histoire de la sexualité – I – La volonté de savoir*, Paris, Gallimard.

FOUCAULT, M. (1982). «The subject and power», dans H. Dreyfus et P. Rabinow (dir.), *Michel Foucault: Beyond Poststructuralism and Hermeneutics*, Chicago, Chicago University Press, p. 208-226.
FREITAG, M. (2001). «The contemporary social sciences and the problem of normativity», *Thesis Eleven*, vol. 65, p. 1-25.
FREITAG, M. (2011). *La connaissance sociologique. Dialectique et société*, vol. 1, Montréal, Liber.
FULLER, R.C. et M. MYERS (1941). «Some aspects of a theory of social problems», *American Sociological Review*, vol. 6, p. 24-32.
GARLAND, D. (2008). «On the concept of moral panic», *Crime, Media, Culture*, vol. 4, p. 9-30.
GAUCHET, M. (2005). *La condition politique*, Paris, Gallimard.
GIFFEN, P.J., S. ENDICOTT et S. LAMBERT (1991). *Panic and Indifference. The Politics of Canada's Drug Laws. A Study in the Sociology of Law*, Ottawa, Canadian Centre on Substance Abuse.
GLORIE, J. (1984). «L'internationalisation des lois en matière de stupéfiants», *Psychotropes*, vol. 1, n° 3, p. 65-74.
GOLASH, D. (2005). *The Case against Punishment. Retribution, Crime Prevention, and the Law*, New York, New York University Press.
GOODE, E. (2008). «Moral panics and disproportionality: The case of LSD use in the sixties», *Deviant Behavior*, vol. 29, n° 6, p. 533-543.
GOODE, E. et N. BEN-YEHUDA (2009). *Moral Panics. The Social Construction of Deviance*, Malden, Wiley-Blackwell.
GOULDNER, A. (1975). *For Sociology*, Harmondsworth, Penguin.
GRAYSON, K. (2008). *Chasing Dragons. Security, Identity, and Illicit Drugs in Canada*, Toronto, University of Toronto Press.
HIER, S.P. (2002a). «Raves, risks and the ecstasy panic: A case study in the subversive nature of moral regulation», *Canadian Journal of Sociology*, vol. 27, n° 1, p. 33-57.
HIER, S.P. (2002b). «Conceptualizing moral panic through a moral economy of harm», *Critical Sociology*, vol. 28, n° 3, p. 311-334.
HIER, S.P. (2008). «Thinking beyond moral panic: Risk, responsibility, and the politics of moralization», *Theoretical Criminology*, vol. 12, n° 2, p. 173-190.
HIER, S.P. (2011). «Bringing moral panic studies into focus», dans S.P. Hier (dir.), *Moral Panic and the Politics of Anxiety*, New York, Routledge, p. 1-16.
HUNT, A. (1997). «Moral regulation and making-up the new person: Putting Gramsci to work», *Theoretical Criminology*, vol. 1, n° 3, p. 275-301.
HUNT, A. (1999a). *Governing Morals. A Social History of Moral Regulation*, Cambridge, Cambridge University Press.
HUNT, A. (1999b). «The purity wars: Making sense of moral militancy», *Theoretical Criminology*, vol. 3, n° 4, p. 409-436.
HUNT, A. (2003). «Risk and moralization in everyday life», dans R.V. Ericson et A. Doyle (dir.), *Risk and Morality*, Toronto, University of Toronto Press, p. 165-192.
HUNT, A. (2011). «Fractious rivals? Moral panics and moral regulation», dans S.P. Hier (dir.), *Moral Panic and the Politics of Anxiety*, New York, Routledge, p. 53-70.
IBARRA, P.R. et J.I. KITSUSE (1993). «Vernacular constituents of moral discourse: An interactionist proposal for the study of social problems», dans J.A. Holstein et G. Miller (dir.), *Reconsidering Social Constructionism. Debates in Social Problems Theory*, New York, Aldine de Gruyter, p. 25-58.

LEA, J. (1998). « Criminology and postmodernity », dans P. Walton et J. Young (dir.), *The New Criminology Revisited*, Houndmills, MacMillan, p. 163-189.

LIANOS, M. (2003). « Social control after Foucault », *Surveillance & Society*, vol. 1, n° 3, p. 412-430.

LIANOS, M. (2001). *Le nouveau contrôle social. Toile institutionnelle, normativité et lien social*, Paris, L'Harmattan.

LIANOS, M. et M. DOUGLAS (2000). « Dangerization and the End of Deviance. The institutional environment », *British Journal of Criminology*, vol. 40, p. 261-278.

LIAZOS, A. (1972). « The poverty of the sociology of deviance : Nuts, sluts & perverts », *Social Problems*, vol. 20, n° 1, p. 103-120.

LOWES, P.D. (1966). *The Genesis of International Narcotics Control*, Genève, Droz.

LUHMANN, N. (1993). *Risk: A Sociological Theory*, New York, Walter de Gruyter.

LUHMANN, N. (1995). *Social Systems*, Stanford, Stanford University Press.

LUHMANN, N. (1998a). « La société comme différence », *Sociétés. Revue des sciences humaines et sociales*, vol. 61, n° 3, p. 19-37.

LUHMANN, N. (1998b). *Observations on Modernity*, Stanford, Stanford University Press.

LUHMANN, N. (2002). *Theories of Distinctions. Redescribing the Descriptions of Modernity*, Stanford, Stanford University Press.

LUHMANN, N. (2004). *Law as a Social System*, Oxford, Oxford University Press.

LUPTON, D. (1995). *The Imperative of Health. Public Health and the Regulated Body*, Londres, Sage.

LUPTON, D. (1997). « Foucault and the medicalization critique », dans A. Peterson et R. Bunton (dir.), *Foucault, Health and Medicine*, Londres, Routledge, p. 94-110.

MANIS, J.G. (1974). « The concept of social problems: *Vox populi* and sociological analysis », *Social Problems*, vol. 21, n° 3, p. 305-315.

MANNING, P. (2007). « The symbolic framing of drug use in the news: Ecstasy and volatile substance abuse in newspapers », dans P. Manning (dir.), *Drugs and Popular Culture. Drugs, Media and Identity in Contemporary Society*, Collumpton, Willan, p. 150-167.

MCALLISTER, W.B. (1999). *Drug Diplomacy in the Twentieth Century: An International History*, Londres, Routledge.

MEAD, G.H. (1918). « The psychology of punitive justice », *American Journal of Sociology*, vol. 23, p. 577-602.

MEAD, G.H. (1925). « The genesis of the self and social control », *International Journal of Ethics*, vol. 35, p. 251-277.

MERTON, R.K. (1971). « Social problems and sociological theory », dans R.K. Merton et R. Nisbet (dir.), *Contemporary Social Problems*, New York, Harcourt, p. 793-845.

MILLS, C.W. (1939). « Language, logic and culture », dans I.L. Horowitz (dir.), *Power, Politics and People. The Collected Essays of C. Wright Mills*, New York, Oxford University Press, p. 423-438.

MILLS, C.W. (1940). « Situated actions and vocabularies of motive », dans C.W. Mills et I.L. Horowitz (dir.), *Power, Politics and People. The Collected Essays of C. Wright Mills*, New York, Oxford University Press, p. 439-452.

MILLS, C.W. (1967). « The professional ideology of social pathologists », dans I.L. Horowitz (dir.), *Power, Politics and People. The Collected Essays of C. Wright Mills*, New York, Oxford University Press, p. 525-552.

MURAKAWA, N. (2011). « Toothless. The methamphetamine "epidemic", "meth mouth", and the racial construction of drug scares », *Du Bois Review: Social Science Research on Race*, vol. 8, n° 1, p. 219-228.

MURPHY, E.F. (1922). *The Black Candle*, Toronto, Thomas Allen.

O'BRIEN, M. (2005). « What is cultural about cultural criminology? », *British Journal of Criminology*, vol. 45, p. 599-612.

PIRES, A.P. (2002). *La politique législative et les crimes à « double face » : Éléments pour une théorie pluridimensionnelle de la loi criminelle. (Drogues, prostitution, etc.)*, Rapport d'expert à l'intention du Comité spécial du Sénat du Canada sur les drogues illicites, <http://www.parl.gc.ca/37/1/parlbus/commbus/senate/com-f/ille-f/presentation-f/pires-f.htm>.

RICO, J.-M. (1986). « Les législations sur les drogues : origines et évolution », *Psychotropes*, vol. 3, n° 1, p. 69-83.

ROHLOFF, A. (2011). « Shifting the focus ? Moral panics as civilizing and decivilizing processes », dans S.P. Hier (dir.), *Moral Panic and the Politics of Anxiety*, New York, Routledge, p. 71-86.

ROHLOFF, A. et S. WRIGHT (2010). « Moral panic and social theory : Beyond the heuristic », *Current Sociology*, vol. 58, n° 3, p. 403-419.

ROSE, N. (1999). *Powers of Freedom. Reframing Political Thought*, Cambridge, Cambridge University Press.

RUGGIERO, V. (2010). *Penal Abolitionism*, Oxford, Oxford University Press.

SOLOMON, R.R. et M. GREEN (1988). « The First Century : The history of non-medical opiate use and control policies in Canada, 1870-1970 », dans J.C. Blackwell et P.G. Erickson (dir.), *Illicit Drugs in Canada : A Risky Business*, Scarborough, Nelson, p. 88-116.

SPECTOR, M. et J.I. KITSUSE (2001). *Constructing Social Problems*, Piscataway, Transaction.

SUDNOW, D. (1965). « Normal crimes : Sociological features of the penal code », *Social Problems*, vol. 12, p. 34-48.

TEUBNER, G. (1989). « How the law thinks : Toward a constructivist epistemology of law », *Law and Society Review*, vol. 23, n° 5, p. 727-757.

TEUBNER, G. (2001a). « Economics of gift-positivity of justice. The mutual paranoia of Jacques Derrida and Niklas Luhmann », *Theory, Culture & Society*, vol. 18, n° 1, p. 29-47.

TEUBNER, G. (2001b). « Alienating justice : On the surplus value of the twelfth camel », dans J. Priban et D. Nelken (dir.), *Law's New Boundaries. The Consequences of Legal Autopoiesis*, Aldershot, Ashgate, p. 21-44.

TYLER, S.A. (1986). « Post-modern ethnography : From document of the occult to occult document », dans J. Clifford et G.E. Marcus (dir.), *Writing Culture. The Poetics and Politics of Ethnography*, Berkeley, University of California Press, p. 122-140.

WEINBERG, D. (2009). « On the social construction of social problems and social problems theory : A contribution to the legacy of John Kitsuse », *The American Sociologist*, vol. 40, p. 61-78.

WOOLGAR, S. et D. PAWLUCH (1985). « Ontological gerrymandering : The anatomy of social problems explanations », *Social Problems*, vol. 32, p. 214-227.

YOUNG, J. (1988). « Radical criminology in Britain : The emergence of a competing paradigm », *British Journal of Criminology*, vol. 28, n° 2, p. 159-183.

JUGEMENTS

Canada (Attorney General) *v.* PHS Community Services Society, 2011 SCC 44, [2011] 3 S.C.R.134.

R. *c.* Clay, 2003, 3 S.C.R. 735, 2003 SCC 75.

R. *c.* Malmo-Levine ; R. *c.* Caine, 2000, BCCA 0335.

PAGES WEB

<http://supervisedinjection.vch.ca>.
<http://www.communityinsite.ca>.
<http://www.sssp1.org>.
<http://www.strategienationaleantidrogue.gc.ca>.
<http://www.0droguepourmoi.ca>.

PARTIE 4

RELECTURES ET NOUVELLES PERSPECTIVES

CHAPITRE

14

CHICAGO
L'ÉCOLE DES PROBLÈMES SOCIAUX D'HIER À AUJOURD'HUI[1]
Henri Dorvil

> *La ville de Chicago est l'un des laboratoires sociaux les plus complets du monde […] Aucune ville au monde ne présente une plus grande variété de problèmes sociaux typique que Chicago […] Les sociétés charitables ainsi que les organisations religieuses de la ville fournissent aux étudiants de l'université une formation et un emploi […]*
>
> Catalogue de 1901 de l'Université de Chicago

Dans le cadre de ce chapitre, j'ai choisi de traiter de l'École de Chicago, de la tradition de sociologie et de celle du travail social. En dépit de ses limites et des critiques qu'elle a suscitées, l'École de Chicago résiste aux intempéries, continue d'inspirer des travaux de recherche, d'enseignement et demeure une référence incontournable pour qui s'intéresse à l'étude

---

1. L'auteur adresse ses plus vifs remerciements à madame Sarah B. Guèvremont, M. Sc. en anthropologie, candidate à la maîtrise en travail social de l'Université du Québec à Montréal, assistante de recherche, pour tout l'investissement consenti dans la mise à niveau des tableaux et le traitement de texte, également à monsieur Vincent Laroche, B. Sc. en psychologie, candidat à la maîtrise en travail social de l'Université du Québec à Montréal, assistant de recherche, pour la recherche bibliographique financée par la Commission de la santé mentale du Canada (CSMC).

de la construction des problèmes sociaux en général, des activités associées au phénomène de la déviance, du contrôle social en particulier. Cela est vrai pour l'Amérique du Nord, certes, et ce, depuis les débuts, mais aussi pour l'Europe et ailleurs dans le monde depuis au moins deux décennies. Je me concentrerai sur ce qui s'est passé autrefois, sur l'héritage tel que vécu maintenant et, en dernier lieu, je tenterai de dégager les perspectives d'avenir qui se dessinent à l'horizon.

14.1. Au commencement

14.1.1. Du côté de la sociologie

Connue sous l'appellation d'École de Chicago ou tradition de Chicago, cette institution désigne en clair un ensemble de recherches réalisées à l'université de Chicago entre 1915 et 1940 et qui occupent une place originale et marquante dans l'histoire de la sociologie américaine (Akoun et Ansart, 1999). Dès les débuts de ce mouvement social tenant de l'aventure, se mettent en place de vastes programmes de recherches qui explorent trois domaines liés : l'immigration ainsi que les relations entre communautés vivant côte à côte ; le monde urbain vu sous l'angle de l'écologie humaine ; les phénomènes de déviance, de criminalité, de pauvreté.

Tout d'abord, une question de méthode par-delà la diversité des techniques : une importance capitale est accordée au sens, aux significations subjectives que les acteurs sociaux, élites ou marginaux, accordent à leurs actions et aux situations vécues. Tension donc entre deux pôles : les pratiques individuelles d'un côté et la relation avec les milieux de vie qui leur donnent sens de l'autre. La recherche se fait désormais *avec* la personne et non *sur* la personne, donc déplacement de l'angle de prise de vue et nouvelle épistémè. Ce courant de recherche se veut empirique et scientifique, en rupture avec les enquêtes sociales de l'époque imprégnées de préjugés normatifs et d'attitudes moralisatrices.

Toute une kyrielle de données obtiennent tout *de go* une reconnaissance *de facto* : documents personnels, récits de vie, entretiens de tous genres, observation directe, études de cas, monographies de quartier ou de groupe humain localisé, archives publiques et privées. Le travail de terrain, présent dans les travaux de tous les chercheurs de cette École, se trouve au cœur même de la sociologie de Chicago. Il constitue, sur environ un siècle, l'une des grandes traditions de recherche empirique. Selon Chapoulie (2001), ce travail empirique se traduit par l'adoption fréquente d'une démarche inductive et par l'accent mis davantage sur la découverte de perspectives nouvelles sur un secteur de la vie sociale que sur la vérification de propositions (comme l'aurait voulu le modèle néopositiviste de la pratique scientifique).

On peut ajouter une caractéristique plus extérieure, également importante, mais qui ne concerne qu'une partie des recherches : le public, explicitement ou implicitement visé par leurs publications, est un public cultivé ne se limitant pas aux seuls spécialistes des sciences sociales. L'objectif principal des chercheurs est la transformation de la perception par le lecteur du secteur de la vie sociale étudié : Cressey dans le *Taxi-Dance Hall* (1932), comme Hughes (1952, 1956, 1958) dans ses essais sur le travail, Johnson (1934, 1938, 1941) ou Frazier (1932, 1939, 1949, 1955, 1957) dans l'étude des populations noires ou Becker (1963/1985) dans *Outsiders* cherchent à conduire leurs lecteurs à accorder de l'attention à ce à quoi ils n'en accordaient pas : aux acteurs peu « visibles », à leurs intentions et à leurs intérêts qui sont moins mystérieux, voire cachés, que soustraits à l'attention ordinaire, parce qu'ils se trouvent en dehors de la perception légitime des classes moyennes auxquelles appartiennent les sociologues. La grande visibilité de ces travaux de type monographique a contribué à enfermer les chercheurs de l'École de Chicago dans un enclos empirique. Pourtant, sans renier ce nouveau genre de production scientifique, il faut néanmoins reconnaître la solidité et la pertinence de leur apport théorique. Par exemple, Park, Burgess et McKenzie (1925) ont rédigé une véritable somme théorique dans laquelle ils traitent des concepts fondamentaux comme la nature humaine, la société, le groupe, la personne et exposent leur conception théorique de l'interaction sociale, des forces sociales, de la compétition, du conflit, de la communication, de l'assimilation, du contrôle social, du comportement collectif, du progrès (Huet, 2000). À ce titre, Park s'est appuyé sur les écrits de Simmel pour, d'une part, penser les interactions sociales en milieu urbain et, d'autre part, cerner la « personnalité marginale » propre aux immigrants de Chicago à partir de la notion d'étranger de Simmel (2004a et b).

Les recherches sur l'immigration de Thomas et Znaniecki (1927/1998), qui analysent les processus de désorganisation et de réorganisation affectant les migrants polonais, se situent en réaction aux interprétations *biologisantes* de l'époque. Celles de Park *et al.* (1925) qui étudient concrètement les conditions de vie des différents groupes immigrants, la diversité des parcours individuels, le renforcement des tensions interethniques par les inégalités socioéconomiques, contredisent tant les thèses biologiques que l'assimilation rapide des immigrants dans le *melting pot* américain. Les études de Thrasher (1927) sur la délinquance des mineurs et la désorganisation sociale rompent également avec les thèses de morphologie, de comportement individuel et perçoivent ces phénomènes en termes de problèmes sociaux générés par le monde techno urbain. Sans oublier les analyses de métiers de Hughes (1956, 1958) qui prenaient le contrepied des idées en vogue justifiant les privilèges de contrôle social des professions établies.

Il faut bien parler ici de révolution de la pensée, voire de paradigme au sens de Kuhn (1970), puisque nous retrouvons dans l'héritage de l'École de Chicago un ensemble de grandes orientations, des idées maîtresses, des propositions cohérentes devant guider le programme d'activités d'une communauté scientifique. Comme le soutient Huet (2000), dans toute activité scientifique, ce n'est pas généralement la réponse aux questions qui est la tâche la plus difficile, mais bien celle de poser les questions qui sont pertinentes et qui vont faire progresser la connaissance. Il faut bien se garder de réduire la sociologie de l'École de Chicago à une méthode de collecte de données, d'observation de terrain, mais plutôt considérer celle-ci comme une condition préalable à l'activité scientifique de cette nouvelle discipline.

La croissance rapide de la ville de Chicago se nourrissant constamment des flux migratoires était, aux yeux de ces sociologues, un « laboratoire social » privilégié pour l'étude des rapports des hommes entre eux et avec leur environnement physique, culturel, politique. Le développement de la grande industrie et ses conséquences se voyaient à l'œil nu. Chicago se trouve, en effet, l'une des villes des États-Unis affichant le développement démographique le plus rapide de la seconde moitié du XIXe siècle. Au départ, bourgade d'à peine 4500 habitants en 1840, la ville atteint 300 000 habitants en 1870, soit seulement trois décennies plus tard ; 500 000 en 1880, 1 700 000 en 1900, 2 700 000 en 1920 (Chapoulie, 2001). Cette « galopade démographique » s'est poursuivie tout au long du XXe siècle : 3 400 000 en 1930, 5 000 000 en 1981 et 6 069 974 en 2001. Le Canada aussi, à cette même époque, était caractérisé par une industrialisation accouplée à une urbanisation rapide. Sous le coup de boutoir conjugué de l'immigration et de la migration intérieure, la population urbaine connut une forte croissance, notamment à Toronto et à Montréal. Les milieux ruraux se dépeuplaient au profit des villes, offrant ainsi une main-d'œuvre bon marché à des usines en plein essor qui en avaient bien besoin. Les conditions de travail y étaient généralement pitoyables. Les travailleurs adultes et enfants devaient se contenter d'un salaire de famine pour de longues heures de travail sans sécurité d'emploi et, très souvent, sans protection d'aucune sorte contre la maladie et les accidents de travail.

Cette situation inhumaine attire l'attention du service social. Le service social, comme profession, s'établit en réaction aux phénomènes d'urbanisation et d'industrialisation (Van De Sande *et al.*, 2002). L'on ne s'étonnera guère que Burgess et Park se soient concentrés sur la morphologie urbaine pour jeter les bases scientifiques de l'écologie humaine. Jusqu'en 1966 (Chapoulie, 2003), les intérêts de recherche portèrent sur quatre thèmes : l'étude des villes, et notamment du développement urbain et des communautés ; la délinquance, particulièrement la délinquance juvénile ; l'étude des familles et du mariage, enfin l'étude des personnes âgées.

Revenons aux deux premiers thèmes qui consacrent cet héritage en sociologie. Utilisant l'approche de l'École de Chicago en termes d'analyse de la désorganisation, des zones de délinquance (référence à une normalité supposée du milieu rural traditionnel), de description des effets de la désorganisation sur certaines tranches de population, de réorganisation en sous-communauté répondant à un besoin de se connaître, de s'entraider, Park *et al.* (1925) s'inspire de l'écologie animale et végétale selon le principe darwinien de la lutte pour la vie : les individus les plus puissants occuperaient les zones urbaines les plus chères, les plus valorisées socialement, suivant en cela l'exemple des plantes et des animaux les plus vigoureux qui s'approprient les places les plus intéressantes (Grafmeyer et Joseph, 1979). D'où une compétition féroce entre les espèces, un processus de dominance, de succession dérivant des changements dans les conditions de vie, par exemple, un quartier, voire une rue comme baromètre de stratification sociale, le changement de garde dans l'industrie du taxi comme indicateur des différents flux migratoires, etc. La théorie des zones concentriques s'avère la plus connue des œuvres de Burgess. Une ville serait constituée de cinq zones à occupation différente : 1) la zone de commerce ou zone centrale ; 2) la zone de transition envahie peu à peu par la première, considérée aussi comme zone de désintégration ; 3) la zone de résidences modestes ; 4) la zone de résidence de la haute classe ; 5) les faubourgs ou périphéries-dortoirs avec une population mobile entre sa résidence et le milieu de travail. Par exemple, les bandes de jeunes étaient localisées généralement dans une zone dite « de transition » située entre la zone centrale (ou zone de commerce) appelée aussi zone de désorganisation et la zone des résidences modestes, la zone 3. Park *et al.* associaient ces phénomènes non à des origines ethniques particulières, comme le prétendaient la plupart des chercheurs de l'époque, mais au passage des familles immigrées d'une société rurale à la ville, d'une société rurale à une société urbaine, où le contrôle ne passe plus par la famille élargie et la communauté locale (Chapoulie, 2009).

Les zones de transition, de désorganisation ou de délinquance sont devenues avec le temps des quartiers sensibles éparpillés çà et là dans le tissu urbain habité par les gens pauvres, voire presque exclusivement par un groupe « racisé » bien identifié. La taille des bureaux de services sociaux sur un territoire donné est proportionnelle à la massification des problèmes sociaux. Pour s'en convaincre, on n'a qu'à comparer le CLSC des Faubourgs du Centre-Sud de Montréal, voisin de la zone de désintégration, avec celui de Notre-Dame-de-Grâce à l'ouest, à proximité de la zone des résidences de la classe supérieure (Westmount). Reproduction fidèle de Chicago : d'un côté le South Side, l'un des deux quartiers dégradés et de l'autre le Uptown, le quartier riche (Heffer, 2009).

Figure 14.1.
Les aires concentriques de Chicago

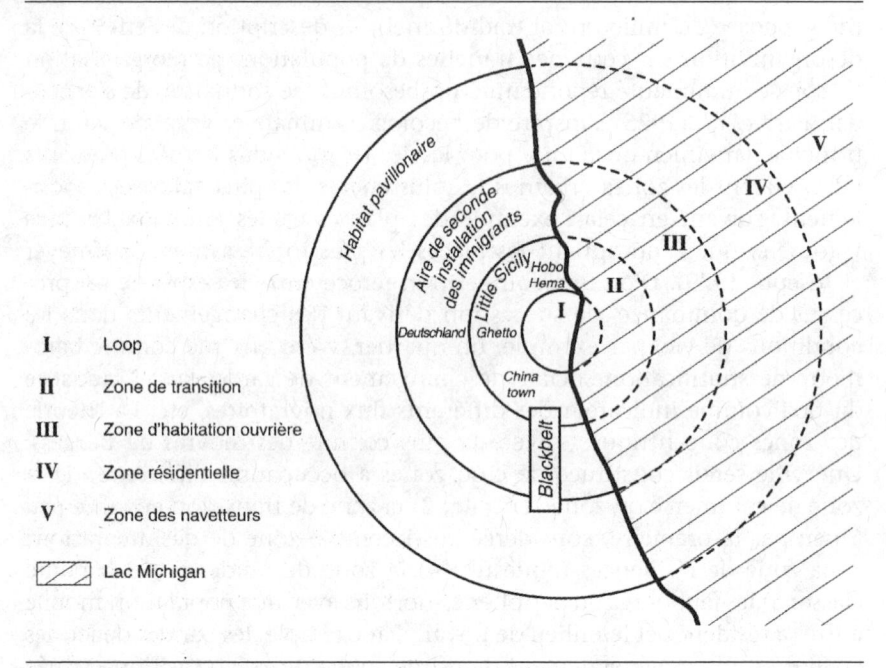

I	Loop
II	Zone de transition
III	Zone d'habitation ouvrière
IV	Zone résidentielle
V	Zone des navetteurs
	Lac Michigan

Source : A. Raulin (2001). *Anthropologie urbaine*, Paris, Armand Colin.

En dépit des critiques suscitées par la théorie des zones concentriques de Park *et al.* (1925), les « rings » continuent d'influencer une bonne part des travaux de la sociologie moderne, en particulier dans la compréhension du rôle central de la zone de transition. Burgess lui-même avait anticipé beaucoup de ces critiques, lui qui voyait dans sa théorie un idéaltype pouvant être répliqué ailleurs avec certaines modifications. Plusieurs éléments permettent de mieux comprendre l'origine de ces critiques. D'abord, la topographie naturelle des lieux à l'étude y est pour beaucoup. Dans la ville de Chicago, par exemple, la présence du lac Michigan vient éventrer une partie du centre-ville pour occuper environ le tiers des zones concentriques. Les nombreuses infrastructures routières urbaines construites dans les dernières décennies sont d'autres éléments dont la théorie de Burgess n'a pu ni tenir compte ni prévoir. La voie aérienne du métro qui décrit une boucle (*loop*) autour des édifices du quartier des affaires de Chicago et l'autoroute Ville-Marie donnant accès au centre-ville de Montréal en sont de bons exemples. De même, la démolition dans les années 1970 dans plusieurs grandes villes nord-américaines des « Skid Row Districts », avec leurs maisons de chambre à prix modique, pour attirer une clientèle plus riche (gentrification) devant améliorer la physionomie des centres-villes (Schutt, 2011), constitue une autre de ces réalités imprévues. Faut-il le rappeler, ce réaménagement urbain a entraîné le déplacement de nombreux individus nécessiteux qui ne se sont fait offrir, en retour, aucune option de relocalisation. Livrés à eux-mêmes et sans ressources suffisantes, ces individus sont venus grossir, aux yeux du grand public, le bassin de personnes touchées par la désinstitutionnalisation psychiatrique. Enfin, à cela s'ajoutent également les règlements de zonage de plusieurs municipalités qui interdisent aux groupes marginalisés en réinsertion sociale d'habiter dans les zones résidentielles, les confinant ainsi aux zones de services.

Les principaux arguments avancés par les détracteurs de la théorie de Park *et al.* sont à l'effet que, d'une part, les villes revêtent la forme de secteurs et non de zones concentriques et, d'autre part, que les valeurs du sol peuvent être dictées par la compétition entre acteurs sociaux, mais aussi par les valeurs culturelles. Ces conceptions alternatives d'utilisation du sol incluent principalement deux théories (Calhoun, 2002). D'abord, la théorie du «Multiple Nuclei» stipule que des activités aussi différentes que l'industrie, le commerce de détail et les résidences ont des priorités d'emplacement et des besoins spéciaux – accès au réseau de transport, à la force hydraulique, aux aires résidentielles, etc. – qui, pour être satisfaits, nécessitent de créer des subdivisions urbaines distinctes (noyaux). La deuxième théorie est celle des secteurs. Elle postule que des zones vouées à des activités (industrie, commerce de détail, résidence de la classe laborieuse et de la classe supérieure, etc.) sont grossièrement cunéiformes et s'étendent à partir du quartier des affaires. Ainsi, elle reconnaît que la distribution des espaces demeure la prérogative de la classe haute, en charge de sécuriser et stratifier le territoire pour tenir loin de chez elle les voisins indésirables que sont l'industrie, les pauvres, les patients psychiatriques et les prisonniers en réinsertion sociale. Comme plusieurs tentatives pour conceptualiser l'utilisation du sol, la théorie des secteurs, sans constituer à elle seule un prédicteur fiable, s'avère néanmoins utile pour repérer quelques-unes des forces qui induisent le développement urbain.

La ville est aussi conçue comme un ordre moral, le lieu par excellence de la régression de la conscience collective, de la solidarité organique basée sur la division du travail – rendant objectivement l'individu plus dépendant d'autrui du fait du caractère parcellaire de sa tâche et, en même temps, lui faisant prendre conscience de sa «différence», par conséquent de son individualité – comparativement à la solidarité mécanique (ou par ressemblance) qui prime en milieu rural, où il y a effacement de l'individu sous le poids du collectif, pour reprendre le vocabulaire de Durkheim (1893/1996).

FIGURE 14.2.

Chicago : au cœur du Midwest

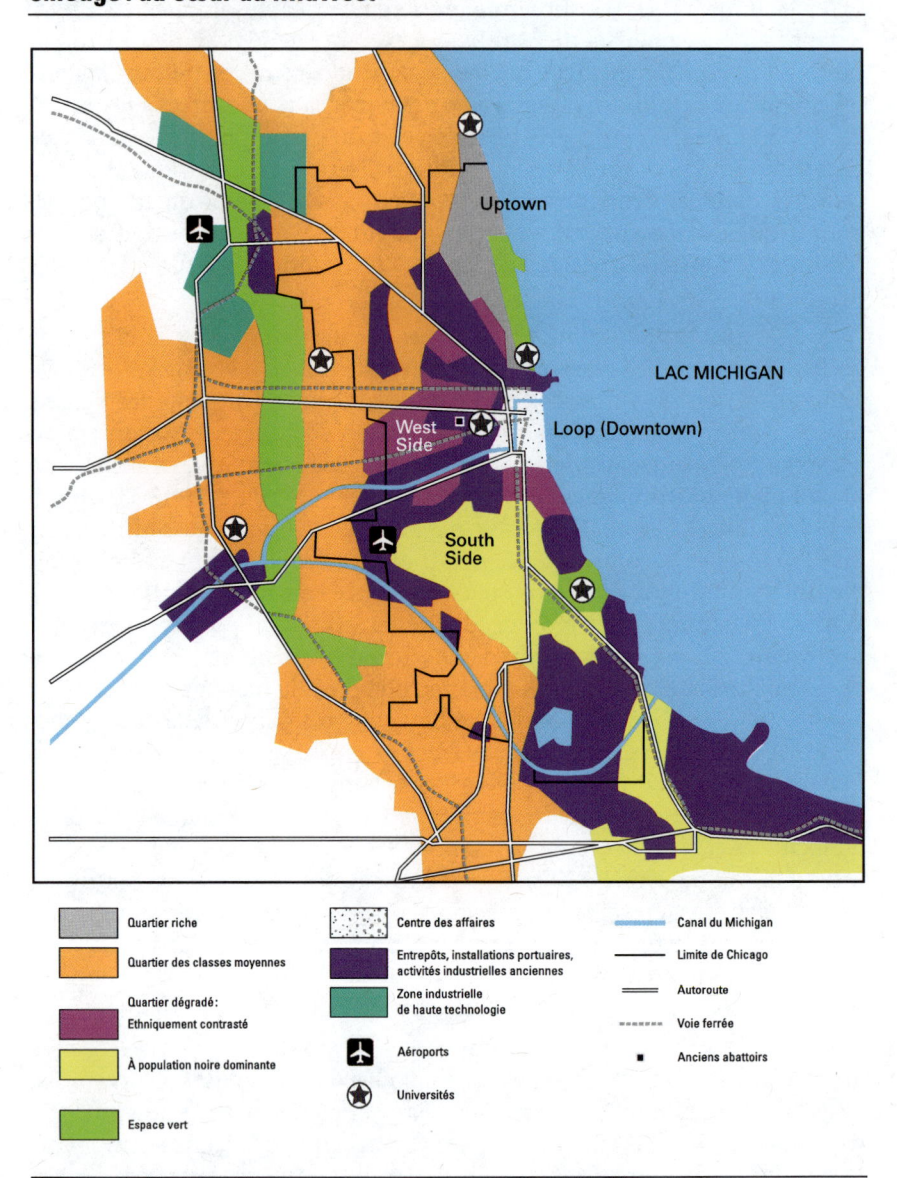

Source : J. Heffer (2009). « La ville aux larges épaules », *L'histoire*, n° 339, février.

FIGURE 14.3.
Le modèle de croissance de Montréal selon Dawson (1927)

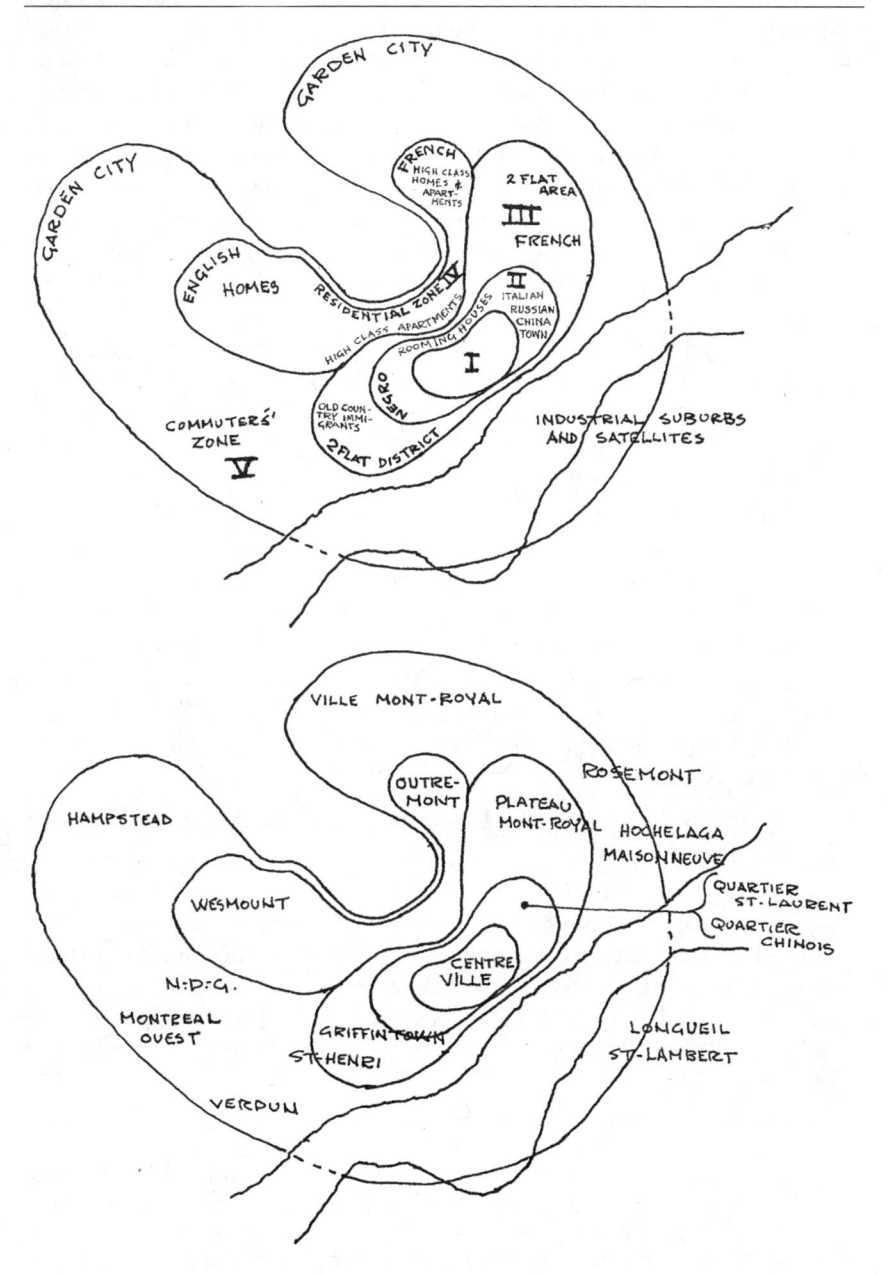

Source: C.A. Dawson (1927). « The city as an organism », *La revue municipale*, décembre, p. 12.

Il faut rappeler aussi que Burgess a ouvert à la sociologie un autre terrain de recherche : la prise en compte systématique du statut social du délinquant, c'est-à-dire de son insertion dans les groupes sociaux auxquels il appartient ou dont il relève (Chapoulie, 2003). La perspective sociologique est bien servie par la notion d'interaction qu'il introduit. Comme pour l'ouvrage majeur de Thomas et Znaniecki (1927/1998), *Le paysan polonais*, il utilise des sources documentaires variées : autobiographie, étude de cas, documents personnels. Il a été également l'inspirateur des analyses statistiques et des évolutions par quartier dans la ville de Chicago en dissociant tout lien significatif entre communauté d'origine et propension à la délinquance. Il s'agit également de dégager « la signification vécue de l'expérience de la délinquance, des différents "traitements" par les travailleurs sociaux et de l'emprisonnement » (Thomas et Znaniecki, 1927/1998). Burgess et aussi Park ont usé de toute leur influence dans ces nouvelles directions de recherche sur la délinquance comme problème social majeur des grandes cités urbaines. Toutes ces thématiques sur les problèmes sociaux de la grande ville s'insèrent dans le vaste courant de « sociologie urbaine » et « écologie humaine ». Topalov (2008) a retracé plusieurs définitions qui ont cours dans la littérature scientifique. Trois retiennent notre attention :

La sociologie urbaine est l'étude scientifique des conditions sociales dans les villes (*urban communities*), des facteurs qui déterminent la vie urbaine, de la nature des problèmes urbains et des solutions possibles à ceux-ci.

La sociologie urbaine peut être définie comme étant l'aspect de la science générale de la sociologie qui concerne spécifiquement la croissance des villes, les caractéristiques de la vie urbaine et les grands traits du progrès municipal.

Une façon de comprendre le monde par le travailleur social urbain (Topalov, 2008).

Selon ce même auteur, le public visé par les cours de sociologie urbaine était constitué pour l'essentiel de jeunes gens et filles qui souhaitaient se familiariser avec certains problèmes brûlants du monde contemporain et, pour quelques-uns, se consacrer professionnellement à les résoudre. Le professeur Scott E.W. Bedford (1927) qui enseignait cette matière de 1910 à 1925 a bien pris soin de ciseler le profil de la clientèle étudiante :

> Personnes intéressées à la vie urbaine et à son amélioration, comme les étudiants et tous les citoyens actifs, parmi lesquels les hommes d'Église et élus municipaux, médecins, juristes, enseignants, travailleurs du service social, gestionnaires municipaux, secrétaires des organisations civiques, travailleurs des centres communautaires et secrétaires des chambres de commerce [...] Ces matériaux ont pour origine plusieurs années d'expérience d'enseignement à l'université de Chicago (Bedford, 1927).

14.1.2. Du côté du travail social

Avant l'industrialisation et l'urbanisation, même si les problèmes sociaux étaient sérieux, ils se vivaient à petite échelle dans un contexte local, dans des villages de moins de mille habitants blottis autour d'un clocher. On y connaissait tout le monde, les choses y étaient simples, le bonheur facile, pour reprendre le refrain des nostalgiques du bon vieux temps ou du paradis perdu, en clair, celle de l'époque de la solidarité mécanique ou par ressemblance d'Émile Durkheim. Les problèmes sociaux vécus à cette époque sont les suivants: pauvreté, indigence, vagabondage, trouble mental, des fléaux naturels, incendie, sécheresse, épidémies de toutes sortes, maladie, criminalité, enfin problème de «déviance» au sein de la famille et chez des individus (alcoolisme, divorce, prostitution, etc.). Jusque-là dominait une analyse morale exercée par les «élites» traditionnelles et locales, les notables du village: le curé, le maire, le notaire, le médecin, l'instituteur. Alternance de mesures répressives de type policier et des mesures de charité (Dorvil et Mayer, 2001). Au début du XXe siècle, les problèmes étaient plutôt liés au processus d'urbanisation, d'industrialisation, de prolétarisation et de paupérisation, dus à l'exode des ruraux vers les villes, engendrant des problèmes de conditions de vie (logements, aménagement de quartier, instruction).

L'époque se confrontait également à un problème d'environnement du milieu de travail: le travail des femmes, des enfants, les accidents de travail, le chômage, etc. Il y avait certes la présence de la lutte de classes, mais prédomine surtout une analyse caractérisée par l'humanisme, le paternalisme bourgeois allié à la charité chrétienne. L'idéologie prenait aussi de plus en plus de place: modèle médical, la psychiatrie, le psychologisme. Selon Shankar Yelaja (1985) les premières travailleuses sociales, que l'on appelait «visiteuses amicales», étaient animées avant tout par l'intuition, le bon cœur, la compassion et un désir sincère de venir en aide aux membres moins favorisés ou démunis de la société. Issues de la bourgeoisie et de la haute société, ces femmes qui offraient une aide bénévole aux gens des classes inférieures représentaient le courant principal en travail social. Cependant, épousant l'idéologie de l'époque, elles croyaient que les pauvres étaient dans cette situation à cause de leur faiblesse morale et spirituelle. Leur intervention consistait, par conséquent, à amener ces personnes à changer leurs comportements (Van de Sande *et al.*, 2002).

L'histoire (Chapoulie, 2001) rapporte que trois ans avant l'ouverture de l'université de Chicago, une personnalité réformiste du nom de Jane Addams et une collègue associée s'installent dans une maison «Hull House» d'un quartier pauvre du sud de Chicago. À partir de cette maison, elles décident d'offrir aux résidents de ce milieu une série de services sociaux et culturels (garderie, bibliothèque, musée d'art, cours du soir, etc.), ainsi qu'un lieu de rencontre et de réunion. Avec ces *settlements*, il s'agissait pour ces promoteurs de susciter un leadership de quartier, question pour ces populations d'origines diverses d'acquérir la maîtrise de leur existence. Par la suite, une réflexion sur les réformes en cours a amené à des débats qui ont débouché sur des plans d'action syndicale. Les résidents des *settlements* menaient des enquêtes sur les conditions de logement, de travail dans les manufactures, les salaires, l'hygiène à Chicago et aussi dans d'autres villes de la Côte Est et du Middle West, sans oublier des discussions sur des livres d'obédience marxiste. Ces enquêtes allaient aboutir aux racines économiques des problèmes sociaux.

À cette époque, les deux options du service social, individuel et collectif jouissaient d'une même reconnaissance. Toujours selon Chapoulie (2001), se trouvait à Chicago un vaste réseau d'activités philanthropiques dans lequel étaient engagés des membres des professions libérales, des journalistes, des travailleurs sociaux, des organisateurs du mouvement ouvrier et aussi des universitaires. Les professeurs de l'université de Chicago, tout particulièrement, étaient sollicités pour leur expertise dans la gestion de la ville sur le plan social et culturel, en ce qui a trait entre autres aux problèmes de justice, d'assistance sociale, de politique urbaine, de législation du travail et d'éducation pour tous. En dépit d'intérêts divergents de la part de personnes de positions différentes sur l'échiquier social, le mouvement de réforme parvint après 1920 à la mise en place des agences de service social avec des clientèles différentes et à une réorganisation du système judiciaire et pénitentiaire. Passant de la réflexion à l'action, ces réformateurs se trouvèrent des emplois dans des organisations nouvellement créées et des postes dans des centres de formation des travailleurs sociaux. C'est ainsi qu'à l'université de Chicago ainsi que dans des établissements satellites, les sociologues ont commencé à participer largement à la formation des travailleurs sociaux, soit un ensemble de professions qui s'organisa dès 1900 pour occuper une place précédemment occupée par le bénévolat. Les nouveaux problèmes sociaux générés par le monde techno-urbain devenaient trop complexes pour être pris en charge par le clergé et les âmes bénévoles. Ainsi, des universités, des instituts et des écoles indépendantes dispensaient une formation de niveau universitaire aux travailleurs sociaux employés par des organismes de bienfaisance et par les services sociaux municipaux. L'on ne s'étonnera guère de cette situation puisque plusieurs professeurs de sociologie très actifs dans les organisations caritatives, les associations de la ville et partisans du courant de *practical sociology*, c'est-à-dire des études à finalités « pratiques », cultivaient au fil du temps un préjugé favorable au service social.

Pendant longtemps et jusqu'à la séparation institutionnelle du travail social et de la sociologie, il y avait des sociologues d'orientation « scientiste » et d'autres sociologues se situant dans le voisinage du travail social.

Pour ces deux groupes d'acteurs du social, il s'agissait de comprendre divers facteurs à l'origine des problèmes sociaux et les actions à entreprendre pour les résoudre.

Selon Mayer (2002), il faut définir le service social comme une production historique d'une société qui engendre des problèmes sociaux qu'elle tente de résoudre et de gérer de diverses façons, notamment par l'action du service social. D'où l'importance dans ce cas de reconnaître, dans un premier temps, les problèmes sociaux propres à chaque époque et, dans un second temps, la façon dont la société les approche globalement. Les problèmes sociaux sont de nature complexe, d'origines diverses et exigent des actions multiformes. Ainsi, l'effort social constitue cet ensemble de mesures (philanthropie, répression, hébergement, politique sociale) prises par la société pour tenter de résoudre ce qui lui apparaît être un problème social.

Pour terminer, disons que de 1900 à 2000, les modèles d'intervention en service social sont inspirés des théories pensées principalement par des sociologues (voir tableau 14.1). Par exemple, selon Mayer (2001), l'intervention sociale individuelle (*casework*), l'approche communautaire relèveraient de l'École de Chicago, de l'École psychanalytique, et ainsi de suite.

14.2. L'héritage de l'École de Chicago

Selon le dictionnaire de sociologie (Akoun et Ansart, 1999), l'École de Chicago est cet ensemble de recherches réalisées à l'université de Chicago entre 1915 et 1940, et qui occupent une place originale et marquante dans l'histoire de la sociologie américaine. L'attribution de l'appellation « École » à un corps de pensée a toujours suscité des débats, particulièrement dans l'histoire des sciences. L'École de Chicago ne semble pas faire exception à cette règle, puisque des livres, plusieurs articles dans des revues scientifiques, de nombreuses communications dans des congrès savants ont discuté de ce sujet sous divers angles. Cependant, un certain nombre de critères doivent être respectés et se retrouver dans l'ensemble des « Écoles ». L'efficacité d'une « approche d'École » pour comprendre le développement de la connaissance scientifique doit être interpellée (Harvey, 1987). Selon cet auteur, l'accent doit être mis sur le développement de la connaissance à travers la critique plutôt que sur la poursuite de présupposés théoriques, d'une question centrale, des limites de champs de connaissances à ne pas franchir pour un groupe de penseurs. Il y a aussi l'importance de l'approche, son impact, sa durée dans le temps, la capacité de susciter des questionnements à travers les générations successives.

TABLEAU 14.1.
Les modèles d'analyse et d'intervention en service social

Période	Modèles d'analyse	Modèles d'intervention
1900-1930	École de Chicago École psychanalytique	Approche communautaire *Casework* (COS)
1930-1960	Approche fonctionnaliste	Modèle de solution de problème Modèle de l'apprentissage Modèle existentiel
1960-1970	Approche systémique Culture de pauvreté	Thérapie familiale Approche transactionnelle Action communautaire
1970-1980	Marxisme Féminisme Sociologie de l'action Interactionnisme	Conscientisation Intervention féministe Modèle psychosocial (socialité) Action sociopolitique (*advocacy*)
1980-1990	Analyse stratégique Constructivisme École de la régulation Réflexion dans l'action	Intervention en contexte d'autorité Approche intégrée Approche structurelle Approche en réseau et recours aux aidants naturels Approche communautaire Développement communautaire local Thérapies comportementales
1990-2000	Épidémiologie et gestion des risques Postmodernisme Prévention et promotion de la santé Théorie du capital social	Approche écologique Approche préventive Approche multiculturelle *Empowerment* Partenariat, multidisciplinarité et intersectorialité Économie sociale Approche de milieu et travail de rue Médiation *Case-management*
2000-2010	Modèle de services intégrés Santé publique Analyse prévisionnelle	*Program of Assertive Community Treatment* (ACT) Soutien communautaire Soins et services à domicile

Source : Original : Mayer (2002) ; Adaptation : Dorvil (2011).

Or, l'École de Chicago a brillamment survécu à ses fondateurs et fait encore l'objet d'un enseignement dans les universités des États-Unis et d'ailleurs. La Society for the Study of Social Problems publie quatre fois par année la revue *Social Problems*, qui en sera à son soixantième volume en 2013. La University of Chicago Press publie encore *The American Journal of Sociology*, une revue qui a accompagné l'évolution de l'École de Chicago depuis ses débuts. Et quand à la réunion annuelle de la Society for the Study of Social Problems de 1995, le président, James D. Orcutt, un professeur de l'université de l'État de la Floride choisit comme thématique de cette année-là *The Problems and Prospects of Urban Society,* il ne s'agit guère d'une parenté lointaine mais d'une filiation étroite avec les travaux de Park, de Burgess et de leurs collègues, et ce, 80 ans plus tard. À ces mêmes assises, Orcutt a proposé à l'assemblée la création d'un *Annual SSSP Teaching Community Award* en guise de récompense pour un partenariat à un département ou un *Team Teaching* quelconque qui a maintenu, suivant un jury de pairs, les meilleures traditions d'enseignement dans l'École de Chicago et dans la mission progressiste de la Société (Orcutt, 1996). Et que dire de la *New Chicago School* qui a émergé dans les années 1950 et s'est propagée ailleurs qu'aux États-Unis. Anne Laperrière (1982), par exemple, argue que ce courant, parti des États-Unis, a tenté de briser la mainmise des sociologues de tendance quantitative sur la discipline en développant une approche systématique, ouverte, empirique de la construction théorique qui a permis de prendre en compte la complexité de la réalité sociale en adoptant une méthode rigoureuse.

Selon Bulmer (1984), ce qui caractérise l'École de Chicago, c'est son engagement collectif à exceller dans le domaine de la recherche empirique et sa remarquable diversité intellectuelle et méthodologique, plutôt que l'incarnation d'une espèce particulière de sociologie. Quant à Smith (1988), son argument consiste à dire que les théoriciens de Chicago n'étaient pas les agents idéologiques de la classe dominante, mais constituaient une tradition critique, une École au sens de l'École de Francfort : critique du capitalisme cependant très nord-américaine dans la tradition du libéralisme. D'ailleurs, cette École ne traite pas directement du capitalisme comme tel ou très peu, mais des phénomènes qui l'accompagnent comme l'urbanisme, le modernisme, l'industrialisme. La question du consensus dans l'Amérique du XXe siècle prend bien des formes : celle de l'ordre moral avec Small (1895), de la désorganisation/réorganisation chez Thomas (1927/1998), du contrôle social chez Park, du « sensorium social » chez Wirth (1928), de l'adaptation au changement chez Ogburn (1922), enfin de la responsabilité collective chez Janowitz (1966).

Breslau résume bien la problématique en ces termes :

> le problème social n'était pas le capitalisme, pas plus que n'importe quelle représentation de la structure sociale contemporaine, mais les conflits qu'il engendrait entre les individus et les groupes, et les moyens de restaurer l'harmonie *au sein des relations sociales existantes* (Breslau, 1988).

Selon ce même auteur, on trouve toujours dans la sociologie de Chicago le souci de proposer des interventions culturelles qui restaurent le consensus et des innovations institutionnelles qui contrôlent les tensions.

Mais quels sont donc ces problèmes sociaux? Qu'est-ce qu'un problème social? Les livres et les articles de revues tant de sociologie que de travail social traitant de problèmes sociaux suggèrent une classification sous quatre grandes rubriques (Hart, 1923). En général, l'objectif est de découvrir comment minimiser les conditions sociales indésirables et comment maximiser les conditions sociales idéales. Alors que la tâche principale des sociologues consiste à investiguer les origines sociales, la structure et les processus dans la constitution des problèmes sociaux, les travailleurs sociaux s'occupent du traitement au cas par cas des individus plutôt que de trouver une solution pour l'ensemble des problèmes qui affectent une société donnée.

14.2.1. Problèmes sociaux d'ordre économique

Comment le système social peut-il arriver à réduire la pauvreté et la richesse excessives, c'est-à-dire à permettre une distribution plus juste de la richesse collective et des revenus, l'utilisation à bon escient de la richesse que procurent les ressources naturelles pour maximiser les services à la communauté? Comment doser les effets de l'immigration sur les standards de vie de la population hôte? Bref comment réduire l'écart flagrant des inégalités de revenus entre riches et pauvres dues aux forces du marché et à la baisse des transferts sociaux des gouvernements?

14.2.2. Problèmes de santé

Comment prolonger l'espérance de vie en bonne santé de la population? Comment rendre l'assurance-maladie plus universelle? Comment prévenir des maladies graves comme les troubles mentaux, l'épilepsie, la tuberculose, les maladies vénériennes, la dépendance à l'alcool et aux autres drogues? Comment tenir compte des déterminants sociaux de la santé dans les politiques d'habitation, les conditions de travail, les services récréatifs?

14.2.3. Problèmes d'ordre sociopolitique

Comment les relations humaines peuvent-elles contribuer au bien-être général, à la coopération? Comment augmenter le respect de la loi et réduire le taux de criminalité? Comment diminuer dans les sociétés contemporaines des fléaux comme la solitude, le racisme? Comment les employeurs et les employés peuvent-ils arriver à un développement personnel optimal tout en travaillant à une production efficiente de biens?

14.2.4. Problèmes d'éducation

Il s'agit ici de réfléchir sur les méthodes à utiliser en vue de produire des personnalités à même de rendre les meilleurs services à la société et aussi comment en réformer d'autres qui seraient plus récalcitrantes. Il s'agit d'un travail de longue haleine. Aussi, faut-il mettre les enfants dans des conditions optimales de socialisation pour qu'ils puissent se développer pleinement et devenir d'honnêtes citoyens. Tous ces problèmes interreliés se trouvent dans les manuels de problèmes sociaux et font l'objet de recherches pour les sociologues et de traitement pour les travailleurs sociaux. Selon Hart,

> *a social problem is a problem which actually or potentially affects large numbers of people in a common way so that it may best be solved by some measure or measures applied to the problem as a whole rather than by dealing with each individual as an isolate case, or which requires concerted or organized human action* (Hart, 1923, p. 349).

14.3. LE CONCEPT DE PROBLÈME SOCIAL

Le concept de problème social a pris naissance aux États-Unis au début du XXe siècle, à l'orée de l'ère moderne, pourrait-on dire, qui a configuré les différentes composantes de ce vaste pays. La composition actuelle des États-Unis constitue la résultante de nombreuses années de construction de problèmes sociaux et des tentatives de leur apporter des solutions (Lopata, 1984). Il fallait beaucoup de stratégies pour intégrer de gré ou de force les enfants, les immigrants arrivant de partout de la planète dans le système social. Beaucoup d'individus et de groupes sont inclus dans le système de production des richesses matérielles et symboliques selon les règles de la mobilité sociale ascendante, alors que d'autres en sont exclus et demeurent au bas de l'échelle, c'est le système du « in and out ». Il existait à cette époque des règles strictes, des politiques sur l'immigration, sur l'éducation, la santé, le travail, le logement et le fonctionnement des individus dans la société en général incluant les lieux de réclusion pour les non fonctionnels. Un intérêt spécial est porté à deux catégories sociales: les enfants, quitte à les enlever *manu militari* à leur famille d'orientation, domaine dans lequel les travailleurs sociaux ont joué un rôle de premier plan ; les immigrants à resocialiser ou, assez souvent, à déporter dans leur pays d'origine après un passage en milieu carcéral. L'*American Dream* est accompagné la plupart du temps du *blaming the victim*. La dysfonction des individus est vite pensée en termes biologiques pour ne pas remettre en question les failles d'un système structurellement inégalitaire. L'assimilation des nouveaux arrivants continuera de créer des conditions qui peuvent être définies comme des problèmes sociaux. C'est le vœu d'une société donnée, celle de la société américaine. Comme le soutient Blumer :

> *Social problems are not the result of an intrinsic malfunctioning of a society, but are a result of a process of definition in which a given condition is picked out and identified as a social problem. A social problem does not exist for a society unless it is recognized by that society to exist* (Blumer, 1971, p. 301).

Une définition plus précise encore et un exemple daté historiquement nous permettent de mieux cerner l'essence même du problème social : « *a social problem is an alleged situation that is incompatible with the values of a significant number of people who agree that action is needed to alter the situation* » (Rubington et Weinberg, 2011, p. 4).

Par exemple, le racisme et la discrimination demeurent de graves problèmes sociaux aux États-Unis d'aujourd'hui. L'année 2005 marque le 50e anniversaire du refus de Rosa Parks (1931-2005), une femme noire qui a refusé de céder sa place dans un autobus qui longtemps pratiquait ouvertement la ségrégation à Montgomery, en Alabama. Ce geste a inauguré le début du mouvement de revendication des droits civiques aux États-Unis. Avant cet événement, la ségrégation et la discrimination étaient monnaie courante, voire acceptées avec résignation. Pourtant, quand les Afro-Américains ont acquis ce momentum social et politique, leurs actions ont clairement mis en évidence que ces pratiques discriminatoires étaient désormais inacceptables.

Une même situation peut être considérée de différentes manières et une variété de solutions peut être proposée. Breslau (1988) le reconnaît : l'École de Chicago fait figure d'orthodoxie pré-fonctionnaliste et a accompagné aussi la contestation du fonctionnalisme dominant dans les années 1960 et 1970. Simplifiée à l'extrême, l'approche fonctionnaliste conçoit la société comme un être vivant dont chaque organe doit remplir sa fonction par rapport au tout organique. Pour les fonctionnalistes, les problèmes sociaux sont soit des problèmes de désorganisation sociale, soit des problèmes de déviance sociale (Dorvil et Mayer, 2001). Le fonctionnalisme explique, par exemple, que le phénomène de la pauvreté dérive de la complexification de l'organisation sociale qui rend périmés certaines fonctions et rôles sociaux. Quant à l'interactionnisme, il met l'accent sur la subjectivité des problèmes sociaux induits par la réaction sociale. Cette théorie se démarque du fonctionnalisme par l'importance attachée à la perspective des acteurs sociaux, par l'emploi de l'ethnométhodologie, par la critique des institutions. Elle conduit à l'interactionnisme symbolique, c'est-à-dire au sens que les déviants accordent à leur conduite.

En dernier lieu, cette théorie s'inspire de l'idéologie du conflit (contrairement à l'idéologie de l'ordre), à savoir que les groupes sont en lutte pour préserver leurs intérêts et imposer leur propre système normatif (Horton, 1966; Dorvil, 1973; Dorvil, 1990; Dorvil et Mayer, 2001), ce qui met en lumière la dimension politique de la définition des groupes déviants et de leur contrôle, ce qui permet également des prises de conscience à même d'aboutir à des réformes, à des nouvelles politiques sociales. La déviance serait le fruit d'une construction sociale et non un fait brut, objectif. Les groupes sociaux créent la déviance en instituant des normes dont la transgression constitue la déviance. Selon Poupart (2008; Becker, 1963/1985), la déviance et le crime sont des construits sociaux parce que c'est au travers des relations sociales que les étiquettes de déviant et de criminel sont apposées.

Une autre approche qui semble dynamique dans l'appréhension des problèmes sociaux est l'analyse constructiviste de Spector et Kitsuse (1977). Le constructivisme va à l'encontre de la conception objectiviste qui prétend aborder la réalité sociale de façon objective et neutre. Selon cette manière de voir, les problèmes sociaux sont considérés à partir des activités des individus (journalistes, médecins, politiciens, travailleurs sociaux, groupes communautaires et organisateurs syndicaux ou patronaux) qui réussissent à les faire émerger en tant que problèmes. Le modèle d'analyse constructiviste estime que les problèmes sociaux n'émergent pas d'une situation statique ou d'un évènement spontané, mais d'une série d'activités qui évoluent et s'influencent les unes les autres. Selon ce modèle, le développement des problèmes sociaux passerait par quatre étapes principales:

1. Elle correspond au moment où des individus ou des groupes définissent une situation comme étant problématique. On observe alors des tentatives collectives pour remédier à une condition perçue et jugée choquante et indésirable par certains individus ou groupes sociaux. Ces tentatives pour transformer des problèmes privés en débats publics constituent le point de départ du processus. Au cours de cette étape, les groupes formulent également des demandes à l'égard des pouvoirs publics afin de trouver une solution au problème.

2. Elle débute quand les revendications des groupes sont approuvées par une agence gouvernementale ou par une institution officielle influente. Ce qui caractérise cette étape, c'est le fait que le problème social est pris en charge par un organisme public ou privé qui manifeste au moins un intérêt véritable pour le problème social en question même si les solutions proposées ne s'attaquent pas aux conditions qui ont prévalu à son apparition.

3. Elle prend naissance lorsque les groupes considèrent que la réponse qui a été donnée par les pouvoirs publics ou autres n'est pas adéquate ou suffisante. Cette étape est caractérisée par le fait que les citoyens considèrent la réponse officielle inappropriée au problème, et qu'elle ne satisfait pas le groupe revendicateur. Ce dernier peut aussi dénoncer le fait que la demande soit évacuée, étant remise entre les mains d'un comité d'étude. À cette étape, le groupe demandeur est souvent confronté à l'administration et à la bureaucratie et cette situation peut engendrer au sein du groupe du cynisme, du découragement ou de la résignation.
4. Elle prend forme lorsque le groupe revendicateur se dit profondément insatisfait de la solution imposée et qu'il tente d'appliquer des solutions différentes, ou encore de créer des institutions dites alternatives. Cette étape reflète une remise en question de la légitimité des institutions, de leur capacité et de leur volonté de résoudre le problème.

Cependant, les problèmes sociaux sont tellement enchevêtrés dans les sociétés contemporaines qu'il est permis de les transposer à d'autres niveaux pour mieux comprendre leur genèse et leur fonctionnement. Selon Fine (2006), les problèmes sociaux sont reliés dans des réseaux complexes, dynamiques et interconnectés. Ainsi, résoudre un problème social crée à la fois des opportunités et des contraintes qui, en retour, génèrent d'autres problèmes à travers un processus appelé la *chaîne* des problèmes sociaux. Quoi que nous fassions, la possibilité demeure toujours que des conséquences non voulues, inattendues, bizarres même, que des effets dramatiquement différents émergent. Comme un mauvais sort, une puissance surnaturelle semble gouverner la vie humaine. Ne dit-on pas, à la blague, que «le diable est dans les détails»? À ce propos, Edward Tenner (1996) écrivait: «*Why things bite back?*» Fine (2006) considère quatre stratégies selon lesquelles des solutions à un problème social peuvent créer d'autres problèmes additionnels: un incrément, c'est-à-dire une idée de plus-value, un créneau d'écoute, un contre-mouvement et des effets inattendus.

Les groupes de pression ont des intentions non avouées. Comme ils ne peuvent obtenir gain de cause chaque fois, ils procèdent par étapes. Chaque bataille constitue un maillon dans la chaîne et crée une expansion du domaine concerné. On va commencer par abolir la cigarette dans les avions, les hôpitaux, les écoles, les lieux publics en général, et éventuellement dans les maisons, jusqu'à l'élimination définitive de ce produit jugé toxique. Les mouvements antiavortement procèdent de la même manière. Ils exigent un seuil en nombre de semaines au-delà desquelles l'interruption de grossesse n'est plus permise, des périodes d'attente pour réfléchir sur la portée de la décision à prendre, la sollicitation du point de vue des parents, bien que leur but ultime soit d'arriver à l'abolition complète de l'avortement.

Le caractère aigu d'un problème social dépend du créneau d'écoute, c'est-à-dire de l'espace d'attention qu'on lui accorde dans la presse écrite ou parlée après l'élément déclencheur. Pensons à l'hypersexualisation du corps des petites filles, aux accommodements raisonnables, entre autres. Un problème social aigu appelle à une action immédiate de l'État et demeure dans l'actualité jusqu'à ce qu'on lui trouve une solution satisfaisante. Certains problèmes catégorisés comme chroniques apparaissent dans l'actualité, puis en sortent, laissant la place à un autre problème qui suscite plus d'attention.

Les problèmes sociaux peuvent donner lieu à des batailles d'opinions entre les groupes barricadés dans des croyances et des valeurs diamétralement opposées: mouvements et contre-mouvements. Chacun diabolise l'autre; l'un pour le *statu quo* et l'autre pour le changement s'engagent dans une lutte à finir. La prohibition de l'alcool, la peine de mort, le réchauffement climatique constituent des exemples éloquents. Les législateurs essaient d'arriver à un compromis qui pourrait satisfaire les deux camps. Il existe toutefois des problèmes auxquels ne s'intéressent guère des défenseurs aussi passionnés, par exemple ceux des personnes sans-abri, des enfants victimes de violence, la pornographie, le jeu pathologique.

Considérons maintenant le dernier type d'enchaînement de problèmes qui entraîne des conséquences sur le plan des solutions inattendues, voire perverses, un peu comme les effets iatrogènes des médicaments dont parle le philosophe Ivan Illich (1975). Souvent, une solution unanimement reconnue pour résoudre un problème social peut avoir des conséquences indésirables du fait de son application même. Cet aspect pervers inhérent à l'intervention sociale constitue justement l'un des arguments qui nourrit la propension au *statu quo* et au laisser-faire. La politique de désinstitutionnalisation mise en œuvre au milieu du XXe siècle dans les pays occidentaux comme les États-Unis, le Canada, le Royaume-Uni, l'Italie et les pays scandinaves, demeure l'exemple type. L'invention des médicaments neuroleptiques pouvant faire disparaître les symptômes actifs de la psychose (hallucinations, violence, etc.), le mouvement social de défense des droits des minorités, l'économie escomptée de la réduction des coûts d'entretien de ces «entrepôts asilaires» (*warehousing*) constituent des facteurs susceptibles de favoriser la fin de l'exclusion sociale du fou. Qu'en est-il advenu? Sans services de soutien au logement, sans services d'accompagnement à l'emploi, sans services tout court pour soutenir les premiers pas de l'ex-patient psychiatrique dans la marche vers la citoyenneté, un nombre significatif de personnes mentalement dérangées se sont retrouvées dans la rue. Plusieurs d'entre elles dorment maintenant dans des cartons à New York, Chicago, Toronto et Montréal. La désinstitutionnalisation a non pas créé, mais accru l'itinérance et le vagabondage. Pourtant, la société voulait seulement résoudre le problème de l'exclusion sociale du fou en le réinsérant dans la communauté et dans le tissu social, et non créer un autre problème.

Conclusion : perspectives d'avenir

À partir de 1892, à l'Université de Chicago nouvellement fondée, dans cette ville qui est le creuset du monde actuel en matière de grande industrie, d'architecture audacieuse, de protestations sociales, de problèmes urbains, prend place la première entreprise systématique d'étude des sociétés contemporaines (Chapoulie, 2001) : l'École de Chicago. Au cours des 70 années suivantes, les sociologues de Chicago, de William Thomas (1927/1998) et Robert Park (1925, 1969) à Ernest Burgess (1925, 1979), Louis Wirth (1928), Everett Hughues (1952, 1956, 1958), Herbert Blumer (1971), Howard S. Becker (1963/1985), Erving Goffman (1959/1973 ; 1961/1968 ; 1963/1975) et tant d'autres, occuperont une place centrale dans la sociologie américaine. Alors que de ce côté-ci de l'Atlantique, la sociologie était reconnue comme partie intégrante des sciences universitaires, alors que les élites politiques, économiques et culturelles comptaient sur l'expertise des sociologues dans leurs comités, alors enfin que les membres des classes inférieures se servaient des résultats de recherches sociologiques pour éclairer leurs conditions de vie et revendiquer des politiques sociales auprès des élus municipaux et fédéraux, la sociologie française en tant que discipline universitaire était encore chevillée au talon de la philosophie, et ce, jusqu'aux années 1970. Selon Huet (2000), qui a consulté systématiquement les tables des matières de la *Revue française de sociologie*, il constate qu'entre 1960 et 1980 aucun article n'est consacré à l'École de Chicago. Pour dire vrai, plusieurs grands sociologues de France comme Chombart de Lauwe (1950, 1974) Halbwachs (1932), Bastide (1965) et Friedmann (1952) ont fait des tentatives de rapprochement avec cette branche américaine de la sociologie. Le modèle du travail de terrain n'était guère valorisé chez les sociologues de l'Hexagone, et ce, même après l'entrée en scène remarquée de Daniel Bertaux (1976). Il a fallu attendre les travaux de pionnier de Grafmeyer et Joseph (1979), de Chapoulie (2001), de Pinçon et Pinçon Charlot (1989) sur les problèmes sociaux vécus en milieu urbain pour exorciser en quelque sorte cette forme de sociologie et lui donner ses lettres de noblesse. Il faut mentionner aussi le travail acharné de quelques sociologues dont Lenoir (1989) sur le problème social comme objet sociologique, Sicot (2001) sur la maladie mentale comme problème social, Paugam (2007) sur les problèmes sociaux contemporains en général, Oblet (2007) sur les problèmes de la ville, voire Ravon (2008, 2009) sur la sociologie de l'action ainsi que sur le travail social et les problèmes sociaux.

D'où la multiplication des colloques, des séminaires d'été sur l'École de Chicago dans divers campus universitaires français au cours de la dernière décennie du XXe siècle. Et la tradition sociologique de Chicago continue de percer en territoire français, assez souvent avec la complicité de l'histoire et de l'anthropologie. Ainsi, entre en scène le livre d'Artières et Laé (2011), qui met en série des archives personnelles pour en extraire des normes d'expression. Ces écritures personnelles, reflet de milliers d'autres, « traversent des épaisseurs de temps silencieux et durent au-delà de leur lecture » (Artières et Laé, 2011). Ces archives disent à leur façon une histoire collective.

En dernier lieu, il faut souligner le travail original d'un autre sociologue (Dubéchot, 2005) qui explore les rapports complexes entre sociologie et travail social, ainsi que les enjeux, tant idéologiques que pratiques qui ont traversé l'histoire de ces deux champs professionnels. Selon lui, dès le début du XXe siècle, la proximité entre sociologues et travailleurs sociaux ne s'est guère traduite par de véritables rencontres entre ces deux corps professionnels, qui semblent plutôt s'observer à distance. Les sociologues ont très tôt proposé des lectures sociologiques du travail social, mais cela a parfois été ressenti par les travailleurs sociaux comme un regard de domination. Ces derniers n'ont, quant à eux, que très rarement porté un regard sur les apports de la sociologie à la compréhension de leur profession. Outre le fait qu'une fraction importante du travail social reste fortement ancrée dans les référentiels de la psychanalyse et de la psychologie, les analyses et approches sociologiques semblent n'avoir eu que peu d'influence sur les pratiques professionnelles. Cependant, les choses semblent vouloir changer. À l'origine de l'École de Chicago, sociologie et travail social semblaient unis dans ce projet de définition et de solution des problèmes sociaux. Par la suite, ces deux disciplines se sont dissociées en empruntant des voies épistémologiques différentes. Depuis les années 1960, la sociologie se montre de plus en plus intéressée aux interventions sociales et le travail social de plus en plus enclin à comprendre les racines des problèmes sociaux avant d'intervenir.

Étant donné la porosité des frontières, les idées de l'École de Chicago ont circulé tant au Canada anglais qu'au Canada français, et ont été enseignées dès les années 1940 dans les écoles de service social et les départements de sociologie. Cependant, il a fallu attendre les années 1990 pour constater un réel regain d'intérêt au Québec pour l'analyse des problèmes sociaux avec la publication d'un volumineux Traité des problèmes sociaux (Dumont, Langlois et Martin, 1994). L'analyse des problèmes sociaux s'inscrit dans une longue tradition d'enseignement, de recherche et de réflexion théorique en Amérique du Nord. Depuis les années 1920, l'American Association for the Study of Social Problems communique régulièrement les résultats de ses recherches dans sa revue *Social Problems*, ce qui a conduit, en 2001, à la fondation d'une collection «Problèmes sociaux et interventions sociales» aux Presses de l'Université du Québec par deux professeurs, un sociologue de l'École de service social de l'Université de Montréal (Robert Mayer) et un travailleur social/sociologue de l'École de travail social de l'Université du Québec à Montréal (Henri Dorvil). Dans une perspective résolument multidisciplinaire, les ouvrages de cette collection présentent de nouvelles approches théoriques et méthodologiques dans l'analyse des problèmes sociaux, ainsi que diverses modalités d'intervention, de l'action sociale, de l'action législative et de l'action institutionnelle à l'égard de ces problèmes. Ce sont ces mêmes problèmes qui présentent maintenant des visages multiples compte tenu des mutations de valeurs, des transformations du rôle de l'État, de la précarité de l'emploi et du phénomène de mondialisation. Il faut mentionner également la tenue en 2010 dans le cadre du 78e Congrès annuel de l'ACFAS[2], d'un colloque intitulé: «Qu'est-ce qu'un problème social aujourd'hui?», sous la direction de deux professeurs de sociologie de l'Université du Québec à Montréal (Marcelo Otero et Shirley Roy). Quinze experts de Belgique, de France, de l'Ontario, du Québec et de Suisse ont tenté d'appréhender (Otero et Roy, 2010) ce qui constitue aujourd'hui un «problème social» à partir du dégagement systématique des éléments communs à des cas de figure tels que l'itinérance, la folie, la violence, etc. Il en est de même d'un autre colloque tenu en 2008 dans le cadre du 76e Congrès annuel de l'ACFAS, sous le thème «Problèmes sociaux, résolution de conflits, politiques sociales et santé». Seize experts de France, de l'Ontario, du Québec et de Suisse proposent des analyses et des réponses aux problèmes sociaux en traitant d'insertion sociale, de médiation communautaire, de participation citoyenne, de justice alternative, de santé et de recherche, ce qui a conduit à la publication d'un ouvrage collectif (Dorvil et Thériault, 2010) aux Cahiers scientifiques de l'ACFAS. Sans oublier des numéros spéciaux sur les problèmes sociaux dans des revues (*Service social*, *Sociologie et sociétés*, etc.) visant à revisiter la définition des problèmes sociaux. Comme le soutient Carette (2000), un problème social serait:

1. un problème qui trouve son origine/explication dans les rapports sociaux d'exploitation ou de domination, et qui entraîne un défaut d'intégration ou une sous-utilisation des ressources des divers milieux de vie;
2. un problème qui remet en cause ces rapports sociaux (de classes, de sexes, d'ethnies, de générations, de cultures, etc.), les positions ou histoires sociales qui en sont les effets et leur imbrication complexe dans la dynamique sociale concrète;

---

2. L'Association canadienne-française pour l'avancement des sciences, devenue depuis les années 2000 l'Association francophone pour le savoir.

3. un problème dont la solution durable nécessitera (ou nécessiterait) la mise en place d'un nouveau projet global d'orientation de la société, à travers ses organisations, ses institutions, ses mouvements sociaux, projet visant à plus d'égalité, plus de liberté, plus de citoyenneté;
4. un problème dont n'est pas responsable la personne qui l'affronte ou le subit, et qui n'a rien à voir avec ses attitudes et comportements, son histoire de vie personnelle ou les vicissitudes de celle-ci.

Mais qu'en sera-t-il de l'avenir? Trois courants[3] actuels risquent de formater le devenir de l'héritage de l'École de Chicago. Les réseaux sociaux dans le contexte de la mondialisation, ensuite la privatisation et, en dernier lieu, une nouvelle normativité.

Les réseaux sociaux

Selon le constructivisme, les problèmes sociaux sont des entités construites par des individus qui, postés dans différentes positions sociales, réussissent à les faire émerger en tant que problèmes. Très souvent, c'est la définition venant des élites économiques ou intellectuelles qui prévaut et non celle des petites gens, des groupes communautaires qui, pourtant les premiers, avaient mis sur la place publique le dit problème. Rappelons ce point: les tenants de l'École de Chicago ont toujours opté à travers le temps pour le consensus en ménageant le *statu quo*. Ces élites adoptent en général une définition plus proche de la stricte conservation du système social et loin des intérêts des classes dites inférieures. Et c'est sous cet aspect que les réseaux sociaux peuvent démocratiser l'espace de définition des problèmes sociaux en conjuguant les points de vue des *insiders* et des *outsiders*, d'autres voix que celles qui dominent habituellement.

La blogosphère constitue un phénomène culturel (Maratea, 2008) qui fournit aux revendicateurs une nouvelle arène publique pour faire avancer des revendications qui ont trait aux problèmes sociaux. Les blogues rendent le processus de revendication plus efficient, offrent une capacité de transmission plus grande comparée à celle des médias traditionnels et

---

3. Pour dire vrai, il existe d'autres courants qui peuvent influencer le traitement des problèmes sociaux. Sans procéder à une démonstration détaillée qui n'entre pas dans le cadre de ce chapitre, je peux affirmer que des actes terroristes comme ceux perpétrés le 11 septembre 2001 à New York et à Washington et imputés à la nébuleuse Al-Qaïda, ont créé des peurs sécuritaires, voire une obsession. Ce climat de panique interfère avec les manières de gérer les frontières des États, avec les décisions législatives à propos de la sécurité du *Homeland* avec une surveillance intrusive des citoyens, voire avec les formes courantes de gestion des problèmes sociaux comme les tentatives d'abandon des projets de réhabilitation des jeunes contrevenants au profit d'une répression musclée ou d'une suspicion exagérée des immigrants en général et des ressortissants arabo-musulmans en particulier.

fournissent aux revendicateurs marginaux une plus grande opportunité de prendre la parole dans la construction des problèmes sociaux. Une diversification des informations multiplie les angles de prise de vue sur une problématique donnée et contribue à l'enrichissement de la réflexion des citoyens blogueurs. Même si, comme les médias traditionnels, certains blogues jouent un rôle de filtre, de banc d'essai, ils constituent néanmoins un nouvel espace pour débattre plus largement des enjeux sous-jacents aux problèmes sociaux à cause de leurs aspects dynamiques, interactifs, multiplicateurs. La présence des réseaux sociaux s'avère d'autant plus importante que les médias traditionnels ont tendance à accorder dans leurs colonnes de moins en moins d'espace aux problèmes sociaux, que ces problèmes (itinérance, enfants victimes d'agression, etc.) se livrent une compétition sans merci pour attirer l'attention des citoyens à moins que des officiels du gouvernement ne tiennent des conférences de presse sur des études ou des politiques sociales à même d'endiguer le problème en question (Best, 2010). Cet élargissement du cadre de définition des problèmes sociaux devrait influencer l'héritage de l'École de Chicago.

En réaction au rouleau compresseur de la mondialisation, chaque pays s'accroche à ses attributs culturels comme à une bouée de sauvetage afin de sauvegarder ce qui reste de l'identité nationale. Chaque trait de caractère, chaque manière de vivre sont mis exagérément en évidence comme signes distincts empreints de supériorité par rapport au pays voisin ou lointain. Ce qui nous amène sur le terrain d'un autre problème social: l'obésité. Celle-ci serait-elle une question de culture? On compte environ 7% seulement d'obèses en France contre 27% aux États-Unis d'Amérique. La culture alimentaire française fondée sur la qualité de la nourriture, l'ambiance festive des repas serait favorable à la modération, contrairement à la culture américaine, valorisant l'abondance de l'offre – plats copieux, étalage de «snacks» – qui favoriserait l'excès (Rozin et Fischler, 2003).

Les journalistes en parlent abondamment comme d'un modèle de *cue* contrasté qui a fait le tour du monde des médias traditionnels et des sites web. Ces valeurs culturelles configurent la construction du problème social, voire risquent de reproduire l'inégalité sociale entre riches et pauvres, entre les ethnies et les genres. Actuellement aux États-Unis, la minceur est associée à un haut «standing social», plus encore à une vertu morale (Saguy et Gruys, 2010). Par contraste, l'embonpoint est associé à un statut inférieur et est considéré comme un signe de paresse et de gloutonnerie[4]. À cause de leur visibilité et de leur autorité culturelle, les médias de

---

4. Selon plusieurs experts, l'obésité est un problème de société maintenant considéré comme une épidémie à l'échelle mondiale. Selon le rapport du Comité permanent de la santé de la Chambre des communes, le taux d'obésité chez les adolescents, à lui seul, a triplé, passant de 3% à 9% (2007, p. 2). Médecins et experts mettent

nouvelles constituent des sites importants de fabrication de significations et méritent une sérieuse attention des sociologues. Le contenu des messages induit des ramifications pour la conduite individuelle, les relations interpersonnelles, les politiques publiques et les libertés individuelles.

En dernier lieu, il faut ajouter à la discussion deux autres points de vue importants. Tout d'abord, rappelons que de larges pans de la littérature scientifique démontrent que les problèmes sociaux n'émergent pas tout seul, ne viennent pas spontanément du néant, mais sont socialement construits par des revendicateurs qui en font un enjeu en définissant une issue donnée comme un problème urgent, le configurent dans des voies particulières et identifient des solutions à y apporter. Autre point de vue et non des moindres, chaque nation a sa manière de traiter les problèmes sociaux. Par exemple, aux États-Unis, la presse aurait tendance à mettre l'accent sur l'autonomie individuelle, alors que la presse française accorde un rôle plus déterminant à l'État comme agent de cohésion et de solidarité collective. Aux États-Unis où

> « *the worth of a meal lies principally in what it lacks* », *the news media were more likely to discuss low-fat, low carbohydrate, or low-calories diets. In contrast, in France, where more emphasis is put on enjoying food and what a meal includes, there was more discussion of eating more* « *healthy foods* » (Saguy, Gruys et Gong, 2010, p. 605 ; voir aussi *Le Monde*, 2009).

Bref, pour qu'un nouveau problème social ait un quelconque auditoire, il faut le présenter dans les configurations à travers lesquelles on est habitué de traiter des problèmes sociaux dans une aire culturelle donnée. Les États-Unis ont inventé le concept de problème social, mais ils refusent toujours d'utiliser le concept d'exclusion sociale, considéré comme un tabou. Or, dès le départ, ce pays a été fondé sur l'exclusion : l'esclavage

---

en cause la sédentarité et le changement des habitudes alimentaires. Les romanciers également : Donna Leon, la grande dame des romans policiers vénitiens, de retour dans son Amérique natale, a été atterrée de constater de visu ce phénomène :
> C'est toutefois devant le tour de taille des Américains que mon sentiment d'aliénation devient le plus évident. Ils sont gros, mais gros d'une manière qui leur est propre, à croire qu'une lignée d'hermaphrodites, extrudés par le trou d'un sac de pâte à pain et modelés maladroitement à l'aide d'une spatule géante de pâtissier, a été fourrée dans des jeans à l'entrejambe pendouillant et des T-shirts taille X au cube, puis envoyée vivre sa vie après avoir subi une abominable coupe de cheveux. Je suis obsédée par la peur, lorsque j'en touche un, que mes doigts ne s'y enfoncent jusqu'à la deuxième articulation et n'en ressortent luisants de graisse. Les Pères de l'Église ont consacré beaucoup de temps et de discussions à la doctrine de la transsubstantiation, et c'est le mot qui me vient à l'esprit quand je contemple ces mètres cubes de chair : comment s'est faite leur transsubstantiation, d'où provient toute cette masse, sinon de ce qu'ils mangent ? Et que faut-il donc consommer et en quelle quantité pour acquérir un tel volume, apparemment en perpétuel accroissement ? (2007, p. 134).

des Noirs importés d'Afrique et l'apartheid des Indiens d'Amérique dans leur propre pays[5]. La France fait absolument le contraire, elle qui a inventé le concept d'exclusion, elle préfère parler de fracture sociale et presque jamais de problème social. Le Royaume-Uni fait bande à part dans le monde anglo-saxon, tout comme le Québec dans la francophonie. Ces pays ont adopté à la fois les deux concepts de problème social et d'exclusion sociale. Chaque société traite les problèmes qu'elle génère de la manière qui lui convient historiquement. Sociologiquement aussi, puisqu'en général, l'organisation d'une société, sa spécificité culturelle dictent les formes de régulation sociale ainsi que les manières de définir les problèmes sociaux, de les solutionner. Que l'on pense seulement à la conviction anglo-saxonne dans les bienfaits du marché... ou les attentes françaises à l'égard de l'État pour reprendre les termes de D'Iribarne (2003). Plus encore, chaque nation s'avère une création unique de son histoire et, inévitablement, se trouve en marge des tendances générales, et cela même si des approches comparatives révèlent des similarités et des différences, des points de contact et des discontinuités à savoir comment poser un problème social et lui trouver solution.

La privatisation

Depuis l'avènement de la mondialisation, il y a un ralentissement marqué des investissements sociaux de l'État que l'on surnommait autrefois *providence*, l'abandon pur et simple des interventions de l'État au profit des grandes corporations privées qui gèrent à leur guise et selon leurs intérêts l'économie devenue transnationale. Il existe de plus en plus une confusion entre le bien commun et des intérêts privés, un système de portes tournantes où l'on retrouve tour à tour des grands mandarins de l'État, des élus, des gens d'affaires devenus des unités mobiles et interchangeables. Concomitamment, il se développe une sorte de partenariat public-privé dans la gestion des incertitudes et des risques que posent les problèmes dans la société. Ainsi, rapporte un chercheur (Parazelli, 2011), durant les trois dernières années, la fondation Lucie et André Chagnon[6] a conclu

---

5. À ce propos, qui ne se souvient pas de cette histoire: «Quand vous êtes arrivés, dit le vieil Indien, vous aviez la Bible, nous avions la terre. Vous avez dit: "fermons les yeux, prions ensemble". Quand nous avons ouvert les yeux, nous avions la Bible, vous aviez la terre.»
6. Créée en 2000, la Fondation Lucie et André Chagnon est une corporation privée dont la mission est de prévenir la pauvreté chez les jeunes Québécois dès leur conception jusqu'à 17 ans en privilégiant le développement de leur plein potentiel tout en contribuant à la mise en place des conditions qui répondent à leurs besoins et à ceux de leur famille. Cette fondation axée sur la réussite éducative s'est fait connaître du public par ses divers partenariats avec plusieurs ministères du gouvernement du Québec et des groupes de chercheurs; <http://www.fondationchagnon.org>.

une série d'ententes législatives avec le gouvernement québécois pour créer trois fonds gérés par des sociétés de gestion dans le cadre d'un partenariat public-privé (PPP).

À l'instar de certaines fondations américaines qui ne se contentent pas d'attribuer des fonds à des organisations, ajoute Parazelli (2011), la Fondation Chagnon tient à contrôler la définition des problèmes en s'inspirant des récentes connaissances scientifiques, surtout celles produites par les experts positivistes, et à dicter la façon de procéder pour mettre en œuvre des programmes jugés par eux les plus efficaces. Que ce soit dans le domaine de la persévérance scolaire, du développement de la petite enfance ou tout simplement de la prévention précoce, il existe un choix de dimensions béhavioristes et cognitives à étudier à l'exclusion d'autres dimensions qui seraient épistémologiquement fondées. Il s'agit ni plus ni moins d'une toute nouvelle forme de gouvernance des services publics. L'État, ici comme dans d'autres pays, accepte volontiers de partager les coûts avec des élites fidèles de la stricte conservation du système social. Ainsi, ce sont les individus qui seraient à risque pour la survie du système social avec leurs habitudes de vie. Stratégie qui garde dans l'ombre les conditions socioéconomiques qui rendent ces individus à risque. Il s'agit de prévenir par divers moyens les incertitudes et les risques qui pourraient faire déraper le système social.

Dès les débuts, l'École de Chicago n'a jamais prétendu remettre en question les fondements structurels du capitalisme. Elle voulait avant tout régler de manière consensuelle les problèmes de relations entre groupes sociaux générés par l'industrialisation et l'urbanisation. L'imaginaire néolibéral actuel, comme l'École de Chicago, prône aussi un idéal d'harmonie au sein de la société, d'où la représentation sociale apolitique des problèmes sociaux qu'il véhicule. Cependant, cette École s'est toujours éloignée des interprétations «biologisantes».

Une nouvelle normativité

Contrairement à l'École de Chicago, la nouvelle normativité semble vouloir mettre toute la responsabilité sur le dos d'un seul groupe social, soit celui des personnes aidées. Les sociétés dites libérales, affirme Otero (2008), sont des sociétés où les conflits, les déviances, les dysfonctionnements, les vulnérabilités, voire les identités sont régulés par des dispositifs complexes qui, tout en instaurant des clivages entre les différentes catégories de personnes, font référence à des valeurs positives telles que la santé physique et mentale, la croissance de l'économie et de l'emploi, la protection de l'environnement, voire la recherche du bonheur. Dans cet ordre d'idées, il s'agit de réfléchir sur les comportements de plusieurs catégories de population qui causeraient problème au regard de la normativité sociale.

La mission du travail social, comme de toute intervention sociale d'ailleurs, a changé. Un rappel cependant : les Trente Glorieuses ne sont plus qu'un souvenir et l'État-providence dépérit de jour en jour. L'individu se trouve de plus en plus atomisé avec le développement fulgurant des dynamiques d'individualisation. Castel (2009) s'interroge sur l'existence même de cette structure sociale autrefois stable, « alors que l'on assiste à une mise en mobilité généralisée à la fois des structures et des individus qui sont sensés [sic] s'y intégrer ». Comme l'avance Isabelle Astier (2007), la société n'est plus la première redevable envers les individus et ces derniers doivent faire montre de leur adhésion pour être protégés. Être actif, construire sa vie et produire son avenir au travers de projets est attendu en échange du filet minimal de protection. Le client passif du travail social est détrôné au profit de la figure de l'usager coopérant. Autrement dit, il s'agit d'équiper les individus afin qu'ils puissent prendre soin d'eux-mêmes, devenir, en quelque sorte, leur propre entrepreneur.

Des deux côtés de l'Atlantique, il y a un passage graduel de la prise en charge traditionnelle en établissement fermé au soutien dans le milieu de vie, et ce, qu'il s'agisse de personnes vivant avec un handicap psychique ou physique, de jeunes en difficulté ou de personnes âgées en perte d'autonomie. Il s'agit ni plus ni moins de la personnalisation d'une intervention sociale de proximité auprès de personnes « fragilisées », d'un travail social non pas *sur* autrui mais *avec* autrui ou avec les proches. Il s'agit, en somme, d'un accompagnement, d'une offre de support pour la mobilisation de leurs ressources afin que les personnes puissent participer activement à la société et ainsi entrer dans cette normativité sociale du xxie siècle dont les paramètres sont l'impératif d'acquisition de l'autonomie personnelle, l'ascension vers l'individualité, le devenir soi-même (Astier, 2007 ; Otero, 2008).

Castel (2004) disait : « La réintégration constitue un ensemble de procédures qui visent à annuler cette sorte de déficit dont souffre un individu stigmatisé pour qu'il puisse se réinscrire dans la vie sociale à parité avec ceux qui n'ont pas souffert de ce déficit. » Mais faut-il bien disposer de supports collectifs à même d'outiller la personne en situation d'aide pour qu'elle puisse s'insérer dans les mailles du social ! Or l'État social est de moins en moins « providence » et l'individu se trouve tout seul, non protégé, entièrement livré aux forces du marché. L'esprit consensuel de l'École de Chicago qui, au siècle dernier, animait la solution aux problèmes sociaux n'est plus d'actualité dans la normativité sociale d'aujourd'hui.

RÉFÉRENCES BIBLIOGRAPHIQUES

AKOUN, A. et P. ANSART (dir.) (1999). *Dictionnaire de sociologie*, Paris, Seuil, coll. «Le Robert».

ARTIÈRES, P. et J.F. LAÉ (2011). *Archives personnelles-histoire, anthropologie et sociologie*, Paris, Armand Colin, coll. «U».

ASTIER, I. (2007). *Les nouvelles règles du social*, Paris, Presses universitaires de France.

BASTIDE, R. (1965). *Sociologie des maladies mentales*, Paris, Flammarion.

BECKER, H.S. (1963/1985). *Outsiders. Études de sociologie de la déviance*, Paris, Éditions Métailié.

BEDFORD, S.E.W. (dir.) (1927). *Reading in Urban Sociology*, New York, Appleton.

BERTAUX, D. (1976). *Histoire de vie ou récit de pratiques? Méthodologie de l'approche biographique en sociologie*, Paris, Rapport au CORDES, mars.

BEST, R. (2010). «Situation or social problem: The influence of events on media coverage of homelessness», *Social Problems*, vol. 57, n° 1, p. 74-91.

BLUMER, H. (1971). «Social problems as collective behavior», *Social Problems*, vol. 18, n° 3, p. 298-306.

BRESLAU, D. (1988). «L'École de Chicago existe-t-elle?», *Actes de la recherche en sciences sociales*, vol. 74, septembre, p. 64-65.

BULMER, M. (1984). *The Chicago School of Sociology*, Chicago, The University of Chicago Press.

BURGESS, E.W. (1979). «La croissance de la ville: introduction à un projet de recherche», dans Y. Grafmeyer et I. Joseph (dir.), *L'École de Chicago. Naissance de l'écologie urbaine*, Paris, Aubier, coll. «Champ urbain», p. 131-147.

CALHOUN, C. (2002). *Dictionary of the Social Sciences*, Oxford, Oxford University Press.

CARETTE, J. (2000). «Travailler le social: pour une redéfinition», *Nouvelles pratiques sociales*, vol. 13, n° 1, p. 1-4.

CASTEL, R. (2004). «Intégration et nouveau processus d'individualisation», dans J. Poupart (dir.), *Au-delà du système pénal – L'intégration sociale et professionnelle des groupes judiciarisés et marginalisés*, Québec, Presses de l'Université du Québec, coll. «Problèmes sociaux et interventions sociales», p. 13-24.

CASTEL, R. (2009). *La montée des incertitudes – Travail, protection, statut de l'individu*, Paris, Seuil, coll. «Idées».

CHAPOULIE, J.M. (2001). *La tradition sociologique de Chicago. 1892-1961*, Paris, Seuil.

CHAPOULIE, J.M. (2003). «Ernest W. Burgess et les débuts d'une approche sociologique de la délinquance aux États-Unis», *Déviance et Société*, vol. 27, n° 2, p. 103-110.

CHAPOULIE, J.M. (2009). «Le laboratoire des idées neuves de l'Amérique», Entretien/propos recueillis par J. Rigondet dans «Chicago d'Al Capone à Obama», *L'Histoire*, n° 339, p. 58-59.

CHOMBART DE LAUWE, P.H. (1950). *Paris et l'agglomération parisienne*, Paris, Presses universitaires de France.

CHOMBART DE LAUWE, P.H. (1974). «Ethnologie de l'espace urbain», dans F. Besson (dir.), *De l'espace corporel à l'espace écologique*, Symposium de l'Association de psychologie de langue française (Bruxelles, 1972), Paris, Presses universitaires de France, p. 233-241.

COMITÉ PERMANENT DE LA CHAMBRE DES COMMUNES (2007). *Des enfants en santé : une question de poids*, 39ᵉ Législature, 1ʳᵉ session, mars.

CRESSEY, P.G. (1932). *The Taxi-Dance Hall. A Sociological Study in Commercialized Recreation and City Life*, Chicago, The University of Chicago Press.

DAWSON, C.A. (1927). « The city as an organism », *La revue municipale*, décembre, p. 12.

D'IRIBARNE, P. (2003). « Trois figures de la liberté », *Annales. Histoire, sciences sociales*, Paris, Éditions de l'EHESS, p. 953-978.

DORVIL, H. (1973). *Psychiatrie et antipsychiatrie, un même couple idéologique*, Mémoire de maîtrise, Montréal, École de service social, Université de Montréal. [À l'origine, ce mémoire devait s'appeler : « Fou-Thèses ou thèses sur le fou ». Quoiqu'accepté par la faculté des sciences sociales, l'École de service social de l'époque, en processus de reconnaissance disciplinaire, l'a rejeté. D'où le nouveau titre.]

DORVIL, H. (1990). « La maladie mentale comme problème social », *Service social*, vol. 39, nº 2, p. 44-58.

DORVIL, H. et R. MAYER (2001). *Problèmes sociaux. Théories et méthodologies*, tome I, Québec, Presses de l'Université du Québec, coll. « Problèmes sociaux et interventions sociales ».

DORVIL, H. et M. THÉRIAULT (2010). « Problèmes sociaux, médiation communautaire, recherche et santé », *Cahiers scientifiques de l'ACFAS*, nº 112, p. 239-257.

DUBÉCHOT, P. (2005). *La sociologie au service du travail social*, Paris, La Découverte, coll. « Alternatives sociales ».

DUMONT, F., S. LANGLOIS et Y. MARTIN (dir.) (1994). *Traité des problèmes sociaux*, Québec, Institut québécois de recherche sur la culture.

DURKHEIM, E. (1893/1896). *De la division du travail social*, Paris, Presses universitaires de France.

FINE, G.A. (2006). « The chaining of social problems : Solutions and unintended consequences in the age of betrayal », *Social Problems*, vol. 53, nº 1, p. 3-17.

FRAZIER, E.F. (1932). *The Negro Family in Chicago*, Chicago, The University of Chicago Press.

FRAZIER, E.F. (1939). *The Negro Family in the United States*, Chicago, The University of Chicago Press.

FRAZIER, E.F. (1949). *The Negro in the United States*, New York, Macmillan.

FRAZIER, E.F. (1955). *Bourgeoisie noire*, Paris, Plon.

FRAZIER, E.F. (1957). *Race and Culture Contacts in the Modern World*, New York, A. Knopf.

FRIEDMANN, G. (1952). *Villes et campagnes, civilisation urbaine et civilisation rurale en France*, Semaine sociologique, Paris, Centre national de recherche scientifique.

GOFFMAN, E. (1959). *The Presentation of Self in Everyday Life*, Garden City, Doubleday Anchors Books.

GOFFMAN, E. (1961). *Asylums. Essays on the Social Situation of Mental Patient and Other Inmates*, Garden City, Doubleday Anchors Books.

GOFFMAN, E. (1963). *Stigma. Notes on the Management of Spoiled Identity*, Englewood Cliffs, Prentice Hall.

GOFFMAN, E. (1968). *Asiles*, Paris, Éditions de Minuit.

GOFFMAN, E. (1973). *La mise en scène de la vie quotidienne, T.1. : la présentation de soi*, Paris, Éditions de Minuit.

GOFFMAN, E. (1975). *Stigmate. Les usages sociaux du handicap*, Paris, Éditions de Minuit, coll. «Le sens commun».

GRAFMEYER, Y. et I. JOSEPH (1979). «La ville-laboratoire et le milieu urbain», dans Y. Grafmeyer et I. Joseph, *L'École de Chicago. Naissance de l'écologie urbaine*, Paris, Aubier, coll. «Champ urbain», p. 5-52.

HALBWACHS, M. (1932). «Chicago, expérience ethnique», *Annales d'histoire économique et sociale*, n° 4 et n° 13.

HART, H. (1923). «What is a social problem?», *The American Journal of Sociology*, vol. 29, n° 3, p. 345-352.

HARVEY, J. (1987). «The nature of schools», *Sociological Review*, vol. 35, n° 2, p. 245-278.

HEFFER, J. (2009). «La ville aux larges épaules», *L'Histoire*, n° 339, p. 38-65.

HORTON, J. (1966). «Order and conflict theories of social problems as competing ideologies», *American Journal of Sociology*, vol. 71, n° 6, p. 701-713.

HUET, A. (2000). «L'École de Chicago. Une aventure scientifique à redécouvrir», *Espaces et sociétés*, n° 103, Paris, L'Harmattan.

HUGHES, E.C. (1952). «The sociological study of work: An editorial foreword», *American Journal of Sociology*, vol. 57, n° 5, p. 423-426.

HUGHES, E.C. (1956). «Social role and the division of labor», *Midwest Sociologist*, vol. 17, n° 1, p. 3-7.

HUGHES, E.C. (1958). *Men and their Work*, Glencoe, The Free Press.

ILLICH, I. (1975). *Némésis médicale*, Paris, Seuil.

JANOWITZ, M. (1966). «Introduction», dans M. Janowitz, *W.I. Thomas on Social Organization and Personality*, Chicago, The University of Chicago Press.

JOHNSON, C.S. (1934). *Shadow of the Plantation*, Chicago, The University of Chicago Press.

JOHNSON, C.S. (1938). *The Negro College Graduate*, Chapel Hill, The University of Chicago Press.

JOHNSON, C.S. (1941). *Growing up in the Black Belt*, Washington, American Council on Education.

KUHN, T. (1970). *La structure des révolutions scientifiques*, Paris, Flammarion.

LAPERRIÈRE, A. (1982). «Toward an empirical construction of theory: The new Chicago School», *Sociologie et sociétés*, vol. 14, n° 1, p. 31-41.

LE MONDE (2009). «Les Françaises et les Français champions d'Europe de la minceur», 23 avril, <http://www.lemonde.fr/societe/article/2009/04/23/les-francaises-et-les-francais-champions-d-europe-de-la-minceur_1184379_3224.html>.

LENOIR, R. (1989). «Objet sociologique et problème social», dans P. Champagne, R. Lenoir, D. Merllié et L. Pinto (dir.), *Initiation à la pratique sociologique*, Paris, Dunod, p. 53-100.

LEON, D. (2007). *Sans Brunetti – Essais 1972-2006*, Paris, Calmann-Levy.

LOPATA, H.Z. (1984). «Social construction of social problems over time», *Social Problems*, vol. 31, n° 3, p. 249-272.

MARATEA, R. (2008). «The e-Rise and fall of social problems: The blogosphere as a public arena», *Social problems*, vol. 55, n° 1, p. 139-160.

MAYER, R. (2002). *Évolution des pratiques en service social*, Boucherville, Gaëtan Morin éditeur.

OBLET, T. (2007). « La ville solidaire au pouvoir des maires », dans S. Paugam (dir.), *Repenser la solidarité : l'apport des sciences sociales*, Paris, Presses universitaires de France, coll. « Le lien social », p. 653-685.

OGBURN, W.F. (1922). *Social Change with Respect to Culture and Original Nature*, New York, Heubsch.

ORCUTT, J.D. (1996). « Teaching in the social laboratory and the mission of SSSP : Some lessons from the Chicago School », *Social Problems*, vol. 43, n° 3, p. 235-245.

OTERO, M. (2008). « Vulnérabilité, folie, individualité-le nœud normatif », dans V. Châtel et S. Roy, *Penser la vulnérabilité-Visages de la fragilisation du social*, Québec, Presses de l'Université du Québec, coll. « Problèmes sociaux et interventions sociales », p. 125-145.

OTERO, M. et S. ROY (2010). « Qu'est-ce qu'un problème social aujourd'hui », *Colloque/ atelier 438*, p. 233, présenté dans le cadre du 78e Congrès de l'ACFAS, 10 au 14 mai, *Livre des résumés*, Université de Montréal.

PARAZELLI, M. (2011). « Les programmes positivistes de prévention précoce. Vers quel horizon politique ? », dans Collectif Pas de 0 de conduite (dir.), *Les enfants au carré ? Une prévention qui tourne pas rond !*, Toulouse, Érès, p. 65-91.

PARK, R.E. (dir.) (1969). *Introduction to the Science of Sociology*, Chicago, The University of Chicago Press.

PARK, R., E.W. BURGESS et R.D. MCKENZIE (1925). *The City, Chicago*, Chicago, The University of Chicago Press.

PAUGAM, S. (2007). « Introduction. Les fondements de la solidarité », dans S. Paugam (dir.), *Repenser la solidarité – L'apport des sciences sociales*, Paris, Presses universitaires de France, coll. « Le lien social », p. 5-28.

PINÇON, M. et M. PINÇON-CHARLOT (1989). *Dans les beaux quartiers*, Paris, Seuil.

POUPART, J. (2008). « Sociologie de la déviance, l'héritage interactionniste et son actualité », dans J. Lafontant et S. Laflamme (dir.), *Initiation thématique à la sociologie*, Sudbury, Éditions Prise de Parole, coll. « Cognitio », p. 237-262.

RAULIN, A. (2001). *Anthropologie urbaine*, Paris, Armand Colin.

RAVON, B. (2008). « Souci du social et action publique sur mesure – L'expérience publique, singulière et critique des problèmes sociaux », *Sociologie-Théories et recherche*, <http://www.sociologies.revues.org/index2713.html>, consulté le 14 décembre 2011.

RAVON, B. (2009). « Travail social, souci de l'action publique et épreuves de professionnalité », dans C. Félix et J. Tardif (dir.), *Actes éducatifs et de soins, entre éthique et gouvernance / Actes du colloque international*, Nice, 4-5 juin, Conférence inaugurale, p. 1-8.

ROZIN, P. et C. FISCHLER (2003). « The ecology of eating : Smaller portion sizes in France than in the United States help explain the French paradox », *Psychological Science*, vol. XIV, n° 5, p. 450-454.

RUBINGTON, E. et M.S. WEINBERG (2010). *The Study of Social Problems : Seven Perspectives*, 7e éd., New York, Oxford University Press.

SAGUY, A.C. et G. GRUYS (2010). « Morality and health : News media constructions of overweight and eating disorders », *Social Problems*, vol. 57, n° 2, p. 231-250.

SAGUY, A.C., G. GRUYS et S. GONG (2010). « Social problem construction and national context : News reporting on "overweight" and "obesity" in the United States and France », *Social Problems*, vol. 57, n° 4, p. 586-610.

SCHUTT, R.K. (2011). *Homelessness, Housing, and Mental Illness*, Boston, Harvard University Press.

SICOT, F. (2001). *Maladie mentale et pauvreté*, Paris, L'Harmattan, coll. «Logiques sociales».

SIMMEL, G. (2004a). «Métropoles et mentalités», dans Y. Grafmeyer et I. Joseph (dir.), *L'école de Chicago. Naissance de l'écologie urbaine*, Paris, Flammarion, p. 61-76.

SIMMEL, G. (2004b). «Digressions sur l'étranger», dans Y. Grafmeyer et I. Joseph (dir.), *L'école de Chicago. Naissance de l'écologie urbaine*, Paris, Flammarion p. 53-59.

SMALL, A.K. (1895). «The era of sociology», *American Journal of Sociology*, vol. 1, n° 1, p. 1-15.

SMITH, D. (1988). *The Chicago School: A Liberal Critique of Capitalism*, New York, St. Martin's Press.

SPECTOR, M. et J. KITSUSE (1977). *Constructing Social Problems*, Menlo Park, Cummings.

TENNER, E. (1996). *Why Things Bite Back: Technology and the Revenge of Unanticipated Consequences*, New York, KNOPF.

THOMAS, W. et F. ZNANIECKI (1927/1998). *Le paysan polonais en Europe et en Amérique. Récit de vie d'un migrant*, Paris, Nathan.

THRASHER, F.M. (1927). *The Gang. A Study of 1313 Gangs in Chicago*, Chicago, The University of Chicago Press.

TOPALOV, C. (2008). «Sociologie d'un étiquetage scientifique: *urban sociology* (Chicago, 1925)», *L'année sociologique*, Paris, Presses universitaires de France, vol. 58, n° 1, p. 203-234.

VAN DE SANDE, A., M.A. BEAUVOLSK et G. RENAULT (2002). *Le travail social – Théories et pratiques*, Boucherville, Gaëtan Morin éditeur.

WIRTH, L. (1928). *The Ghettos*, Chicago, The University of Chicago Press.

WIRTH, L. (1980). *Le Ghetto*, Grenoble, Champ urbain.

YELAJA, S. (1985). *An Introduction to Social Work Practice in Canada*, Scarborough, Prentice-Hall.

CHAPITRE 15

L'ÉTUDE DES PROBLÈMES SOCIAUX
ENTRE STAGNATION ET RENOUVELLEMENT
Shirley Roy et Roch Hurtubise

L'étude de ce qui pose problème dans nos sociétés, ce que l'on nomme communément problèmes sociaux ou problèmes publics, donne à voir la face cachée du socle commun qui historiquement constitue la part consensuelle du vivre-ensemble. L'éclairage de ce monde commun par les problèmes sociaux/problèmes publics permet de saisir ce qui est jugé problématique et qui émerge des diverses composantes de la vie sociale et des rapports sociaux. Ce regard inversé participe de la compréhension du social et du projet sociologique qui occupent, sous une forme ou sous une autre, l'avant-scène des débats depuis près de cinquante ans.

Au Québec, la recherche sur les problèmes sociaux est florissante. En près de trente ans, elle a franchi plusieurs étapes et suivi des chemins sinueux. Comme toute construction d'un champ de connaissances, celui des problèmes sociaux a connu ses heures de gloire et il a fait l'objet de débats théoriques et méthodologiques, d'enseignements massifs, de publications, etc. Le champ des problèmes sociaux présente donc deux faces distinctes mais interreliées. D'un côté on assiste à une activité énorme (les choses se passent, les recherches se développent sur des thèmes précis, les données s'accumulent, les groupes se mobilisent, etc.), et de l'autre, on a un vague sentiment de « ronron » au plan de la théorisation : celle-ci semble essoufflée, stagnée ou décalée ; on constate une spécialisation des explications à propos de situations qui, par ailleurs, sont incluses dans la même thématique, celle des problèmes sociaux.

Plusieurs questions se posent alors. Elles constituent le point de départ de notre réflexion : Dans le champ des problèmes sociaux et compte tenu de la nature spécifique de sa configuration/construction, la cumulativité des connaissances est-elle possible ? Une réflexion transversale qui dépasserait la connaissance spécifique aux divers objets ou thématiques et qui renouvellerait le sens et la finalité de l'étude des problèmes sociaux est-elle pensable ? Est-il pertinent de poursuivre la réflexion sur ce qui s'inscrit, pour certains, dans un paradigme dépassé ? Doit-on ou peut-on sortir de la stagnation de la réflexion sur les problèmes sociaux ? Notre réflexion à partir de ces interrogations se développera ici, en deux sections autonomes et interdépendantes.

Dans une première section, nous chercherons à explorer les points d'ancrage et d'inflexion dans la constitution du champ des problèmes sociaux en sol québécois. Nous tenterons de voir en quoi l'imbrication et la superposition de dimensions théoriques, politiques et institutionnelles ont constitué le terreau fertile au développement de l'étude des problèmes sociaux, non pas de l'une ou l'autre de ces dimensions mais de toutes à la fois. La lecture que nous proposons cherche à saisir leur complémentarité et leur interdépendance, laissant émerger les tensions, voire les mouvements antagoniques. Le paradoxe de ce foisonnement d'études a été, d'un côté, un extraordinaire développement et, de l'autre, une surspécialisation autour des thématiques, laissant échapper l'objet central que sont les problèmes sociaux comme champ de réflexion, de recherche et d'action. Nous chercherons donc à alimenter le débat sur ce que nous nommons, de manière un peu provocante, la stagnation de la réflexion sur la thématique des problèmes sociaux (et non pas sur le contenu des problèmes sociaux en tant que tel) ; certains affirment qu'une telle réflexion doit être relancée, d'autres, au contraire, pensent qu'elle doit être abandonnée.

La seconde section de ce texte s'appuiera sur les travaux que nous menons sur la question de l'itinérance depuis deux décennies. Nous chercherons à voir en quoi peut être pertinent le fait de déplacer l'angle de lecture et d'adopter une posture cherchant une certaine « efficacité théorique » quand on s'intéresse aux problèmes sociaux. Nous explorerons les conditions concrètes du travail de recherche que nous avons mené sur un problème social toujours d'actualité et nous tenterons de voir en quoi elles permettent de renouveler non seulement le processus de production de connaissances, mais aussi la connaissance elle-même. Enfin, dans la perspective de penser la cumulativité des connaissances et la transversalité de celles-ci à divers objets associés aux problèmes sociaux, nous proposerons un certain nombre de « clés théoriques » favorisant leur intelligibilité.

En conclusion, nous reviendrons sur ce que nous nommons un pragmatisme sociologique et qui qualifie la démarche que nous avons adoptée au cours de nos années de recherche. Ce choix épistémologique nous a permis d'avancer dans la compréhension des problèmes sociaux, de tirer les enseignements de la transversalité de la démarche, de reformuler les enjeux de l'action, de réintroduire le regard critique autant dans la lecture des phénomènes que dans les certitudes des pratiques. Bref, penser la parole scientifique en tant que parole politique avec ses fondements et ses écueils.

Dix ans après la publication du livre de Dorvil et Mayer (2001) qui posait des questions proches de celles que nous formulons ici, nous sentons le besoin d'y revenir. Au croisement de convergences et de fragmentations, d'ouvertures et de repliements se dégage un espace, un interstice ouvrant les possibilités renouvelées d'un débat. Nous nous y glissons et nous chercherons à proposer des pistes de renouvellement de la problématique des problèmes sociaux, problématique qui nous apparaît essentielle dans la compréhension des rapports sociaux et du vivre-ensemble. L'originalité de notre propos réside dans les liens que nous cherchons à établir entre les éléments d'un ensemble déjà documentés[1]. Nous soutenons l'idée que la réflexion sur les problèmes sociaux est dans une sorte de stagnation, que celle-ci s'explique sociologiquement, mais que ces écueils peuvent être dépassés. En fait, ce que nous souhaitons faire ici, c'est identifier les conditions de ce que Bouilloud (1997) nomme (avec d'autres) les conditions de réception d'une thèse et qui croisent attentes, pertinence et utilité.

15.1. Les problèmes sociaux comme enjeu de connaissance

Le Québec a constitué et constitue encore un terreau propice à l'avènement et au développement de la problématique des problèmes sociaux. Sans faire une analyse exhaustive des conditions d'émergence et des points de basculement de la construction de ce champ de recherche, nous aborderons ce qui constitue pour nous des dimensions essentielles : le développement de propositions théoriques inscrites dans la tradition nord-américaine ; une mobilisation sociale et communautaire forte ; l'institutionnalisation de la recherche dans le domaine des problèmes sociaux et la réorganisation de la formation autour de luttes disciplinaires. Nous n'allons évidemment pas traiter ces dimensions en profondeur, mais plutôt

---

1. Au Québec, de nombreux ouvrages ont documenté les courants de pensée sur les problèmes sociaux. Pensons simplement aux ouvrages de Dorvil et Mayer et à leur collection « Problèmes sociaux et interventions sociales » (aux Presses de l'Université du Québec) et avant eux, à celui de F. Dumont, S. Langlois et Y. Martin (dir.) (1994). *Traité des problèmes sociaux*, Québec, Institut québécois de recherche sur la culture.

les survoler, différentes lectures sociohistoriques de la construction de la discipline existant déjà. Cela dit, reprendre ces dimensions nous permettra d'identifier les conditions d'avènement, de réception et de pérennisation de la thématique des problèmes sociaux, non pas de manière abstraite mais, au contraire, de manière concrète, située et unique. Cela permettra aussi de saisir les dimensions importantes en appui à notre thèse, d'en voir émerger la pertinence sociale dans le contexte québécois et d'en tirer quelques enseignements.

15.1.1. Théoriquement : la constitution d'un champ

La littérature sociologique, principalement étasunienne des années 1960, a largement contribué au développement de la sociologie des problèmes sociaux. Dans la foulée des travaux de l'École de Chicago et au fur et à mesure de diverses contributions théoriques majeures (Merton et Nisbet, 1961; Spector et Kitsuse, 1977; Blumer, 2004), l'étude des problèmes sociaux a fait école (Mayer et Dorvil, 2001)[2]. En raison de la proximité géographique, du partage d'une langue (l'anglais), de repères culturels et sociaux proches, mais aussi en raison de la filière de formation académique entre les États-Unis et le Québec (là où une partie des universitaires québécois ont fait leurs classes), la sociologie des problèmes sociaux s'est progressivement implantée au Québec.

Au cours des décennies, diverses propositions théoriques ont cherché à éclairer les problèmes sociaux et ainsi contribuer à leur construction. Ces lectures ont une inscription temporelle certaine mais, à terme, elles ont coexisté, voire se sont superposées, l'une ne chassant évidemment pas l'autre. Sans reprendre ici le contenu détaillé de leur argumentaire (ce qui a largement été fait) et sans entrer non plus dans une histoire de la pensée sociologique sur ces questions[3], nous nous appuierons sur celles-ci pour en appréhender les enjeux plus fondamentaux. Ils nous disent quelque chose à la fois des fondements explicatifs, des processus de construction de la connaissance, des oppositions et des tensions dans la constitution du regard sur les problèmes sociaux.

---

2. Cette section sur les lectures théoriques est inspirée de nombreux auteurs, mais principalement de l'ouvrage de Dorvil et Mayer (2001). Les textes de leur ouvrage et principalement ceux signés Mayer et Dorvil constituent une excellente synthèse de l'historique de la construction de la problématique des problèmes sociaux et des principaux courants théoriques qui en ont émergé.
3. Une immense littérature existe sur ces questions. Nous ne nommerons que quelques ouvrages : pour la France (Céfaï, 2006; Joseph et Grafmeyer, 1979; Chapoulie, 2001); pour le monde anglophone (Rubington et Weinberg, 1989); pour le Québec (Warren, 2005; Warren et Gingras, 2011).

Les référents théoriques se construisent autour de lectures paradigmatiques qui épousent les perspectives sociologiques dominantes (fonctionnalisme, ordre et conflit, compréhensive) (Dorvil et Mayer, 2001). L'objet «problème social» s'intéresse à ce qui fait problème au regard de la normativité et des valeurs sociales. Il mobilise alors des explications qui se situent sur des registres assez éloignés l'un de l'autre et qui correspondent aux propositions théoriques fortes des années 1960. Entre la dysharmonie des normes et des valeurs (désorganisation sociale ou approche culturaliste) ou leur transgression (déviance) et la réaction sociale à des comportements jugés socialement inacceptables (interactionnisme), des conflits théoriques se profilent, mais aussi oppositions sur la manière d'agir, de soutenir, de corriger ou de sévir.

Au tournant des années 1970, certaines approches théoriques déplacent à leur tour le lieu privilégié de l'explication des problèmes sociaux; elle ne se trouve plus tant chez les individus, mais elle est constitutive des rapports sociaux. Pensons aux approches féministes (rapport de sexes), à celles liées à l'analyse des mouvements sociaux (ratés du changement social) ou encore à celles centrées sur le conflit social (pouvoir de classes). Bien que fondamentalement distinctes, elles ne renouvellent pas seulement la compréhension des problèmes sociaux, elles sont surtout inséparables de l'action: l'agir n'est plus tant individuel ou étatique cherchant à transformer, corriger ou réprimer, il est collectif et se loge dans la politisation de l'action mobilisant protagonistes, adeptes et opposants.

Les années 1980 et 1990 se distingueront par l'arrivée d'approches écologiques qui cherchent à mettre en tension divers modes explicatifs (croyances, normes, idéologies; rôles des sujets et des institutions; et considérations ontologiques); ils auront une certaine vie mais ne s'imposeront pas comme lecture dominante. Ce qui marquera l'étude des problèmes sociaux dans le Québec des années 1980, ce sera, certes l'approche constructiviste[4]. À ce moment-là (et encore aujourd'hui), un ensemble de travaux critiques apparaissent et requestionnent la thématique de ce qui constitue un problème social et les conditions de son avènement[5]. De fait, à défaut de s'entendre sur une définition consensuelle, sur un ensemble

---

4. Voir le chapitre 13 de cet ouvrage.
5. Si on voulait résumer les principaux arguments, on dirait globalement que: les théories et la connaissance ne permettent pas d'identifier les problèmes sociaux, mais qu'elles sont à leur remorque en cherchant à les expliquer après coup (Blumer, 1971); les mêmes causes ne produisant pas les mêmes résultats ni la même reconnaissance d'un phénomène comme problème social; il est impossible d'avoir une définition qui engloberait la diversité des situations dénommées problèmes sociaux; le jugement subjectif de la société qui reconnaît ou non des problèmes sociaux ne permet pas de comprendre et d'expliquer la complexité des phénomènes recensés (Best, 2007).

de causes communes aux problèmes sociaux ou de dégager une théorie intégratrice des diversités situationnelles, la proposition qui s'impose est de déplacer le regard (centré sur la situation objective) vers le processus de construction et de transformation d'une situation problématique en problème social (Blumer, 2004). La construction du problème social est alors analysée dans la prise en compte du rôle des multiples acteurs (militants, personnes concernées, médias, fonctionnaires législateurs, etc.), des processus de mobilisation, des ressources disponibles dont la capacité de construire une rhétorique capable de s'imposer dans l'espace public et qui puisse être relayée par et à travers des acteurs et des actions signifiants (Best, 2007; Céfaï, 2009). Au Québec, au cours des vingt dernières années, cette approche dite constructiviste s'est développée et imposée[6].

Prenant en compte ces diverses entrées théoriques, Fernand Dumont, dans son *Traité des problèmes sociaux* (1994), propose une lecture de ce qui fait problème. Il distingue différentes conceptions de la réalité sociale qui supposent un rapport à la norme spécifique et donc à «l'anormal», et qui renvoient à des mobilisations étatiques, communautaires et citoyennes confortantes et conservatrices ou, au contraire, à des formes contestataires, transformatrices ou résistantes. Cette proposition construite autour de «dénivellations[7]» cherche à distinguer ce qui était plutôt amalgamé dans l'étude des problèmes sociaux. D'un ordre normatif hyper centralisé, comme dans le contexte des normes imposées de l'extérieur ou des normes juridiques, jusqu'à l'émergence de normes localisées issues du jeu de revendication des acteurs, on serait en présence d'une dynamique de champ où des groupes d'acteurs cherchent à mettre de l'avant des conceptions du social et de la norme qui consistent surtout à dire ce qui pose problème. L'idée de construire un champ ouvert ou coexistent différentes lectures et modalités se voulait novatrice et pouvait constituer une manière de relancer ou de débloquer une réflexion où les débats semblaient paralysés. La proposition de Dumont[8] est plutôt restée lettre morte, non qu'elle n'ait pas eu d'influence sur la compréhension des enjeux sous-jacents à l'étude des problèmes sociaux, mais au sens où elle n'a pas véritablement permis

---

6. Une partie des ouvrages de la collection «Problèmes sociaux et interventions sociales» sont des exemples de l'approche constructiviste. Dorvil et Mayer (2001) en donnent tout un ensemble d'exemples dans leur ouvrage comme l'ont fait Dumont, Langlois et Martin (1994).
7. La lecture de Dumont (1994) s'organise autour de ce qu'il appelle les dénivellations. Il en identifie cinq: vision organique de la réalité sociale (dysfonctionnement), ordre social (délit), contrôle social (anomie), biens collectifs à partager (inégalité) et réseaux de participation (exclusion).
8. La proposition de Dumont, constitue l'introduction de l'imposant *Traité des problèmes sociaux* (Dumont, Langlois et Martin, 1994), qui demeure une référence pour tout ce qui touche les problèmes sociaux au Québec quoique, depuis, les données empiriques recensées se soient modifiées et les explications aient évolué.

ou provoqué un débat intellectuel et scientifique sur la question des problèmes sociaux au Québec et ailleurs. Alors qu'elle se voulait une manière de renouveler le débat, elle n'a eu qu'une influence marginale.

Depuis les années 2000, les efforts de théorisation autour de la thématique des problèmes sociaux, tout en se poursuivant, se font plus discrets. La collection « Problèmes sociaux et interventions sociales » (dirigée par Robert Mayer et Henri Dorvil) cherche, dans un premier temps, à faire une sorte de synthèse des débats en cours (voir tomes 1 et 2), puis donne la parole à des auteurs qui développent leurs thèses non plus tant dans l'esprit général de la problématique des problèmes sociaux que dans celles liées à leurs objets de recherche. La fragmentation et le sentiment de ralentissement de la réflexion théorique s'installent. Cela dit, ce qui émerge dans l'espace théorique (non pas en tant que nouveau courant mais dans l'affirmation de son importance), c'est la place des théories des réseaux et de l'action où l'acteur individuel ou collectif occupe une place centrale dans la production du sens de l'expérience ; ce ne sont plus tant les explications issues de théories générales qui éclairent les problèmes sociaux que celles construites à partir de l'action et de l'acteur. Ces thèses croisent, dans l'espace du débat, celles valorisant l'individualisme et la singularisation (Martuccelli, 2010) déplaçant, du coup, le regard. Certains auteurs s'inscrivent plus explicitement dans une forme ou une autre de pragmatisme ou adoptent ce qu'ils nomment l'approche pragmatiste (Céfaï, 2009).

15.1.2. Politiquement : un mouvement social s'active

La problématique des problèmes sociaux ne peut se comprendre en dehors du contexte politique et social qui la voit émerger. Nous ne ferons pas ici le récit détaillé des éléments/évènements qui ont marqué la mobilisation autour des problèmes sociaux au Québec depuis cinquante ans, ce qui est tout simplement impossible vu l'ampleur et la diversité des luttes. Cela dit, nous relèverons certains éléments qui nous semblent pertinents dans la construction des problèmes sociaux car, au-delà de leur bien-fondé (dimension explicative et morale), les problèmes sociaux s'inscrivent ou s'ancrent dans des actions/mobilisations étatiques, sociales, communautaires et citoyennes. Les rapports de force entre ces instances constituent un élément de la prise en compte, de la pérennisation et de la résolution ou non des problèmes sociaux au Québec.

Au cours des années 1960, un contexte plutôt large de changements profonds a contraint l'État québécois à mettre en place, à travers des changements politiques majeurs, un ensemble de programmes sociaux permettant au Québec d'accéder à la modernité ; c'est ce qu'on a appelé la Révolution tranquille. Les mouvements populaires, syndicaux et communautaires participent de ce rapport de force qui vise à insuffler le changement. Cette mouvance est fragmentée entre des tendances plus politisées revendiquant une plus grande étatisation des questions sociales, et plus conservatrices, lesquelles cherchent à maintenir un secteur caritatif autonome. Mais à ce moment, la tendance lourde est au changement et à la recherche de solutions des problèmes sociaux (pauvreté, chômage, sous-scolarisation, santé, etc.). Intervient alors un ensemble de compromis entre les acteurs : les syndicats occupent le champ du travail, les acteurs institutionnels et le mouvement communautaire investissent le champ du social. Cette mouvance est largement tributaire d'alliances entre la gauche catholique, la gauche laïque, différentes associations et mouvements autonomes (Bélanger et Lévesque, 1992).

Au tournant des années 1970, on assiste à la radicalisation du discours et des luttes autour de la thématique du « citoyen face au pouvoir » (Lamoureux, 1994). Le mouvement communautaire et les grandes centrales syndicales[9] réclament une plus grande justice sociale, l'aide aux travailleurs les moins bien nantis, l'éducation pour tous, etc. Ils développent des actions communes mais aussi des pratiques spécifiques et novatrices dont l'*empowerment*[10].

Mais le secteur communautaire, politisé et revendicateur, prendra de l'expansion et gagnera en influence. Il développera des réseaux, des projets alternatifs centrés sur l'aide concrète et la revendication politique de leur reconnaissance (fin 1970, début 1980). Apparaissent alors des divergences d'analyses et de perspectives d'actions entre ceux qui veulent davantage s'engager dans le développement des politiques sociales et des alternatives économiques pour construire un monde différent et ceux qui adoptent une posture de contestation tous azimuts contre un État accusé d'avoir abandonné un bon nombre de ses responsabilités sur le plan social (Lamoureux, 1994).

Une décennie plus tard, soit dans les années 1990, la thématique de la décentralisation est investie par l'État et elle est présentée comme une manière de sortir de la crise des finances publiques. Du coup, cela

---

9. Au tournant des années 1970, les trois grandes centrales syndicales québécoises publient des documents importants. La Confédération des syndicats nationaux (CSN) publie un document intitulé « Ne comptons que sur nos propres moyens », la Fédération des travailleurs du Québec (FTQ), « L'État rouage de notre exploitation », et la Centrale de l'enseignement du Québec (CEQ), « L'école au service de la classe ouvrière ».
10. Par exemple, certains organismes du mouvement communautaire proposaient déjà des pratiques de conscientisation populaire. Le mouvement communautaire autour des groupes marxistes cherche à penser sur plusieurs fronts l'aide aux personnes, dans une perspective renouvelée : comptoirs alimentaires de quartier, garderies, coopération d'habitation, mais aussi refuges de nuit, soupes populaires, etc.

permet d'actualiser les formes de solidarité de proximité, conduisant à une revitalisation et un renouvellement de la société civile (Groulx, 1993). La modification des politiques, la transformation des structures de l'État, plus spécifiquement du secteur de la santé et des services sociaux, iront dans le sens d'une redistribution des rôles. La résolution des problèmes sociaux passe par la complémentarité des services et des réponses sociales; la mise en réseau, alliant le secteur institutionnel et le secteur communautaire, s'actualisera. Dans ce contexte, le mouvement communautaire, occupant déjà une bonne partie de cet espace, consolidera sa place, son importance et son influence.

Début 1990, dans la foulée de la Commission Rochon (1988)[11], l'État québécois adopte une politique, dite Politique de la santé et du bien-être (MSSS, 1992), qui identifie un ensemble de questions sociales jugées problématiques, auxquelles la société doit s'intéresser afin de mieux les comprendre pour pouvoir penser collectivement des réponses adéquates. D'entrée de jeu, on affirme que les objectifs de la politique doivent viser à « réduire les problèmes de santé et les problèmes sociaux qui affectent la population » (MSSS, 1992, p. 10). Cette politique définit des grands objectifs et des stratégies d'action; on y retrouve l'essentiel de ce qui est désigné comme problème social dans le Québec des années 1990[12]. On se trouve alors à un carrefour: la construction de priorités étatiques d'action (MSSS, 1992), un mouvement d'action et de mobilisation (le secteur communautaire) organisé autour de champs d'intervention liés aux problèmes sociaux (dont la santé mentale, les jeunes en difficulté, l'itinérance, la toxicomanie, la violence faite aux femmes et aux enfants, etc.) et, comme nous le verrons dans la section suivante, la constitution d'un réseau de recherche.

Au tournant des années 2000, deux tendances opposées cohabitent. D'une part, l'idée de la démocratisation du social entraîne la valorisation de ressources et d'expertise *de* la communauté et *dans* la communauté dans une perspective de proximité. Les changements sociaux et la

---

11. En 1988, la Commission Rochon, du nom de son président (Jean Rochon), présente un rapport concernant l'évolution de la société québécoise, les problèmes de santé et les problèmes sociaux, l'évolution des politiques, des structures, des programmes et du financement dans le domaine de la santé et du bien-être ainsi que des services sociaux (Beaudoin, 1990).
12. La politique de la santé et du bien-être retient 19 objectifs dont la lutte aux problèmes sociaux tels les problèmes d'adaptation sociale (abus sexuels, négligence et violence faite aux enfants; troubles de comportement des enfants et adolescents; violence faite aux femmes; itinérance; alcoolisme et usage abusif de psychotropes); de la santé mentale et du suicide; de santé publique (MST et VIH/Sida); d'intégration des personnes âgées et de celles ayant des handicaps et incapacités, et six stratégies. Pour une lecture complète du document voir <http://publications.msss.gouv.qc.ca/acrobat/f/documentation/1992/92_713.pdf>.

transformation des services en sont les objectifs (Bourque et Favreau, 2003; Lachapelle, Bourque et Foisy, 2010). L'implication de la société civile, centrale dans cette réflexion, cherche à renouveler les modalités de la participation politique en faisant une place à la participation citoyenne. Cela se matérialise dans une diversité de formes et donne lieu, à certains égards, à l'émergence de discours et de revendications identitaires (Leclerc et Beauchemin, 2002). D'autre part, devant la mondialisation de l'économie et l'ouverture à l'Autre et à sa culture et devant l'internationalisation de questions sociales (situation des femmes, pauvreté, écologie, économie responsable), on assiste à une «transnationalisation de l'action collective» (Dufour et Goyer, 2009) qui a tendance à dépasser les limites et les conditions propres au territoire national ou local pour construire des solidarités au-delà des frontières.

Ainsi, historiquement, l'action politique a développé, relayé, activé et infléchi la construction des problèmes sociaux et, même si la nature concrète de ceux-ci a largement changé, ses acteurs sont toujours au front et contribuent à leur actualisation et à leur visibilité.

15.1.3. Institutionnellement: des mesures se déploient

Le développement de la problématique des problèmes sociaux et leur inscription dans le débat québécois passent par un processus d'institutionnalisation qui prend diverses formes. Nous en évoquerons trois qui semblent les plus pertinents à notre propos: la mise sur pied d'un programme de recherche spécifiquement dédié aux problèmes sociaux, le support à l'édition et les luttes disciplinaires dans les institutions de formation. Ces trois mesures conjuguées constituent des éléments forts du développement et de la pérennisation de la question des problèmes sociaux dans l'espace social, politique et académique québécois.

En 1992, l'adoption de la Politique de la santé et du bien-être a été accompagnée de la mise sur pied d'un programme de recherche[13] visant à soutenir la démarche de compréhension et de connaissance des thématiques priorisées par l'État québécois sur un ensemble de problèmes de santé et de problèmes sociaux. Le programme dit Équipe partenariale

---

13. Le programme de recherche développé alors (1994) et le comité chargé de le mettre en place et de le superviser (CQRS) était autonome par rapport aux instances étatiques. Le Conseil québécois de la recherche sociale est en quelque sorte l'ancêtre du Fonds québécois de la recherche société et culture (FQRSC). Le programme du CQRS fonctionnait sous le mode de concours, avec soumission de propositions, dont les jurys étaient composés d'universitaires et de gens des milieux de la pratique ayant une formation académique et pouvant juger de la validité scientifique des projets.

avait, comme son nom l'indique, une exigence principale : un travail collectif, partenarial, alliant le savoir académique et le savoir pratique. Le pari était que, grâce à cette rencontre, une connaissance nouvelle prendrait forme, susceptible de fournir tant des éléments de compréhension que des propositions d'action. Ainsi, depuis près de 20 ans, des équipes de recherche traitent des problèmes sociaux jugés prioritaires notamment sur les questions de l'itinérance, de la violence faite aux enfants, aux femmes, aux personnes âgées, sur les questions de la délinquance, du vieillissement, de l'habitat social, de la pauvreté, du chômage, de la santé mentale, mais aussi et plus largement des problèmes de revitalisation des quartiers, d'environnement, de la difficile intégration des immigrants, etc. Ces équipes de recherche partenariales regroupent des chercheurs de diverses universités et de différentes disciplines, des intervenants et des acteurs sociaux du réseau institutionnel ou communautaire et parfois des personnes issues des populations concernées par les problèmes sociaux et directement visées par l'intervention sociale. Ces partenariats de recherche, comme on les nomme familièrement, en adoptant un point de vue interdisciplinaire et en articulant réflexions théoriques et pratiques, déplacent le lieu principal de la recherche et innovent dans la constitution d'un savoir nouveau. Ce programme de recherche, à travers ses financements[14], a permis la stabilisation d'équipes interdisciplinaires et inter-milieux, le développement d'un savoir ancré dans la pratique, la valorisation d'une manière autre de faire de la recherche ainsi que la constitution d'une expertise méthodologique permettant d'explorer au plus près ces complexes questions. Ici, l'engagement de l'État, de chercheurs sensibles aux questions sociales et des milieux de pratiques directement concernés par le développement de solutions aux divers problèmes sociaux (institutionnels et communautaires) a permis le cumul de données inédites et la constitution d'un savoir ancré dans le social[15].

Le support à l'édition et donc à la diffusion d'ouvrages, de recueils de textes ou de revues thématiques ou disciplinaires ont aussi contribué à l'institutionnalisation et à la pérennisation de la problématique des problèmes sociaux. En plus des revues classiques déjà créées par différents

---

14. Pour prendre connaissance des sommes allouées à la recherche dans le cadre de ce programme, voir le site du FQRSC. À titre d'exemple, une équipe partenariale pouvait obtenir un financement variant entre 75 000 $ et 150 000 $ par année pour la durée du concours (entre 3 et 4 années). Une équipe pouvait demander un renouvellement de la subvention en soumettant son projet à un concours.
15. Toute une littérature critique existe sur les aspects du partenariat. Voir à ce propos René et Gervais, 2000; Roy, 2008c. Tel n'était pas notre propos ici, car il ne s'agit pas tant de voir les avantages et les limites que d'en saisir la matérialité et les finalités.

départements de travail social des universités[16], d'autres liées aux départements de sociologie, d'anthropologie ou de santé ont vu le jour[17] et publient périodiquement des numéros thématiques consacrés aux différentes facettes des problèmes sociaux. Ces publications installent, dans le champ académique et social, la thématique des problèmes sociaux. S'ajoute, au tournant des années 2000, la collection «Problèmes sociaux et interventions sociales» (dirigée par H. Dorvil et R. Mayer), qui se donne comme mission de rendre compte des visages variables des problèmes sociaux en lien avec «les mutations des valeurs, les transformations du rôle de l'État, de la précarité de l'emploi et du phénomène de mondialisation[18]». Cette collection s'inscrit dans une «perspective résolument multidisciplinaire», et cherche à rendre accessible «des nouvelles approches théoriques et méthodologiques dans l'analyse des problèmes sociaux ainsi que [les] diverses modalités d'intervention de l'action sociale, de l'action législative et de l'action institutionnelle à l'égard de ces problèmes» (*idem*). Elle comprend à ce jour près de 50 ouvrages et son langage accessible permet de toucher, en plus du monde académique et de la recherche, une population gestionnaire ou citoyenne non experte de ces questions mais sensible à ces problématiques.

Enfin, un des éléments forts de l'institutionnalisation des problèmes sociaux est certes son inscription académique. Loin de nous l'idée de faire un historique exhaustif de la formation donnée aux sociologues et travailleurs sociaux et communautaires au Québec; de nombreux auteurs l'ont déjà entrepris (Groulx, 1984; Favreau, 2000; Mathieu et Mercier, 1994). Nous évoquerons ici certains moments charnières qui ont marqué les transformations et les déplacements observés dans ce domaine. Considérons-les comme des accélérateurs ou des conséquences de la construction/instauration de la problématique des problèmes sociaux dans les milieux académiques (universités et cégep) au Québec. Ainsi, alors qu'à une certaine période (années 1960-1970) l'enseignement des problèmes sociaux occupait une partie de la formation des sociologues, on observa par la

---

16. Pour n'en nommer que quelques-unes, pensons à *Service social* et *Nouvelles pratiques sociales*, auxquelles on peut ajouter *Santé mentale au Québec*; *Reflets, revue d'intervention sociale et communautaire*; *Frontières*; *Drogues, santé et société*; *Criminologie*; *Lien social et Politiques (RIAC)*; etc.
17. Pensons entre autres: *Psychiatrie et violence*; *Sociologie et sociétés*; *Recherches sociographiques*; *Enfances, familles et générations*; *Recherches amérindiennes au Québec*; *Anthropologie et société*; etc.
18. Pour consulter la liste des thématiques traitées par cette collection afin d'en apprécier la diversité, voir <http://www.puq.ca/catalogue/collections/liste-problemes-sociaux-interventions-sociales-32.html>.

suite une sorte de désertion de ce domaine par la sociologie. Plusieurs facteurs peuvent permettre de comprendre les transformations de la discipline sociologique (Warren, 2005; Warren et Gingras, 2011).

D'une part, un changement de perspective dans le monde de la sociologie s'opéra. Tout d'abord, une certaine critique de la sociologie portait un regard suspicieux sur ces thématiques de recherche que l'on considérait comme trop proches des préoccupations empiriques, sociales et étatiques. Toute recherche «utile» et centrée sur l'action est suspecte. On y voit une sorte de dérive de la réflexion sociologique vers le marché, la soumission au nouveau crédo néolibéral. On peut aussi penser que les transformations profondes qu'ont subies les sociétés contemporaines ont occupé le devant de la scène des préoccupations sociologiques: crise du capitalisme, transformations de l'État, mondialisation, crise écologique, etc. La sociologie cherche, à travers le développement de théories générales, à saisir et expliquer ces changements. L'internationalisation de la discipline a aussi ouvert le champ à d'autres objets, délaissant les objets nationaux (Warren, 2005), dont la minimisation de la perspective sociologique des problèmes sociaux, rompant alors avec une tradition pourtant bien ancrée.

D'autre part, l'enseignement universitaire s'est consolidé autour de champs disciplinaires qui croisent eux-mêmes les problèmes sociaux: criminologie, travail social, santé communautaire, éducation spécialisée, sexologie, gérontologie, etc. On assiste alors à la création ou à la consolidation d'unités ou de départements académiques. On peut interpréter cela de plusieurs manières: soit comme une sorte d'éclatement des disciplines et des objets dans le sens d'une ouverture où l'on explore divers aspects de la thématique à travers des lectures théoriques multiples; ou encore comme un repli sur des objets sociaux qui suit de près l'organisation des services sociaux se centrant sur la dimension *professionnalisante* de la formation universitaire; ou enfin, comme une surspécialisation de la formation en lien avec la complexité des problématiques rencontrées et le développement de traitements dédiés à des populations cibles qui a mené à l'embauche de «spécialistes» de problèmes sociaux spécifiques: intervenants en toxicomanie, en santé mentale, en violence conjugale, etc.

15.1.4. Quels enseignements tirer de cette mise en contexte?

Il nous semble important de revenir rapidement sur les éléments qui constituent, pour nous, les ancrages et les points de basculement de la problématique des problèmes sociaux dans le contexte québécois et qui illustrent ce que nous avons nommé stagnation, avant de passer à la question de son redéploiement dans une perspective transversale. Ces éléments sont en tension, ils se superposent, se distancient et s'opposent tout à la fois. Ils donnent un éclairage de la dynamique à l'œuvre où rien n'est lisse ni placé à l'avance et où, comme nous le disions en introduction, la production de la recherche sur les problèmes sociaux reste sensiblement importante.

Du point de vue de la théorisation, certaines remarques s'imposent. Le parcours entre l'inscription dans les paradigmes dominants et leurs critiques, le développement et l'importance de l'approche constructiviste et de la réflexion par champ ouvert (Dumont, 1994) sont à la fois des éléments de foisonnement, de paralysie et de repli. D'une part, l'approche constructiviste donnait à voir des dimensions insoupçonnées de la réalité jusque-là observée (jeu des acteurs, importance des relais, mobilisation médiatique, action de l'État). La nécessaire exploration de ces différentes dimensions a, certes, entraîné une sorte de centration sur la spécificité du problème (Best, 2007), tout en permettant le développement de connaissances nouvelles rattachées à un problème singulier et la constitution d'une expertise scientifique (p. ex. violence conjugale, prostitution, itinérance, etc.). Ne se présentant pas comme un modèle théorique explicatif mais comme un processus de production de connaissances, l'approche constructiviste a opéré un déplacement du contenu et de la nature des problèmes sociaux vers le processus de leur construction, favorisant, paradoxalement, une sorte de repli sur l'objet précis. Tout en permettant la prise en compte de la complexité des explications des dits objets, elle délaissait la dimension transversale de la problématique des problèmes sociaux.

En ce qui concerne la proposition de Dumont (1994), construite avec une véritable préoccupation pédagogique, elle a permis de démêler un écheveau tricoté si serré qu'on n'y voyait plus le travail de chaque artisan de la pensée sociologique sur les problèmes sociaux. Il était difficile de situer chaque auteur dans un courant explicatif spécifique. Mais sa construction en catégories, illustrant diverses conceptions de la réalité sociale à partir de ses multiples dimensions (normativité, anormalité, action étatique et citoyenne), a eu comme effet de réduire, du même coup, la complexité de l'explication, tout en laissant filtrer le sentiment de conceptions un peu trop figées. Elle minimisait ainsi l'importance de la superposition des explications et des réalités dans la compréhension horizontale et verticale des questions sociales. Le recours à certains termes, par exemple, les termes d'inégalité ou d'exclusion, ne relève pas exclusivement, comme cela peut être compris du texte de Dumont, d'un seul type de lecture de la réalité sociale, homogène et parfaitement cohérent. Si bien qu'à une époque où la complexité des explications est ramenée à l'avant-scène et que le « bricolage théorique » constitue une pratique courante de la réflexion sociologique, nombre de chercheurs ne se sont peut-être pas reconnus dans ou sentis interpellés par la proposition de Dumont et ne l'ont pas reprise à leur compte pour la prolonger ou la transformer.

De plus, le changement profond qu'a vécu la société québécoise du milieu du XXe siècle à aujourd'hui, la transformation de ses institutions, de ses valeurs et des modalités du vivre-ensemble ont provoqué un changement tout aussi profond dans la normativité sociale. Cette normativité constituait et constitue toujours les limites ou le cadre dans lequel on définit les problèmes sociaux. C'est la nature de celle-ci qui a changé, mais aussi et surtout la dimension consensuelle de ce qui fait problème et les lectures dominantes. L'espace renouvelé de la réflexion et de la construction théorique qui apparaissent dans le déplacement de ce qu'Otero nomme les lignes de failles (2008) amène une redéfinition de celles-ci, mais cette perspective tarde à s'imposer. La position qui consiste à avoir un pied dedans et un pied dehors, c'est-à-dire à une lecture pensée dans un cadre où les outils ont profondément changé, conduit à une sorte de décalage au sens où on n'a plus le sentiment de regarder les problèmes sociaux avec des lunettes ajustées mais au contraire désajustées; à une lecture et donc à une compréhension en décalage.

Par ailleurs, un élément déterminant dans le fait qu'un phénomène social se transforme en problème social ou problème public et d'autres non est la mobilisation des acteurs. Celle-ci se construit autour de la capacité à faire ressortir les enjeux sociopolitiques de ce qui fait problème dans la société, de construire et de faire advenir la parole dans le débat public et de déployer les relais nécessaires à celle-ci. Au Québec, une «petite société» (Boucher et Thériault, 2005)[19], les acteurs sociaux, politiques et étatiques ainsi que les intellectuels vivent dans une grande proximité. En somme, tout ce qui s'active et se mobilise circule dans un enchevêtrement de réseaux politiques, personnels et professionnels d'une grande proximité; ceux qui, à un moment donné, sont dans l'action communautaire passent dans les services de santé; des militants deviennent professeurs d'université; des syndicalistes entrent en politique; et vice versa. Sur fond d'options théoriques et idéologiques différentes, des stratégies convergentes sont nécessaires devant l'obligation de toujours justifier ses projets et son existence en tant que petite société (Boucher et Thériault, 2005, p. 3), et compte tenu de la rareté des ressources. L'univers des réseaux politiques étant restreint par le nombre et la grandeur du territoire, une pensée plus intégratrice qu'oppositionnelle s'est progressivement imposée (Comeau *et al.*, 2008) malgré les conceptions opposées; c'est l'importance du changement social qui prime, même si la nature de

---

19. Boucher et Thériault appliquent l'idée de petite société en développant leur argumentaire sur l'aspect des minorités nationales. Il ne s'agit évidemment pas de cela ici. Nous avons retenu cette expression pour ce qu'elle dit des réseaux et des modes d'organisation sociale.

celui-ci et son rythme diffèrent. En fait, le réseau d'acteurs et d'actions au regard des problèmes sociaux se construit entre cohésion stratégique et opposition idéologique et politique.

Ces embrouilles théoriques et ces dimensions politiques liées à la mobilisation des acteurs font évidemment écho à des réorganisations institutionnelles des disciplines. La création d'unités administratives centrées sur certains problèmes sociaux a renforcé la tendance au repliement sur les objets. En parallèle, le développement de programmes de recherche centrés sur les problèmes sociaux consolide son expansion. La recherche se développe et les publications se multiplient. La proximité entre chercheurs et milieux institutionnels et communautaires et la tradition de la recherche-action fondant des formes d'engagement d'une partie des chercheurs québécois a favorisé le développement de la recherche sociale. Du coup, dans ce ballet ou les acteurs changent de place, les lignes de partage habituelles entre milieux institutionnels, communautaires et universitaires sont brouillées, pour le meilleur et pour le pire. On avance, et cela est notable, dans la connaissance spécifique des problèmes singuliers (violence conjugale, itinérance, inceste, etc.), mais du coup on s'éloigne d'une réflexion globale sur ce qui relie ces phénomènes singuliers. On construit des lieux de connaissances spécialisés, perdant de vue le travail de construction théorique de ce qui fait problème dans nos société contemporaines.

Est-il pensable ou utopique de chercher à dépasser les écueils constatés ? Doit-on y travailler ou abandonner ? le sentiment d'une sorte de paralysie, de « ronron » ou d'enfermement devient alors palpable. C'est ce débat qui constituera l'essentiel de la deuxième section de ce texte.

15.2. Penser les problèmes sociaux aujourd'hui : un changement de perspective

Les nombreuses critiques et mises en contexte énoncées au sujet de l'approche des problèmes sociaux n'ont pas épuisé le sujet, au contraire. Malgré ou grâce à elles, les débats se sont complexifiés, des argumentaires ont été opposés, des propositions novatrices développées. Comme nous l'évoquions dans la section précédente, de tout temps, les sciences sociales ont cherché à rendre compte de ce qui fait problème dans nos sociétés ; le langage commun, le discours politique et les institutions s'en sont emparés et ont construit une trajectoire singulière de ce que sont aujourd'hui les problèmes sociaux au Québec. Mais devant les écueils évoqués, comment repenser l'étude des problèmes sociaux ? Quels univers théoriques, méthodologiques et épistémologiques s'avéreraient les plus pertinents ? Pour tenter de répondre à ces questions, nous partirons de notre expérience de recherche sur un problème social qui, de tout temps, a posé des questions et des difficultés: l'itinérance[20]. Nous nous appuierons sur le travail mené, les connaissances produites et les réflexions en marge de celles-ci pour 1) discuter des conditions qui forcent à un déplacement des acteurs, ce qui permet un renouvellement des manières de penser; 2) proposer certaines «clés théoriques» créant les conditions d'une transversalité de l'étude des problèmes sociaux, constituant ainsi la base d'une certaine cumulativité. Dans cette section nous mobiliserons essentiellement nos travaux. Non pas par nombrilisme, mais parce que notre objet de réflexion étant la démarche de recherche et la cumulativité des connaissances et non le contenu des connaissances sur le phénomène de l'itinérance, mobiliser les recherches d'autres chercheurs n'aurait pas de sens.

15.2.1. Les conditions du travail de recherche sur les problèmes sociaux

Les manières développées au cours des ans pour travailler l'objet itinérance, sans être complètement nouvelles ni révolutionnaires, ont créé les conditions du renouvellement de la manière de produire un savoir. Épistémologiquement, la posture que nous avons adoptée s'appuie sur cinq éléments qui modulent une pratique de recherche développée au croisement de la recherche action et de la recherche partenariale: l'inscription dans un collectif d'acteurs/chercheurs, la redéfinition des places de chacun, la complémentarité des formes de savoir, la déconstruction des catégories qui permettent de nommer le phénomène et, enfin, les questions spécifiquement méthodologiques et éthiques. Reprenons chacune de ces positions (Roy et Hurtubise, 2007, 2008, 2011; Roy, 2008a, b, c et d, 2012a, b et c).

Le collectif: projet et modalités

Notre démarche s'est amorcée par la mise sur pied d'un collectif de recherche, le collectif de recherche sur l'itinérance, la pauvreté et l'exclusion sociale (le CRI), réunissant des acteurs provenant d'horizons diversifiés, aux formations disciplinaires variées, aux ancrages institutionnels

---

[20]. L'itinérance renvoie globalement à la vie à la rue marquée par une grande pauvreté et une grande misère, une vie caractérisée par la fréquentation des refuges ou des lieux d'hébergement dédiés en alternance avec des maisons de chambre ou de petits logements temporaires et souvent peu salubres. Sur ces questions et pour avoir un portrait de la problématique québécoise de l'itinérance, voir Roy et Hurtubise, 2007; Laberge, Poirier et Charest, 1998; Laberge, 2000. De nombreux travaux ont été publiés sur ces questions au cours des années dans différents pays.

dans les milieux de recherche et dans ceux de la pratique, et aux expériences et expertises différentes[21]. Les membres du collectif nourrissent tous un réel intérêt pour la connaissance: comprendre pour agir, connaître pour planifier, s'outiller pour saisir. Alors que les intentions de départ se précisent et que les grandes lignes du projet se dessinent, la recherche favorise la création d'un espace de débats et d'échanges.

L'idée du collectif repose sur la mise en commun des expériences et des expertises autour d'un projet commun, celui de la compréhension d'un problème non pas lié à l'action directe (à la solution), mais à la nécessité de prendre du recul, de saisir les enjeux plus globalement et moins directement arrimés aux crises et aux expériences directes. Le collectif se mobilise donc autour d'un projet de connaissance visant à saisir les différents aspects de la problématique et à combler les lacunes dans la compréhension que nous avions de ce phénomène social important. Sans faire ici le débat sur la dénomination de cette manière de collaborer (partenariat, concertation, recherche-action, intersectorialité, etc.) et sans sous-estimer non plus les spécificités propres à chacune de ces formes, retenons que le travail collectif que nous avons mené supposait une reconnaissance de l'Autre et de sa contribution équivalente; ces prémisses sont essentielles à un travail d'ouverture et de confrontation de points de vue qui enrichit la connaissance. Cette insertion de tous dans un même collectif avait aussi l'avantage, d'une part, de sortir d'une logique de producteur de savoir d'un côté et de celle de consommateur de savoir de l'autre, qui introduit souvent des inégalités dans l'accès et l'usage de la connaissance et, d'autre part, d'imaginer un continuum et un changement de place entre celui qui produit et celui qui reçoit. Dans un collectif de ce type, les uns sont essentiels aux autres.

Complémentarité des places et des pouvoirs entre partenaires

La recherche sur les problèmes sociaux n'est pas neutre, elle se déploie dans une configuration de relations où se jouent des rapports de pouvoir et un désir de reconnaissance. Intervenants, gestionnaires, usagers et chercheurs n'occupent pas les mêmes places et ne mettent pas en jeu les mêmes ressources. Dans un monde où la connaissance est valorisée par rapport à l'action, une certaine hiérarchie entre ces mondes existe *a priori*. On le sait, la production de savoir scientifique ou pratique, le statut de chercheur et celui d'intervenant ne sont pas équivalents dans l'inscription de ces groupes d'acteurs dans leurs institutions, dans les représentations sociales non plus que dans la pratique, et cela crée les conditions de

---

21. Pour une présentation historique du CRI, voir le texte d'introduction dans Roy et Hurtubise (2007).

possibles affrontements et de rapports inégaux. Que signifie alors travailler ensemble ? Quelle est la légitimité du travail commun ? La validité de la connaissance produite ? Ces rapports de pouvoir ne doivent pas être niés au nom d'une vision idéalisée de la collaboration ou du refus de tous rapports hiérarchisés, ils doivent, au contraire, être débattus et traqués à travers chaque petite et grande décision. Souvent, la préséance du milieu académique sur les milieux de la pratique se profile au détour de ces choix ; les praticiens comme les chercheurs ont intériorisé la vision hiérarchique de ces univers qui vont bien au-delà de rapports autoritaires, eux-mêmes identifiables, et sur lesquels on peut plus facilement travailler. Il importe donc de reconnaître la place de chacun et de permettre la libre prise de parole sur son travail et sur le travail de l'autre. Pour y arriver, il importe d'accepter de se mettre en position d'instabilité et de fragilité. Chacun des protagonistes doit faire face aux enjeux inhérents à sa position : importance pour le chercheur de réaliser ses recherches et de les faire connaître ; importance pour le praticien d'innover dans sa pratique et d'apporter des solutions durables aux problèmes. Il s'agit donc, pour les praticiens comme pour les chercheurs, d'un changement de paradigme où chacun doit faire un travail sur soi et sur la manière dont la participation au collectif transforme son inscription dans son institution respective. Un double mouvement est ici à l'œuvre : accepter de se mettre en situation de vulnérabilité en laissant l'autre interroger son expertise et se mettre en position d'écoute, ce qui signifie parfois accepter d'intérioriser un autre langage et une autre culture de travail.

La reconnaissance : un équilibre entre des formes de savoir

Le travail en collectif nécessitait la mise en œuvre de modalités de fonctionnement qui permettent l'arrimage entre savoir savant et savoir pratique. Ces savoirs ne sont pas du même ordre ni par leur nature, ni dans leur condition de production ; ils ne sont ni équivalents ni interchangeables ; le défi fut donc de les mettre en dialogue dans l'espace du collectif.

La spécificité du savoir savant repose sur une connaissance livresque et vise à éclairer les choix en termes d'action ; une connaissance des instruments de cueillette de données et une utilisation des concepts qui permettent de saisir transversalement des discours et de transcender la réalité immédiate des acteurs, de décortiquer les données, de proposer des interprétations qui dépassent la réalité de l'action et la perception première de sens commun. Il se caractérise également par un rapport à l'écriture développé au cours de la formation et qui diffère de la connaissance spontanée. Le savoir pratique quant à lui est lié au terrain où s'élabore l'expérience d'intervention. Ce savoir est mis à l'épreuve de la réalité ou construit comme tel et sa validité est locale et actuelle. Il a l'expertise des solutions testées et un rapport à la parole développée qui dépasse ce que la littérature scientifique nous donne à voir.

Le travail en collectif de type partenarial conjugue ces deux types de savoirs qui, interdépendants, produisent une articulation nouvelle des connaissances. Par tradition, le savoir savant et le savoir pratique ont les mêmes travers : ils sont autocentrés, visent leur propre reproduction et ne permettent pas de dépasser leurs propres limites. Le travail en collectif, à travers la rencontre, l'échange et la confrontation des points de vue crée donc les conditions du dépassement de ces limites ; chacun devant sortir de son monde pour être compris par l'autre. Cela dit, les mécanismes d'articulation de ces différents savoirs doivent chaque fois être rediscutés et renégociés. Par la mise en dialogue, il faut tendre vers un équilibre entre ces savoirs, ce qui nécessite ouverture, échange et abandon de sa place spécifique de départ (chercheurs, intervenants, acteurs, etc.). La reconnaissance ne se réduit donc pas à une seule affirmation de principe ou à un rituel d'intronisation à un groupe d'experts, elle est un processus continu qui nécessite débats et compromis pour que chacun trouve sa place. Elle tend à produire des terrains d'entente, des consensus sur la manière d'aborder le problème. L'équilibre des savoirs, non pas dans une logique quantitative mais qualitative, est la pierre d'assise d'un savoir renouvelé soustrait à l'impérialisme de l'un ou de l'autre.

La reconnaissance n'est pas seulement un enjeu à l'interne des équipes de recherche, il est aussi essentiel de faire en sorte que l'engagement de tous soit reconnu dans leurs milieux respectifs. Pour un chercheur académique, la publication de ses recherches (seul ou en collaboration) est un élément essentiel à la construction de sa légitimité, à la reconnaissance de son expertise et au déroulement de sa trajectoire professionnelle. Pour le praticien, les enjeux sont d'une autre nature : la participation à la recherche lui permet de s'approprier un savoir nouveau qui amènera le renouvellement de ses connaissances et de sa pratique. Cela permettra souvent à ces praticiens d'exercer un leadership dans leur milieu. Ce travail de reconnaissance de la contribution de chacun ne devrait pas glisser vers une forme de fusion ou de gommage des différences. En ce sens, la nouvelle épistémologie pluraliste qui a un écho important dans les équipes de recherche partenariale ne devrait pas tendre vers la convergence, mais vers l'affirmation positive et constructive de la diversité.

Porter un regard différent : des populations aux situations

Parler de l'itinérance avec les expressions et les mots existants favorise la reproduction et le renforcement de la stigmatisation qui provient de la dénomination. Le choix des termes et les déplacements sémantiques ont marqué des moments importants des débats du collectif qui, en plus de chercher à clarifier les choses, tentait d'éviter (ce qui est ultimement impossible) les pièges de la stigmatisation. Quatre étapes marquées par des déplacements ont construit notre itinéraire intellectuel (Roy et Hurtubise, 2008; Roy, 2012a).

Une première opération a consisté à déconstruire les termes fortement connotés et porteurs de préjugés. Au début des années 1980, les termes clochard et robineux étaient associés à ceux qui dorment n'importe où et qui sont alcooliques. Cherchant à sortir de ces explications centrées sur l'agissement de l'individu, le terme clochardisation apparaît alors et permet de s'intéresser au processus de venue à la rue (Roy, 1988). Un deuxième déplacement s'opère quand on passe du terme clochard à celui d'itinérant, ce qui lève l'hypothèque d'une désignation strictement négative pour placer le lieu de l'explication au plan de la mobilité et du déplacement. Ce terme issu des milieux de la pratique met en relief les déplacements quotidiens. Rapidement, cette dénomination introduit une logique de catégorie populationnelle qui tend à homogénéiser, à partir de critères épidémiologiques, les caractéristiques d'un groupe de personnes[22]. Cette approche populationnelle s'instaurera comme la modalité dominante du vocabulaire traitant des problèmes sociaux. Le troisième déplacement s'est opéré quand on est passé du terme itinérant à celui de personnes itinérantes. Avec cette dernière expression réapparaît le fait qu'il s'agit d'une dimension de la vie des personnes à la rue, une parmi d'autres. Mais, plus important, l'expression réintroduit le statut d'acteur, capable de choix, de réflexivité, d'actions, même si elles ne sont pas celles généralement attendues des institutions sociales. Finalement, le quatrième déplacement est marqué par le passage du terme personne itinérante à celui de situations d'itinérance, changeant fondamentalement l'angle d'analyse. Cela permet d'abandonner l'idée de population et de saisir le phénomène en tant que production sociale à la jonction du politique et de l'individuel. La situation d'itinérance se caractérise par une grande fragilisation des repères et des ancrages des personnes, ce qui crée une incertitude quant aux possibilités d'agir, aux compétences, aux capacités,

---

22. Il faut être prudent avec l'utilisation de ce type de définition où à chaque problème social correspond une population cible, une clientèle ou un groupe à risque. Il n'y a pas une chose telle qu'une «population» itinérante (même si on utilise souvent cette expression); une population désignant des personnes partageant des caractéristiques communes que l'on pourrait identifier, analyser et croiser. Lorsqu'on analyse le phénomène de l'itinérance, on est surpris par la très grande hétérogénéité des personnes qui sont en situation d'itinérance, et qu'on ne peut réduire à quelques traits communs. Désigner ce phénomène en termes de population tend à réduire la réalité de ces personnes à leur «qualité» d'itinérant.

aux réseaux personnels, de soutien, etc.[23]. Ces déplacements sémantiques illustrent parfaitement le processus de production de connaissances et de remise en question des consensus et des acquis. En fait, la force du collectif est de provoquer une remise en question de ce qui lie l'ensemble des acteurs et de forcer des déplacements où il devient essentiel de faire un pas de côté pour voir les choses sous un autre angle.

Méthodologies mixtes et défis éthiques

Rapidement, il apparaît que la compréhension de l'itinérance nécessite des approches méthodologiques capables de saisir des objets invisibles, aux contours flous et fuyants (Laberge et Roy, 1992). Les approches méthodologiques «classiques» se devaient d'être diversifiées pour saisir la subtilité de cette réalité complexe et changeante qu'est l'itinérance. Le travail du collectif a permis cela. Ni les seules données chiffrées ni les récits de vie, non plus que les observations *in situ* ne permettent d'avoir des données complètes. La multiplicité des approches méthodologiques, des types de cueillette et des terrains d'observation ont permis d'explorer de nouvelles façons de faire de la recherche. Cette difficulté s'est avérée une opportunité qui a permis de ré-orienter la réflexion méthodologique sur des phénomènes qui sont à la marge des phénomènes classiquement étudiés par les sciences sociales. Cette nécessité de bricoler diverses stratégies méthodologiques est aussi liée aux choix théoriques qui sont faits. Dans cette perspective, les notions de processus et de trajectoires ont été privilégiées dans les travaux de plusieurs des membres du collectif[24].

La question de l'itinérance autant dans la construction du savoir que dans l'action et l'intervention force un questionnement des enjeux éthiques et oblige à inventer, créer, concocter des réponses originales et contextualisées (Roy et Hurtubise, 2011). Que ce soit dans ses aspects déontologiques (codes, règles, procédures, normes), principistes (valeurs auxquelles on se réfère) ou épistémologiques (approche collaborative et réflexive)[25], les réponses traditionnelles ou classiques ne conviennent que

---

23. Les situations traduisent un double processus de désaffiliation : celui par lequel des personnes éprouvent des difficultés à se lier à la collectivité et celui par lequel, collectivement, on laisse tomber certaines personnes en ne pouvant leur offrir le soutien dont elles ont besoin. La situation d'itinérance insiste sur l'interconnexion des différents éléments qui construisent le phénomène de l'itinérance : dimensions structurelles, institutionnelles et individuelles. Ce regard permet de sortir de la responsabilité individuelle et de réintroduire les dimensions politiques du problème (Roy et Hurtubise, 2008).
24. Dans les ouvrages collectifs de Laberge (2000), Roy et Hurtubise (2007) et Laberge *et al.* (1998), on y trouve de très nombreux textes qui utilisent ces approches.
25. Nous empruntons à J.M. Larouche cette typologie développée dans un cours de méthodologie (Université du Québec à Montréal en 2009).

très rarement. À titre d'exemple : Quel sens cela a-t-il d'assurer l'anonymat quand les personnes itinérantes sont en quête de reconnaissance ? Comment penser le respect de la vie privée, quand cette vie est plutôt inscrite dans l'espace public ? À quoi sert la confidentialité quand on sait que, pour des raisons justifiables, les intervenants et les services sont en situation d'échanger de l'information sur la vie de ces personnes ? Comment trouver un équilibre entre la production des résultats de la recherche et les effets pervers de la stigmatisation de personnes ou de groupes qui sont à la marge de la normativité sociale ? Ces quelques exemples nécessitent de revisiter non seulement les questions éthiques, mais surtout les réponses institutionnelles proposées afin que les choix éthiques spécifiques soient reconnus dans les institutions de « contrôle » des questions éthiques. Une partie de la légitimité de la recherche passe par là.

15.2.2. Le défi de la connaissance : des clés théoriques pour l'appréhension des problèmes sociaux

Comme plusieurs problèmes sociaux, l'itinérance est un objet de choix pour les chercheurs. Qu'on l'aborde comme figure-analyseur, cas révélateur d'enjeux globaux, cas-traceur mettant en lumière des processus transversaux[26] ou comme fait social total (à la Mauss), on y retrouve un ensemble de dynamiques sociales, de trajectoires enchevêtrées qui font en sorte que par l'analyse de ces situations inhabituelles, c'est l'ensemble d'une société qui se donne à voir. Situation exaltante et prometteuse, ce contexte pose toutefois des difficultés importantes. Deux embûches théoriques se sont dressées sur notre chemin. D'une part, le constat que les propositions théoriques existantes ne permettent pas de saisir le phénomène de l'itinérance dans ses multiples dimensions et figures. On ne peut soutenir que seuls le retrait de l'État de certains programmes sociaux, la détérioration des conditions objectives de vie ou les formes actuelles de la domination imposées par le système capitaliste permettent de comprendre l'itinérance. Pas plus que des explications de nature individuelle quant aux stratégies personnelles ou aux comportements (paresse, malchance ou choix) ou celles qualifiant les modalités de la prise en charge institutionnelle (prison, institution psychiatrique, services sociaux, etc.) à travers les mécanismes dévalorisants, invalidants, stigmatisants, etc., ne rendraient compte de manière convaincante de l'itinérance. Même la proposition plus classique en termes de réaction sociale[27] ne réussit pas à donner tout

---

26. On retrouve cette notion particulièrement dans le secteur de la santé et les questions d'analyse entre autres des politiques et des mesures visant les ITSS et le VIH-Sida.
27. Que l'on pense, entre autres, aux travaux de Goffman ou Becker et d'autres de l'École de Chicago. Voir dans ce livre le texte d'Henri Dorvil (chapitre 14).

son sens à ce phénomène. D'autre part, la question de l'itinérance comme toute étude des problèmes sociaux s'inscrit dans une lecture normative implicite[28]. Elle renvoie aux catégories d'anormalité et de déviance. Elle suppose l'idée de victime et d'impuissance, oppose ce qui doit être fait à ce qui peut être fait (Otero et Morin, 2007) et mobilise la notion de conséquences individuelles sous forme de sanctions. La lecture normative des problèmes sociaux tend à induire une manière de comprendre théoriquement le phénomène ; le fonctionnalisme nous inscrit au cœur de la norme, la déviance dans les marges voire à l'extérieur du social, la contestation et la résistance dans le regard critique porté par un projet de changement. Dans cette perspective, tout travail théorique est une forme de travail normatif, puisqu'il vise soit à reproduire ce qui est en place, soit à le normaliser, le rendre visible ou le transformer.

Ces embûches sont révélatrices de la difficulté du travail théorique sur les problèmes sociaux. Pendant longtemps notre projet était de construire une thèse intégratrice qui éclairerait la question de l'itinérance. Lorsque nous posons un regard sur nos pratiques de recherche, nous constatons que le résultat est plus modeste : nous avons plutôt utilisé les théories comme des clés permettant une intelligibilité des problèmes sociaux et un éclairage des rapports sociaux à l'œuvre. En ce sens, il nous semble important de sortir de l'approche des courants d'études, qui tend à faire en sorte qu'à un problème social correspondrait une théorie (Dorvil et Mayer, 2001) ou encore à une approche en termes de niveaux (Dumont, 1994) qui vise le même effort de globalisation. Il nous semble nécessaire d'aller vers une autre formulation de l'apport du travail théorique pour lui donner sa pleine valeur et en faire autre chose qu'un passage obligé[29]. Ce que nous nommons des « clés théoriques », ce sont des voies d'accès aux problèmes sociaux qui permettent d'en éclairer certains aspects. Elles peuvent être utilisées dans des analyses portant sur diverses problématiques, ce qui pourrait permettre une certaine forme de cumulativité des connaissances et qui constitue une base de notre démarche pragmatiste.

Parmi les renversements de perspectives opérés ou les approches compréhensives que nous avons développées, nous constatons que quatre clés théoriques ont été privilégiées au fil des ans. Nous les aborderons succinctement.

---

28. Cette thématique a été développée dans une conférence donnée par Roch Hurtubise et Shirley Roy dans un colloque sur la norme et la normativité, à Lausanne, en 2006. Cette conférence n'a pas été publiée mais reproduite sous forme de notes.
29. Au cours des dernières années, on constate une popularité croissante de l'approche constructiviste des problèmes sociaux chez plusieurs chercheurs. Cet engouement croise en fait l'approche classique de l'analyse des positions et actions des acteurs mobilisés dans la production des problèmes sociaux et l'analyse de la construction sociale de la réalité au sens de Berger et Luckmann (1986).

L'idée de complexité

La première clé théorique renvoie à l'idée de complexité inspirée des travaux de Morin (1990). Elle nous permet de saisir la condition de vie en reliant les dimensions structurelles, institutionnelles et individuelles inscrites dans des histoires singulières mais qui construisent et expliquent le phénomène de l'itinérance (Roy, 2008e; Roy et Hurtubise, 2007). Aucune raison unique, aucune cause exclusive, aucune explication isolée ne permettent de comprendre la venue à l'itinérance. Toujours des amalgames, des enchaînements, des superpositions de conditions de vie qui, autour de quelques éléments déclencheurs inscrits dans un temps plus ou moins long, créent les conditions ou le contexte de venue à la rue (Roy, 2008d; Roy et Hurtubise, 2007).

Ainsi, dans l'étude des problèmes sociaux, l'idée de complexité permet de relier des explications qui vont au-delà de leur juxtaposition et permet leur interpénétration. Elle permet également de sortir de l'homogénéité ou de l'unicité de la représentation. Plus fondamentalement, la complexité comme mode d'appréhension d'un phénomène social nous sort d'une lecture linéaire et binaire (cause/effet, producteur/produit, structure/superstructure) et induit une interaction entre individus et société, les uns produisant l'autre qui, à son tour, rétroagit sur les premiers; l'idée de complexité permet donc de distinguer sans disjoindre, d'associer sans réduire (Morin, 1990).

La complexité est prise ici comme modèle d'appréhension plutôt que d'explication. Elle intègre diverses dimensions au départ non pensées comme étant reliées, mais sans les hiérarchiser et amène à penser une multiplicité de réponses: s'il n'y a pas une cause (logement, ruptures, problèmes de santé mentale), il n'y a pas une seule action ou intervention attendue.

Les identités plurielles

La deuxième clé de l'étude des problèmes sociaux renvoie aux identités plurielles. Dans le regard porté sur l'itinérance, on a tendance à voir les itinérants comme ayant une unicité ontologique. On les considère alors comme ayant une identité (Laberge et Roy, 2003), celle d'itinérant, entraînant une disparition des multiples facettes des personnes derrière une étiquette: clochard, robineux, itinérant, etc., étiquettes stigmatisantes au demeurant et qui ont comme effet de réduire les capacités et les particularités de chacun.

Le débat sur l'identité construite dans la marginalité ou en dehors de la normativité sociale dominante est toujours d'actualité. Mais elle doit être pluraliste et reconnaître que chacun possède et construit diverses identités (par ex. homme, travailleur, père, frère, citoyen, nationalité, etc.). Celles-ci sont mises de l'avant dans diverses circonstances et fortement marquées par leurs conditions objectives de vie. Ainsi, les personnes marginalisées ou exclues (ou en situation d'itinérance), comme toute autre personne, déclinent une diversité d'identités liées aux multiples composantes de leur vie. La non-prise en compte des identités plurielles fausse l'image des situations de marginalité et d'itinérance. On considère chacune comme une figure homogène qui serait formée d'une population aux caractéristiques semblables, alors que c'est tout le contraire. Introduire l'idée d'identités plurielles et multiples permet de déconstruire les catégories populationnelles (toxicomane, itinérant, violent, etc.) et ouvre à une compréhension de la diversité des figures, des parcours et des réalités qui coexistent. L'idée d'identités plurielles permet d'éviter la réduction à une caractéristique, à dé-stigmatiser les individus et les situations pour laisser apparaître les multiples facettes et suspendre la dimension figée qu'elle impulse. L'idée d'identités plurielles ouvre la voie à l'enjeu de transformations possibles, utile pour penser les changements de situations et le pouvoir de l'action.

Les appartenances multiples

Complémentaire aux identités plurielles, les multiples appartenances constituent la troisième clé de lecture utilisée dans plusieurs travaux[30]. Les lieux de rattachement ou d'insertion et la constitution de liens qui se forment et se délitent sont à privilégier pour comprendre les dynamiques dans lesquelles s'inscrivent les personnes. Reconnaissant que l'itinérance n'est pas un état, une identité figée ou une caractéristique personnelle stable, on reconnaît du coup que dans ce monde comme dans tout autre monde, on vit une série de relations, de situations et on est aux prises avec des logiques et des dynamiques différentes. L'univers de l'itinérance ne doit pas être vu comme lieu de vie exclusif et fermé sur lui-même. Les réseaux dans lesquels s'insèrent les personnes articulent des logiques et des identités qui croisent le personnel (le réseau familial), l'électif (les amis et les pairs), la citoyenneté (le quartier) et aussi le rapport aux institutions (le refuge, le centre de jour). La sortie de rue redéfinit ces appartenances et est parfois vue comme une perte de sociabilités et de ressources.

---

30. Cette thématique constituait l'axe de réflexion du Congrès de AISLF en 2008. Certains préfèrent le terme de « monde », comme le groupe de recherche sous la responsabilité de Boltansky et Thévenot. Nous préférons l'idée d'appartenance multiple parce qu'elle renvoie à la perméabilité, l'ouverture, la circulation entre les « appartenances »; l'idée de « monde » est plus globale et plus fermée sur elle-même.

Faillibles, voire défaillants d'un certain point de vue normatif, ces liens peuvent être vus comme non uniformes et temporellement non harmonisés. L'idée des multiples appartenances permet aussi de décrire la coexistence de pratiques et de comportements différents et de mettre l'accent non pas sur la stabilité, la rigidité ou la répétitivité de ceux-ci, mais sur leur malléabilité, leur flexibilité, voire leur imbrication. Cela permet de relier des situations ou conduites qui sont souvent pensées comme des contraires mais qui, dans la vie itinérante ou dans des vies marquées par la stigmatisation, peuvent se superposer ou se conjuguer. Il y a alors complémentarité entre des pôles parfois fort éloignés d'une vie faite de débrouille, de bricolage et d'efforts, et ceux marqués par la paralysie, l'abandon et le découragement. L'analyse sous l'angle des tensions, dynamiques et paradoxes des multiples appartenances essaie de faire la part entre le «côté cour» et le «côté jardin» de vies inscrites dans la marginalité et permet d'en saisir les points d'inflexion. Cette question des appartenances multiples permet donc de penser les problèmes sociaux en dehors de l'image d'atomisation ou de fragmentation.

Les capacités d'agir

Finalement, la dernière clé théorique est celle des capacités d'agir des personnes. Dépasser la perception d'inactivité et d'oisiveté des personnes en situation d'itinérance apparaît comme une nécessité pour saisir les dynamiques d'occupation de l'espace public et les trajectoires souvent faites d'allers-retours entre la vie à la rue et des lieux d'insertion et de participation sociale. Force est de constater que les agirs s'inscrivent souvent dans une continuité où les acquis à la rue sont mobilisés ailleurs. C'est le cas des travailleurs de proximité dont l'expérience prend la forme d'une expertise, ou encore des compétences de commercialisation et de gestion qui se développent dans les petits boulots de la rue. L'entrée théorique par les agirs permet de saisir des processus de participation et d'intégration dans un vivre ensemble où la rue est au cœur des dynamiques sociales (Roy et Hurtubise, 2005; Hurtubise *et al.*, 2007; Roy et Morin, 2007; Hurtubise et Roy, 2008).

Sous la forme d'une ethnographie fine, l'approche retenue est celle qui s'intéresse aux capacités et aux compétences des acteurs (Laberge et Roy, 2003), et ce, même s'ils sont dans des situations où généralement ils sont vus et considérés comme improductifs et paralysés. Le pari est de saisir la «vie» à la rue au sens plein du terme et de voir comment l'action est créatrice de sens et d'une articulation de dimensions qui *a priori* paraissent fragmentées (Roy et Hurtubise, 2004; Hurtubise et Roy, 2008). Cette analyse de l'agir complète l'approche des représentations et des perceptions qui est souvent l'une des premières stratégies pour prendre en compte le point de vue des personnes directement concernées par les problèmes sociaux. Loin de se limiter aux actions individuelles, elle est aussi révélatrice des efforts faits de l'intérieur pour survivre, continuer ou encore s'en sortir. Des regroupements de toxicomanes qui revendiquent la légitimité de leur consommation aux demandes de réparation des victimes d'abus des institutions de santé publique, il y a là une mobilisation pour transformer les réalités et changer le cours des choses. L'agir n'est pas *a priori* bon ou mauvais, inadapté ou stratégique. C'est une action qui, dans le contexte spécifique des personnes et des groupes concernés, trouve sa pertinence et sa légitimité.

Conclusion : pragmatisme sociologique et efficacité théorique

Notre parcours de recherche ne correspond pas à une trajectoire linéaire où des étapes se seraient succédé de manière organisée et planifiée. L'aventure du collectif fut marquée d'une part par une série d'explorations, de tâtonnements, de doutes et de remises en question ; le contexte de développement de la recherche a été déterminant. D'autre part, le cadre de la recherche partenariale, tout en ayant fait l'objet de longues discussions et de choix clairs, a constitué une véritable aventure au sens classique d'une activité nouvelle remplie de risques et d'incertitudes, et où tout est à construire. Si nous regardons rétrospectivement le travail fait et les choix effectués aux différentes étapes, nous pouvons dire que celui-ci s'inscrit résolument dans ce que nous nommerions, avec de nombreux autres, une forme de pragmatisme sociologique. Cette approche, en tant que manière de construire un savoir, n'est pas nouvelle[31] ; ce qui l'est, c'est son importance croissante au cours des dernières années et la revendication de plus en plus explicite de nombreux chercheurs, dans de nombreux domaines, d'y inscrire leur travail.

Notre propos n'est pas ici de faire le débat sur les fondements philosophiques du pragmatisme (Pierce, Dewey, etc.) ou d'en retracer les variantes à travers les disciplines, les continents et le temps (anglo-britannique, américaine, française), cela a été abondamment fait. Dans la foulée de ce que nous avons développé dans les deux premières sections

---

31. Pensons aux études classiques de l'École de Chicago portant sur la criminalité et la déviance qui sont marquées par ce pragmatisme, et notamment aux travaux de Goffman et Becker. De nombreuses études dans ce sens ont marqué la tradition nord-américaine de faire de la recherche. Au Québec, certaines variantes du constructivisme sont partie prenante de cette approche (<http://www.puq.ca/catalogue/collections/liste-problemes-sociaux-interventions-sociales-32.html>). Pensons aussi aux travaux effectués en France, au cours des dernières décennies, et notamment à ceux de Céfaï (2006, 2009a et b), Céfaï et Joseph (2002), et du Groupe de sociologie pragmatique et morale autour de Boltansky et Thévenot et de leurs émules : Pichon (2007) et Hopper (2010).

de ce texte, nous soutenons l'idée que la manière que nous avons de travailler l'objet de recherche (itinérance) nous a permis de saisir autrement cette question sociale inscrite au cœur des problèmes sociaux et d'en renouveler la connaissance. La voie empruntée a permis de dégager des espaces ouvrant les possibles du renouvellement, non pas de «la» connaissance au sens philosophique du terme, mais de cette connaissance précise sur cette thématique précise que sont l'itinérance et les problèmes sociaux. L'approche choisie a permis la confrontation entre divers savoirs et points de vue, diverses expertises, disciplines et méthodologies. Lorsqu'on se déplace, on voit les choses autrement, ce qui entraîne, d'une certaine manière, le renouvellement de la structure théorique que l'on porte: cela permet des déconstructions, une montée des incertitudes sur la pertinence et la validité des concepts, des périodes de flottements pour construire autrement le regard et le sens, ouvrir sur des hypothèses et proposer une autre lecture. C'est la flexibilité d'une telle démarche qui nous intéresse particulièrement dans le pragmatisme, et le fait qu'elle permet d'inclure différentes modalités de production du savoir. Cette approche qui met au centre l'acteur et l'action et dont l'explication et le sens sont construits à partir d'eux et possèdent la qualité de se transformer dans le temps et dans l'espace (Dodier, 1993), tel est le sens que prend le pragmatisme sociologique ou plutôt l'appropriation que nous en faisons. Ces explications et ces sens s'inscrivent dans des processus dont les diverses composantes sont analysées. Il n'y a donc pas que la finalité, mais la manière dont les actions, comportements, compétences et stratégies se construisent, se mettent en place et bougent.

Le pragmatisme sociologique qui fut le nôtre se structure, comme nous l'avons vu, autour de deux axes complémentaires. D'une part, la manière de travailler l'objet de recherche et, d'autre part, la production d'une connaissance spécifique porteuse de clés théoriques qui peuvent être considérées comme pertinentes pour l'analyse de divers problèmes sociaux. De surcroît ou en raison de..., ils créent les conditions d'une cumulativité des connaissances produites dans ce champ, ce qui fait résolument défaut. Cette approche s'appuie sur une manière de mobiliser la dimension théorique qui va au-delà d'un grand projet d'une théorie explicative générale. Elle donne à la dimension théorique une place non pas de surplomb, mais une place équivalente à celle occupée par la matérialité de l'objet observé. Convenons que la manière de travailler l'objet est une condition nécessaire bien que non suffisante au renouvellement de la connaissance. Mais dans le cadre de notre expérience de recherche sur la question de l'itinérance, l'une, soit la manière de retravailler l'objet, a été déterminant de l'autre, soit le renouvellement de la connaissance.

En ce qui a trait aux enjeux théoriques, il faut noter qu'au début des années 1990, la question de l'itinérance était peu développée et peu pensée théoriquement sinon en tant que réaction sociale à des phénomènes normativement situés aux marges du social. Ainsi, nous sommes partis à tâtons à la découverte des différentes facettes de cette question sociale méconnue à travers un ensemble de terrains d'observation et d'enquête. Nous avons construit l'itinérance comme un «mode de vie» (Laberge et Roy, 1994), ce qui nous éloignait du statut ou de l'état de la personne et nous donnait le loisir d'observer, de décrire, d'analyser les divers aspects de cette vie, en tant que mode de vie semblable à un autre... même si on sait que cela n'est pas tout à fait une vie comme une autre. Cela force le regard sur la proximité/différence avec d'autres modes de vie et incite à chercher les aspects communs ou extraordinairement distincts ainsi que les paradoxes. La qualification ou dénomination a nécessairement varié dans le temps (pauvreté extrême, désinsertion sociale, exclusion...).

L'enjeu théorique n'a cependant pas toujours été à l'avant-plan des débats et de la production de la recherche. La recherche sur les problèmes sociaux ne peut pas toujours faire l'économie de l'urgence et de la demande sociale dans laquelle elle s'inscrit. Cette pression sociale est source de fragmentation et de morcellement du travail, chaque recherche trouvant sa légitimité et sa pertinence dans le contexte spécifique d'où elle émerge. Cela dit, au fur et à mesure de l'avancement de nos travaux, nous constations que les défis théoriques auxquels nous faisions face étaient les mêmes, sans arriver à cumuler les connaissances pour établir les bases d'une théorie intégratrice. D'où l'idée de penser l'apport du travail théorique dans une perspective différente : des clés théoriques favorisant l'intelligibilité du social. Elles ont le mérite de resituer le travail théorique au cœur du processus de production de connaissances et non d'en faire une finalité ultime.

L'approche par mode de vie a inscrit, au cœur de l'analyse, les personnes en tant qu'actrices de leur propre vie et les situations dans lesquelles elles évoluent. Cela nous sortait de la lecture victimisante souvent associée à un ensemble de problèmes sociaux, mais elle soulève du même coup les enjeux quant à l'importance du social, de ses institutions et de ses politiques dans la construction de cette vie marquée par la marginalité et qu'il ne faut pas échapper. Il nous fallait trouver un équilibre entre ces dimensions; elles nous ont été inspirées des récits et de l'analyse des trajectoires des personnes rencontrées. Ainsi, l'étude et la compréhension de l'agir des personne à la rue «accompagne et s'inspire des expériences et des perspectives des acteurs» (Céfaï, 2009, p. 248). Cela entraîne une atténuation des frontières entre les catégories des typologies existantes dans l'univers des théories sociologiques.

Au sens plein du pragmatisme, on pourrait dire que le travail que nous avons fait renvoie à une forme «d'efficacité théorique», dans la mesure où ces clés permettent de rendre intelligible un problème social, c'est-à-dire qu'elles favorisent une appréhension de ce qui, *a priori*, ne semblait pouvoir être compris. Dans cette perspective, le défi de la cumulativité prend un sens nouveau. Il s'agit de voir comment l'étude des problèmes sociaux permet de revoir les théories sociologiques, de les enrichir et, d'une certaine manière, de les mettre à l'épreuve du réel. Il y a encore beaucoup à faire, mais l'étude des problèmes sociaux et la manière collaborative de les travailler constitue sans contredit une pratique de recherche qui contribue significativement au développement des sciences humaines et sociales.

Références bibliographiques

BEAUDOIN, A. (1990). «Analyse des problèmes sociaux faite par la Commission Rochon. Sa portée et ses conséquences», *Service social*, vol. 39, n° 2, p. 141-158.

BÉLANGER, P.R. et B. LÉVESQUE (1992). «Le mouvement populaire et communautaire : de la revendication au partenariat (1963-1992)», dans G. Daigle et G. Rocher (dir.), *Le Québec en jeu. Comprendre les grands défis*, Montréal, Presses de l'Université de Montréal, p. 713-747.

BERGER, P. et T. LUCKMANN (1986). *La construction sociale de la réalité*, Paris Méridiens Klincksieck.

BEST, J. (2007). *Social Problems*, New York, W.W. Norton & Company.

BLUMER, H. (2004). «Les problèmes sociaux comme problèmes collectifs», *Politix*, vol. 17, n° 67, p. 185-199.

BOUCHER, J.L. et J.Y. THÉRIAULT (2005). *Petites sociétés et minorités nationales*, Québec, Presses de l'Université du Québec.

BOUILLOUD, J.P. (1997). *Sociologie et Société. Épistémologie de la réception*, Paris, Presses universitaires de France.

BOURQUE, D., Y. COMEAU, L. FAVREAU et L. FRÉCHETTE (2006). *Le développement des communautés aujourd'hui les défis majeurs de la décennie qui vient*, Publication conjointe de l'Alliance de recherche Innovation sociale et développement des communautés (ARUC-UQO), du CÉRIS, de la CRDC et du CRIDES, <http://www.uqo.ca/observer>.

BOURQUE, D. et L. FAVREAU (2003). «Le développement des communautés et la santé publique au Québec», *Service social*, vol. 50, n° 1, p. 295-308.

CÉFAÏ, D. (2006). «Une perspective pragmatiste sur l'enquête terrain», dans P. Paillé (dir.), *La méthodologie qualitative*, Paris, Armand Colin.

CÉFAÏ, D. (2009a). «Comment se mobilise-t-on? L'apport d'une approche pragmatiste à la sociologie de l'action collective», *Sociologie et sociétés*, vol. XLI, n° 2, p. 245-272.

CÉFAÏ, D. (2009b). «Postface», dans J. Gusfield (dir.), *La culture des problèmes publics. L'alcool au volant: la production d'un ordre symbolique*, Paris, Economica, coll. «Études sociologiques».

CÉFAÏ, D. (2010). *L'engagement ethnographique*, Paris, Éditions EHESS.

CÉFAÏ, D. et I. JOSEPH (2002). *L'héritage du pragmatisme*, La Tour d'aigues, Éditions de l'Aube.

CHAPOULIE, J.M. (2001). *La tradition sociologique de Chicago 1892-1921*, Paris, Seuil.

CHÂTEL, V. et S. ROY (dir.) (2008). *Penser la vulnérabilité. Visages de la fragilisation du social*, Québec, Presses de l'Université du Québec, coll. «Problèmes sociaux et interventions sociales».

COMEAU, Y., M. DUPERRÉ, Y. HURTUBISE, C. MERCIER et D. TURCOTTE (2008). «Phénomènes d'influence sur la structuration de l'organisation communautaire au Québec», *Service social*, vol. 54, n° 1, p. 7-22.

DODIER, N. (1993). «Les appuis conventionnels de l'action. Éléments de pragmatisme sociologique», *Réseaux*, vol. 62, p. 65-85.

DORVIL, H. et R. MAYER (2001). *Problèmes sociaux. Théories et méthodologie*, tome I, Québec, Presses de l'Université du Québec, coll. «Problèmes sociaux et interventions sociales».

DUFOUR, P. et R. GOYER (2009). «Analyse de la transnationalisation de l'action collective», *Sociologie et sociétés*, vol. 41, n° 2, p. 111-134.

DUMONT, F. (1994). «Approches des problèmes sociaux», dans F. Dumont, S. Langlois et Y. Martin (dir.), *Traité des problèmes sociaux*, Québec, Institut québécois de recherche sur la culture.

FAVREAU, Louis (2000). «Le travail social au Québec (1960-2000): 40 ans de transformation d'une profession», *Nouvelles pratiques sociales*, vol. 13, n° 1, p. 27-47.

GROULX, L.H. (1984). «Recherche et formation en service social au Québec: tendances et interprétation», *Service social dans le monde*, n° 3, p. 32-39.

GROULX, L.-H. (1993). *Le travail social. Analyse et évolution, débats et enjeux*, Montréal, Agence d'Arc.

HOPPER, Kim (2010). «Un pragmatisme ethnographique. L'enquête coopérative et impliquée. De l'ethnographie à l'engagement. Les limites du témoignage pour les sans-abri», dans D. Céfaï (dir.), *L'engagement ethnographique*, Paris, Éditions EHESS, p. 447-492.

HURTUBISE, R. et S. ROY (2008). «Le récit de séropositivité comme production de sens de sa vulnérabilité: VIH/sida et vie à la rue», dans V. Châtel et S. Roy (dir.), *Penser la vulnérabilité. Visages de la fragilisation du social*, Québec, Presses du l'Université du Québec, coll. «Problèmes sociaux et interventions sociales», p. 165-180.

HURTUBISE, R., S. ROY, M. ROZIER et D. MORIN (2007). «Agir sur sa santé en situation d'itinérance», dans S. Roy et R. Hurtubise (dir.), *L'itinérance en questions*, Québec, Presses du l'Université du Québec, coll. «Problèmes sociaux et interventions sociales», p. 355-374.

ION, J. (1990). *Le travail social à l'épreuve du territoire*, Toulouse, Privat, coll. «Pratiques sociales».

JOSEPH, I. et Y. GRAFMEYER (1979). *L'école de Chicago. Naissance de l'écologie urbaine*, Grenoble et Paris, Aubier.

LABERGE, D. (dir.) (2000). *L'errance urbaine*, Québec, Multimondes.

LABERGE, D., D. MORIN, S. ROY et M. ROZIER (2000). «Capacité d'agir sur sa vie et inflexion des lignes biographiques: le point de vue des femmes itinérantes», *Santé mentale au Québec*, vol. XXV, n° 2, p. 21-39.

LABERGE, D., M. POIRIER et R. CHAREST (dir.) (1998). «Dossier itinérance: un étranger dans la cité», *Nouvelles pratiques sociales*, vol. 11, n° 1, p. 19-24.

LABERGE, D. et S. ROY (1992). «Enquêtes auprès ou à propos des populations marginales», dans L. Lebart (dir.), *La qualité de l'information dans les enquêtes*, Paris, Dunod, p. 333-357.

LABERGE, D. et S. ROY (1994). « L'itinérance : stratégies et débat de recherche », *Cahiers de recherche sociologiques*, no 22, p. 93-112.

LABERGE, D. et S. ROY (2003). « Continuité identitaire et survie », dans V. Châtel et M.-H. Soulet (dir.), *Agir en situation de vulnérabilité*, Québec, Les Presses de l'Université Laval, p. 143-156.

LABERGE, D., S. ROY, D. MORIN et M. ROZIER (2002). « Entre la survie et la sortie de la rue : le discours des femmes itinérantes », dans V. Châtel et M.-H. Soulet (dir.), *Faire face et s'en sortir. Vol. 1 : négociation identitaire et capacité d'action*, Suisse, Université de Fribourg, p. 35-42.

LACHAPELLE, R., D. BOURQUE et D. FOISY (2010). « Les apports de l'organisation communautaire en CSSS aux infrastructures communautaires de développement des communautés », *Service social*, vol. 56, no 1, p. 1-14.

LAMOUREUX, J. (1994). *Le partenariat à l'épreuve*, Montréal, Éditions Saint-Martin.

LECLERC, K. et J. BEAUCHEMIN (2002). « La société civile comme sujet politique : une nouvelle représentation de l'intérêt général », *Lien social et Politiques*, no 48, p. 35-52.

MARTUCCELLI, M. (2010). *La société singulariste*, Paris, Armand Colin.

MATHIEU, R. et C. MERCIER (1994). « L'arrimage entre le communautaire et secteur public », *Nouvelles pratiques sociales*, vol. 7, no 1.

MERTON, R. et R. NISBET (1961). *Contemporary Social Problem*, 2e éd., Harcourt, Brace and World.

MINISTÈRE DE LA SANTÉ ET DES SERVICES SOCIAUX – MSSS (1992). *La politique de la santé et du bien-être*, Québec, Gouvernement du Québec.

MORIN, E. (1990). *Introduction à la pensée complexe*, Paris, Seuil.

OTERO, M. (2008). « Vulnérabilité, folie et individualité. Le nœud normatif », dans V. Châtel et S. Roy (dir.), *Penser la vulnérabilité. Visages de la fragilisation du social*, Québec, Presses de l'Université du Québec, coll. « Problèmes sociaux et interventions sociales », p. 125-146.

OTERO, M. et D. MORIN (2007). « Le psychosocial dangereux, en danger et dérangeant : nouvelle figure des lignes de faille de la socialité contemporaine », *Sociologie et sociétés*, vol. 39, no 1, p. 51-78.

PICHON, P. (2007). « Penser d'ici penser d'ailleurs, Vers une anthropologie pragmatique des SDF », dans D. Céfaï et C. Saturno (dir.), *Itinéraires d'un pragmatiste. Autour d'Isaac Joseph*, Paris, Economica, coll. « Études sociologiques ».

RENÉ, J.F. et L. GERVAIS (2000). « Les enjeux du partenariat aujourd'hui », *Nouvelles pratiques sociales*, vol. 14, no 1, p. 20-30.

ROY, S. (1988). *Seuls dans la rue*, Montréal, Éditions St-Martin.

ROY, S. (2007). « L'itinérance : visibilité et inexistence sociale », dans V. Châtel (dir.), *L'inexistence sociale*, Fribourg, Éditions universitaires de Fribourg, p. 99-114.

ROY, S. (2008a). « De l'exclusion à la vulnérabilité. Continuité et rupture », dans V. Châtel et S. Roy (dir.), *Penser la vulnérabilité. Visages de la fragilisation du social*, Québec, Presses du l'Université du Québec, coll. « Problèmes sociaux et interventions sociales », p. 13-34.

ROY, S. (2008b). « Histoire politique de la question itinérante au Québec », dans P. Pichon, B. Francq et S. Roy (dir.), *Oser la comparaison : la question SDF en France, en Belgique et au Québec*, Louvain, Presses de l'Université de Louvain, p. 25-42.

ROY, S. (2008c). « L'expérience québécoise : le partenariat, une approche innovante », dans P. Pichon, B. Francq et S. Roy (dir.), *Oser la comparaison : la question SDF en France, en Belgique et au Québec*, Louvain, Presses de l'Université de Louvain, p. 87-98.

ROY, S. (2008d). «Rendre raison à la complexité du phénomène de l'itinérance», dans P. Pichon, B. Francq et S. Roy (dir.), *Oser la comparaison : la question SDF en France, en Belgique et au Québec*, Louvain, Presses de l'Université de Louvain, p. 155-168.

ROY, S. (2008e). «Itinérance et non-reconnaissance : le rapport social à l'action», dans J.-P. Payet et A. Battegay (dir.), *La reconnaissance à l'épreuve. Explorations socioanthropologiques*, Paris, Presses universitaires du Septentrion, p. 201-208.

ROY, S. (2012a). «Petite histoire d'une notion : l'itinérance», dans P. Pichon et M.H. Caraës (dir.), *La recherche s'expose : espace public et sans-domicile fixe*, St-Étienne, Éditions de la Cité du Design, p. 28-31.

ROY, S. (2012b). «Des chercheurs, leurs méthodes et leurs outils», dans P. Pichon et M.-H. Caraës (dir.), *La recherche s'expose : espace public et sans-domicile fixe*, St-Étienne, Éditions de la Cité du Design, p. 69-104.

ROY, S. (2012c). «Entre terrain de pratique et monde universitaire : les défis du partenariat», dans S. Voelin (dir.), *Le travail social en crise*, Genève, Publications de l'Université de Genève.

ROY, S. et R. HURTUBISE (2004). «De l'itinérance et du travail : à propos de la reconnaissance sociale des pratiques dans l'univers de la marginalité», dans J. Poupart (dir.), *Au-delà du système pénal. L'intégration sociale et professionnelle des groupes judiciarisés et marginalisés*, Québec, Les Presses de l'Université Laval, p. 125-140.

ROY, S. et R. HURTUBISE (2005). «La rue, lieu de travail ou de survie?», dans D. Ballet (dir.), *Les SDF. Visibles, proches, citoyens*, Paris, Presses universitaires de France, p. 353-365.

ROY, S. et R. HURTUBISE (dir.) (2007a). *L'itinérance en question*, Québec, Presses de l'Université du Québec, coll. «Problèmes sociaux et interventions sociales».

ROY, S. et R. HURTUBISE (2007b). «Introduction», dans S. Roy et R. Hurtubise (dir.), *L'itinérance en questions*, Québec, Presses de l'Université du Québec, coll. «Problèmes sociaux et interventions sociales», p. 1-27.

ROY, S. et R. HURTUBISE (2008). *La lutte à l'itinérance. Une responsabilité collective qui nécessite un leadership de l'État*, Mémoire présenté à la Commission parlementaire sur l'itinérance organisée par la Commission des affaires sociales du gouvernement du Québec.

ROY, S. et R. HURTUBISE (2011). «Pour raconter l'exclusion, investir la parole de l'autre», dans M.-H. Soulet (dir.), *Ces gens-là. Les sciences sociales face au peuple*, Fribourg, Academic Press Fribourg, coll. «Res Socialis», p. 141-160.

ROY, S., D. LABERGE, D. MORIN et M. ROZIER (2002). «Itinérance, détresse psychologique et prévention», dans G. Godin, J. Lévy et G. Trottier (dir.), *Vulnérabilités et prévention VIH/SIDA. Enjeux contemporains*, Québec, Les Presses de l'Université Laval.

ROY, S. et D. MORIN (2007). «Un réseau pour agir», dans S. Roy et R. Hurtubise (dir.), *L'itinérance en questions*, Québec, Presses de l'Université du Québec, coll. «Problèmes sociaux et interventions sociales», p. 195-216.

RUBINGTON, E. et M.S. WEINBERG (1989). *The Study of Social Problems. Six Perspectives*, 4e éd., New York, Oxford University Press.

SPECTOR, M. et J. KITSUSE (1977). *Constructing Social Problems*, Menlo Park, Cumming Publishing Co.

WARREN, J.-P. (2005). «Universalisation et traditionalisation de la discipline sociologique», *Sociologie et sociétés*, vol. 37, n° 2, p. 65-89.

WARREN, J.-P. et Y. GINGRAS (2011). «Cinquante ans de recherches et de débats : fondation et évolution de *Recherches sociographiques* (1960-2010)», *Recherches sociographiques*, vol. 52, n° 1, p. 121-141.

CHAPITRE 16

REPENSER LES PROBLÈMES SOCIAUX
DES POPULATIONS « PROBLÉMATIQUES » AUX DIMENSIONS « PROBLÉMATISÉES »

Marcelo Otero

Certaines formes de déviance, de marginalité, de pauvreté extrême, de désaffiliation sociale, de violence, de criminalité et de folie, malgré leurs spécificités indéniables, sont intimement « nouées[1] » à l'intérieur de la société dans laquelle elles se manifestent. Elles ont en commun au moins ceci : elles « posent problème » et, de ce fait, on a développé à leur égard diverses stratégies d'intervention sociale (répression, thérapeutique, prise en charge, aide, encadrement, etc.) dans le cadre de champs disciplinaires spécialisés : criminologie, psychiatrie, psychologie, travail social, médecine, sociologie, etc.

Les phénomènes qui « posent problème », et partant, les individus et les groupes qui les incarnent, sont empiriquement distribués autour de la normativité sociale qui a cours, c'est-à-dire ce qui est préférable, admissible, supportable, etc., à partir de l'établissement de seuils de tolérance (degrés, gradations, distances) envers certaines situations, pratiques, comportements, attitudes ou de discontinuités (natures différentes, ruptures psychologiques) séparant radicalement certains groupes ou personnes (fous, toxicomanes, criminels, itinérants, prostituées, etc.) de l'univers anthropologique de la vie sociale ordinaire. Toute société définit ainsi, de

---

1. Nous développons la question du « nœud » normatif dans Otero (2008).

manière pratique, ce qui sera pour elle un univers de failles, de défauts, d'insuffisances, d'inadéquations, d'inadaptations, de déviances, voire des contre-figures en fonction desquelles, selon les contextes et les époques, on dessine, on désigne, voire on construit des « problèmes sociaux » qu'il s'agit de réguler, gérer, contrôler, résoudre ou réprimer.

La persistance de la représentation sociologique qui renvoie à l'existence d'une mosaïque de groupes de personnes non conformes incarnant les problèmes sociaux, des fumeurs de marihuana aux psychopathes en passant par les enfants hyperactifs, constitue l'un des principaux obstacles pour penser les problèmes sociaux aujourd'hui. Selon cette représentation classique, ces groupes, dont l'existence reste à prouver, sont davantage perçus comme étant relativement autonomes et intrinsèquement cohérents plutôt que comme un ensemble d'individus enracinés à plusieurs degrés dans la même socialité « ordinaire » que les individus « non problématiques ». Cette représentation, fort répandue en sociologie et bien établie dans le cadre des politiques publiques d'intervention sociale, est inspirée d'une certaine lecture « populationnelle[2] » des auteurs de la deuxième génération de l'École de Chicago, dont les visées originales étaient à la fois la reconnaissance de la différence légitime et le combat de la stigmatisation de groupes, individus et comportements pris dans les engrenages odieux de l'arbitraire culturel, du rapport de force déséquilibré et du coercitif normatif. Cette représentation, qui a parfois efficacement rendu service à de nombreuses revendications de groupes particuliers marginalisés et à l'opérationnalisation de politiques publiques, est aujourd'hui doublement insatisfaisante pour deux raisons : 1) elle laisse peu de place à l'analyse des transformations sociétales, transversales et liantes lorsqu'il s'agit de penser ce qui « pose problème » aujourd'hui ; 2) elle véhicule la perception que certaines défavorisations, différences et comportements sont l'apanage de certaines catégories ou de certains groupes de personnes. Ces deux obstacles épistémologiques mènent à la perception que la psychologie,

---

2. Malgré l'utilisation fréquente de notions telles que déviance et stigmate dans les travaux portant sur les problèmes sociaux, leur caractère foncièrement relationnel est davantage nommé qu'appliqué concrètement dans le cadre des analyses. En effet, pour Goffman, le stigmate est un type de relation entre un attribut particulier et un stéréotype qui y est socialement associé, une sorte de désaccord interactionnel entre identités réelles et virtuelles dans le cadre d'une situation concrète (Goffman, 2007). Même remarque pour le caractère relationnel de la notion de déviance chez Becker pour qui, s'il est vrai que « les groupes sociaux créent la déviance en instituant des normes dont la transgression constitue la déviance », les exemples particuliers illustrant ces relations sont des cas de figure sans aucune épaisseur psychologique particulière ni consistance sociale stable en tant que groupe (Becker, 1985).

la psychiatrie, la psychoéducation, ou encore le travail social ou la criminologie cliniques sont les disciplines toutes désignées pour comprendre, gérer et régler les problèmes sociaux.

La remise en question de ce regard catégoriel, substantialiste, psychologisant et, parfois, franchement folklorisant, relance le débat sur les liens entre socialité ordinaire et problèmes sociaux qu'il s'agit selon nous d'actualiser. Ce texte vise à prendre part à ce débat en proposant quelques pistes générales pour repenser les problèmes sociaux.

16.1. L'IMPOSSIBLE SANTÉ SOCIALE

S'il est vrai que le répertoire de ce que l'on appelle des problèmes sociaux s'est historiquement modifié, continue et continuera de le faire, les critères qui sous-tendent la définition d'un problème social, ou encore d'un phénomène « non conforme problématique », sont rarement rendus explicites lors des analyses. Parfois, la question n'est même pas soulevée: n'est-il pas évident que des phénomènes aussi divers que la toxicomanie, le décrochage scolaire, la dépression ou l'itinérance constituent des problèmes sociaux dont il faut s'occuper? N'est-il pas évident que les toxicomanes, les prostituées et les itinérants sont des personnes problématiques?

Déjà Durkheim signalait cette tendance à définir le normal par le repérage pratique, voire spontané, de ce qui apparaît « naturellement » comme pathologique ou anormal et qu'il faut d'une manière ou d'une autre « naturellement » chercher à corriger. Il a peut-être été le premier à examiner le point de vue mobilisé par la « majorité normale » dans le but de distinguer les « comportements normaux » des « comportements pathologiques », et ce, sans faire appel aux caractéristiques intrinsèques des comportements sociaux ou de populations (ou individus) spécifiques qui pourraient apparaître comme « naturellement » problématiques. La seule caractéristique commune à toutes les transgressions sociales est le fait qu'elles sont réprouvées par la plupart des membres d'une société donnée, c'est-à-dire par la majorité « saine ou normale » de la population selon les termes utilisés par Durkheim. La notion de « membre » est cardinale dans ce type d'analyse, car elle renvoie non pas à tous les individus, mais à ceux qui ont été en quelque sorte « correctement » socialisés, en ayant notamment franchi avec succès le cap primordial de la socialisation primaire.

Selon la classique argumentation de Linton, on ne naît pas membre d'une société, on le devient au cours du processus de socialisation primaire où l'on forge la « personnalité de base » sur laquelle les multiples « personnalités statutaires » subséquentes (configuration de réponses culturelles liées à un statut) doivent se greffer pour s'épanouir certes, individuellement, mais aussi socialement dans la mesure où elles s'ancrent dans un socle collectif qui constitue à la fois le « fondement culturel de la personnalité[3] » et le ciment sociétal incarné dans des individus concrets. La personnalité de base contribue ainsi moins à l'évolution de la normativité sociale qu'au maintien de la stabilité et à la reproduction de l'ordre social. La masse des membres de la société, en quelque sorte les célèbres « conformistes » de Merton, lui donne ce qu'on pourrait appeler sa « vitesse normative de croisière », c'est-à-dire la reproduction plus ou moins fluide des comportements moyens qui permettent le fonctionnement ordinaire et prévisible de la société.

S'il est vrai que par le processus d'« acculturation », l'immigrant ou l'étranger peuvent apprendre à agir et à penser dans une nouvelle culture, il semble difficile en revanche, selon Linton, d'apprendre à « sentir », selon elle. Pour cette raison, l'étranger au sens large du terme (immigrant, différent, déviant, marginal, etc.) ne sera jamais un véritable membre de la société, car il porte en lui une faille constitutive dans sa « personnalité de base » qui peut se répercuter de plusieurs façons dans son lien avec la culture (ignorance, indifférence, distance, affaiblissement, désintégration, contestation, transgression, etc.). Berger et Luckmann (2006) nous rappellent également l'importance de ce processus déterminant des « éléments stables à toutes les cultures » par lequel un individu abstrait devient un « membre effectif » de la société en « possession subjective à la fois d'un soi et d'un monde ». Ils nous rappellent également que la socialisation primaire peut être ratée à plusieurs degrés et pour plusieurs raisons (hétérogénéité des « autrui significatifs », médiations inadéquates, interférences éducatives en bas âge, etc.). À titre d'exemple, ce que les auteurs appellent les mondes féminin et masculin véhiculés par le père et la mère peuvent « passer » chez un garçon comme distincts ou bien certains éléments du monde féminin peuvent « constituer improprement » le monde du garçon. Si ce dernier s'identifie aux « caractères impropres », il y aura une asymétrie entre l'identité sociale attribuée en tant que garçon et son identité subjective réelle: hybride, féminine, homosexuelle, transsexuelle, etc. Il n'est pas anodin de rappeler que dans ce cas d'espèce, le mécanisme de « correction » évoqué par les auteurs soit la thérapie individuelle.

Les mots très cités de Durkheim, « il ne faut pas dire qu'un acte froisse la conscience commune parce qu'il est criminel, mais qu'il est criminel parce qu'il froisse la conscience commune » (Durkheim, 1973b,

---

3. Cette expression qui donne le titre au célèbre livre de Ralph Linton, *The Cultural Background of Personality*, publié originalement en 1945, réfère à la « personnalité de base » qui dote les membres de la société « de manières de comprendre et des valeurs communes qui permettent de répondre de façon unifiée aux situations qui intéressent la culture » (Linton, 1977).

p. 48), nous rappellent l'importance des « membres effectifs » d'une société qui l'incarnent de manière concrète, quotidienne et ordinaire[4] dans la tâche de définition des problèmes sociaux. Toutefois, cette idée ne se résume pas au postulat, simpliste, que le crime ou la folie n'existent pas et qu'il sont des phénomènes construits de toutes pièces comme cela pourrait être le cas dans une optique purement constructiviste ou réactionnaliste[5] selon laquelle la réaction ou la société construisent le crime, la déviance, etc., mais permet de mieux comprendre les dynamiques de la socialité ordinaire qui font que 1) certains comportements soient considérés comme socialement problématiques à une époque et cessent de l'être à une autre et 2) que certains groupes (et individus) soient considérés comme n'étant pas des membres à part entière de la société en raison de défauts supposés innés ou acquis. Ces derniers sont attribués à une socialisation défaillante, surtout primaire, et se traduisent souvent par la stabilisation de certaines caractéristiques psychologiques qui expliquent, du moins pour la « majorité saine et normale de la population », leur condition « naturellement » problématique.

Un autre aspect complémentaire de la classique interrogation durkheimienne sur la question de la transgression sociale est celui de l'apparent paradoxe de la normalité sociologique des phénomènes pathologiques. Durkheim considère que « s'il est un fait dont le caractère pathologique paraît incontestable, c'est le crime » (Durkheim, 1973a, p. 65); il constate, en même temps, que le crime est présent dans toutes les sociétés car, « il n'en est pas où il n'existe de criminalité. Elle change de forme, les actes qui sont ainsi qualifiés ne sont pas partout les mêmes; mais partout et toujours il y a eu des hommes qui se conduisaient de manière à attirer sur eux la répression pénale » (p. 65). L'existence du crime – dont le caractère pathologique paraît incontestable du point de vue de la réaction sociale – constitue ainsi un phénomène de sociologie normale.

---

4. Ou encore on peut se rappeler la réflexion de Faulkner qui précède *Outsiders*, le classique parmi les classiques de l'analyse sociologique de la déviance : « Des fois, je ne sais pas trop si on a le droit de dire qu'un homme est fou ou non. Des fois, je crois qu'il n'y a personne de complètement fou et personne de complètement sain tant que la majorité n'a pas décidé dans un sens ou dans l'autre. C'est pas tant la façon dont l'homme agit que la façon dont la majorité le juge quand il agit ainsi » (William Faulkner [1897-1962], cité par Becker, 1985).
5. Nous adhérons à une posture de réalisme praxéologique qui met l'accent sur l'action comme réalité première. Aussi, il n'est pas inutile de rappeler la précision faite par Foucault vis-à-vis de la lecture constructiviste et antipsychiatrique de certains de ses travaux lorsqu'il affirme que s'il est vrai que la folie « n'existe qu'en société », elle existe! (Foucault, 2001a et b).

Durkheim introduit toutefois une nuance de degré : si la présence du « crime », au sens large du terme, c'est-à-dire la transgression, la déviance, la marginalité, etc., est un phénomène de la sociologie normale, elle le demeure seulement à l'intérieur de certaines limites. En effet, si le taux de suicide, de criminalité ou d'autres comportements sociaux qui « froissent » les normes sociales fluctue de manière significative, par accroissement ou diminution, c'est sans doute l'indication que nous ne sommes plus face à un fait de la sociologie normale. La variation des indices des crimes et des suicides, ainsi que de ceux des conflits sociaux, nous signale alors la présence de déficiences dans le fonctionnement des normes sociales, trop lâches ou trop rigides[6], puisque celles-ci ne réussissent plus à orienter efficacement certains comportements sociaux selon les barèmes normatifs moyens de ce qui est souhaitable, admissible, voire tolérable. Le spectre de l'anomie, déduit analytiquement par le sociologue ou décrié par le moraliste ou le politicien, annonce en ce sens la présence possible d'une pathologie sociale qui se doit d'être prise en compte par les pouvoirs publics et, dans le cas des sociétés occidentales, étudiée par les sciences.

Mais la présence du crime, ou de la transgression sociale au sens large, est en soi, encore selon Durkheim (1973a), non seulement un phénomène de la sociologie normale, mais aussi un « facteur de la santé publique, une partie intégrante de toute société saine » (p. 66). En ce sens que l'augmentation du taux de certains comportements sociaux peut renvoyer non pas à une déficience des mécanismes de régulation sociale, mais plutôt à leur transformation socialement « salutaire », car parfois le crime « n'est qu'une anticipation de la morale à venir » (p. 66). Il suffit de penser à l'homosexualité, criminalisée d'abord et pathologisée ensuite, ou encore à l'interdiction pas si lointaine du divorce censé affaiblir les fondements mêmes de l'ordre social. Aujourd'hui, on discute, par exemple, du déclassement psychiatrique de la personnalité narcissique du fait de sa généralisation, voire de son éventuelle utilité sociale dans le contexte actuel de valorisation croissante de la dimension de l'estime de soi pour se poser en tant qu'individu digne de ce nom dans une société d'individualisme de masse[7].

---

6. Les régulations trop lâches sont caractérisées de manière typique par l'augmentation du taux du suicide anomique, tandis que les régulations trop rigides sont caractérisées de manière typique par la montée du taux de suicide fataliste.
7. Il est intéressant de noter que le DSM-IV (1994 et 2000 –Tr) recensait dix troubles de la personnalité (paranoïaque, schizoïde, schizotypique, antisociale, borderline, histrionique, narcissique, évitante, dépendante et obsessionnelle-compulsive). Le DSM-V, qui verra le jour au milieu de 2013, ne retient que six personnalités pathologiques (schizotypique, antisociale, borderline, narcissique, évitante et obsessionnelle-

Si la sociologie nous a appris quelque chose, c'est qu'il n'existe pas de société sans conflits, sans malheur et sans souffrance, de même qu'il n'existe pas de société sans drogues, sans crimes ou sans déviances. Le contraire est tout simplement un contresens sociologique, c'est-à-dire une variété, récurrente, des exigeantes utopies sociales, religieuses ou scientifiques qui se sont traduites souvent par de véritables cauchemars incarnés par les camps de rééducation socialistes (l'homme nouveau), les moralismes religieux (l'homme exemplaire) et la normalisation technique des différences (l'homme conforme). La vieille idée médicale qui conçoit la santé comme le «silence dans la vie des organes[8]» résiste à s'éclipser pour deux raisons convergentes: 1) la puissance renouvelée des dynamiques de médicalisation, pharmaceuticalisation et de santéïsation[9] du social (Collin, Otero et Monnais, 2007; Nader, 2012) et 2) le brouillage persistant, voire l'interchangeabilité, entre les notions d'organisme et d'organisation lorsqu'il s'agit d'analyser la non-conformité sociale. On retrouve souvent cette vieille idée de «santé sociale» lorsqu'on invoque l'intégration sociale, la cohésion sociale, la réhabilitation sociale, l'insertion sociale dans la littérature concernant les problèmes sociaux. On n'est pas loin d'une sorte de «silence social» qu'on pourrait décrire, suivant l'esprit de la vieille formule de Leriche, comme l'«adaptation des individus à la vie des institutions». Une société «en santé sociale» en serait une où les individus seraient de véritables membres, définis par un seuil convenable d'adaptation acquis par une socialisation ou une resocialisation adéquate et efficace. Or, la discussion sociologique actuelle sur l'utilité heuristique de l'idée d'ordre social, d'intégration sociale, de cohésion sociale, de système social n'a pas été suffisamment suivie d'un renouvellement de la manière de concevoir ce qui «pose problème» aujourd'hui à la vie sociale (Tahon, 2010; Dubé, 2009; Martuccelli, 2005).

S'il semble exister un consensus autour des faits que toute société «suppose et même appelle des régulations» (Canguilhem, 1955, p. 72), et que les rôles et positions sociales encadrent largement la vie sociale, la discussion quant à la nature et à la fonction des premières, ou encore à la correspondance entre positions sociales et action des acteurs, a été et est encore l'objet de débats interminables. Le plus souvent, les différentes

---

compulsive). Dans les discussions préalables à la rédaction finale de cette partie du manuel correspondant aux troubles de la personnalité (*personality disorders*), la personnalité narcissique a été au centre de débats intenses, car son exclusion était contestée dans la première proposition de révision qui recommandait son élimination en ne gardant que cinq personnalités (APA, 2012).

8. Cette maxime célèbre appartient au médecin René Leriche (1936), cité par Canguilhem (2003, p. 180).
9. Voir le texte de Johanne Collin (chapitre 10) dans cet ouvrage concernant les différences entre ces deux termes.

formes de régulation sont conçues comme des « mécanismes profonds grâce auxquels les organisations et les systèmes qui constituent le tissu social maintiennent leur structure et coordonnent les jeux réglés auxquels se résument du point de vue sociologique les activités de leurs membres » (Crozier, 1980, p. 372). Cette conception classique de la régulation comme étant un ensemble de mécanismes plus ou moins « naturels » susceptibles d'apporter une coordination interne au fonctionnement d'un ensemble complexe, semble bien s'adapter à de nombreuses analyses des sociétés occidentales contemporaines où la régulation sociale, relative à l'organisation et à l'autorégulation, à celle d'organisme se confondent.

Ce voisinage entre les notions d'organisation sociale et d'organisme (biologique, cybernétique, fonctionnel, etc.) (Lafontaine, 2004) qui continue à investir la réflexion sociologique contribue à véhiculer une conception du social plus proche d'un tout homéostatique[10], harmonieux et consensuel ou, du moins, à la recherche de l'harmonie ou de l'équilibre, que d'un espace labouré inlassablement par le conflit, le déséquilibre et les tensions permanentes à l'intérieur desquelles, comme l'a bien signalé Georges Canguilhem (1955), la « régulation y est toujours [...] surajoutée, et toujours précaire » (p. 72). De ce fait, il soulignait également l'une des différences essentielles entre un ordre organique (organisme) et un ordre social (organisation) qu'il convient de rappeler : dans l'organisme, l'ordre (la santé) est plus facile à saisir que le désordre (la maladie) alors que dans l'organisation sociale, le désordre (ce qui pose problème) apparaît plus évident que l'ordre (le modèle de société souhaité).

Cette inversion d'« évidences » fondamentales des ordres biologiques et sociaux, dont on n'a pas tiré encore toutes les conséquences sociologiques, est d'autant plus pertinente à rappeler aujourd'hui que l'idée de société ne semble pas l'outil analytique le plus adéquat (Martuccelli, 2005 ; Dubet, 2009) pour comprendre « ce qui pose problème » à la vie sociale. Hier comme aujourd'hui, l'idée de société, la société des membres, devrait-on dire, continue d'être invoquée pour justifier la nécessité « viscéralement » normative d'intervenir afin de contrer les « menaces » que représentent les conflits, déviances, marginalité, etc., à une cohésion sociale, voire à un ordre social, qui semble davantage un postulat des pères fondateurs de la sociologie inquiets des effets incertains du « désordre » primordial de la modernité qu'une réalité empiriquement vérifiable.

---

10. En effet, l'organisme lui-même, « du seul fait de son existence », résout la contradiction entre la stabilité et la modification. Cette propriété de modération, contrôle ou équilibre congénital est appelée homéostasie par le physiologiste américain Walter B. Cannon (1932). Il a forgé le terme à partir de deux mots grecs, *stasis* (état, position) et *homoios* (égal, semblable à).

16.2. La nécessité « viscéralement » normative d'intervenir

Quelle fonction remplit le processus d'identification, de définition et de sanction de certains comportements et de certaines pratiques considérés à un moment donné comme criminels, déviants, marginaux ou pathologiques qui semble faire partie de toute organisation sociale ? Selon Durkheim, la sanction sociale, dans ses multiples gradations et formes, ne vise pas à réformer les codes moraux des individus qui commettent des actes blâmables ou criminalisés (populations problématiques), ni non plus à dissuader les populations qui sont considérées comme particulièrement prédisposées à transgresser les règles sociales (groupes à risque). La sanction sociale viserait, paradoxalement, surtout la majorité « saine et normale » de la population, c'est-à-dire les véritables membres d'une société. Dans les termes de Durkheim, « le châtiment est surtout destiné à des honnêtes gens ; puisqu'il sert à guérir des blessures faites aux sentiments collectifs » (1973b, p. 77). Ainsi, les représentations sociales de cette majorité normale qu'on désigne comme étant les honnêtes gens, se voient confirmées et rassurées au travers des multiples rituels de condamnation, de sanction ou de constitution en pathologie opérant continuellement sur les nombreuses formes de transgression des normes partagées par les membres d'une société[11].

Dans une époque où les politiques sociales cherchent à colmater les failles sociétales par l'identification, la gestion, le traitement, le suivi, voire la prise en charge des groupes ou individus dits problématiques et à risque de le devenir, cette hypothèse classique peut sembler désuète. Qu'on la partage ou non, on ne peut que constater l'impossibilité sociologique de ne pas tenir compte des coordonnées générales de la socialité ordinaire, plutôt que de la société avec un grand S à protéger et à rassurer, à l'heure de comprendre l'univers des problèmes sociaux. En effet, la nécessité « viscéralement » normative d'intervenir, c'est-à-dire cette conviction, voire cette injonction quasi naturelle du « il faut agir » sur des phénomènes aussi divers que la toxicomanie, le décrochage scolaire, la prostitution ou l'itinérance demeure encore le principal critère d'appréhension des problèmes sociaux dont les racines relèvent davantage des caractéristiques générales de la socialité ordinaire que des caractéristiques des individus ou des groupes intrinsèquement problématiques.

Cette injonction est « viscéralement » normative parce qu'elle n'a à rendre compte que partiellement aux rationalisations scientifiques qui, du moins en Occident, sont censées orienter, et parfois justifier, la mise en œuvre de telle ou telle stratégie d'intervention sociale pour agir sur ce

---

11. Pour Durkheim, une société est avant tout une communauté morale (Giddens, 1971).

qu'on définit comme problèmes sociaux. S'il est vrai qu'autrefois Durkheim déduisait l'anomie de l'analyse scientifique des fluctuations du taux de suicides, cela n'est guère intelligible sans tenir compte des préoccupations plus larges envers l'importance économique de la population au XIXe siècle, pour laquelle perdre certains de ses membres est loin de constituer seulement un problème moral (transgression de certains normes) ou politique (désobéissance aux lois qui criminalisent le suicide). En effet, la population n'est plus un agrégat des sujets de droit qui transgressent un contrat en se suicidant, mais une population active soumise à des régularités impersonnelles telles la mortalité, la fécondité, l'employabilité, la santé, etc., dont la régulation est indispensable à la création de la richesse. La force de travail étant la source créatrice de la valeur, l'affaiblissement de la population « pose problème » à la vigueur des États-nations (Foucault, 2004). Science et normativité, analyse et politique, stratégies d'intervention et économie, sont pour ainsi dire toujours fort imbriquées lorsqu'il s'agit de définir et d'étudier certains aspects de la vie sociale « qui posent problème » sur lesquels on est « naturellement » prêts à intervenir pour les corriger.

Cette imbrication entre les dimensions normatives et le scientifique trouve son illustration à travers le cas de figure des problèmes dits de santé mentale, dont la puissance explicative tous azimuts de « ce qui ne va pas » dans une société est aujourd'hui incommensurable. Des expressions telles que problème de santé mentale, trouble de santé mentale, désordre mental, déséquilibre mental et bien d'autres, se sont aujourd'hui substituées largement à celle, unique, et explicitement médicale, de maladie mentale. Ces changements de terminologie relèvent d'un processus en quelque sorte inverse à celui qui a transformé la « folie » en maladie mentale à la fin du XVIIIe siècle. Au cours de cette période héroïque de la psychiatrie occidentale, les pères fondateurs circonscrivent, identifient et définissent un certain nombre d'entités cliniques, désignées comme catégories psychopathologiques, à partir de l'observation d'un univers hétérogène de comportements et d'attitudes, fait de déviances, d'étrangetés, d'extravagances, de différences dérangeantes, de criminalité, de pauvreté extrême, etc. Il s'agissait de séparer de manière technique le mental pathologique spécifique, objet de la psychiatrie, de sa gangue sociale et morale problématique contextuellement et historiquement volatile (pauvreté, criminalité, débauche, déviance, etc.).

Le déplacement actuel de la maladie mentale comprise comme un univers restreint au domaine du médical pathologique, vers la santé mentale problématique comprise comme un univers inclusif ouvert aux dysfonctionnements, rouvre à nouveaux frais le problème déjà ardu de la définition des frontières entre les dimensions du « mental pathologique » et du « social problématique » dans l'univers des problèmes sociaux. La première conséquence étant une ouverture inédite du champ d'intervention de la psychiatrie et de la psychologie, l'endroit du nouveau «social pathologique», car ces deux disciplines interviennent aujourd'hui sur des terrains non seulement plus vastes qu'auparavant, à l'affût des «failles psychologiques» de la socialité problématique, mais aussi socialement plus névralgiques, à savoir: l'école, le travail, la famille. En un mot, elles réfléchissent et interviennent directement sur les processus de socialisation courants au nom de la prévention de futurs problèmes non seulement de santé mentale, mais aussi sociaux, selon des calculs de probabilité sur des populations particulières (à risque, vulnérables, fragiles, groupes d'âge particuliers, communautés ethnoculturelles, etc.) qui posent ou pourraient «poser problème». En plus, le travail social, les interventions communautaires, voire les regroupements d'usagers, empruntent souvent les paradigmes psychologiques et psychosociaux pour définir, comprendre, expliquer et agir sur les problèmes sociaux qui les concernent dans leurs champs d'intervention particuliers (Otero, 2003).

Il demeure que, hier comme aujourd'hui, la nature «problématique» d'un comportement social défini comme problème de santé mentale est une dimension opaque pour la psychiatrie, et pour les sciences en général, en ce sens qu'aucun psychiatre ne peut, il n'en a d'ailleurs pas besoin, expliquer pourquoi le fait d'avoir des pensées suicidaires, de ne pas être attentif à l'école ou de ne pas éprouver de la culpabilité après avoir commis un meurtre est «socialement problématique». C'est la société qui le fait à sa place et lui impose, normativement parlant, cette dimension d'identification de «ce qui pose problème». Cette nécessité «viscéralement» normative, et nullement scientifique, d'intervenir doit être expliquée à partir des caractéristiques mêmes du social qui la légitime, lui donne un sens et finit par brouiller les contours entre pathologie mentale et non-conformité sociale, en escamotant du même coup sa présence dans l'équation de problématisation d'un phénomène, d'un comportement ou d'une attitude.

Le cas de l'homosexualité est un bon exemple pour illustrer ce processus. En effet, jusqu'au milieu des années 1970, l'homosexualité était répertoriée dans les manuels de psychiatrie comme une catégorie psychopathologique. Dans le DSM-I[12] (1952), elle est répertoriée comme déviation sexuelle dans la même classe nosographique que la pédophilie, le fétichisme, le viol, le travestisme et l'agression sexuelle. Dans le DSM-II (1968),

---

12. Il s'agit des célèbres DSM, soit le *Diagnostic and Statistical Manual of Mental Disorders* que publie l'American Psychiatric Association depuis 1952 dans le but de fournir une classification des troubles mentaux commune aux psychiatres étasuniens, mais qui deviendra à partir de 1980 la référence de la psychiatrie mondialisée.

on la retire de cette classe de psychopathologies en la mettant discrètement entre parenthèses[13] et en spécifiant qu'elle n'est pas un trouble mental en soi, mais seulement dans certaines conditions. Le DSM-III (1980) parle d'homosexualité ego-dystonique pour signaler que seules les «pulsions homosexuelles» plongeant l'individu dans le désarroi sont à proprement parler pathologiques. Argumentation qui pourrait, bien évidemment, s'appliquer à n'importe quel autre comportement ou «pulsion», mais curieusement, seulement certains d'entre eux méritent cette attention psychiatrique ponctuelle. Dans le DSM-IV (1994), il n'y a aucune allusion à l'homosexualité dans la classe des paraphilies, ni nulle part ailleurs[14]. Qu'est-ce qui a changé en un peu plus de trente ans? Le comportement homosexuel ou les conditions normatives non psychiatriques qui poussaient néanmoins la psychiatrie à le pathologiser? La transformation du statut de l'homosexualité de problématique à non problématique ne doit rien à la psychiatrie ni à la science, mais tout aux conditions sociales de sa tolérance, de son acceptation, voire de son intégration dans l'univers de la conformité. La situation s'est même inversée: si un psychiatre occidental s'appliquait à pathologiser l'homosexualité aujourd'hui, c'est son propre comportement qui risquerait à son tour d'être pathologisé comme homophobie. En revanche, d'autres anciennes «paraphilies», telles que le fétichisme et le travestisme[15], demeurent classées sans aucun fondement scientifique dans l'univers du «mental pathologique» jusqu'au moment où les conditions sociales de leur conformité verront le jour.

Ce qui précède ne signifie nullement, nous insistons, que les pathologies mentales n'existent pas et qu'elles sont *seulement* des catégorisations médicales de comportements culturellement et normativement problématiques, parce qu'elles sont soit déviantes, soit statistiquement sous-représentées. Toutefois, la définition d'un «problème» comme relevant du champ de la santé mentale plutôt que du champ de la différence ou de la conflictualité sociale est un processus complexe où la culture, les normes et les rapports de force entre les groupes interviennent de manière

---

13. Les parenthèses dans les manuels de psychiatrie sont une sorte d'étape de transition qui préannonce la disparition prochaine d'une catégorie, ou bien son entrée prochaine dans le répertoire psychopathologique qui, pour des raisons différentes (négociations entre ordres professionnels, opinion publique, groupes de pression, etc.), ne peut pas être effacée ou incluse trop rapidement.
14. Mais, si l'on s'entête à la débusquer, c'est l'univers des «troubles de l'identité sexuelle» qui la contient sans la nommer.
15. Plusieurs pays ont déjà dépathologisé le travestisme et cette tendance semble se généraliser. Aussi, en Californie, Victoria Kolakowski est devenue en 2010 la première juge transsexuelle (ou transgenre) à être nommée dans le monde.

forte et décisive sur ce qui est « capté » ou non par les disciplines psychologiques, psychosociologiques et médicales comme étant « naturellement » problématique car enraciné dans une épaisseur psychologique, biologique, voire génétique.

Cette nécessité « viscéralement » normative d'intervenir est bien entendu graduée selon les différents cas de figure visés en termes concrets de nature et d'ampleur des moyens qui sont mobilisés. Cette graduation témoigne largement des iniquités qui structurent l'équation sociale inégale : « distribution de ressources – modalités d'intervention – situations problématiques »[16]. Comme l'avait déjà formulé Durkheim (1973b), les réactions sociales ne sont pas nécessairement pondérées en fonction du degré de nocivité que l'acte sanctionné peut entraîner. En effet, « une crise économique, un coup de bourse, une faillite même peuvent désorganiser beaucoup plus gravement le corps social qu'un homicide isolé. Un acte peut être désastreux pour une société sans encourir la moindre répression » (p. 38). Durkheim observe donc que le degré d'intensité et la manière avec lesquels un comportement social déterminé est sanctionné ne nous indique que le type de normes exprimant des croyances et des sentiments collectifs qui ont été transgressés.

Et cela n'a pas changé, car le déséquilibre empiriquement vérifiable de la nécessité « viscéralement » normative d'intervenir continue d'être manifeste en termes d'ampleur et de nature, souvent sans égard à la gravité des problèmes considérés. Déséquilibre, d'une part, entre l'ampleur ou la gravité de certains besoins, carences, handicaps et défavorisations qui se traduisent dans une kyrielle de problèmes sociaux et, d'autre part, la modestie de l'attention sociale, des politiques sociales et des ressources matérielles qui sont mobilisées. Mais aussi le déséquilibre inverse, c'est-à-dire le trop de ressources et d'attention consacrées à des besoins, problèmes et risques moins urgents, témoigne également de cette équation inégale. La nature de l'intervention n'échappe pas non plus à ce déséquilibre car certains cas de figure de la non-conformité sont gérés par davantage de surveillance, de contrôle, de sanction, de répression, alors que pour d'autres cas, il sera davantage question d'aide, de protection, de conseil, de respect (Protecteur du citoyen, 2011 ; MSSS, 2011).

Deux paramètres intimement liés semblent orienter fortement tant la réaction socialement déséquilibrée du « viscéral normatif » (il faut agir) que son envers, c'est-à-dire la justification de la négligence de certains

---

16. Souvenons-nous de l'investissement récent d'environ 250 millions de dollars, seulement au Québec, en l'espace de quelques mois pour combattre les potentiels effets nocifs de la grippe H_1N_1 tandis que de maigres ressources sont accordées pour soutenir des individus en situation de grande pauvreté, isolement ou maladie dont l'espérance de vie est *déjà* fortement compromise ou réduite.

problèmes (il n'y a rien à faire), à savoir : 1) le partage crucial entre population active et non active ; 2) la métonymisation de certaines situations problématiques par la désignation d'un groupe stéréotypé censé les incarner. Pour le premier paramètre, il suffit de se rappeler que les populations non actives sont souvent considérées comme un poids dont les programmes sociaux s'occupent sans véritable espoir de renverser les situations les plus dramatiques et pour lesquelles les dimensions sécuritaires des interventions sont largement disproportionnées et injustifiées (Otero et Dugré, 2012 ; Bellot, Sylvestre et Chesnay, 2012). Cette affirmation n'est pas exagérée si l'on tient compte de la place infime que le thème de la pauvreté occupe dans les programmes des partis politiques provinciaux et fédéraux dans un contexte d'approfondissement des inégalités sociales vérifié largement par les organismes internationaux[17]. Dans le même sens, les inégalités sociales de santé atteignent des niveaux tellement inquiétants qu'il semble justifié dans certains cas de parler d'abandon de personnes lorsque leur espérance de vie moyenne varie entre 7 et 10 ans selon les quartiers d'une même ville comme Montréal. De surcroît, l'importance du partage entre individus «actifs» et «assistés» est aujourd'hui amplifiée par la centralité inédite de la valeur sociale du travail en tant que principal identificateur social. En effet, la nouvelle attractivité morale du travail (Mercure et Vultur, 2010 ; Kirouac, 2012) combinée à sa capacité actuelle à définir massivement l'identité et la valeur des individus complique comme jamais auparavant la situation des individus non économiquement actifs ou encore dont la performance est au-dessous de la moyenne. Et cela, non seulement en termes de pénurie de ressources matérielles, mais plus largement en termes de respect de leurs droits fondamentaux et de légitimité de leurs revendications aussi minimes soient-elles, voire de leur plus élémentaire existence sociale.

    Quant à la fonction métonymique, elle réfère à la figure rhétorique où la partie explique le tout parce qu'elle incarne symboliquement la totalité d'un phénomène plus large qu'elle est censée résumer en le réduisant à un aspect qui est significatif pour une certaine audience ou un

---

17. Il est étonnant de constater le peu de place que le thème de la pauvreté occupe tant dans le débat public lors des élections au Québec et au Canada, que dans les programmes de partis politiques majoritaires. Et ce, dans un contexte d'accentuation de la pauvreté absolue et d'approfondissement des inégalités sociales (OCDE, 2008a et b ; Conference Board, 2011). Dans le même sens, les statistiques 2011-2012 des résultats des concours du Conseil de recherches en sciences humaines du Canada (CRSH) vont dans ce sens. Il n'y a eu que quatre projets de recherche sur le domaine «pauvreté» qui ont été soumis, par rapport, par exemple, à 41 sur le domaine «management».

certain public[18]. Dans l'univers des problèmes sociaux, les figures de l'itinérant, du toxicomane ou de la prostituée, stéréotypées jusqu'à la folklorisation dans l'imaginaire populaire, médiatique et parfois même scientifique, finissent par «expliquer» les phénomènes sociaux de l'itinérance, de la toxicomanie et de la prostitution. De ce fait, certains individus doivent porter quotidiennement le poids symbolique immense qui est connoté par l'une des dimensions de leur vie qui «pose problème» à eux-mêmes ou aux autres (alcoolisme, toxicomanie, jeu, handicap mental ou physique, grande défavorisation sociale, etc.) parce qu'elle est automatiquement associée à un groupe stéréotypé tantôt socialement méprisé, dénigré et stigmatisé, tantôt perçu comme inquiétant, menaçant ou dangereux.

Du même coup, toutes les autres dimensions qui font de ces individus des personnes «comme tout le monde» et qui sont irréductibles à une dimension ou condition problématique de leur existence, sont relativisées, reléguées à l'arrière-plan, voire complètement oubliées. Malgré la masse énorme de travaux portant sur la stigmatisation, la discrimination, l'exclusion et la subordination de catégories des personnes vulnérables, et sans nier les avancées dans plusieurs domaines (certaines identités sexuelles, raciales, discapacités, etc.), cette métonymisation qui associe certains individus à certaines «populations» devenues des contre-figures de tel ou tel aspect de la socialité ordinaire, continue d'opérer. En effet, on continue à parler de «populations» itinérantes, toxicomanes, criminelles, ce qui suppose implicitement une homogénéité réelle concernant un groupe d'individus à partir d'un trait saillant parce que problématique, même si, dans bien des cas, c'est pour les aider. Ces procédés se déplacent, bien entendu, de certains cas de figure à d'autres (enfants hyperactifs, adultes déprimés, personnes âgées dépendantes, hypersexualisation de jeunes filles, cyberdépendance, etc.) selon les dynamiques changeantes du «viscéral» normatif qui laboure constamment le terrain de la non-conformité, mais qui est soumis à son tour aux transformations larges des caractéristiques de la socialité ordinaire.

En effet, les caractéristiques de la socialité ordinaire se sont profondément transformées dans le sens où le «tournant personnel» (Ehrenberg, 2010) prend une ampleur tellement généralisée que l'analyse classique des problèmes sociaux en termes de groupes plus ou moins cohérents se

---

18. La fonction métonymique à laquelle nous faisons référence ici renvoie de manière générale à la figure rhétorique de substitution de «la partie pour le tout» consistant à utiliser une partie, une dimension ou une composante particulièrement significative d'un phénomène pour illustrer ou désigner le tout, l'ensemble, la totalité. Comme le font par exemple Van der Geest et Whyte (1989) en parlant du caractère métonymique du «médicament» par rapport à l'univers plus large de la médecine qu'il est capable d'incarner, voire résumer symboliquement, de par sa capacité instituée de frapper efficacement l'imaginaire social.

trouve constamment interpellée à plusieurs égards par la nécessité de plus en plus grande de prendre en compte des situations particulières qui concernent des individus singuliers. À un point tel qu'on est aujourd'hui plus que jamais capable de se considérer comme un individu singulier avant d'être une femme ou un homme, un enfant ou une personne âgée, un hétérosexuel ou un homosexuel, et cela par la mise à l'avant-plan des caractéristiques générales de la personne : sa dignité, son épaisseur affective et sa subjectivité unique[19]. Ces caractéristiques de la socialité ordinaire actuelle qu'on pourrait appeler individualisme de masse méritent d'être discutées tant sous l'angle de ses dimensions singularisantes et individualisantes que sous celui de ses dimensions transversales et liantes.

16.3. Nouveau contexte sociétal pour penser « ce qui pose problème » : individualité singulière et individualité sociale

La compréhension de l'univers des problèmes sociaux contemporains gagnerait à accorder une attention particulière aux transformations sociétales larges, transversales et liantes plutôt que d'insister sur l'analyse classique des caractéristiques intrinsèques de « populations » vulnérables, dérangeantes ou dangereuses qui sont assistées, gérées ou réprimées de manière quantitativement et qualitativement inégale selon les logiques évoquées précédemment. Quelles sont ces transformations relativement récentes qui nous obligent à penser différemment « ce qui pose problème » aujourd'hui ? Nous ne ferons qu'en énumérer rapidement six qui nous semblent les plus importantes et qui engagent, à la fois, tel qu'on le verra plus loin, les positions sociales, les dynamiques de socialisation, les changements culturels et les stratégies d'interpellation sociale :

1. fragilisation des positions statutaires et friabilité des supports sociaux ;
2. reconfiguration des rôles familiaux, notamment la redistribution de l'autorité parentale ;
3. transformation du travail en méta-valeur suprême de l'identification, voire de l'existence sociale ;
4. coexistence de multiples repères moraux parfois contradictoires ;
5. intensification du codage psychologique et biomédical dans la régulation de comportements quotidiens ;

---

19. Comme l'affirme de Singly (2004), il ne s'agit ni de libéralisme ni de communautarisme, mais d'un modèle général de l'être ensemble où le lien social n'est possible « qu'à la condition de respecter les individus individualisés » (p. 21).

6. prédominance de la responsabilisation et de la simple coercition sur l'assujettissement et l'idéologie comme formes généralisées de subordination sociale.

De manière générale, ce nouveau contexte sociétal est marqué par une double injonction complémentaire à la singularisation et à la conformité. En effet, les *singularités individuelles* sont censées être reconnues et respectées pour tout un chacun, pour chaque individu singulier, en même temps qu'elles sont référées à une *individualité sociale ordinaire* pour tous et toutes en tant qu'individu social. Les caractéristiques générales de cette dernière (autonomie, performance, responsabilité, capacité d'adaptation au changement, polyvalence, capacité de prendre des initiatives, etc.), sont reconduites, relayées sans relâche par de multiples dispositifs de socialisation qui encouragent, amènent et autorisent les individus concrets (enfants, adultes, personnes âgées) à se concevoir de plus en plus comme des êtres responsables et d'initiative dont le sort social ne dépendrait essentiellement que de leur capacité individuelle d'adaptation aux environnements où ils évoluent : la famille, le travail, l'école, etc.

L'individualité sociale ordinaire dont on parle ici est tout simplement, même si cela n'a rien de simple, celle qui a cours à un moment donné, dans une société donnée et à laquelle on doit, d'une manière ou d'une autre, se référer. C'est celle qui répond à la question : qu'est-ce qu'un individu aujourd'hui ? Mais s'y référer ne veut pas dire s'y identifier ou s'y plier, ou encore chercher à connaître cette individualité pour la contester ou l'abolir dans un combat individuel ou collectif, théorique ou pratique. La référence à l'individualité sociale ordinaire permet de «savoir» qui on est par rapport aux autres dans une société d'individualisme de masse et, de manière moins positive, de «se savoir» à un degré ou à un autre, d'une façon ou d'une autre, «en défaut», «en décalage» et, plus rarement, «en marge» de ce qu'on demande à chaque individu d'être et de faire en fonction des différentes configurations dans lesquelles il évolue : coordonnées socioéconomiques, groupes socioprofessionnels, groupes d'âge, groupes de genre, groupes communautaires, etc.

En s'y référant, les individus particuliers prennent alors *à la fois* «connaissance» et «distance» de l'individualité sociale ordinaire qui les concerne selon leur position sociale, car s'y référer oblige à se singulariser par rapport à une référence commune qu'on doit forcément «connaître» si l'on vit en société. Pas d'individu donc sans référence à l'individualité sociale ordinaire. Pas d'individualité sociale ordinaire sans individus singuliers qui en prennent inlassablement dans chaque acte de leur vie à la fois «connaissance» et «distance». On doit encore souligner clairement deux éléments essentiels qui nous éloignent à la fois des sociologies dites critiques et des individualismes méthodologiques : 1) l'individualité sociale ordinaire n'est ni normale ni pathologique, ni bonne ni mauvaise, ni critique ni aliénée, elle est, sinon institutionnalisée, du moins distribuée comme moyenne[20] de ce qu'il est souhaitable d'être et de faire non seulement de manière vague et générale dans une société, mais aussi de manière plus spécifique dans chaque classe, groupe, communauté ou collectif où les individus particuliers évoluent, faisant preuve constante de leur singularité sociale; 2) l'individualisme de masse, à la fois singulier et social, est le produit d'une transformation sociétale large et profonde qui doit être interrogé et analysé par une sociologie de l'individuation qui se situe aux antipodes d'une sociologie de l'individu telle que l'individualisme méthodologique ou encore les psychologies des actions individuelles ou collectives. Le processus d'individuation est, paradoxalement, comme le dit Martuccelli, «le plus certain principe d'unité de la société contemporaine. Une étude sur l'individuation souligne d'emblée le principe d'unité[21].»

Si les individus concrets sont tiraillés par deux injonctions complémentaires propres aux société d'individualisme de masse, c'est-à-dire se singulariser et se référer à l'individualité sociale ordinaire, cette nouvelle dynamique: 1) agit sans égard aux positions sociales inégalitaires des individus que sont les clivages, classes, situations vulnérables, etc., 2) opère

---

20. Afin de bien comprendre ce que nous entendons par moyenne normative, il faut rappeler la distinction foucaldienne entre normation et normalisation. Dans les sociétés disciplinaires telles que définies par Foucault (2004), «on partait d'une norme et c'est par rapport à ce dressage effectué par la norme que l'on pouvait distinguer le normal de l'anormal». Dans le cas de la normalisation, on part d'un repérage du normal et de l'anormal, car la «norme est un jeu à l'intérieur des normalités différentielles. C'est le normal qui est premier et la norme qui s'en déduit, c'est à partir de cette étude des normalités que la norme se fixe et joue son rôle opératoire.» C'est donc à partir du normal, qui n'est saisissable que dans la pratique sociale concrète, que la norme doit être repérée comme nouvelle «moyenne» de comportement. Et cette norme «moyenne» doit rester toujours ouverte aux jeux «réels» entre le normal et l'anormal afin de rester «opératoire». Les outils de mesure (sondages, questionnaires, enquêtes, etc.) qui s'abattent sur les populations des sociétés «libérales» avec la régularité méthodique de la science, aussi bien que les manières informelles de collecte d'informations sur nous et nos habitudes (réseaux sociaux, informatiques, forums web, enregistrements automatisés d'achats par carte de crédits, indexation des visites à des sites Internet, etc.) réalimentent constamment le cœur normatif du libéralisme permettant une mise à jour perpétuelle des moyennes afin qu'elles soient toujours opératoires. Ce n'est pas l'un des enjeux vitaux du libéralisme d'hier et du néolibéralisme d'aujourd'hui que de contrer les risques de la «normation» qui peuvent rendre trop rigide son système de gouvernabilité?
21. Le renouvellement de la sociologie de l'individuation exige de repenser «le primat analytique accordé jadis par la notion de socialisation à la famille et à l'école, et à leur ombre plus ou moins durable tout au long d'une vie, sous la forme d'orientations normatives intériorisées ou des dispositions incorporées» (Martuccelli, 2006, p. 25). Autrement dit, quel est aujourd'hui le locus sociologique de l'individuation? Pour une réponse exhaustive à cette question, voir la thèse sur la société singulariste posée par Martuccelli (2010).

une « démocratisation » de la souffrance psychologique, 3) exige une mise au point permanente des modes d'adaptation sociale et 4) renverse la vieille équation sociologique qui attribuait le primat affectif à la socialisation primaire et le primat cognitif à la socialisation secondaire.

Le premier point touche les effets négatifs de la fragilisation des positions statutaires : la friabilité des supports sociaux et la reconfiguration des rôles familiaux qui semblent congruents avec la demande de singularisation individuelle, mais qui témoignent en même temps de l'accentuation des inégalités sociales. En effet, au cours des 20 dernières années, dans la majorité des pays de l'OCDE, un constat s'impose : on assiste à une accentuation des inégalités de revenus entre les groupes sociaux et à une augmentation du nombre absolu de pauvres[22]. Le Canada est l'un des pays les plus touchés par cette tendance (OCDE, 2008a ; Conference Board, 2011), car la pauvreté est passée de 3 à 12 % au cours de la dernière décennie et touche tous les groupes d'âge (OCDE, 2008b). La proportion moindre de dépenses d'État au regard des programmes visant directement ou indirectement la diminution de la pauvreté et supportant les personnes en situation de vulnérabilité importante, combinée à la transformation de la composition des ménages (augmentation de la monoparentalité et du nombre de gens vivant seuls) est signalée comme élément important lié à l'accroissement des inégalités de revenus des ménages (Turbide *et al.*, 2006). La « vie en solo » semble une tendance lourde qui touche tous les groupes socioéconomiques dans les grands centres urbains. À Montréal, par exemple, 38 % des ménages sont composés d'une seule personne (Charbonneau, Germain et Molgat, 2009), mais cela ne veut pas dire que la « vie en solo » soit un facteur en soi d'appauvrissement ; il peut néanmoins le devenir lorsqu'il se conjugue avec ou se transforme en une situation d'isolement.

Les études concernant les liens entre inégalités sociales et problèmes de santé physique et mentale ont montré clairement l'impact décisif[23] des conditions de vie matérielles, sociales et environnementales sur l'état de santé des individus (De Koninck et Fassin, 2004), conditions qui inscrivent de manière durable dans leurs corps biologiques et psychiques les marques de l'inégalité sociale. Au Québec, les écarts de santé et de mortalité

---

22. Le mot « pauvres » dans ce rapport désigne « ceux dont le revenu est inférieur à la moitié de la valeur médiane nationale » (OCDE, 2008a).
23. Ainsi, si l'on considère les pourcentages d'incidence des différents facteurs déterminants de la santé globale de la population, l'Institut canadien de recherches avancées estime que les facteurs socioéconomiques sont les plus déterminants (50 %), suivis des caractéristiques des systèmes de soins de santé (25 %), des facteurs génétiques (15 %) et des facteurs environnementaux (10 %). Autrement dit, 75 % de la santé d'une population est « déterminée » par l'impact de facteurs non biologiques et leur interaction complexe dans les vies concrètes des personnes.

prématurée qui séparent, tant matériellement que socialement, les personnes défavorisées de celles favorisées continuent de se creuser (Frohlich *et al.*, 2008; Pampalon, 2008). Le concept de défavorisation, plutôt que celui de pauvreté, permet de qualifier l'état des « désavantages » d'un individu ou d'un collectif par rapport à un ensemble auquel il appartient en termes relatifs. L'analyse des liens entre la défavorisation matérielle (revenu, éducation, emploi, etc.), la défavorisation sociale (fragilité du réseau social, isolement, etc.) et les inégalités de santé permet de saisir de manière plus fine l'impact des transformations sociales qui travaillent aujourd'hui les sociétés contemporaines.

Dans ce contexte, le désinvestissement dans les politiques plus ou moins directes de lutte à la pauvreté se voit contrebalancé par une intensification du codage et des interventions psychologiques et biomédicales. Elle prend effet notamment dans la régulation de comportements quotidiens à la fois large (grandes politiques proactives et préventives de santé) et ciblée (politiques à l'égard de groupes spécifiques), ce qui ne semble pas modifier la dynamique régressive de l'approfondissement des inégalités, mais plutôt mieux les localiser par la désignation de groupes à risque et de patrons comportementaux nuisibles à contrecarrer. Il semble que l'un des défis majeurs auquel se trouvent confrontées les sociétés actuelles d'individualisme de masse est celui de trouver la manière d'agir efficacement sur les inégalités sociales et de santé, tout en évitant le double piège de l'idéalisation de l'État-providence perdu des Trente Glorieuses et de la négligence des limites, à l'échelle du social, de la promotion psychosociale des « capacités » individuelles.

Quant au deuxième point, la « démocratisation » de la souffrance psychologique, il est opportun de se rappeler que Sigmund Freud (2001) pouvait écrire dans son *Abrégé de psychanalyse* que « le barbare, il faut bien l'avouer, n'a pas de peine à bien se porter, tandis que pour les civilisés, c'est là une lourde tâche » (p. 55). Le barbare auquel Freud fait allusion n'était pas seulement l'étranger non occidental dont la psyché était protégée par de frustres traditions, mais l'ouvrier, le pauvre, le déshérité, celui qui est dépourvu de « culture ». Le barbare était épargné des « misères psychologiques » puisqu'elles étaient, à l'époque, et jusqu'à tout récemment, un privilège de classe à la fois culturel et social. Toutefois, s'il est vrai que les névroses freudiennes étaient socialement très sélectives, puisant leurs malheureux candidats dans un bassin d'individus « civilisés » (bourgeois, petits-bourgeois, classes moyennes), on ne peut plus dire la même chose des anxiodépressions contemporaines. En effet, depuis au moins trente ans, ces dernières semblent recruter leurs proies de manière plus « démocratique », puisant même davantage leurs victimes dans le bassin des plus défavorisés[24]. En effet, l'assisté social inactif et l'ouvrier exploité ont le droit d'être déprimés, ou anxiodéprimés, tout autant que le rentier oisif et l'homme d'affaires débordant d'activité.

Si tout le monde est en droit de prétendre à la reconnaissance de sa souffrance psychologique, pauvres et riches, célébrités et quidams, hommes et femmes, est-ce que cela veut dire que tout va de plus en plus mal comme une certaine sociologie critique l'affirme ? Qu'est-ce que cela peut bien vouloir dire de souffrir quand tout le monde souffre et quand, de surcroît, tout le monde semble devoir en parler et avoir le droit d'être écouté ? Le champ de la souffrance psychologique est, en effet, un espace social fécond où l'on peut valoriser des significations, mettre en œuvre des stratégies, mener des luttes, faire avancer des causes, réduire des dommages dus à des comportements réprouvés, obtenir de la reconnaissance, mais aussi tout simplement exprimer des facettes banales de sa subjectivité et satisfaire des demandes d'empathie tous azimuts. Ce n'est donc ni une question morale, ni psychologique, ni psychopathologique, mais bien avant tout sociologique[25] : une société d'individualisme de masse permet, elle est même la condition de possibilité, d'une souffrance psychologique de masse.

La généralisation de la souffrance est donc aujourd'hui l'une des déclinaisons expressives courantes de l'individualité sociale ordinaire. Si Léon Tolstoï affirmait dans *Anna Karénine* (1877) que « toutes les familles heureuses se ressemblent, mais que chaque famille est malheureuse à sa manière », l'expérience contemporaine de la souffrance modifie cette perception. Contrairement au malheur privé singulier dont parle Tolstoï, la souffrance et la détresse contemporaines sont sollicitées, sortent de l'ombre, s'affichent au grand jour, se mesurent les unes aux autres et, à certains

---

24. Au Canada, le statut socioéconomique (SSE) est clairement relié à la prévalence de problèmes de santé mentale, car les personnes correspondant au SSE inférieur ont 2,3 fois plus de problèmes de santé mentale graves (troubles sévères et persistants), presque 2 fois plus de problèmes de santé mentale moins graves (dépression et anxiété) et 3,4 fois plus de problèmes de consommation de drogues et d'alcool que les personnes correspondant au SSE supérieur (ICIS, 2008). Dans le cas du Québec, si on considère l'ensemble des adhérents à la RAMQ, on note que les catégories d'usagers les plus vulnérables sur le plan économique et social consomment deux fois plus de médicaments psychotropes que la moyenne (22 % contre 11 %) des adhérents (CPLT, 2003).
25. Même des sociologues d'inspiration marxiste, structuraliste et « critiques » peuvent eux aussi se montrer aujourd'hui sensibles au thème de la subjectivité malmenée des classes subordonnées, autrefois largement négligée comme « petite misère de position ». Au début des années 1990, deux travaux sont fort symptomatiques de ce virage : *La lutte pour la reconnaissance* d'Axel Honneth (2000) et *La misère du monde* de Pierre Bourdieu (1993).

égards, se ressemblent en ce sens qu'«on ne souffre pas comme on veut», car la généralisation d'une grammaire générale de la souffrance balise les possibilités d'être malheureux «à sa manière» (Otero et Namian, 2011).

Le «succès» simultané en sociologie de la notion de souffrance sociale qui a pris la relève de celle d'exclusion sociale (Soulet, 2004, 2007), et, en psychiatrie, de celle de trouble mental[26], qui a pris la relève de celle de maladie mentale, témoigne des transformations profondes dans la manière de théoriser les enjeux de la subjectivité contemporaine troublée, pathologique, souffrante. Ces enjeux sont tiraillés avec force à la fois du côté du social (socialiser la souffrance en l'associant aux dysfonctionnements sociaux) et de celui du biologique mental (biologiser la souffrance en l'associant aux dysfonctionnements du cerveau). Que les étiologies ultimes, les célèbres dernières instances, soient l'insuffisance de sérotonine ou la perte du sens et de repères considérée comme une des figures contemporaines des classiques effets aliénants du capitalisme, le constat sous-jacent est le même: aujourd'hui, la souffrance est partout, tout le monde souffre, parle de sa souffrance et a droit à la reconnaissance de sa souffrance.

Quant au troisième point, l'exigence d'une mise au point permanente des modes d'adaptation sociale, il s'agit de l'un des seuls points de convergence du vieux débat entre culturalistes (le culturel fonde le psychisme) et psychologistes (le psychisme fonde le culturel), lorsqu'il s'agit de penser ce qu'on appelait à l'époque des pays industrialisés. Margaret Mead (1978), représentante majeure de l'anthropologie culturaliste, avait déjà défini les sociétés occidentales comme «préfiguratives», c'est-à-dire comme des sociétés à changement très rapide où l'expérience transmise par les aînés semble peu utile aux plus jeunes qui se trouvent dans une situation analogue à celle de l'immigrant ou du pionnier qui doit tout apprendre en temps réel. Geza Roheim (1967), critique acerbe des anthropologues qui remettaient en question l'universalité du complexe d'Œdipe, c'est-à-dire de psychisme humain, soulignait un fait majeur en Occident: le passage des sociétés à évolution lente à des sociétés à changement rapide, qu'il nommait, avant la lettre, des «sociétés à orientation thérapeutique». Dans ces sociétés, caractérisées par l'exigence d'un effort d'adaptation permanent, les interventions psychothérapeutiques, aujourd'hui on dirait en santé mentale, sont appelées à jouer un rôle majeur dans les processus larges de socialisation ordinaire.

---

26. La définition de trouble mental avancée par le DSM-IV est la suivante: «chaque trouble mental est conçu comme un modèle ou un syndrome comportemental ou psychologique cliniquement significatif, survenant chez un individu et associé à une détresse concomitante (p. ex. symptôme de souffrance) ou à un handicap (p. ex. altération d'un ou plusieurs domaines du fonctionnement) ou à un risque significatif élevé de décès, de souffrance, de handicap, ou de perte importante de liberté» (American Psychiatric Association, 2000, p. 35).

En effet, le complexe et vaste univers actuel de la santé mentale s'étend partout : interventions psychosociales, psychothérapeutiques, psychopharmacologiques, psychoéducatives, dispositifs de parole et d'écoute, etc., et constitue un lieu privilégié d'observation des différentes formes de régulation et de mise au point des conduites chez les enfants, les adultes et les personnes âgées. Un lieu où se manifestent certaines injonctions sociales indiquant aux individus ce qu'on attend d'eux, un lieu où ceux-ci témoignent de la résistance à ces injonctions par des symptômes, de la souffrance ou le « passage à l'acte » et, enfin, un lieu de reconduction de certaines identités dans le cadre desquelles on est censés se reconnaître et fonctionner. Il ne s'agit plus seulement de pallier les « dysfonctionnements » psychologiques et sociaux, mais encore de « produire » des comportements désignés aujourd'hui comme « adaptés » plutôt que « normaux » en confiant à l'individu lui-même de nouvelles responsabilités de gestion dont celle de mettre au point continuellement ses règles de conduite. En effet, il s'agit d'une nécessité car les individus évoluent à l'intérieur de dynamiques « environnementales » instables comme jamais auparavant (professionnelles, familiales, conjugales, scolaires, amoureuses, amicales, sexuelles, de loisirs, identitaires, etc.) dans lesquelles ils sont projetés et desquels ils sont soustraits alternativement ou à la fois, et cela, en permanence au cours de leur trajectoire de vie de moins en moins linéaire et prévisible.

C'est dans ce sens que l'individualité de masse, transversale et ordinaire qui caractérise les sociétés contemporaines semble en résonance avec les disciplines « psy » (psychologie, psychoéducation, psychiatrie, psychopharmacologie, etc.) qui fournissent des grilles d'interprétation et d'intervention non seulement pour saisir et gérer les multiples cas de figure de « ce qui pose problème » dans toute société, mais de plus en plus pour agir directement sur la « normalité ». Du même coup, on comprend mieux la prédominance de la coercition directe (les individus sont mis dans des rapports de force déséquilibrés sans la moindre occultation) et de la responsabilisation (c'est leur responsabilité individuelle s'ils sont dans de telles situations) sur l'assujettissement (sujet de sa condition, origine, clase, etc.) et l'idéologie (mystification intériorisée de sa condition de dominée) comme formes généralisées de subordination sociale. Ces dernières, c'est-à-dire l'assujettissement et l'idéologie, s'avèrent en effet non seulement moins efficaces empiriquement, mais aussi nécessitent une structure de socialisation qui n'est plus au rendez-vous notamment au niveau de la famille, de l'école et du travail[27].

---

27. Pour une analyse systématique et éclairante des formes de domination contemporaines, voir Martuccelli (2004).

Quant au quatrième point, le renversement de la vieille équation qualifiant la socialisation primaire plutôt affective et la socialisation secondaire plutôt cognitive, il est intimement soudé aux trois premiers. C'est peut-être Franz Boas, le père du culturalisme, se battant contre l'idée d'un esprit, d'une psyché ou d'une nature humaine universelle qui a investi de manière explicite et systématique la question du lien nécessaire entre culture et personnalité. Si chaque culture produit sa propre personnalité car l'« ensemble d'institutions d'une culture donnée » crée un style de vie irréductible autour duquel les individus brodent leur personnalité également irréductible, on peut dire avec Kardiner que le « moi » est d'une certaine façon un « précipité culturel » (Kardiner, 1969, 1939 pour l'édition originale). Mais, l'« ensemble d'institutions d'une culture donnée » auquel les culturalistes font allusion était invariablement celui chargé de l'éducation dans la famille où la « personnalité de base » se forgeait dans le face à face intense, privé, exclusif et profondément affectif entre l'enfant à socialiser et les « autrui significatifs » socialisants (les parents). Linton réaffirme cette idée que c'est surtout l'éducation familiale qui transforme les individus en véritables membres de la société par le façonnement, essentiellement affectif, de la personnalité de base de l'individu en bas âge. Ce qu'il appelle les « personnalités statutaires » constituent des « configurations de réponses culturelles » supplémentaires, essentiellement cognitives et liées à des statuts extrafamiliaux (bourgeois, médecin, ouvrier, employé, sportif, etc.) acquis de manière ouverte et concurrentielle dans la vie adulte ou, du moins, postadolescente.

Berger et Luckmann reprennent pour l'essentiel ces caractéristiques de la socialisation primaire qui consiste pour eux en une identification émotionnelle[28] où les règles du jeu sont fixées de manière forte, durable et exclusive pour l'enfant en train de devenir membre de la société. Il n'y pas de choix des « autrui » significatifs car, pour cette première identification déterminante et inévitable, le monde des parents n'est pas un monde parmi d'autres, mais c'est « le » monde de l'enfant. Dans les mots des auteurs, les parents ne sont pas de simples « fonctionnaires institutionnels » de socialisation, ils sont « la » société. Bien entendu, aucune socialisation n'est jamais complète ou complètement réussie pour toutes sortes de raisons discutées par les auteurs : décalages, métamorphoses, chocs biographiques, concurrences inattendues ou indésirables, etc. Les exemples donnés par les auteurs demeurent toutefois des exceptions dont les définitions rivales du monde à transmettre résultent le plus souvent de

---

28. Les auteurs utilisent le terme « émotif » plutôt qu'« affectif », sans doute parce que le terme « affectif » n'a pas d'équivalent en anglais. Pour une analyse sociologique systématique sur la question des émotions, voir l'excellent travail de De Courville (2011).

l'«hétérogénéité du personnel chargé de l'exécution de la socialisation primaire» tels les «autrui» significatifs diversifiés (autres parents substituts, nurses, tantes[29], grands-parents, etc.) qui opèrent des médiations contradictoires, inadéquates ou concurrentes (conflits de mondes contradictoires à intérioriser).

Toutefois, ces exceptions sont aujourd'hui de moins en moins exceptionnelles si l'on tient compte de la généralisation des familles recomposées, de la prise en charge très tôt de l'éducation des enfants par les structures de la prime enfance notamment par les CPE, crèches, garderies, de la réduction des inégalités des sexes, des mariages de conjointes ou de conjoints du même sexe, de la redistribution des rôles familiaux, du déclin de la figure du père, de la montée des droits des enfants, de la monoparentalité non voulue ou par choix[30], de la généralisation de la vie en solo, de la possibilité individuelle d'adopter des enfants ou, pour les femmes, de procréer individuellement[31], etc. Peut-on affirmer que la socialisation primaire n'est plus ce qu'elle était en termes d'exclusivité du «personnel chargé de son exécution», d'adhésion «affective» au «monde» intériorisé et à la transmission d'un seul «monde» plutôt que de plusieurs? Dans les sociétés contemporaines, cette transformation est largement entamée et les trois dimensions essentielles engagées y sont inéluctablement bousculées: autrui significatifs, affectivité et exclusivité du monde à transmettre. Les premiers sont multiples, variés et parfois inattendus, la charge affective est moins intense et davantage distribuée sur plusieurs niveaux et personnes et «le» monde à transmettre est à la fois précaire (il deviendra désuet) et démultiplié en plusieurs mondes concurrentiels, voire contradictoires[32].

La socialisation secondaire découle essentiellement de la division sociale du travail, des rôles qui s'y rattachent (médecin, malade, contremaître, employé, etc.) et de la distribution sociale de la reconnaissance qui y est souvent associée. Berger et Luckmann rappellent que la socialisation secondaire ne suppose pas un «caractère d'inévitabilité» car elle

---

29. Dans le cas du Québec, il est impossible de ne pas penser à l'œuvre de Michel Tremblay, où les femmes, omniprésentes et plurielles (multiplicité de ces «autrui significatives»), constituent l'environnement névralgique de la socialisation primaire.
30. Pour le phénomène de *Single Mothers by Choice*, voir notamment l'étude de Jadva *et al.* (2009) ou encore le site <http://www.singlemothersbychoice.org>.
31. Pour une mise à jour des méthodes de procréation assistée et de l'évolution des cadres légaux selon les pays qui montrent les configurations en cours de nouvelles familles individuelles, homoparentales, tardives, etc., voir Forget (2012).
32. Linton soulevait les effets à long terme sur les individus adultes des modèles de famille ouverte et étendue, d'une part, et fermée et restreinte, de l'autre. L'amour romantique et exclusif ne lui semblait possible que dans une société caractérisée par le modèle de famille restreinte et fermée (nucléaire). Dans cette logique, la pluralité et la non exclusivité des «autrui» significatifs familiaux favorise des modèles amoureux moins exclusifs et permanents ainsi que plus ouverts et instables.

est le lieu de la cognition, du pragmatisme, du choix, du contrôle émotionnel et de la rationalité. Au lieu de « monde » ou des « mondes », les auteurs parlent souvent de « sous-mondes » qui sont en général contestables du fait de leur caractère moins fondamental, plus spécialisé, changeant et, surtout, contextuel. On opposait autrefois de manière schématique le caractère davantage naturel et fondamental de la socialisation primaire au caractère davantage artificiel et surajouté de la socialisation secondaire, qu'on illustrait parfois par le cas de figure de l'immigrant : il ne deviendra jamais un membre « affectif » de la société (il peut apprendre à se comporter comme un membre mais pas à se « sentir » comme tel) tandis qu'il pourra devenir médecin, employé ou ouvrier à part entière.

Dans la pratique, les cas de figure sont fort différents car l'engagement du religieux et de l'employé de banque n'est évidemment pas le même, et la proportion de composantes affectives et cognitives non plus. La notion de vocation comporte beaucoup d'éléments affectifs de même que les expressions « se donner » à la musique, à Dieu, à sa profession, etc. Mais il est essentiel de souligner que, pour les auteurs, cela reste des exceptions, tout comme l'interférence d'autres mondes l'était également dans la socialisation primaire. Peut-on affirmer aujourd'hui que la socialisation secondaire n'est plus non plus ce qu'elle était en termes d'adhésion plutôt cognitive, d'exceptionnalité de la « vocation », d'instance de transmission de « sous-mondes » contestables ? Peut-on penser à un réinvestissement affectif du travail compte tenu de sa centralité inédite dans la réalisation personnelle des individus, de leur valorisation sociale et de leur identification en tant que membres à part entière de la société, réinvestissement qui soit corrélatif d'un relâchement de l'investissement affectif associé à des configurations familiales plus souples, modifiables, contestables et pleines d'interférences qui sont aujourd'hui davantage considérées comme un atout plutôt que comme un problème à régler ? Et, enfin, si c'était davantage au travail que dans la vie famille que l'on trouverait aujourd'hui non seulement les critères caractérisant un véritable membre de la société mais aussi le lieu où s'éprouvent les véritables enjeux de l'identification affective qui structure les personnalités au sens de Linton, c'est-à-dire le « fondement culturel de la personnalité »[33] ?

---

33. Les anxiodépressions contemporaines, dont la prévalence touche une personne sur quatre ou sur cinq selon les études et les manières de les mesurer, sont massivement reliées aux expériences pénibles au niveau du travail (trop de travail, travail sans qualité, travail dévalorisant, travail trop exigeant, travail précaire, pas de travail, etc.). Nous discutons ailleurs les études et les chiffres concernant les maux affectifs et psychologiques du travail et de la performance (Otero, 2012, notamment au chapitre 3).

En complément à ces transformations, il semble pertinent de rappeler que Berger et Luckmann avaient déjà soulevé que toute société complexe où plusieurs mondes sont ouverts les uns sur les autres, tend à rendre possible la question existentielle suivante chez les membres d'une société : qui suis-je ? Comment suis-je devenu celui que je suis ? Pourquoi suis-je un tel plutôt qu'un autre ? En effet, c'est dans ce sens que l'individualisme peut menacer ce que la socialisation a mis du temps à échafauder par le choix disponible et fréquent entre identifications différentes, par la possibilité constante d'ouvrir son parcours biographique à la réflexion à d'autres mondes et, en un mot, à la question susceptible d'être paralysante, dépaysante ou souffrante : ai-je fait le bon ou mauvais choix de vie ? Pourtant, cette question qui met en relief l'ouverture possible du parcours biographique à la réflexion permanente sur « sa vie » et à d'autres « mondes » possibles (genre, sexualité, profession, goûts, morale, etc.) devient en quelque sorte un questionnement ordinaire largement établi dans les sociétés contemporaines.

Il ne faut pas comprendre ce processus comme une transformation d'ordre psychologique, mais surtout comme une transformation foncièrement sociétale et existentielle. Sociétale parce que, comme l'a bien signalé Marx (1982) lui-même dans le langage de son époque : « C'est seulement dans la communauté qu'existent pour chaque individu les moyens de cultiver ses dispositions dans tous les sens ; c'est donc uniquement dans la communauté que la liberté personnelle devient possible » (p. 1111)[34]. Les moyens de cultiver les dispositions individuelles se sont sensiblement élargis, faisant du questionnement existentiel, de l'incertitude, du doute, des bifurcations des trajectoires une donnée de la sociologie normale plutôt qu'une source d'inquiétude au regard de la cohésion ou de la stabilité sociale. Bourdieu (1992) lui-même a signalé tardivement cette question inconfortable pour la sociologie dite critique : « Il m'a fallu beaucoup de temps pour comprendre que le refus de l'existentiel était un piège, que la sociologie s'est constituée contre le singulier et le personnel, l'existentiel, et que c'est l'une des causes majeures de l'incapacité des sociologues à comprendre la souffrance sociale » (p. 355).

Devenir quelqu'un d'autre dans une ou plusieurs dimensions de sa vie (profession, genre, moral, opinions, etc.) exige ce que Berger et Luckmann appelaient des structures de plausibilité qui sont sociales et extérieures

---

34. Il est intéressant de revenir sur cette réflexion anthropologique classique de Marx qui nous rappelle qu'il n'est point besoin de recourir à quelque psychologisme pour décrire les conditions de possibilité de la liberté personnelle et, de manière plus large, pour penser ce qui signifie un individu social singulier. La notion d'extrospection de Danilo Martuccelli (2012) nous rappelle également la possibilité d'étudier l'action singulière sans faire appel aux psychologismes ni aux individualismes méthodologiques.

aux individus. Ces structures rendent non seulement possible la nouvelle bifurcation biographique, mais également elles la maintiennent dans le temps et dans l'espace social sans quoi l'interrogation existentielle demeure juste un questionnement intérieur, une vue de l'esprit, un rêve momentané. C'est dans ce sens qu'il ne s'agit pas d'un processus psychologique, d'émergence d'une nouvelle personnalité hypermoderne ou postmoderne (Sennet, 1977; Lasch, 1977; Lipovetsky, 1983; Gauchet, 1998), mais de la généralisation de conditions sociales nécessaires de possibilité d'être quelqu'un d'autre, d'exercer ses dispositions, comme dirait Marx, d'investir d'autres régions de l'arc des possibles humains, comme dirait Bénédict.

En matière de psyché, de personnalité ou d'esprit: hors de l'Église (institution), point de salut (foi du croyant) parce que les possibilités de l'«arc humain» (Bénédict), les «moyens de cultiver ses dispositions» (Marx) ou les «structures de plausibilité» (Berger et Luckmann) sont foncièrement sociétales. Pourquoi alors ne pas tirer les conséquences nécessaires de ces transformations pour penser à nouveaux frais les problèmes sociaux au-delà des catégories de personnes, des populations ou des profils psychologiques «problématiques»?

16.4. Des populations « problématiques » aux dimensions « problématisées » : un passage analytique devenu nécessaire

L'intention heuristique de lier l'univers de «ce qui pose problème» au socle sociétal plus large de l'individualité singulière et sociale tel que nous l'avons discuté précédemment et dont l'appartenance à des groupes, classes, réseaux particuliers (majoritaires, minoritaires, conformes, non conformes, etc.) ne peut plus faire l'économie, répond à un objectif précis, à savoir: reformuler l'angle général d'analyse des problèmes sociaux afin d'appréhender davantage des dimensions qui sont «socialement problématisées» plutôt que des populations qui sont désignées comme «socialement problématiques». À titre d'exemple, au lieu de chercher à identifier des groupes spécifiques de personnes considérées comme vulnérables, à risque, en danger ou dangereuses, dans un but aidant (protection, soins, etc.) ou dans un but de contrôle (surveillance, répression, judiciarisation, etc.), nous pouvons faire appel à quatre ensembles dimensionnels et processuels qui engagent des différences, des défavorisations, des handicaps et des comportements, lesquels, pour des raisons qu'il s'agit toujours de rendre explicites et de discuter en permanence, «posent problème» et deviennent, de ce fait, l'objet d'interventions légitimes (il faut agir) ou encore de négligences déshumanisantes (il n'y a rien à faire) à un moment précis et dans une société précise.

Nous proposons, de manière très schématique et abstraite, de privilégier l'analyse de quatre dimensions sociétales larges fondamentales pour penser la non-conformité problématique en la désenclavant des populations qu'on y rattache et dont l'existence reste encore à vérifier. Le tout afin de stimuler la discussion autour de l'univers des problèmes sociaux contemporains sur des bases transversales et processuelles qui renvoient systématiquement à, d'une part, des états, situations et contextes sociétaux « qui posent problème » et, d'autre part, à des dynamiques, des transformations, des mutations sociétales qui permettent de les comprendre et les expliquer.

a) Défavorisations problématisées : cette dimension renvoie aux conditions socioéconomiques d'origine structurelle ou processuelle qui portent atteinte objectivement aux conditions générales de vie des personnes ou des groupes. Elles sont représentées, entre autres, par les figures de nouvelles et anciennes pauvretés, l'instabilité au niveau de l'emploi, le chômage de longue durée, la précarité résidentielle, les situations d'itinérance, les difficultés d'accès aux services, l'isolement social, la non-reconnaissance sociale et les formes complexes de vulnérabilité sociale.

b) Différences problématisées : cette dimension réfère aux manières d'être ou de paraître statistiquement sous-représentées, étranges ou étrangères et susceptibles de susciter l'étonnement, le rejet, la discrimination, la stigmatisation ou le mépris. C'est le cas de certains des styles de vie, des esthétiques vestimentaires, apparences ou traits physiques racisés, étonnants ou hors du commun, etc.

c) Handicaps problématisés : celle-ci concerne des limitations physiques ou psychiques qui constituent une contrainte objective ou subjective au fonctionnement ordinaire dans la vie quotidienne telle qu'elle se présente dans une société donnée à un moment donné. Qu'on pense, par exemple, aux problèmes de santé physique et mentale, aux incapacités intellectuelles et physiques, etc.

d) Comportements problématisés : cette quatrième dimension évoque des « passages à l'acte » ou des conduites nuisibles, réprouvées, dérangeantes, dangereuses, menaçantes, risquées (ou perçues comme telles) pour la personne ou des tierces personnes. Cela peut prendre la forme de la violence, de dépendances, de pratiques sexuelles particulières, d'errance ou de fuites diverses, de prise de risques sanitaires, d'incivilités, d'abandon de soi ou des autres, de tendances autodestructives ou suicidaires, etc.

De toute évidence, les univers empiriques interpellés par ces dimensions transversales se chevauchent à plusieurs égards dans chaque cas de figure concret que l'on considère. À titre d'exemple, la situation d'itinérance illustre massivement la dimension de la défavorisation, mais elle implique, à des degrés divers, une distinction sur le plan de l'apparence (dimension de la différence), une plus grande présence de problèmes de santé physique et mentale (dimension des handicaps) et une visibilité accrue de certains comportements qualifiés d'incivils (dimensions des comportements problématisés). Toutefois, ici la dimension la plus marquante et décisive demeure la défavorisation, sans que les autres dimensions soient absentes du processus de définition de ce qui pose problème. Si l'on examine le cas des problèmes de santé mentale graves, ce qu'on appelle les «troubles sévères et persistants» dans la terminologie des politiques publiques, ceux-ci illustrent massivement la dimension du handicap. Toutefois, ils impliquent, à des degrés divers, une situation de pauvreté significative, de difficultés d'employabilité, de précarité résidentielle, d'isolement social, etc. (dimension de la défavorisation), parfois des particularités en ce qui concerne l'apparence et le style de vie excentrique (dimension de la différence) ou encore des gestes perçus comme inquiétants, menaçants, dérangeants, la mise en péril de sa propre santé, etc. (dimensions des comportements problématisés).

Ces quatre dimensions peuvent être mobilisées aisément pour appréhender sociologiquement «ce qui pose problème»: 1) sans faire appel à un quelconque groupe social qui les incarne et que l'on se représente souvent (littérature sociologique, romans, médias, séries télévisées, etc.) par les exemples les plus stéréotypés et folklorisés (l'itinérant, la prostituée, le junkie, le «bs», le *serial killer*, etc.) qui produisent des effets d'amalgame dont les conséquences sont lourdes non seulement pour la vie des personnes concernées, mais aussi pour la compréhension générale de la société dans laquelle on vit; 2) sans faire appel à des explications essentiellement constructivistes ou réactionnalistes qui contournent la discussion de fond concernant l'univers de «ce qui pose problème» auquel il faut faire face dans la pratique et à propos duquel il s'agit de faire le débat sur le contenu, les justifications, les inclusions, les exclusions, les déséquilibres, l'adéquation des interventions, etc. En paraphrasant Durkheim dans son argumentation sur l'analyse sociologique du crime, on peut dire que les problèmes sociaux existent bel et bien, qu'il n'existe pas de société sans problèmes sociaux et que ceux-ci ne s'expliquent pas par les caractéristiques psychologiques de certains groupes ou individus.

L'appel analytique à mettre de l'avant ces quatre dimensions socialement problématisées touchant les inégalités, apparences, dysfonctionnements et passages à l'acte permet aussi de dégager de manière plus claire le fait suivant: éprouver des problèmes qui affectent directement une personne ou les autres concernant une ou plusieurs sphères de sa vie ne signifie nullement que la dimension concernée investisse l'ensemble des dimensions ou de la vie de la personne, ni qu'elle le fasse de manière permanente. Cette manière d'appréhender «ce qui pose problème» permet de libérer les dimensions non problématiques de l'emprise de ce qui est socialement problématique, faisant ainsi obstacle aux processus de déshumanisation de certaines personnes aux prises avec des problèmes graves, ce qui rend possible la mise en pratique de formes d'intervention agressives, envahissantes, irrespectueuses, infantilisantes, méprisantes (lois spécifiques à certains groupes, traitements différentiels, mépris institutionnalisé, etc.) ou encore justifie l'indifférence, la négligence et l'abandon.

Le déplacement de l'angle d'analyse de l'univers de problèmes sociaux des «populations problématiques» aux «dimensions problématisées» ne signifie nullement la négation des problèmes auxquels il faut faire face comme politicien, praticien, intervenant ou citoyen, mais la nécessité de les conceptualiser différemment en mettant l'accent comme point de départ sur le fait que les individus qui sont concernés sont des membres à part entière de la société parce qu'enracinés à plusieurs degrés et de plusieurs manières dans une même socialité ordinaire «non problématique», pour le meilleur et pour le pire[35]. En effet, le nouveau contexte sociétal pour penser «ce qui pose problème», que nous avons caractérisé par la double injonction à la singularité (individualité singulière) et à la conformité (individualité sociale), comporte des risques et des opportunités qu'on peut se représenter sous la forme classique de deux pôles théoriques idéaux: l'assujettissement et la subjectivation. Le premier, le pôle de l'assujettissement, incarne schématiquement l'interpellation sociale réussie et achevée qui préside à la reproduction sociale non seulement des formes valorisées, attendues, voire institutionnalisées de ce que signifie être un individu aujourd'hui, mais également aux déséquilibres soulignés plus haut concernant les interventions (reconduction des inégalités sociales et de santé, distribution inégale des ressources, débalancement injustifié entre la coercition, l'aide et le conseil selon les cas de figure, etc.). Le second, pôle de la subjectivation, réfère à la mise de l'avant d'autres possibilités alternatives qui se traduit par différentes formes d'érosion des ordres symboliques dominants et des orientations normatives fortes qui reconduisent l'individualité sociale ordinaire ouvrant des espaces d'appropriation positive, de contestation, de revendication, de résistance, de demandes de reconnaissance effective, voire des «passages à l'acte» inattendus, imprévus ou encore novateurs.

---

35. Pour un exemple récent et novateur d'une approche qui met à profit les transversalités sociétales plutôt que les catégorisations populationnelles pour analyser des phénomènes aussi complexes que l'itinérance et la «fin de vie», voir Namian (2012). Aussi, nous avons abordé la question des problèmes graves de santé mentale à Montréal dans une perspective dimensionnelle qui tente de comprendre les dimensions problématiques nouées dans les principaux cas de figure interpellés par le dispositif de psychiatrie-justice montréalais (Otero, 2011).

Dans cette optique binaire et schématique d'assujettissement – subjectivation, on peut distinguer deux lignes de force principales contradictoires qui témoignent des tiraillements structuraux des demandes sociétales simultanées de singularisation et de conformité, notamment lorsqu'il s'agit des stratégies d'intervention en matière de problèmes sociaux dans un contexte d'accroissement des inégalités sociales, de santé et d'espérance de vie qui persiste depuis plusieurs décennies. La première ligne de force, plutôt régressive, elle, se caractérise par :
   a) les obsessions étatiques envers la santé individuelle et populationnelle qui brouillent les profonds clivages sociaux qui les sous-tendent et souvent les expliquent ;
   b) les préoccupations éthiques, morales et psychologiques qui se substituent aux iniquités criantes sur le plan de la distribution régressive des ressources matérielles ;
   c) la centration psychologisante sur l'individu[36], acteur autonome et responsable de sa trajectoire de vie qui dissimule les positionnements inégalitaires de départ.

Ces tendances font en sorte que certaines dérives, telles que l'acharnement individualisant, responsabilisant et thérapeutique, puissent accompagner, voire carrément se substituer, aux bienfaits attendus du véritable «empowerment» revendiqué sincèrement par de nombreux intervenants sociaux et communautaires dans leur action concrète et proclamé rhétoriquement par les politiques sociales gouvernementales.

Quant à la seconde ligne de force, plutôt progressive, elle se caractérise par :
   a) la prise en compte de l'individualité singulière de la personne, souvent gommée au profit des caractéristiques de son groupe de référence (clientèle), souvent défini par des catégorisations administratives des politiques gouvernementales, des lectures sociologiques, criminologiques ou psychologiques cliniques, des stéréotypes relayés par les médias, etc. ;
   b) la reconnaissance de la dimension de la dignité et du respect des individus dans le cadre de stratégies d'intervention qui se rapportent à des situations de vie pénibles, humiliantes, vulnérables et dévalorisantes ;
   c) l'ouverture à des formes de reconnaissance nouvelles et la légitimation de revendications dans des domaines, pratiques, situations autrefois stigmatisés, méprisés, ou encore, incompris et ignorés.

---

36. Pour une discussion récente sur les glissements entre singularisation et de psychologisation dans l'intervention sociale, voir Namian, 2011.

Ces tendances témoignent de l'émergence, ou encore de la légitimité acquise, de nouvelles exigences et identités sociales ainsi que du rejet de certaines formes de souffrance, de disqualification, d'insatisfaction et de dévalorisation sociale, culturelle, de genre, sexuelle et morale devenues aujourd'hui intolérables. Dans ces cas, ces tendances se trouvent à bonifier plutôt qu'à remplacer les objectifs recherchés des politiques d'intervention sociale, ainsi qu'à enrichir la palette d'outils des intervenants du social en assouplissant leurs dimensions coercitives, paternalistes, standardisantes et réductrices.

Si l'on veut atténuer les dynamiques socialement régressives et soutenir les dynamiques socialement progressives, il nous semble qu'il faille opérer le déplacement théorique proposé dans la compréhension des phénomènes non conformes problématiques afin de contribuer au renouvellement des politiques sociales, des pratiques d'intervention et des formes d'aide actuelles qui ne parviennent pas à atteindre leurs objectifs. Il convient néanmoins de rappeler qu'il ne s'agit pas de revenir à un état de choses qu'on a souvent idéalisé et qui ne répond plus aux dynamiques sociales contemporaines lorsqu'on évoque, par exemple, la solidité statutaire associée à l'ancien pacte fordiste, le style de croissance soutenue des Trente Glorieuses, le caractère protecteur de famille patriarcale et nucléaire contre l'isolement social et la vulnérabilité de ses membres ou encore l'ancien État-providence comme rempart massif contre la précarité sociale. En effet, ni le style de développement des Trente Glorieuses n'est soutenable ni souhaitable, ne serait-ce qu'en termes écologiques, ni le style de vie standardisant associé au pacte fordiste n'était pleinement satisfaisant pour les travailleurs et travailleuses, ni la famille patriarcale et nucléaire ne permettait l'équilibre existentiel minimal entre les hommes, les femmes et les enfants, ni l'État-providence ne protégeait les citoyens sans imposer des logiques bureaucratiques devenues aujourd'hui intolérables. Tel que le mentionne Robert Castel, un auteur insoupçonnable de néolibéralisme, dans son analyse de la transformation de la question sociale:

> On ne peut pas avoir dénoncé l'hégémonie de l'État sur la société civile, le fonctionnement bureaucratique et l'inefficacité de ses appareils, l'abstraction du droit social et son impuissance à susciter des solidarités concrètes, et condamner des transformations qui prennent en compte la particularité des situations et en appellent à la mobilisation des sujets. Ce serait d'ailleurs à pure perte, car ce mouvement d'individualisation est sans doute irréversible (Castel, 1995, p. 767).

De ce fait, il nous faut tirer les conclusions nécessaires des *déplacements*, des *chevauchements* et des *commutations* dans la redistribution de l'ensemble des dimensions, qui sont mobilisées pour définir aujourd'hui non seulement les univers de «ce qui pose problème», mais également de ce qu'on est en droit de revendiquer et de la nature ou du degré d'inégalités qu'on peut tolérer ou non. Et, dans un même mouvement, «il faut s'efforcer de penser en quoi peuvent consister les protections dans une société qui devient de plus en plus une société d'individus» (Castel, 1995, p. 749).

CONCLUSION

Objectiver les différences, défavorisations, handicaps et comportements en les incarnant dans des catégories ou groupes de personnes a été un procédé courant à la fois pour appréhender (et penser) un certain nombre de phénomènes non conformes problématiques et pour opérationnaliser et concevoir des stratégies d'intervention politiques, revendicatives, thérapeutiques, etc. Il est nécessaire désormais de s'en débarrasser et de déplacer l'angle d'analyse vers les «dimensions problématisées», non seulement pour aboutir à une compréhension des problèmes sociaux contemporains qui tienne compte des transformations sociétales récentes, mais aussi pour contrecarrer les dynamiques régressives et capitaliser les dynamiques progressives qui y sont associées. Et ce, autant en ce qui a trait à l'élaboration de politiques sociales larges qu'à la conception de stratégies concrètes d'intervention.

L'univers des problèmes sociaux devrait être considéré comme un champ de phénomènes, pratiques et significations toujours aux frontières «ouvertes» qu'il s'agit de *problématiser* à leur tour afin de discuter en permanence l'arbitraire de ce que nous avons appelé la nécessité «viscéralement» normative d'intervenir, qui naturalise sans cesse les partages entre ce qui est «problématique» et ce qui ne l'est pas. Toutefois, pour que le champ des problèmes sociaux soit véritablement «ouvert», il faut encourager trois changements a) au plan théorique : remplacer la vieille question de l'«ordre social – déviance sociale» par le couple plus large et abstrait «action légitime – entraves à l'action légitime», qu'il s'agit de discuter en permanence afin d'actualiser la classification – déclassification de «ce qui pose problème» selon les processus, les contextes et les époques ; b) sur le terrain empirique : dissocier l'univers de problèmes sociaux de son contenu traditionnel «déviant[37]» (crime, aliénation, marginalité radicale, anormalité constitutive, etc.) qui invite presque naturellement à faire appel à la psychiatrie, la criminologie, la médecine, la psychologie, etc., pour qu'elles s'emparent du champ en le morcelant en chasses gardées disciplinaires ; c) au plan pratique : en libérant l'expression «problèmes

---

37. Dans l'article «Déviance» du *Traité de sociologie* de Raymond Boudon, 1992, on énumère les sept catégories principales : crimes et délits, suicide, abus de drogues, transgressions sexuelles, déviances religieuses, maladies mentales et handicaps physiques.

sociaux» de son association implicite au mandant gouvernemental d'identifier certains problèmes dans certaines catégories de personnes en resserrant les interventions sur des groupes spécifiques.

Dans cet esprit, il nous semble qu'une mise au point critique s'impose concernant la justification des nombreux et variés cas de figure qui composent l'univers de «ce qui pose problème» aujourd'hui afin de mettre en lumière les déséquilibres, les iniquités et les irrationalités dans la mise en œuvre de l'aide, de la gestion et de la répression de certains phénomènes, situations, comportements et attitudes désignés comme problématiques.

RÉFÉRENCES BIBLIOGRAPHIQUES

AMERICAN PSYCHIATRIC ASSOCIATION (1952). *Diagnostic and Statistical Manual of Mental Disorders* (DSM-I), Washington, American Psychiatric Association.

AMERICAN PSYCHIATRIC ASSOCIATION (1968). *Diagnostic and Statistical Manual of Mental Disorders* (DSM-II), Washington, American Psychiatric Association.

AMERICAN PSYCHIATRIC ASSOCIATION (1980). *Diagnostic and Statistical Manual of Mental Disorders* (DSM-III), Washington, American Psychiatric Association.

AMERICAN PSYCHIATRIC ASSOCIATION (1987). *Diagnostic and Statistical Manual of Mental Disorders* (DSM-III-R), Washington, American Psychiatric Association.

AMERICAN PSYCHIATRIC ASSOCIATION (1994). *Diagnostic and Statistical Manual of Mental Disorders* (DSM-IV), Washington, American Psychiatric Association.

AMERICAN PSYCHIATRIC ASSOCIATION (2000). *Diagnostic and Statistical Manual of Mental Disorders* (DSM-IV-TR), Washington, American Psychiatric Association.

AMERICAN PSYCHIATRIC ASSOCIATION, *DSM-5 Development*, <http://www.dsm5.org/proposedrevision/Pages/PersonalityDisorders.aspx>, consulté le 2 mai 2012.

BECKER, H. (1985). *Outsiders*, Paris, Métailié.

BELLOT, C., M.-E. SYLVESTRE et C. CHESNAY (2012). *La judiciarisation des personnes en situation d'itinérance. Quinze années de recherche: bilan et enjeux*, Rapport de recherche du Canadian Homeless Research Network.

BERGER, P. et T. LUCKMANN (1966). *The Social Construction of Reality*, New York, Doubleday & Company.

BERGER, P. et T. LUCKMANN (2006). *La construction sociale de la réalité*, Paris, Armand Colin.

BOUDON, R. (1992). *Traité de sociologie*, Paris, Presses universitaires de France.

BOURDIEU, P. (1992). «La sociologie et le vécu», dans Vincent de Gaulejac et Shirley Roy (dir.), *Sociologies cliniques*, Paris, Desclée de Brouwer.

BOURDIEU, P. (1993). *La misère du monde*, Paris, Seuil.

CANGUILHEM, G. (1955). «Le problème des régulations dans l'organisme et dans la société», *Cahiers de l'Alliance israélite universelle*, n° 92, septembre-octobre, p. 64-81.

CANGUILHEM, G. (2003). *Le normal et le pathologique*, Paris, Presses universitaires de France.

CANNON, W.B. (1932). *The Wisdom of the Body*, New York, Norton.

CASTEL, R. (1995). *Les métamorphoses de la question sociale. Une chronique du salariat*, Paris, Fayard.

CHARBONNEAU, J., A. GERMAIN et M. MOLGAT (2009). *Habiter seul, un nouveau mode de vie?*, Québec, Les Presses de l'Université Laval.

COLLIN, J., M. OTERO et L. MONNAIS (dir.) (2007). *Le médicament au cœur de la socialité contemporaine*, Québec, Presses de l'Université du Québec, coll. «Problèmes sociaux et interventions sociales».

COMITÉ PERMANENT DE LUTTE À LA TOXICOMANIE (2003). *La consommation de psychotropes: portrait et tendances au Québec*, Québec, Ministère de la Santé et des Services sociaux.

CONFERENCE BOARD (2011). *Les performances du Canada 2011: bilan comparatif*, Ottawa, The Conference Board of Canada.

CONSEIL DU MÉDICAMENT DU QUÉBEC – CMQ (2008). *Usage des antidépresseurs chez les personnes inscrites au régime public d'assurance médicaments du Québec*, Étude descriptive – 1999-2004, Québec, Les Publications du Québec.

CROZIER, M. (1980). «La crise des régulations», dans H. Mendras (dir.), *La sagesse du désordre*, Paris, Gallimard, p. 372.

CUSSON, M. (1992). «Déviance», dans R. Boudon (dir.), *Traité de sociologie*, Paris, Presses universitaires de France, p. 389-422.

DE COURVILLE, N. (2011). *Social Economies of Fear and Desire. Emotional Regulation, Emotion Management, and Embodied Autonomy*, New York, Palgrave Macmillan.

DE KONINCK, M. et D. FASSIN (2004). «Les inégalités sociales de santé, encore et toujours», *Santé, société et solidarité*, vol. 2, p. 5-11.

DORVIL, H. (2010). «Le stigma, une forme spécifique d'inégalité sociale en santé mentale», *Cahiers scientifiques de l'ACFAS*, p. 267-291.

DORVIL, H. et R. MAYER (dir.) (2001). *Problèmes sociaux. Théories et méthodologies*, tomes I-IV, Québec, Presses de l'Université du Québec, coll. «Problèmes sociaux et interventions sociales».

DORVIL, H., M. OTERO et L. KIROUAC (2007). *Protection ou coercition? Le point de vue des personnes interpellées par la loi P-38*, Montréal, Service aux collectivités, Université du Québec à Montréal.

DOUCET, M.-C. (2007). *Solitude et sociétés contemporaines*, Québec, Presses de l'Université du Québec, coll. «Problèmes sociaux et interventions sociales».

DUBET, F. (2009). *Le travail des sociétés*, Paris, Seuil, p. 15-47.

DURKHEIN, E. (1973a). *De la division du travail*, Paris, Presses universitaires de France.

DURKHEIM, E. (1973b). *Les règles de la méthode sociologique*, 18e éd., Paris, Presses universitaires de France.

EHRENBERG, A. (2010). *La société du malaise*, Paris, Odile Jacob.

FASSIN, D. (2004). *Des maux indicibles. Sociologie des lieux d'écoute*, Paris, La Découverte.

FORGET, D. (2012). *Bébé illimités*, Montréal, Québec Amérique.

FOUCAULT, M. (2001a). «L'éthique du souci de soi comme pratique de la liberté», *Dits et Écrits*, vol. II, Paris, Gallimard, p. 1526-1548.

FOUCAULT, M. (2001b). «La folie n'existe que dans une société», *Dits et Écrits*, vol. I, Paris, Gallimard, p. 195-197.

FOUCAULT, M. (2004). *Sécurité, territoire et population*, Cours au Collège de France, 1977-1978, Paris, Gallimard.

FREUD, S. (2001). *Abrégé de psychanalyse*, Paris, Presses universitaires de France.

FROHLICH, K. *et al.* (2008). *Les inégalités sociales de santé au Québec*, Montréal, Presses de l'Université de Montréal.

FURTOS, J. et C. LAVAL (2005). *La Santé mentale en actes*, Toulouse, Ères.

GAUCHET, M. (1998). «Essai de psychologie contemporaine. Un nouvel âge de la personnalité», *Le Débat*, n° 99, p. 164-181.

GAULEJAC, V. de (2001). «Sociologues en quête d'identité», *Cahiers internationaux de sociologie*, n° 111, p. 355-362.

GIDDENS, A. (1971). *Capitalism and Modern Social Theory: An Analysis of the Writings of Marx, Durkheim and Weber*, Cambridge, Cambridge University Press.

GOFFMAN, E. (2007). *Stigmate, Les usages sociaux des handicaps*, Paris, Minuit.

HONNETH, A. (2000). *La lutte pour la reconnaissance*, Paris, Cerf.

INSTITUT CANADIEN D'INFORMATION SUR LA SANTÉ – ICIS (2007). *Améliorer la santé des Canadiens. Santé mentale et itinérance*, Ottawa, ICIS.

INSTITUT CANADIEN D'INFORMATION SUR LA SANTÉ – ICIS (2008). *Réduction des écarts en matière de santé: un regard sur le statut socioéconomique en milieu urbain au Canada*, Ottawa, ICIS.

JADVA, V. *et al.* (2009). «Mom by choice», *Human Fertility*, vol. 12, n° 4, décembre, p. 175-184.

KARDINER, A. (1939). *The Individual and His Society. The Psychodynamics of Primitive Social Organization*, New York, Columbia University Press.

KARDINER, A. (1969). *L'Individu dans la société. Essai d'anthropologie psychanalytique*, Paris, Gallimard.

KIROUAC, L. (2012). *De l'épuisement du corps à l'affaissement du soi. Effets des transformations des «freins» et «contrepoids» du travail sur la vie des individus*, Thèse, Montréal, Département de sociologie, Université du Québec à Montréal.

LAFONTAINE, C. (2004). *L'empire cybernétique. Des machines à penser à la pensée machine*, Paris, Seuil.

LASCH, C. (1977). *The Culture of Narcissism: American Life in an Age of Diminishing Expectations*, New York, Warner.

LASCH, C. (1981). *Le complexe de Narcisse: la nouvelle sensibilité américaine*, Paris, Laffont, 1981.

LINTON, R. (1945). *The Cultural Background of Personality*, New York, Appelton Century.

LINTON, R. (1977). *Le fondement culturel de la personnalité*, Paris, Dunod.

LIPOVETSKY, G. (1983). *L'ère du vide, Essais sur l'individualisme contemporain*, Paris, Gallimard.

MARTUCCELLI, D. (2004). «Figures de la domination», *Revue française de sociologie*, vol. 45, n° 3, p. 469-497.

MARTUCCELLI, D. (2005). *La consistance du social*, Rennes, Presses de l'Université de Rennes.

MARTUCCELLI, D. (2006). *Forgé par l'épreuve*. Paris, Armand Colin.

MARTUCCELLI, D. (2010). *La société singulariste*, Paris, Armand Colin.

MARX, K. (1982). «L'idéologie allemande», *Œuvres, tome III*, Paris, Gallimard.

MEAD, M. (1978). *Culture and Commitment: The New Relationships between the Generations in the 1970s*, New York, Columbia University Press.

MERCURE, D. et M. VULTUR (2010). *La signification du travail*, Québec, Les Presses de l'Université Laval.

MERTON, R. (1997). *Éléments de théorie de méthode sociologique*, Paris, Armand Colin.

MINISTÈRE DE LA SANTÉ ET DES SERVICES SOCIAUX – MSSS (2011). *Rapport d'enquête sur les difficultés d'application de la Loi sur la protection des personnes dont l'état mental présente un danger pour elles-mêmes ou pour autrui*, Québec, Direction de la santé mentale, MSSS.

NADER, M. (2012). *La médicalisation: processus, phénomène et concept. Une analyse des transformations du champ sémantique du terme médicalisation dans la littérature sociologique*, Thèse, Montréal, Département de sociologie, Université du Québec à Montréal.

NAMIAN, D. (2011). «Psychologisation ou singularisation? L'intervention sociale au temps de l'accompagnement», *Reflets: revue d'intervention sociale et communautaire*, vol. 17, n° 1, p. 58-89.

NAMIAN, D. (2012). *Entre itinérance et fin de vie: sociologie de la vie moindre*, Québec, Presses de l'Université du Québec.

OGIEN, A. (1989). «Une sociologie du pathologique est-elle pensable? Notes sur l'anomie, le contrôle social, la déviance», *Revue européenne de sciences sociales*, vol. 27, n° 83, p. 197-215.

ORGANISATION DE COOPÉRATION ET DE DÉVELOPPEMENT ÉCONOMIQUES – OCDE (2008a). *Croissance et inégalités. L'évolution de la pauvreté et des revenus ces vingt dernières années: nouvelles données*, Genève, Éditions OCDE.

ORGANISATION DE COOPÉRATION ET DE DÉVELOPPEMENT ÉCONOMIQUES – OCDE (2008b). «Country Note: Canada», dans OCDE, *Croissance et inégalités. Distribution des revenus et pauvreté dans les pays de l'OCDE*, Genève, Éditions OCDE.

OTERO, M. (2003). *Les règles de l'individualité contemporaine. Santé mentale et société*, Québec, Les Presses de l'Université Laval.

OTERO, M. (2007). «La dépression: figure emblématique de la nervosité contemporaine», dans H. Dorvil (dir.), *Problèmes sociaux*, vol. 3, Québec, Presses de l'Université du Québec, coll. «Problèmes sociaux et interventions sociales», p. 147-169.

OTERO, M. (2008). «Vulnérabilité, folie et individualité: le nœud normatif», dans V. Châtel et S. Roy, *Penser la vulnérabilité. Visages de la fragilisation du social*, Québec, Presses de l'Université du Québec, coll. «Problèmes sociaux et interventions sociales», p. 125-145.

OTERO, M. (2010). «Le fou social et le fou mental: amalgames théoriques, synthèses empiriques et rencontres institutionnelles», *Sociologies*, Revue de l'Association internationale des sociologues de langue française, <http://sociologies.revues.org/index3268.html>.

OTERO, M. (2012). *L'ombre portée: l'individualité à l'épreuve de la dépression*, Montréal, Boréal.

OTERO, M. et G. DUGRÉ (2012). *Les usages des autorisations judiciaires de traitement psychiatrique à Montréal: entre thérapeutique, contrôle et gestion de la vulnérabilité sociale*, Montréal, Action Autonomie.

OTERO, M. et D. NAMIAN (2011). «Grammaires sociales de la souffrance», *Cahiers du cercle interdisciplinaire de recherches phénoménologiques*, Montréal, CIRP, vol. 2, p. 226-236.

PAMPALON, R. *et al.* (2008). «Évolution de la mortalité prématurée au Québec selon la défavorisation matérielle et sociale», dans K. Frohlich *et al.*, *Les inégalités sociales de santé au Québec*, Montréal, Presses de l'Université de Montréal.

PROTECTEUR DU CITOYEN (2011). *Les difficultés d'application de la Loi sur la protection des personnes dont l'état mental présente un danger pour elles-mêmes ou pour autrui* (L.R.Q., c.P-38.001), Québec.

RENAULT, E. (2008). *Souffrances sociales*, Paris, La Découverte.

ROHEIM, G. (1967). *Psychanalyse et anthropologie*, Paris, Gallimard.

ROY, S. (2007). «L'itinérance: visibilité et inexistence sociale», dans V. Châtel (dir.), *L'inexistence sociale*, Fribourg, Éditions universitaires de Fribourg, p. 99-114.

SENNETT, R. (1977). *The Fall of Public Man*, New York, Knopf.

SENNETT, R. (1979). *Les tyrannies de l'intimité*, Paris, Seuil.

SINGLY, F. (2004). *Les uns avec les autres*, Paris, Armand Colin.

SOULET, M.-H. (dir.) (2004). *Quel avenir pour l'exclusion?*, Suisse, Éditions universitaires de Fribourg.

SOULET, M.-H. (2005). «La vulnérabilité comme catégorie de l'action publique», *Pensée plurielle*, vol. 2, n° 10, p. 49-59.

SOULET, M.-H. (dir.) (2007). *La souffrance sociale. Nouveau malaise dans la civilisation*, Fribourg, Academic Press Fribourg, coll. «Res Socialis».

TEHON, M.-B. (2010). *Sociologie de l'intermonde*, Louvain, Presses universitaires de Lorraine.

TOLSTOÏ, L. (1951). *Anna Karénine*, Paris, Livre de poche.

TURBIDE, B. et J. GUILLAUME (2006). *Portrait sociodémographique, socioéconomique et scolaire de la région de Montréal*, Montréal, Québec en forme.

VAN DER GEEST, S. et S. WHYTE (1989). «The charms of medicins: Metaphores and metonyms», *Medical Anthropology Quarterly*, vol. 3, n° 4, p. 345-367.

NOTICES BIOGRAPHIQUES

Isabelle Astier est professeure de sociologie à l'Université de Picardie Jules Verne à Amiens, où elle est aussi membre du Centre universitaire de recherche sur l'action publique et le politique (CURAPP). Ses axes de recherche portent sur l'émergence de la société biographique et de la notion de dignité humaine, la moralisation de droit social, la réception des politiques publiques, l'accès au droit et les modalités de représentation des usagers. Elle est l'auteure notamment de *Les nouvelles règles du social* (2007) et de *Sociologie du social et de l'intervention sociale* (2010).

Céline Bellot est professeure à l'École de service social de l'Université de Montréal, et travaille autour des questions entourant la judiciarisation des populations itinérantes au Canada et le développement de stratégies d'intervention novatrices auprès des populations marginalisées. Ses projets de recherche sont le plus souvent réalisés en partenariat ou de manière participative.

Nicolas Carrier est professeur agrégé à Carleton University (Ottawa), où il enseigne la criminologie et la sociologie. Il est actuellement rédacteur en chef de la revue internationale *Champ pénal/Penal Field* et *associate editor* de la maison d'édition Red Quill Books. Ses travaux portent sur les théories sociologiques et criminologiques, la sociologie du droit et les processus de moralisation. Il est notamment l'auteur de *La politique de la stupéfaction – pérennité de la prohibition des drogues* (2008).

Vivianne Châtel est responsable du master spécialisé Éthique, responsabilité et développement de l'Université de Fribourg. Ses intérêts de recherche portent sur le lien social, la vulnérabilité, l'inexistence sociale, l'éthique, la responsabilité et le développement. Elle a publié notamment *Penser l'inexistence sociale* (directrice, 2007) et *Penser la vulnérabilité. Visages de la fragilité du social* (codirectrice, 2008).

Johanne Collin, sociologue et historienne, est professeure titulaire à la Faculté de pharmacie de l'Université de Montréal et directrice du MÉOS (Groupe de recherche sur le médicament comme objet social). Auteure de plusieurs articles et ouvrages en histoire de la médecine et de la psychiatrie, en sociologie de la santé et en sociologie des individus, ses champs d'intérêt sont le médicament comme objet social, la dépression et les antidépresseurs, les concepts de pharmaceuticalisation et de médicalisation, les médicaments et le phénomène de *human enhancement*.

Valérie de Courville Nicol est professeure titulaire au Département de sociologie et d'anthropologie de l'Université Concordia à Montréal. Sa recherche s'inscrit dans les domaines de la sociologie de la subjectivité, des émotions, de la conduite morale et de la littérature populaire. Elle s'intéresse en particulier aux dynamiques sociales contemporaines de l'anxiété et aux campagnes de peur et de désir. Elle a publié notamment *Le soupçon gothique* (2005) et *Social Economies Of Fear And Desire: Emotional Regulation, Emotion Management, And Embodied Autonomy* (2011).

Travailleur social et docteur en sociologie, **Henri Dorvil** est professeur titulaire à l'École de travail social de l'Université du Québec à Montréal. Ouvrier de la première heure (1965) en psychiatrie communautaire – aujourd'hui désinstitutionnalisation –, il est actuellement chercheur régulier au Collectif de recherche sur l'itinérance, la pauvreté, l'exclusion sociale (CRI) et chercheur associé au volet de psychiatrie sociale du Centre de recherche Fernand-Séguin de l'Hôpital Louis-H. Lafontaine, affilié à l'Université de Montréal.

Marie-Chantal Doucet est professeure à l'École de travail social de l'Université du Québec à Montréal. Ses intérêts de recherche portent sur la sociologie de l'individualité, la santé mentale, les problèmes sociaux, le statut des savoirs de l'intervention, la sociologie clinique et les souffrances sociales. Elle a publié notamment *Solitude et sociétés contemporaines, une sociologie de l'individu et du rapport à l'autre* (2007).

Dominic Dubois est doctorant en sociologie à l'Université du Québec à Montréal. Ses recherches se situent à la croisée d'une sociologie de la sexualité et d'une sociologie de l'individu. Sa thèse propose une réflexion théorique sur l'usage de l'identité dans la théorie sociologique contemporaine et dans les discours propres aux phénomènes trans. Intéressé aussi par le domaine de l'art, il a publié sur les questions des représentations de l'humain et de la sexualité dans l'art contemporain.

Carolyne Grimard a coordonné le Collectif de recherche sur l'itinérance, la pauvreté et l'exclusion sociale (Université du Québec à Montréal) pendant de nombreuses années, où elle a eu l'occasion de compléter son mémoire de maîtrise et sa thèse de doctorat sur l'organisation des services communautaires et institutionnels pour les personnes en situation d'itinérance à Montréal. Maintenant affiliée au Domaine sociologie, politiques sociales et travail social de l'Université de Fribourg (CH) comme assistante docteure en vue de l'habilitation, elle enseigne et travaille à la traduction d'ouvrages et d'articles en sociologie.

Roch Hurtubise est professeur titulaire au Département de service social de l'Université de Sherbrooke et coresponsable scientifique du CRI. Les problématiques de l'exclusion et de la pauvreté sont au centre de ses travaux. Il s'intéresse plus particulièrement aux pratiques professionnelles et organisationnelles pour saisir la manière dont on y définit les personnes. Cette interface entre pratiques professionnelles et familiales, entre savoirs d'experts et de profanes, définit le champ de recherche qu'il a construit au cours de ces dernières années. Ses recherches portent sur diverses populations pauvres et marginalisées.

Nathalie Mondain, démographe et sociologue, est professeure et chercheure au Département de sociologie et d'anthropologie de l'Université d'Ottawa. Elle s'intéresse aux dynamiques familiales, à la santé des populations et à la migration internationale en Afrique de l'Ouest. Les recherches de terrain qu'elle a menées dans cette région l'ont amenée, ces dernières années, à porter une attention particulière aux enjeux éthiques qu'engendrent les pratiques de recherche développées dans les contextes de vulnérabilité.

Dahlia Namian est professeure adjointe à l'École de service social de l'Université d'Ottawa. Ses intérêts de recherche, à la conjonction de la sociologie des problèmes sociaux et de la santé, portent sur les dynamiques de désignation et de prise en charge des personnes vulnérables et marginalisées. Elle s'intéresse en particulier aux cas de figure limites, qui mettent fortement à l'épreuve les frontières de l'individualité et de la socialité ordinaires. Elle a publié notamment *Entre fin de vie et itinérance: sociologie de la vie moindre* (2012).

Marcelo Otero est professeur au Département de sociologie de l'Université du Québec à Montréal. Il est chercheur au CRI, au MÉOS et au CHRS. Ses projets de recherche portent sur les nouveaux problèmes de santé mentale, les problèmes sociaux complexes et les formes de normativité et d'individualité contemporaines. Il a publié notamment *Les règles de l'individualité contemporaine* (2003) et *L'ombre portée: l'individualité à l'épreuve de la dépression* (2012).

Martin Petitclerc est professeur au Département d'histoire de l'Université du Québec à Montréal. Il est également directeur du Centre d'histoire des régulations sociales et chercheur au Centre de recherche sur les innovations sociales. Il a récemment codirigé l'ouvrage collectif *Pour une histoire du risque. Québec, France, Belgique* (2012). Son précédent ouvrage, *Nous protégeons l'infortune. Les origines populaires de l'économie sociale au Québec*, s'est mérité le prix Lionel-Groulx de l'Institut d'histoire de l'Amérique française et le prix Clio-Québec de la Société historique du Canada.

Shirley Roy est professeure titulaire au Département de sociologie de l'Université du Québec à Montréal. Cofondatrice du CRI, elle en est coresponsable scientifique. Elle a publié de nombreux travaux sur l'itinérance, l'exclusion et la vulnérabilité sociales. Ses recherches ont traité de la question du logement social, de la domiciliation, des représentations de la santé et de la maladie pour ces populations vulnérables.

Bernard St-Jacques est organisateur communautaire au RAPSIM sur les questions entourant l'occupation de l'espace public. À la tête de l'Opération Droits Devant depuis 10 ans, il a développé le partenariat avec Céline Bellot et Marie-Ève Sylvestre pour soutenir la recherche sur la judiciarisation de l'itinérance et la mise en œuvre de mesures de rechange à ses stratégies répressives. L'Opération Droits Devant est à ce titre une action collective qui vise la défense des droits des personnes en situation d'itinérance en rassemblant chercheurs, intervenants et personnes en situation d'itinérance.

Marie-Ève Sylvestre est professeure à la Faculté de droit de l'Université de Montréal. Ses recherches portent d'une part sur l'analyse des acteurs sociojudiciaires dans l'utilisation du droit et notamment du droit pénal dans les problèmes sociaux, et d'autre part sur les différents outils juridiques soutenant la répression de l'occupation de l'espace public. Parmi ses publications récentes: « De la justice de l'ordre à la justice de la solidarité: une analyse des discours légitimateurs de la judiciarisation de l'itinérance au Canada » (avec Céline Bellot et Catherine Chesnay, 2012); « La science est-elle contre les pauvres? L'analyse du discours savant et politique sur les vulnérables » (2012).

Luc Van Campenhoudt est sociologue, professeur émérite des Facultés universitaires Saint-Louis à Bruxelles et de l'Université de Louvain (Belgique). Ses travaux récents portent sur la question du pouvoir dans les nouveaux dispositifs publics de « travail en réseau ». Il est l'auteur du *Manuel de recherche en sciences sociales*, 4e éd. (avec R. Quivy et la coll. de J. Marquet, 2011) et de *La méthode d'analyse en groupe. Applications aux phénomènes sociaux* (avec J.-M. Chaumont et A. Franssen, 2005).

COLLECTION
PROBLÈMES SOCIAUX ET INTERVENTIONS SOCIALES

Henri Dorvil, directeur
Guylaine Racine, codirectrice

Expériences d'intervention psychosociale en contexte de violence conjugale
Sous la direction de Sonia Gauthier
et Lyse Montminy
2012, ISBN 978-2-7605-3631-9, 314 pages

Entre itinérance et fin de vie
Sociologie de la vie moindre
Dahlia Namian
2012, ISBN 978-2-7605-3515-2, 236 pages

Innover pour mobiliser
L'actualité de l'expérience de Michel Blondin
Michel Blondin, Yvan Comeau
et Ysabel Provencher
2012, ISBN 978-2-7605-3498-7, 192 pages

Regards critiques sur la maternité dans divers contextes sociaux
Sous la direction de Simon Lapierre
et Dominique Damant
2012, ISBN 978-2-7605-3495-7, 268 pages

Contrer le décrochage scolaire par l'accompagnement éducatif
Une étude sur la contribution des organismes communautaires
Danielle Desmarais
2012, ISBN 978-2-7605-3416-2, 216 pages

Les transitions à la vie adulte des jeunes en difficulté
Concepts, figures et pratiques
Martin Goyette, Annie Pontbriand et Céline Bellot
2011, ISBN 978-2-7605-3203-8, 344 pages

Minorités de langue officielle du Canada
Égales devant la santé ?
Louise Bouchard et Martin Desmeules
2011, ISBN 978-2-7605-3197-0, 118 pages

Le mouvement de l'être
Paramètres pour une approche alternative du traitement en santé mentale
Ellen Corin, Marie-Laurence Poirel
et Lourdes Rodriguez
2011, ISBN 978-2-7605-3072-0, 218 pages

Arts martiaux, sports de combat et interventions psychosociales
Sous la direction de Jacques Hébert
2011, ISBN 978-2-7605-2980-9, 376 pages

Vieillir au pluriel
Perspectives sociales
Sous la direction de Michèle Charpentier, Nancy Guberman, Véronique Billette, Jean-Pierre Lavoie, Amanda Grenier et Ignace Olazabal
2010, ISBN 978-2-7605-2625-9, 532 pages

Mais oui c'est un travail !
Penser le travail du sexe au-delà de la victimisation
Colette Parent, Chris Bruckert, Patrice Corriveau, Maria Nengeh Mensah et Louise Toupin
2010, ISBN 978-2-7605-2549-8, 158 pages

Adolescence et affiliation
Les risques de devenir soi
Sous la direction de Robert Letendre
et Denise Marchand
2010, ISBN 978-2-7605-2512-2, 246 pages

Le monde des AA
Alcooliques, *gamblers*, narcomanes
Amnon Jacob Suissa
2009, ISBN 978-2-7605-2464-4, 134 pages

Vivre en famille d'accueil jusqu'à mes 18 ans
Voir ou ne pas voir mes parents ?
Louise Carignan, Jacques Moreau et Claire Malo
2009, ISBN 978-2-7605-2426-2, 222 pages

Hébergement, logement et rétablissement en santé mentale
Pourquoi et comment faire évoluer les pratiques ?
Sous la direction de Jean-François Pelletier, Myra Piat, Sonia Côté et Henri Dorvil
2009, ISBN 978-2-7605-2432-3, 168 pages

Mobilité, réseaux et résilience
Le cas des familles immigrantes et réfugiées au Québec
Michèle Vatz Laaroussi
2009, ISBN 978-2-7605-2400-2, 268 pages

Proximités
Lien, accompagnement et soin
Sous la direction de Michèle Clément, Lucie Gélineau et Anaïs-Monica McKay
2009, ISBN 978-2-7605-1605-2, 386 pages

Visages multiples de la parentalité
Claudine Parent, Sylvie Drapeau, Michèle Brousseau et Eve Pouliot
2008, ISBN 978-2-7605-1591-8, 486 pages

Penser la vulnérabilité
Sous la direction de Vivianne Châtel et Shirley Roy
2008, ISBN 978-2-7605-1563-5, 264 pages

Violences faites aux femmes
Sous la direction de Suzanne Arcand, Domminique Damant, Sylvie Gravel et Elizabeth Harper
2008, ISBN 978-2-7605-1561-1, 624 pages

L'habitation comme vecteur de lien social
Sous la direction de Paul Morin et Evelyne Baillergeau
2008, ISBN 978-2-7605-1540-6, 324 pages

▶

Vivre son enfance au sein d'une secte religieuse
Comprendre pour mieux intervenir
Lorraine Derocher
2007, ISBN 978-2-7605-1527-7, 204 pages

L'itinérance en questions
Sous la direction de Shirley Roy et Roch Hurtubise
2007, ISBN 978-2-7605-1524-6, 408 pages

Solitude et sociétés contemporaines
Une sociologie clinique de l'individu et du rapport à l'autre
Marie-Chantal Doucet
2007, ISBN 978-2-7605-1519-2, 198 pages

Problèmes sociaux – Tome IV
Théories et méthodologies de l'intervention sociale
Sous la direction de Henri Dorvil
2007, ISBN 978-2-7605-1502-4, 504 pages

Amour et sexualité chez l'adolescent – Fondements, Guide d'animation, Carnet de route
Programme qualitatif d'éducation sexuelle pour jeunes hommes
Hélène Manseau
2007, ISBN 978-2-7605-1513-0, 194 pages

Les transformations de l'intervention sociale
Entre innovation et gestion des nouvelles vulnérabilités?
Sous la direction de Evelyne Baillergeau et Céline Bellot
2007, ISBN 978-2-7605-1504-8, 258 pages

Problèmes sociaux – Tome III
Théories et méthodologies de la recherche
Sous la direction de Henri Dorvil
2007, ISBN 978-2-7605-1501-7, 550 pages

Lutte contre la pauvreté, territorialité et développement social intégré
Le cas de Trois-Rivières
Pierre-Joseph Ulysse et Frédéric Lesemann
2007, ISBN 978-2-7605-1490-4, 168 pages

Pas de retraite pour l'engagement citoyen
Sous la direction de Michèle Charpentier et Anne Quéniart
2007, ISBN 978-2-7605-1478-2, 210 pages

Enfants à protéger – Parents à aider
Des univers à rapprocher
Sous la direction de Claire Chamberland, Sophie Léveillé et Nico Trocmé
2007, ISBN 978-2-7605-1467-6, 480 pages

Le médicament au cœur de la socialité contemporaine
Regards croisés sur un objet complexe
Sous la direction de Johanne Collin, Marcelo Otero et Laurence Monnais
2006, ISBN 2-7605-1441-2, 300 pages

Le projet Solidarité Jeunesse
Dynamiques partenariales et insertion des jeunes en difficulté
Martin Goyette, Céline Bellot et Jean Panet-Raymond
2006, ISBN 2-7605-1443-9, 212 pages

La pratique de l'intervention de groupe
Perceptions, stratégies et enjeux
Ginette Berteau
2006, ISBN 2-7605-1442-0, 252 pages

Repenser la qualité des services en santé mentale dans la communauté
Changer de perspective
Lourdes Rodriguez, Linda Bourgeois, Yves Landry et al.
2006, ISBN 2-7605-1348-3, 336 pages

L'intervention sociale en cas de catastrophe
Sous la direction de Danielle Maltais et Marie-Andrée Rheault
2005, ISBN 2-7605-1387-4, 420 pages

Trajectoires de déviance juvénile
Natacha Brunelle et Marie-Marthe Cousineau
2005, ISBN 2-7605-1372-6, 232 pages

Revenu minimum garanti
Lionel-Henri Groulx
2005, ISBN 2-7605-1365-3, 380 pages

Amour, violence et adolescence
Mylène Fernet
2005, ISBN 2-7605-1347-5, 268 pages

Réclusion et Internet
Jean-François Pelletier
2005, ISBN 2-7605-1259-2, 172 pages

Au-delà du système pénal
L'intégration sociale et professionnelle des groupes judiciarisés et marginalisés
Sous la direction de Jean Poupart
2004, ISBN 2-7605-1307-6, 294 pages

L'imaginaire urbain et les jeunes
La ville comme espace d'expériences identitaires et créatrices
Sous la direction de Pierre-W. Boudreault et Michel Parazelli
2004, ISBN 2-7605-1293-2, 388 pages

Parents d'ailleurs, enfants d'ici
Dynamique d'adaptation du rôle parental
chez les immigrants
Louise Bérubé
2004, ISBN 2-7605-1263-0, 276 pages

Citoyenneté et pauvreté
Politiques, pratiques et stratégies d'insertion
en emploi et de lutte contre la pauvreté
Pierre-Joseph Ulysse et Frédéric Lesemann
2004, ISBN 2-7605-1261-4, 330 pages

**Éthique, travail social
et action communautaire**
Henri Lamoureux
2003, ISBN 2-7605-1245-2, 266 pages

Travailler dans le communautaire
*Jean-Pierre Deslauriers,
avec la collaboration de Renaud Paquet*
2003, ISBN 2-7605-1230-4, 158 pages

Violence parentale et violence conjugale
Des réalités plurielles, multidimensionnelles
et interreliées
Claire Chamberland
2003, ISBN 2-7605-1216-9, 410 pages

Le virage ambulatoire : défis et enjeux
*Sous la direction de
Guilhème Pérodeau et Denyse Côté*
2002, ISBN 2-7605-1195-2, 216 pages

Priver ou privatiser la vieillesse ?
Entre le domicile à tout prix
et le placement à aucun prix
Michèle Charpentier
2002, ISBN 2-7605-1171-5, 226 pages

**Huit clés pour la prévention
du suicide chez les jeunes**
Marlène Falardeau
2002, ISBN 2-7605-1177-4, 202 pages

La rue attractive
Parcours et pratiques identitaires
des jeunes de la rue
Michel Parazelli
2002, ISBN 2-7605-1158-8, 378 pages

Le jardin d'ombres
La poétique et la politique
de la rééducation sociale
Michel Desjardins
2002, ISBN 2-7605-1157-X, 260 pages

Problèmes sociaux – Tome II
Études de cas et interventions sociales
Sous la direction de Henri Dorvil et Robert Mayer
2001, ISBN 2-7605-1127-8, 700 pages

Problèmes sociaux – Tome I
Théories et méthodologies
Sous la direction de Henri Dorvil et Robert Mayer
2001, ISBN 2-7605-1126-X, 622 pages

MARQUIS

Québec, Canada

Imprimé sur du papier Rolland opaque 50
50% postconsommation, accrédité ÉcoLogo et fait à partir de biogaz.